新編諸子集成續編

荀子簡釋

梁啓雄 著

中華書局

圖書在版編目(CIP)數據

荀子簡釋/梁啓雄著. —北京:中華書局,1983. 1
(2024. 9 重印)
(新編諸子集成續編)
ISBN 978-7-101-06809-2

Ⅰ. 荀… Ⅱ. 梁… Ⅲ. ①儒家②荀子-注釋
Ⅳ. B222. 62

中國版本圖書館 CIP 數據核字(2009)第 090808 號

封面設計: 周 玉
責任印製: 管 斌

新編諸子集成續編
荀 子 簡 釋
梁啓雄 著
*
中 華 書 局 出 版 發 行
(北京市豐臺區太平橋西里 38 號 100073)
http://www. zhbc. com. cn
E-mail:zhbc@ zhbc. com. cn
三河市宏盛印務有限公司印刷
*
850×1168 毫米 1/32 · 13⅞印張 · 2 插頁 · 223 千字
1983 年 1 月第 1 版 2024 年 9 月第 7 次印刷
印數:30001-30600 册 定價:58. 00 元

ISBN 978-7-101-06809-2

新編諸子集成續編出版緣起

新編諸子集成叢書，自一九八二年正式啟動以來，在學術界特别是新老作者的大力支持下，已形成規模，成爲學術研究必備的基礎圖書。叢書原擬分兩輯出版，第一輯擬目三十多種，後經過調整，確定爲四十種，今年將全部出齊。第二輯原來只有一個比較籠統的規劃，受各種因素限制，在實施過程中不斷發生變化，有的項目已經列入第一輯出版，因此我們後來不再使用第一輯的提法，而是統名之爲新編諸子集成。

隨着新編諸子集成這個持續了二十多年的叢書劃上圓滿的句號，作爲其延續的新編諸子集成續編，現在正式啟動。它的立意、定位與宗旨同新編諸子集成一脈相承，力圖吸收和反映近幾十年來國學研究與古籍整理領域的新成果，爲學術界和普通讀者提供更多的子書品種和哲學史、思想史資料。續編堅持穩步推進的原則，積少成多，不設擬目。希望本套書繼續得到海内外學者的支持。

中華書局編輯部

二〇〇九年五月

重印叙言

一九三六年商務印書館出版之荀子柬釋，是我少年時期揀擇注荀之少作。年少學淺，又以校課繁忙，研究之時力有限，故柬釋本未嘗愜于懷。十九年來，不滿之感與日俱積；雖屢有所修補，而以篇幅太繁，迄未能偏。一九五五年，古籍出版社擬重印柬釋。我本欲藉此機會重新整理全書，仍以時力所限，未能如願；僅在勸學天論解蔽正名成相賦範圍内重整其概，其餘各篇雖均有所修補，然終不獲作全面深入之徹底整理。此我所由屢興「未之逮也，而有志焉」之嘆也！

柬釋之按語均用文言文寫成，此與誘掖初學、普及與提高之指略違。今悉改易成語體文，並新增白話淺解多條。持此與各家舊注同列，相形之際，或感新舊不調；但倘能于誘掖初學、普及與提高之崇指有所裨補，則寧捨形式而取實益；區區形式上之小疵庸何傷！

本書舊名：「荀子柬釋」。柬字之形義難識難解，此又與「誘掖」「普及」之指略違。今改名：「荀子簡釋」。簡是「柬」之叚借字，故與舊名之含義仍同，且兼含簡易、簡明、簡要之意。庶幾乎可以「名聞而實喻」歟！

古文句之結構、文法與今語句之結構、語法多不同；且以簡册鍥刻，物力兩艱；故古人造句，辭約義豐。今欲以純現代語今譯古書，實有二難：（一）若悉照古文句直譯，誠能保存文意；然而譯語之結構、文法與現代語之結構、語法多不同，必致貌似而神異。且古句或缺主語或缺謂語，意恉多欠完足；若律以語法修辭學，疵病必多；故有不通之譏。（二）若紬繹文恉以純現代語意譯之，完足之，譯語固能明暢洞達，詳悉無遺；然而所譯成之意譯文之內容又未必與古人本意全合；故有失眞之譏。顧此失彼，兩美難全，此其矛盾也。簡釋之按語中間雜今譯體之注，是我欲解決此矛盾之試作。欲兩無譏譴，自愧未能；望讀者明其情而曲諒之。

柬釋之缺點甚多，而以改易正文爲尤甚。修正古書中之衍、譌、竄、挩文句，功同芟夷荆棘，原極便利于閱覽；此我夙慕「獻曝獻芹」之誠意也。惟利之所在弊或隨之；我固知之而亦曾秉持重謹慎之態度以爲之，故凡所删、改、移、補，必憑徵據。豈料所資以爲徵之本身又往往有問題存焉，是則鄙自以爲持重謹慎者，安知不或近于鹵莽滅裂耶？此次修正，已多所復原而未能徧。好在在校勘之注中原文之眞迹具在，倘讀者對于柬釋所改易之文句不同意，各自復其舊可矣。

由于現有的研究材料未臻完備，將來倘有新資料發現，在校勘、訓詁、考證等成績中必有所修補；又由于一人之學力有限，一時之見解多不正確，必待良朋益友之指正及自己日後之修正。兼此二因，在整理工作過程中，一切現階段之結論多具「暫時性、相對性、近似性」。爲此、新資料之發現與良朋益友之指正實爲最迫切之祈求。國内外朋友倘有一言之教、一物之助，均我良朋益友也。

東釋舊稿曾承楊樹達高亨二老友先後審校，且各有所是正。二十餘年前往事，于心終不忘；兹謹對二老友重申謝意。

梁啓雄一九五五年八月八日

高序

新會梁叔任氏，先師任公先生之介弟也。以荀子一書，淵懿博瑋；王先謙集解雖稱注荀善本；然近儒箋詁，散在方策；深文艱義，猶多滯疑；乃潛心奮志，有荀子柬釋之作。自民國十四年搦翰屬稿，已八載於茲矣。十八年春亨與梁氏同客瀋陽，旬日必相見，相見必論荀子，如是者三載。二十年秋國難猝作，亨與梁氏，同涖燕都，亦旬日必相見，相見必論荀子，如是者又二載。梁氏以亨嗜周秦諸子書，復以校讎之役相屬。故梁氏此書亭讀之最早，知之最深，欽服之最篤，望其付梓亦最切也。揚搉論之，梁氏此書，厥有四善：諸家校釋，集解所有，柬善而取，撫其精英，汰其麤蕪，簡而不踈，婿而僉當；有去考去類之功，無忘筌忘蹏之過；一也。集解所無，窮蒐備列；洵王書之補遺，亦荀子之詁苑；衆詮胥具，不勞旁尋；寀裁攸加，獨抒蓺見；二也。荀子正文，塙乎譌者正之，竄者遂之，挩者益之，衍者删之，作畫識於字側，注原文於句下，因而詞理貫達，誦之繹然；三也。增訓翔密；言有依據；名物制度，悉爲考稽；大義微言，多所宣發；足以罊哲人之奥恉，瀹讀者之濬思；四也。故梁氏此書，固初學之所棘求，亦鴻彥之所必取，其將風行海宇，嘉惠士林，亨敢決其必然也。荀卿曰：「慎子有見於後，無見於先。老子有見於詘，無見於信。墨子有見於齊，無見於畸。宋子有見於少，無見於多。」又曰：「墨子蔽於用而不知文。宋子蔽於欲而不知得。慎子蔽於法而不知賢。申子蔽於埶而不知知。惠子蔽於辭而不知實。莊子蔽於天而不知人。」梁氏嘗歎此達言，以爲有見於此無見於彼而有所蔽，乃治學之大忌，則梁氏箸書之忠實謹愼，更可知矣。今當剞劂伊始，書此以獻梁氏竝爲讀梁氏書者告。一九三四年八月二十五日後學高亨拜譔。

楊序

一九二六年九月，余始教學於清華大學。於時先師新會梁先生方任清華研究院教授，余因得日侍先生，有所請益。又以是得識介弟啓雄君。一日，君出所爲荀子柬釋示余，命余校正；余既校竟，以歸之君。又三年，君命爲之序。乃作而言曰：善哉！君之爲書也。其引誘後學之意，可謂至哉！蓋余嘗謂吾國先哲所留遺之書，吾輩後學者有闡明之之責。其嘗爲先儒所整理者，則當循是而益求其精；其未經先儒整理者，則當起而整理之以求其眞，令後人循是而求精焉，此深造之事也。深造之外，又當有普及之事焉。蓋近日學課日繁，讀先哲之書者，不必盡求深造於此者也。先儒所未及整理者無論矣，即其已整理者，大都諸說紛陳，辯訟斷斷，初學非專門之士乍睹焉，則望洋而歎，中卷而廢，終不得卒讀以一窺先哲之精神，是非吾輩治學者之責乎？荀子一書，固嘗經前吾邑先輩王葵園先生所整理者也。君取其書，覆爲審校，益以王氏所漏采及近儒之說，旁及日本諸學者所爲書。博觀約取，其善者存之，不當者屏之；其先儒所未備，則自下己意。大抵精而能約，簡而不陋。吾知初學者得此，必欣然卒讀，決不至望洋而歎，中卷而廢也。不惟於普及之益甚大，亦於深造有資焉。抑今世之需此類書也甚急，顧未有創爲之者，然則君先導之功又不可沒矣！先是君嘗請序於先師，先師諾之，以病遷延未及爲，而竟不得序君書。君以先師在日，於樹達時有過譽之詞，乃以命余，余旣自愧不足任，又不得終辭，爰取平日所懷，僭列於簡端。追念清華侍坐先師暢聞明論之時，又不禁掩卷長吁也！

一九二九年五月二十三日。長沙楊樹達遇夫書於北平舊刑部街寓廬。

自叙

孟子言性善，荀子言性惡；孟子重義輕利，荀子重義而不輕利；孟子專法先王，荀子兼法後王；孟子專尚王道，荀子兼尚霸道；二子持義雖殊，而同爲儒家宗師，初無判軒輊也。漢文帝時，孟子列於學官，立博士傳授，推崇有加，而荀子以與孟子微異其撰，既揚孟必抑荀，軒輊之判，自此始矣！且先秦舊籍，多賴漢儒箋注以行世；孟子有趙岐爲之注，以是傳誦者衆，而荀子則闕如也。兼斯二因，遂使荀子棄置高閣，垂九百餘載。延及中唐，乃有楊倞創爲之注；惟楊去古既遠，時或安其意以失其眞，殊不足以饜人欲。益以宋明之間揚孟抑荀之風倍甚於前，故其書終以蒙世詬厲，湮抑沈薶，無法復其光焉。迄清中葉，注之者驟增，盧召弓、汪容甫、王懷祖、郝恂九、劉端臨……諸碩儒均有䌷釋；光緒初，王益吾裒錄諸家，間下己意，爲荀子集解。見行注荀善本，當獨推此矣！雖然，時至今日，復宜有所致力於是書者三事：一，荀子以久晦之故，楊倞已謂「編簡爛脱」，後世傳鈔轉刻者，又多沿譌襲謬；更以奧誼艱辭，多難索解；清儒擧正有所未逮，訓詁有所未瑩；每一檢覽，疑滯叢生；故賡續鑽覈，實不容已。二，王氏集解，搜集前説，雖云略備，但王予中説遺而未采，王畹馨讀書雜志，孫仲容札迻並刊於集解後；而近儒校釋，布在方策；東儒箋解，中土難遇；若輾轉尋閱，曠時良多；故亟宜蒐集以爲集解增補。三，集解衆說繁鉅，多耗讀者之時力；倘削繁就簡，擇善而從，使修學之士，得以含其英而咀其華，則時力既省，誼怡亦暢；故撮要鉤玄，實爲急務。竊不自揆，思集先儒荀子校釋之總成績，擷其菁英，芟其穢蕪，而爲荀子柬釋；管窺蠡測，間有一得，亦僭附於其末。搜羅譔集之勞，烏足以云述作，聊黽勉以圖便省覽焉爾！若夫發蘊闡精，仍期望於洪哲；糾謬繩疏，實禱祈於俊彥。博雅君子，幸匡教之。

一九三四年夏梁啓雄

述例

一　本書以荀子集解爲底本，更益集王懋竑、王紹蘭、俞樾、（荀子詩說）孫詒讓、陶鴻慶、劉師培、楊樹達、高亨、劉念親、鍾泰、于省吾、日儒久保愛、豬飼彥博、物茂卿、岡本保孝、兼山、冢田虎、古屋鬲、桃源藏、太宰純諸家之校釋，在此異說紛如之中，汰蕪摭精，俾便瀏覽。如欲求詳，請檢閱各家原著。

二　前儒校釋經本書擷采者，如王懋竑、王紹蘭、王引之、王先謙、郭慶藩、劉師培、楊樹達、劉念親及諸日儒皆標明其姓名；其餘各家，爲簡約計，但記姓、不記名。茲列省稱表如下：

楊——楊　倞	盧——盧文弨	謝——謝　墉	汪——汪　中	王——王念孫
劉——劉台拱	郝——郝懿行	洪——洪頤煊	顧——顧廣圻	陳——陳　奐
郭——郭嵩燾	俞——俞　樾	孫——孫詒讓	陶——陶鴻慶	高——高　亨
鍾——鍾　泰	于——于省吾			

三　先伯兄任公在日，鑽擘之暇，治業有閒，輒以荀子口授啓雄，逾年而業畢。先兄創見，啓雄當

時筆之簡端。今悉移錄入本書，冠「伯兄曰」三字以別之。

四　前儒校釋，義有未暢，說有弗安，啓雄管見所及，莫不考正疏補，而冠「啓雄按」三字以別之。

五　荀子正文，譌舛百出，前儒訂正，雖已不少，然衍、奪、竄、譌之字句仍多錯雜於行間。晦澀鉤棘，莫此爲甚。今據羣書所引荀子，宋明日荀子善本，删其衍、補其奪、移其竄、改其譌。其屬補、移、改之字句，用▲符號標於各字句之旁；所删之字句，不論字數之多寡，止用一▲符號標於所删之字或句原位之右側，統注明何所根據，及荀子原文如何。

六　舊本荀子，雖經前儒精密校勘，但衍、譌、竄、奪之病仍未能盡除；拂塵掃葉，事本難盡；啓雄曾取宋台州本，明世德堂本及日本荀子增注各詳校一過，復得十餘字之訂正焉！

七　遇有難通或完全不能索解之字句，若無確鑿證據以供解釋，與其委曲強解，穿鑿附會，毋寧暫作存疑。本書用（？）符號標於未詳字句之下，以示闕疑。

八　本書所引各書，爲簡約計，亦多省稱，茲列省稱表如下：

大戴記——大戴禮記	類聚——藝文類聚	釋詞——經傳釋詞
外傳——韓詩外傳	御覽——太平御覽	集解——荀子集解
說文——說文解字	通鑑——資治通鑑	增注——荀子增注
治要——羣書治要	述聞——經義述聞	

采輯諸家書目

王先謙荀子集解
王懋竑讀書記疑卷十一
王紹蘭讀書雜記（羅振玉編國學叢刊本）
俞　樾荀子詩説（春在堂全書曲園雜纂六）
孫詒讓札迻卷六
陶鴻慶讀諸子札記（國學叢刊二卷二號）
劉師培荀子補釋（國粹學報四十五至六十期及劉申叔先生遺書本）
劉師培荀子斠補（中國學報三至五期及劉申叔先生遺書本）
高　亨荀子眉箋（稿本）
楊樹達讀荀子小箋（稿本）
劉念親荀子正名篇詁釋（華國月刊卷一，十至十一。卷二，一至九。）

鍾　泰荀注訂補

于省吾雙劍誃荀子新證

日本物茂卿讀荀子

又久保愛荀子增注

又豬飼彥博荀子補遺

又岡本保孝荀子攷

目錄

重印敍言
高序
楊序
自敍
述例
采輯諸家書目表
第一篇　勸學……一
第二篇　修身……一四
第三篇　不苟……二四
第四篇　榮辱……三四
第五篇　非相……四七

第六篇　非十二子……五九
第七篇　仲尼……七一
第八篇　儒效……七八
第九篇　王制……九九
第十篇　富國……一一八
第十一篇　王霸……一三七
第十二篇　君道……一五八
第十三篇　臣道……一七五
第十四篇　致士……一八四
第十五篇　議兵……一八九
第十六篇　彊國……二〇八
第十七篇　天論……二二〇
第十八篇　正論……二三三
第十九篇　禮論……二五三

第二十篇　樂論……二七七
第二十一篇　解蔽……二八六
第二十二篇　正名……三〇九
第二十三篇　性惡……三二七
第二十四篇　君子……三三八
第二十五篇　成相……三四二
第二十六篇　賦……三五五
第二十七篇　大略……三六四
第二十八篇　宥坐……三八六
第二十九篇　子道……三九三
第三十篇　法行……三九七
第三十一篇　哀公……四〇〇
第三十二篇　堯問……四〇六
荀子傳徵……四一一

荀子行歷繫年表……四一九

荀子簡釋

梁啓雄學

第一篇　勸學

君子曰：學不可以已。青、取之於藍，而青於藍；啓雄按：藍、草名；說文：「藍、染青艸也。」冰、水爲之，而寒於水。楊曰：以喻學則才過其本性也。木直中繩，輮以爲輪，其曲中規，雖有槁暴，不復挺者，輮使之然也。楊曰：輮、屈，槁、枯，暴、乾，挺、直也。伯兄曰：言木性本直，與繩相適應；若用人力屈之爲輪，則亦能曲而與規相適應；雖至枯乾，終不復直。以喻人之才質，非由先天本性而定，乃後起人功而定也。啓雄按：淮南原道注：「中、適也。」漢書刑法志注：「中、當也。」歸納：天論「中則可從」，正名「心之所可中理」，賦「圓者中規，方者中矩」，儒效「比中而行之」，哀公「行中規繩」，各句的「中」字都有「適當」之意。說文：「輮、車網也。」此借爲「煣」，說文：「煣、屈申木也。」有借爲又。故木受繩則直，金就礪則利，君子博學而日參省乎己，則知明而行無過矣。楊曰：知讀爲「智」。伯兄曰：省、有察驗之義；謂博學則智識日明，常以所學切己參驗省察，則行無過。啓雄按：莊子天下：「以參爲驗」，本書解蔽：「參稽治亂而通其度」，韓子顯學：「無參驗而必之者愚也」，難二：「以形名參之」，揚權主道並云：「形名參同」；歸納其義，參字實含「徵驗」的意思。爾雅釋詁：「省、察也」。乎借爲于。

故不登高山，不知天之高也；不臨深谿，不知地之厚也；不聞先王之遺言，不知學問之大也。干越夷貉之子，楊曰：干越猶言吳越。劉曰：淮南原道：「干越生葛絺」，注：「干、吳也」。王先謙曰：吳、干先爲敵國。後干併於吳。管子：「吳干戰」，及左傳：「吳城邗」，即其明證。干爲吳滅，而吳一稱「干」。生而同聲，長而異俗，教使之然也。詩曰：「嗟爾君子，無恆安息。啓雄按：爾雅釋詁：『恆、常也。』靖共爾位，啓雄按：廣雅釋詁：『靖、安也。』共借爲供。靖共爾位，猶言安心供奉你的職位。好是正直。神之聽之，啓雄按：爾雅釋詁：『神、愼也，重也。』介爾景福。」楊曰：小雅小明之篇。介、助，景、大也。無恆安息，戒之不使懷安也。俞曰：襄七年左傳，穆子引此詩而說之云：「正直爲正，正曲爲直。」荀子之意：以人性本惡，必以學正之；上所謂：「木受繩則直，金就礪則利也。」故引此詩以證之。毛傳：「正直爲正，能正人之曲曰直。」即本古義爲說。神莫大於化道；福莫長於無禍。高曰：神、即孟子：「大而化之之謂聖，聖而不可知之之謂神」之「神」。

吾嘗終日而思矣，不如須臾之所學也。吾嘗跂而望矣，啓雄按：跂借爲「企」，說文：「企、舉踵也。」不如登高之博見也。登高而招，臂非加長也，而見者遠；順風而呼，聲非加疾也，啓雄按：爾雅釋言：「疾、壯也。」言順風而呼的人，他的聲非比尋常增加雄壯。而聞者彰。假輿馬者，非利足也，而致千里；啓雄按：言假藉輿馬的人，並不是他的脚比別人利便，却能到達千里。假舟檝者，非能水也，而絕江河。楊曰：絕、過也。俞曰：漢書食貨志：「能讀曰耐。」啓雄按：廣雅釋詁：「絕、渡也」。君子生非異也，王曰：生讀爲「性」，大戴記作「性」。善假於物也。

南方有鳥焉，名曰「蒙鳩」，以羽爲巢，而編之以髮，繫之葦苕。楊曰：蒙鳩、鷦鷯也。苕、葦之秀也。今巧婦鳥之巢至精密，多繫於葦竹之上，是也。風至苕折，卵破子死。巢非不完也，所繫者然也。西方有木焉，名曰「射干」，楊曰：本草藥名有「射干」，一名「烏扇」。莖長四寸，生於高山之上，而臨百仞之淵。木莖非能長也，所立者然也。蓬生麻中，不扶而直；白沙在涅，與之俱黑。此八字今本奪，據王據洪範正義引荀卿書校補。王曰：此言善惡無常，唯人所習。蘭槐之根是爲芷，其漸之滫，楊曰：漸、漬也。滫、溺也。盧曰：淮南人間注：「滫、臭汁也。」啓雄按：本書大略作：「蘭茝」，茝是「芷」之正體。釋詞五：「其、猶若也。」君子不近，庶人不服。啓雄按：呂覽孟春紀注：「服、佩也。」其質非不美也，所漸者然也。故君子居必擇鄉，遊必就士，所以防邪僻而近中正也。啓雄按：僻、詩板釋文：「僻、邪也。」

物類之起，必有所始。榮辱之來，必象其德。啓雄按：象借爲像；易繫辭：「象也者、像此者也。」肉腐出蟲；魚枯生蠹。怠慢忘身，禍災乃作。强自取柱，柔自取束。王引之曰：柱當讀爲「祝」；祝、斷也。此言物強則自取斷折，所謂：「太剛則折也」。大戴記作「强自取折」。啓雄按：大戴記作「折」，不對，因爲柱字諧韵是證據。邪穢在身，怨之所構。施薪若一，火就燥也；平地若一，水就溼也。啓雄按：大戴禮記補注：「著薪雖均，燥者易焚；地雖同，溼者易鍾。」此言：若把柴薪——有乾有溼——施放在一樣的位置上，火只往那堆乾燥柴燒過去；平地——有乾有溼——一樣平，水只往那塊溼潤地流過去。草木疇生，楊曰：疇與「儔」同，類也。久保愛曰：疇、如國語「人與人相疇，家與家相疇。」之「疇」。禽獸羣焉，劉曰：羣焉當從大戴禮作「羣居」。啓雄按：羣當爲「物以羣分」之「羣」。同類爲羣，如雁與雁聚居，羊與羊聚居，這就是羣居。物各從其類也。是故質的張而弓矢至焉；啓雄按：淮南原道：「弓矢質的」，注：「質的、射者之準埶也。」即射布上的「鵠的」或「箭靶」。林木茂而斧斤至焉；樹成蔭而衆鳥息焉；醯酸而蜹聚焉。故言有召禍也；行有招辱也。君子愼其所立乎！

積土成山，風雨興焉；積水成淵，蛟龍生焉；積善成德，而神明自得，聖心備焉。啓雄按：內經：「心者君主之官，神明出焉。」內經所說的「神明」是指心的精神，荀子所謂「神明」是指心的睿智。釋詞七：「而、猶則也。」故不積蹞步，無以至千里；楊曰：半步曰「蹞」。蹞與「跬」同。啓雄按：蹞正字作「𧺴」。說文：「𧺴、半步也。」不積小流，無以成江海。騏驥一躍，不能十步；駑馬十駕，功在不舍。劉曰：一日所行爲一駕，十駕、十日之程也。啓雄按：此言：駑馬十日亦能行千里，所成就和騏驥相同，它所以成功的原因，是在于它不肯放捨前進。鍥而舍之，朽木不折；楊曰：鍥、刻也。鍥而不舍，金石可鏤。啓雄按：鍥借爲契，說文：「契、刻也。」左哀元傳：「器不彤鏤」，注：「鏤，刻也。」螾無爪牙之利，筋骨之强，上食埃土，下飲黃泉，用心一也。楊曰：螾與「蚓」同，蚯蚓也。蟹六跪而二螯，盧曰：說文：「蟹有二敖、八足」。大戴禮亦同。此文「六」字疑「八」字之訛。啓雄按：跪本是人兩膝支地；在這裏作形名詞用，轉變爲蟹足。非蛇蟺之穴無可寄託者，用心躁也。啓雄按：蟺借爲鱔。此言：蟹有二螯八足，可是、自己不會造洞穴，因此、除非是有蛇鱔造好現成的穴提供它借用，它就簡直沒有寄託的居處；這就是由於它用心急躁啊！是故無冥冥之志者，無昭昭之明；無惛惛之事者，無赫赫之功。楊曰：冥冥、惛惛，皆專默精誠之謂也。啓雄按：廣雅釋訓：「冥冥、暗也。」老子注：「昭昭，明且達也。」管子四時：「惛惛、微闇貌。」廣雅釋訓：「赫赫、明也。」行衢道者不至，楊引或曰：衢道、兩道也。郝曰：王霸：「楊朱哭衢涂。」注：「衢涂、歧路也。」事兩君者不容。啓雄按：這二句喻：爲學不專壹的失敗。目不能兩視而明，耳不能兩聽而聰。螣蛇無足而飛，楊曰：爾雅：「螣、螣蛇。」郭璞云：「龍類、能興雲霧而游其中。」鼫鼠五技而窮。今本鼫作「梧」，據楊王據大戴記校改。楊曰：言技能雖多，而不能如螣蛇專壹，故窮。五技：謂能飛不能上屋，能緣不能窮木，能游不能渡谷，能穴不能掩身，能走不能先人。啓雄按：這二句喻：專精一技比貪求五技優越得多。詩曰：「尸鳩在桑，其子七兮。淑人君子，其儀一兮。啓雄按：淑借爲俶；說文：『俶、善也。』儀借爲義；說文：『義、己之威儀也。』即儀容。其儀一兮，心如結兮。楊曰：曹風尸鳩之篇。毛云：『尸鳩、鴶鞠也，尸鳩之養七子，且從上而下，暮從下而上，平均如一。』善人君子，其執義亦當如尸鳩之一；執義一，則用心堅固。故曰「心如結」也。」故君子結於一也。啓雄按：此言：尸鳩養子，日日有固定的動作，這是專壹的表現。善人君子們學習尸鳩養子的專壹，因此、他們的儀容也相應地專壹；不但儀容專壹，心也像結束着那麼堅定；所以君子們收斂着他們的心使它們集中於一。

昔者瓠巴鼓瑟而沈魚出聽；今本沈作「流」，據王先謙據大戴記校改。楊曰：瓠巴古之善鼓瑟者，不知何代人。列子：「瓠巴鼓琴鳥舞魚躍。」啓雄按：楊所引的列子文見湯問篇，注：「瓠巴古善鼓琴人也。」鼓當作鼓。說文：「鼓、擊鼓也。」伯牙鼓琴而六馬仰秣。楊曰：伯牙古之善鼓琴者，亦不知何代人。六馬、天子路車之馬也。白虎通：「天子之馬六者，示有事於天地四方也。」啓雄按：呂覽本味：「伯牙鼓琴，鍾子期聽之。方鼓琴，而志在泰山，鍾子期曰：善哉乎！鼓琴！巍巍乎若太山。少選之間，而志在流水，鍾子期又曰：善哉乎！鼓琴！湯湯乎若流水。鍾子期死，伯牙破琴絕絃，終身不復鼓琴，以爲世無足復爲鼓琴者。」注：「伯姓，牙名，或作雅，楚人。」又按：大戴禮記解詁：「六馬者，周禮曰：校人辨六馬之屬，謂：種馬、戎馬、齊馬、道馬、田馬、駑馬。」故聲無小而不聞；行無隱而不形。啓雄按：廣雅釋詁：「形、見也。」此言：聲無論多麼小，未有不被人耳聞的；行爲無論多麼隱蔽，未有不顯露出來的。無字解詳正名篇末。玉在山而草木潤；淵生珠而崖不枯。啓雄按：小而隱的寶物，必顯露於外界，比喻：人有陰德本來不求別人知之，可是，別人遲早必定知之。下二句即申釋此意。爲善不積邪？安有不聞者乎！啓雄按：這是荀子對那些怨歎世人莫能知己者說的；它意味着：你們時斷時續地爲善而不能積累善行罷了！要不然，別人豈有不聞知你的美德呢！

學惡乎始？惡乎終？曰：其數則始乎誦經，啓雄按：下文「學數有終。誦數以貫之。」合此文觀之，數字是指書詩禮樂春秋各種課程的數。指學的途徑。終乎讀禮；楊曰：經、謂詩書；禮、謂典禮之屬。其義則始乎爲士，終乎爲聖人。王先謙曰：荀書以士、君子、聖人爲三等。啓雄按：儒效：「彼學者：行之，士也；敦慕焉，君子也；知之，聖人也。」修身：「好法而行，士也；篤志而體，君子也；齊明而不竭，聖人也。」眞積力久則入，久保愛曰：入、國語「非學不入」之「入」，謂得于身也。啓雄按：言眞誠而能積，力行而能久，這樣、必定有深入門的成就。學至乎沒而後止也。故學數有終，若其義則不可須臾舍也。爲之人也；舍之禽獸也。故書者，政事之紀也；詩者，中聲之所止也；楊曰：詩、謂樂章。所以節聲音至乎中而止，不使流淫也。春秋傳：「中聲以降，五降之後，不容彈矣！」物茂卿曰：止、猶「存」也。啓雄按：楊引的春秋傳見左昭元年傳。周語：「古之神瞽，考中聲而量之以制。」注並曰：「中和之聲。」禮者，法之大分類之綱紀也。楊曰：類、謂禮法所無觸類而長者，猶律條之比附。方言：

「齊謂法爲類。」王曰：類者、謂與法相類者也。啓雄按：王制大略都說：「有法者以法行，無法者以類舉。」方言：「齊謂法爲類。」史記屈原傳正義：「類、例也。」類、指與法相類似的律例。又按：分疑本字之譌。

故學至乎禮而止矣。夫是之謂道德之極。禮之敬文也，樂之中和也，詩書之博也，春秋之微也，在天地之間者畢矣。啓雄按：國語周語：「夫敬、文之恭也。」說文：「敬、肅也。」敬、謂貌恭愼心肅警也。文借爲彣，指彣彰、彣采、彣明、文理。中卽上文「中聲」之中。和借爲龢；一切經音義引說文：「龢、音樂和調也。」本書修身：「多聞曰博。」詩書博記歷史、地理、風俗及鳥獸草木之名，故內容極博。微借爲散；六書故引說文：「散、見其耑也。」春秋專用字句體例表達褒、貶、沮、勸，是用幽隱微秒之言暗示批判的端倪。

君子之學也：入乎耳，箸乎心，布乎四體，形乎動靜。啓雄按：箸借爲貯；說文：「貯、積也。」乎借爲于。端而言，蝡而動，一可以爲法則。楊曰：端讀爲「喘」，喘、微言也。蝡、微動也。一、皆也。小人之學也：入乎耳，出乎口。口耳之間則四寸耳，曷足以美七尺之軀哉！啓雄按：則借爲財，財同才、同纔。此文「君子之學」指能實踐所學者。「小人之學」指專騁夸敎條者。古之學者爲己；今之學者爲人。君子之學也以美其身；小人之學也以爲禽犢。楊曰：禽犢、餽獻之物也。劉師培曰：「以爲禽犢」句，承上文「爲人」言，卽以學爲贄之謂也。禮記曲禮：「凡贄、卿羔，大夫雁，士雉。」是所執之贄非獸卽禽，特此文以犢代羔耳！以學爲贄，猶言執所學以取信於人耳！新序載：「齊王問墨子曰：古之學者爲己，今之學者爲人，何如？對曰：古之學者得一善言以附其身，今之學者得一善言務以悅人。」即「以爲禽犢」之確解。言小人自衒其學，欲以學見之於人也。與上文「小人之學也，入乎耳，出乎口。」三語前後相應。故不問而告謂之傲，俞曰：論語季氏：「言未及之而言謂之躁。」釋文：「魯讀躁爲傲。」傲卽「躁」之叚字。問一而告二謂之囋。郝曰：囋者、嘈囋，謂語聲繁碎也。陸機文賦：「務嘈囋而妖冶。」義與此近。傲、非也，囋、非也；君子如嚮矣。楊曰：「嚮」與響同，如響應聲。久保愛曰：學記：「善待問者如撞鐘，叩之以小者則小鳴，叩之以大者則大鳴。」是也。啓雄按：翁注本困學紀聞引監本如字作「知」，那末、「知嚮」的意義是：知道「傲」是不對，又知「囋」也不對，因此，君子知言行的方嚮了。這樣解釋也通。

學莫便乎近其人。楊曰：謂賢師也。郭曰：近其人，謂得其人而師之。禮樂法而不說，詩書故而不切，春秋約而不速。方其人之習君子之說，久保愛曰：「方」「放」「倣」通，與禮記「哲人其萎則吾將安放。」之「放」同。（集韻：「方、效也。」）之與「而」通，禮記：「惡夫涕之無從」，家語之作「而」。論語：「恥其言而過其行」，皇侃本而作「之」之類，是也。則尊以徧矣，周於世矣！伯兄曰：此言貴得師友，勝於讀書也。禮樂有一定之聲容而未嘗說明其理，故曰：「法而不說」。詩書爲掌故所萃，或不切於今之世，故曰：「故而不切」。春秋辭約旨微，或難速曉，故曰：「約而不速」。惟近君子習聞其說，則可以養成尊貴之人格，普徧之智識，而周於世事矣。啓雄按：釋詞：「以、猶而也。」故曰：學莫便乎近其人。

學之經莫速乎好其人。王曰：經讀爲「徑」。郭曰：好其人、謂中心悅而誠服親炙之深者也。啓雄按：郭說很對，但所好的人不必限於和自己同時代的人，如孟子對於孔子就是明證。解蔽：「故學者以聖王爲師，……以務象效其人。」可以和這句互發。隆禮次之，啓雄按：說文：「隆、豐大也。」小爾雅：「隆、高也。」禮記經解注：「隆、尊盛之也。」荀書例，隆字有作動詞用的，如：隆禮、隆仁、隆師、隆性、隆積、隆禮義。有作形名詞用的，如：隆正、隆高、仁之隆、禮之隆、政之隆、國之隆、家之隆、立隆。上不能好其人，下不能隆禮，安特將學雜識志順詩書而已耳！王引之曰：此文本作：「安特將學雜志、順詩書而已耳！」志、卽古「識」字也。今本竝出「識」「志」二字者，校書者旁記識字，而寫者因誤入正文耳！「學雜志」「順詩書」皆三字爲句，多一識字則重複而累於詞矣。高曰：順借爲「訓」，說文：「訓、說敎也。」啓雄按：荀子通以「安」「案」爲語詞，其義或作「於是」或作「則」。說見釋詞二。學雜志、指記誦敎條或盲目地亂學；順詩書、指搬弄敎條，或「販賣式」地敎導學生；都犯了「書本與實踐完全分離」的錯誤。則末世窮年，不免爲陋儒而已！將原先王，本仁義，則禮正其經緯蹊徑也。啓雄按：謂將要追溯先王之原，窮仁義之本，那末、禮正是入道之井然的縱橫步道。若挈裘領，詘五指而頓之，順者不可勝數也。楊曰：挈、舉也。詘與「屈」同。王曰：頓者、引也。言挈裘領者屈五指而引之，則全裘之毛皆順也。不道禮憲，以詩書爲之，啓雄按：釋名釋道：「道、蹈也。」爾雅釋詁：「憲、法也。」謂不實踐禮法，却專門以空談詩書爲實踐之學。譬之猶以指測河也，以戈舂黍也，以錐飡壺也，王先謙曰：以錐飡壺，言以錐代箸也；古人貯食以壺。不可以得之矣。故隆禮，雖未明，法士也；王先謙曰：法士、卽好禮之士。不隆禮，雖察辯，散儒也。楊曰：散、謂不自檢束，莊子以不材木爲散木也。啓雄按：辯者、智也，慧也。說詳集解（思賢講舍本）非十二子頁十八。

問楛者勿告也。楊曰：楛、惡也。問楛、謂所問非禮義。楊樹達曰：儒效：「諸侯問政，不及安存，則不告也；匹夫問學，不及爲士，則不教也。」與此正相發。告楛者勿問也。說楛者勿聽也。啓雄按：荀子喜用「楛」字，楊倞多以「濫惡不固」或「麤惡不精」釋之。今綜研：榮辱「定取舍楛僈」，議兵「械用兵革窳楛」，王制「立身則輕楛」，王霸「忠信而不楛」，天論「楛耕傷稼」，各「楛」字含義，楊注似可信。有爭氣者勿與辯也。故必由其道至，然後接之，非其道則避之。故禮恭而後可與言道之方；辭順而後可與言道之理；色從而後可與言道之致。楊曰：致、極也。故未可與言而言謂之傲；可與言而不言謂之隱；不觀氣色而言謂之瞽。故君子不傲、不隱、不瞽，謹順其身。劉師培曰：外傳謹上有「言」字，身作「序」，義似較長。身疑「序」誤。詩曰：「匪交匪舒，俞曰：交讀爲『絞』，釋名釋喪制：『絞、交也，交結之也。』是絞交聲近義通。昭元年左傳：『叔孫絞而婉。』注：『絞、切也。』論語泰伯：『直而無禮則絞。』鄭注：『絞、急也。』是絞有『急切』之訓。匪絞、言不急切，匪紓、言不紓緩。上文：『君子不傲、不隱、不瞽。』『傲』與『瞽』皆失之急切，『隱』則失之紓緩也。天子所予。楊曰：受天子之賜予也。」楊曰：小雅采菽之篇。此之謂也。

百發失一，不足謂善射；千里蹞步不至，不足謂善御；倫類不通，仁義不一，啓雄按：書堯典傳：「倫、理也。」類猶法也。「不一」及下文「固學一」之一均指全、盡、粹，謂全面和深入。不足謂善學。學也者，固學一之也。一出焉，一入焉，涂巷之人也。啓雄按：涂借爲途。儒效：「混然涂之人」，謂一時學習，一時不學習，是思想混亂的途巷之人。其善者少，不善者多，桀紂盜跖也。啓雄按：壞人也有點善行，和惡行矛盾着，可是在他的思想行爲中，罪惡常居于支配的地位起着決定性的作用，因此，他是屬於桀紂盜跖類型中的壞人。全之盡之，然後學者也。啓雄按：說文：「全、完也；純玉曰全。」引伸爲「凡完備純粹之偁。」墨子經：「盡、莫不然也。」

君子知夫不全不粹之不足以爲美也，故誦數以貫之；啓雄按：釋詞十：「夫猶彼也。」誦數、解詳本篇篇中。廣雅：「貫、累也，穿也。」謂讀羣書使得積累貫穿成全粹之學。思索以通之；爲其人以處之；劉曰：雖誦數思索而不體之於身，則無以居之。故必自爲其人以居其道也。郭曰：言設身處地，取古人所已行者爲之程式而得其所處之方也。除其害者以持養之。啓雄按：全、盡、粹是學習者所嚮往的目標；貫之、通之、處之、持養之的「之」字都是指全粹之學。其人、指學習者敬愛的導師。爲其人以處之，謂「使自己人格（導師的人格）化」地處理（指實踐）全粹之學。害者、指妨害全粹之學的事物。持養、謂扶持保養。使目非是無欲見也，使耳非是無欲聞也，使口非是無欲言也，使心非是無欲慮也。啓雄按：非是、謂除非是此「全粹之學」。無欲、謂不想。及至其致好之也，目好之五色，耳好之五聲，口好之五味，心利之有天下。俞曰：古「之」「於」通用。此文四「之」字，並猶「於」也。啓雄按：此謂：及至好學樂道達到致極之時，就像目好色、耳好聲、口好味、心好利、同一自然，絕不勉强。是故權利不能傾也，羣衆不能移也，天下不能蕩也。生乎由是，死乎由是，夫是之謂德操。郝曰：德操、謂有德而能操持也。生死由乎是、所謂：「國有道不變塞，國無道至死不變」者，庶幾近之。啓雄按：此言：學習者確實有了心得之後，就結成正確的、堅定的意志；不接受別人的利誘，不作羣衆的尾巴，也不被反動的洪流所激盪。樂生時固然遵循着這條正確路線前進，即阽危至死也遵循這條路線勇進；這才是修德者掌握着正確的人生觀啊！德操然後能定，能定然後能應。楊曰：我能定故能應物也。啓雄按：操字在上句是動名詞，在下句是動詞。定正二字通用。此謂：掌握着「德」才能正確堅定，管子內業「能正能靜、然後能定」似是荀子造句之所本。能定能應，夫是之謂成人。楊曰：內自定而外應物，乃為成就之人也。天見其明，地見其光，劉曰：光廣古通用。啓雄按：廣雅釋詁：「見、示也。」漢書韓信傳注：「見、顯露也。」即今語「表現」之意。君子貴其全也。

第二篇　修身

見善、修然，必以自存也。楊曰：修然、整飭貌。王曰：爾雅：「存、察也。」自存者、察己之有善與否也。見不善、愀然，必以自省也。楊曰：愀然、憂懼貌。啓雄按：這兩句和論語里仁：「見賢思齊，見不賢而內自省。」意義略近。善在身、介然，必以自好也。楊曰：介然、堅固貌。自好、自樂其善也。不善在身、菑然，必以自惡也。劉師培曰：菑與「湽」同，湽與「緇」同，湽又與「滋」同，蓋字之從「菑」得聲及與「菑」音相近者義均訓黑，引伸之：則爲渾濁之貌。菑然者、猶言以不善爲汙己也。孟子稱：「伯夷與鄉人處，如以朝衣朝冠坐於塗炭。」即「菑然」之確解。故非我而當者，吾師也；是我而當者，吾友也；諂諛我者，吾賊也。啓雄按：說文：「非、違也。」淮南氾論注：「非猶譏也。」這是虛心接受批評和拒絕面諛逢迎的正確批判。故君子隆師而親友以致惡其賊。楊曰：致、猶「極」也。啓雄按：隆字解詳本書勸學篇中。好善無厭，受諫而能誡，雖欲無進，得乎哉！小人反是：致亂而惡人之非己也；致不肖而欲人之賢己也；心如虎狼，行如禽獸，而又惡人之賊己也；諂諛者親，諫爭者疏，修正爲笑，至忠爲賊；啓雄按：這個賊字疑當是「賤」字，字形相近而誤錯了。

雖欲無滅亡，得乎哉！詩曰：「噏噏呰呰，盧曰：宋本作『潝潝訿訿』。亦孔之哀。謀之其臧，啓雄按：釋詞五：『其、猶若也。』則具是違；謀之不臧，則具是依。」楊曰：小雅小旻之篇。王懋竑曰：朱傳：潝潝、相和也。訿訿、相詆也。」引詩取小人與諂諛者相合，所謂「相和」也。與諫諍修正者相惡，所謂「相詆」也。「謀之其臧」四句卽申此意。啓雄按：箋：「謀之善者、俱背違之；其不善者、依就之。」此之謂也。

扁善之度——王曰：扁讀爲「徧」。徧善者、無所往而不善也。以治氣養生，則身後彭祖；楊曰：彭祖堯臣、名鏗、封於彭城；經虞夏至商，壽七百歲。久保愛曰：後彭祖、謂壽於彭祖也。啓雄按：彭祖的年齡見於書記的，有多種多樣的說法，無從考定。大概都是古代的神話，都不可信。馬敘倫考得很詳明，見莊子義證卷一頁八。以修身自強，則名配堯禹。今本後上奪「身」，配上奪「名」，強作「名」字，據王引之據外傳校補、改。宜於時通，王引之曰：時亦「處」也。莊子逍遙遊：「猶時女也。」司馬彪曰：「時女猶處女也。」是時與處同義。利以處窮，禮信是也。凡用血氣、志意、知慮，由禮則治通，不由禮則勃亂提僈；楊曰：提、舒緩也。郝曰：勃與「悖」同。食飲、衣服、居處、動靜，由禮則和節，王先謙曰：和節、猶「和適」也。不由禮則觸陷生疾；容貌、態度、進退、趨行，由禮則雅，不由禮則夷固僻違庸衆而野。王引之曰：夷固、猶「夷倨」也。夷固僻違、猶言「倨傲僻違」。啓雄按：詩板釋文：「僻、邪也。」國語注：「違、邪也。」故人無禮則不生，事無禮則不成，國家無禮則不寧。詩曰：「禮儀卒度，笑語卒獲。」楊曰：小雅楚茨之篇。卒、盡也。獲、得也。此之謂也。

以善先人者謂之教。楊曰：先、謂首唱也。以善和人者謂之順。以不善先人者謂之諂。王曰：諂之言導也，導人以不善也。以不善和人者謂之諛。啓雄按：諂諛二字的意思，對文就有分別，散文就都通用。是是非非謂之知。啓雄按：以是爲是，以非爲非，謂之知。上「是」「非」二字是動詞。非是是非謂之愚。傷良曰讒。害良曰賊。是謂是非謂非曰直。竊貨曰盜。匿行曰詐。易言曰誕。趣舍無定謂之無常。保利弃義謂之至賊。多聞曰博。少聞曰淺。多見曰閑。啓雄按：爾雅釋詁：「閑、習也」。少見曰陋。難進曰偍。楊曰：偍、弛緩也。易忘曰漏。少而理曰治。多而亂曰秏。王曰：秏讀爲「眊」，眊、亂也。漢書董仲舒傳：「天下眊亂。」是也。眊與「秏」古同聲而通用。

治氣養心之術：——血氣剛強，則柔之以調和；知慮漸深，郝曰：漸潛古字通。物茂卿曰：漸深即「沈潛」，有潛藏深阻，內含機械意，故下曰「易良」。則一之以易良；伯兄曰：漸深猶「深沈」。易良者、禮樂記：「易直子諒之心生。」易良、即彼文之「易諒」。易、謂坦率。諒、謂忠直。言知慮深沈之人，以率直之德斂節之。勇毅猛戾，今本毅作「膽」。據郝據外傳校改。則輔之以道順；俞曰：順讀爲「訓」，古順訓字通用。齊給便利，楊曰：齊給便利，皆捷速也。則節之以動止；楊曰：使安徐也。狹隘褊小，則廓之以廣大；卑溼重遲貪利，王曰：卑溼、志意卑下也。啓雄按：重借爲「憧」。說文：「憧、遲也。」重遲、和「遲緩」意義略同。則抗之以高志；王曰：抗、舉也。庸衆駑散，楊曰：散、不拘檢者也。則刦之以師友；怠慢僄弃，楊曰：僄、輕也。則炤之以禍災；于曰：炤讀爲昭，禮記中庸：「亦孔之昭」，釋文：「昭本又作炤」。禮記樂記注：「昭、曉也」。愚款端慤，楊曰：款、誠款也。則合之以禮樂，通之以思索。俞曰：自「血氣剛強，則柔之以調和」，以下八句文法皆同，此獨多「通之以思索」五字，與上文不一律，據外傳無此五字，當爲衍文。楊注不及「思索」之說，是其所見本未衍也。凡治氣養心之術，莫徑由禮，楊曰：徑、捷速也。莫要得師，莫神一好。王曰：一好、謂所好不二也。啓雄按：元李治敬齋古今黈五：「一好、謂純一其好，思慮不雜也。『用志不分，乃凝於神』，此『神一好』之說也。」夫是之謂治氣養心之術也。

志意修則驕富貴，道義重則輕王公；內省而外物輕矣。傳曰：楊曰：凡言「傳曰」，皆舊所傳聞之言也。「君子役物，小人役於物。」此之謂矣。身勞而心安，爲之；利少而義多，爲之；事亂君而通，不如事窮君而順焉。楊曰：窮君、小國迫脅之君也。言事大國暴亂之君，達道而通，不如事小國之君，順行其道也。啓雄按：說文：「通，達也」，謂顯達。詩女曰雞鳴箋：「順，謂與已和順」。謂言聽計從。故良農不爲水旱不耕，良賈不爲折閱不市，楊曰：折、損也。閱、賣也。謂損所閱賣之物價也。士君子不爲貧窮怠乎道。

體恭敬而心忠信，術禮義而情愛人；王引之曰：人讀爲「仁」。橫行天下，王引之曰：橫讀爲「廣」。堯典：「光被四表」，今文尚書作「橫被」，漢成陽靈臺碑成陽令唐扶頌竝作「廣被」。雖困四夷，人莫不貴。勞苦之事則爭先，饒樂之事則能讓，端慤誠信，拘守而詳；橫行天下，雖困四夷，人莫不任。體倨固而心埶▲詐，今本埶作「執」，據王引之據議兵校改。楊曰：倨、傲也。王引之曰：埶與「詐」義相近。後漢書崔駰傳注：「埶、謂謀略也。」術順墨而精雜汙；劉師培曰：儒效：「愼墨不得進其談，惠施鄧析不敢竄其察。」彼以「愼墨」與「惠鄧」並言，均人氏也。此文「順墨」與「禮義」對文，與倨固勢詐雜汙並文，均就人行言，似與愼到墨翟靡涉。竊以爲順墨之「順」亦「愼」字所改，古籍順字，凡唐人所書字皆作「愼」，具見唐人所寫羣經。本書之中，亦「愼」「順」互用，蓋舊本概書作「愼」，而楊氏所據之本則或改或否，故知此「順」字舊亦作「愼」也。惟作「愼」亦爲譌字，乃「脊」字之譌，脊卽「瘠」省，與「愼」字古文相似。脊譌爲「昚」，嗣从正書作「愼」與本籍書「順」作「愼」者相淆，因亦並改爲「順」，此卽楊氏所據本也。禮論：「送死不忠厚，不敬文，謂之瘠。」又：「刻死而附生謂之墨。」樂論：「其送死瘠墨。」

蓋「墨」義兼該利己言，「瘠」義兼該損禮言，不敬文則與禮違，附生則與義背，故以「瘠墨」與「禮義」對文。啓雄按：荀卿書情精多互通。橫行天下，雖達四方，人莫不賤。勞苦之事則偷儒轉脫，楊曰：偷、謂苟避於事。儒、亦謂懦弱畏事。皆懶惰之義。啓雄按：轉脫、謂宛轉苟脫。饒樂之事則佞兌而不曲，楊曰：兌、悅也。言佞悅於人以求饒樂之事。于曰：釋名釋言語：「曲、局也」，佞悅而不曲、謂恣意爲樂，佞媚喜悅而不局曲。辟違而不愨，王曰：辟違、皆邪也。周語晉語注竝曰：「違、邪也。」堯典：「靜言庸違」史記五帝紀作：「共工善言其用僻」，是僻卽「違」也。啓雄按：本書成相：「邪枉辟回失道途」。賈子道術：「反道爲辟。」違借爲褘；說文：「褘、衺也。」程役而不錄，楊曰：程、功程。役、勞役。于曰：錄讀爲勞，雙聲字也。謂：有功程役使之事而不勞也。橫行天下，雖達四方，人莫不棄。

行而供冀，非漬淖也。楊曰：供、恭也。冀當爲「翼」。王先謙曰：釋詁：「翼、敬也。」拱翼爲禮之容，非因有泥淖漬之也。行而俯項，非擊戾也。王曰：擊戾謂有所抵觸也。行而俯項非擊戾也者，謂非懼其有所抵觸而俯項以避之也。偶視而先俯，楊曰：偶視、對視也。非恐懼也。然夫士欲獨修其身，不以得罪於比俗之人也。啓雄按：釋詞七：「然、乃也。」言士之恭敬如此，乃欲自修其身，非恐得罪於流俗也。」

夫驥一日而千里，駑馬十駕則亦及之矣。將以窮無窮、逐無極與？其折骨絕筋終身不可以相及也；久保愛曰：元本其作「則」。啓雄按：釋詞五：「其、猶殆也。」將有所止之，則千里雖遠，亦或遲、或速、或先、或後，胡爲乎其不可以相及也！不識步道者將以窮無窮逐無極與？楊曰：步、行也。意亦有所止之與？啓雄按：釋詞三：「意與抑同，抑詞之轉也。」夫「堅白」「同異」「有厚無厚」之察，非不察也，啓雄按：「堅白」「同異」「有厚無厚」，是戰國中葉學者公孫龍惠施鄧析等辯論的題目。然而君子不辯，止之也。倚魁之行，伯兄曰：倚、即「奇」字。魁與「傀」同。周禮大司樂注：「魁、猶怪也。」倚魁之行、即「奇怪之行」。非不難也，然而君子不行，止之也。故學曰：「遲彼止而待我，楊曰：學曰，謂爲學者傳此言也。遲、待也。我行而就之，則亦或遲、或速、或先、或後，胡爲乎其不可以同至也！」故蹞步而不休，跛鼈千里；累土而不輟，丘山崇成。啓雄按：崇借爲「終」。詩蝃蝀：「崇朝其雨。」傳：「崇、終也。」又河廣：「曾不崇朝。」箋：「崇、終也。」國語楚語：「思念前世之崇替。」淮南氾論：「不崇朝而雨天下。」注並曰：「崇、終也。」都是用本字釋叚字。厭其源，開其瀆，楊曰：厭、塞也。瀆、水竇也。江河可竭。一進一退，一左一右，六驥不致。彼人之才性之相縣也，啓雄按：淮南主術注：「縣、遠也。」豈若跛鼈之與六驥足哉！然而跛鼈致之，六驥不致，是無他故焉，或爲之或不爲爾！道雖邇，不行不至；事雖小，不爲不成。其爲人也、多暇日者，其出入、不遠矣。王曰：

出入當爲出入，外傳：「出入不遠矣」。啓雄按：此句「不行」「不爲」是直承前句「不爲」說的；多暇日，是「或不爲」的表徵；其出入，指「一進一退，一左一右」「一出焉一入焉」；不遠，謂不遠致。

好法而行、士也。篤志而體、王曰：爾雅：「篤、固也。」體讀爲「履」。謂固其志以履道。君子也。齊明而不竭、王引之曰：齊者、智慮之敏也。聖人也。人無法則倀倀然。楊曰：倀倀、無所適貌。有法而無志其義則渠渠然。楊曰：志、識也，不識其義，謂但拘守文字而已。陳曰：渠渠猶「瞿瞿」。齊風傳：「瞿瞿、無守之貌。」依乎法而又深其類然後溫溫然。啓雄按：類、指與法相類似的律例，說詳本書勸學篇中。

禮者、所以正身也；師者、所以正禮也。無禮何以正身，無師吾安知禮之爲是也。禮然而然，則是情安禮也；師云而云，則是知若師也。情安禮、知若師，則是聖人也。故非禮、是無法也；非師、是無師也。楊曰：無師、謂不以師爲師。啓雄按：非禮、違禮也；非師，違師也。不是師法，而好自用，譬之是猶以盲辨色，以聾辨聲也；舍亂妄無爲也。王曰：言所爲皆亂妄。故學也者、禮法也；夫師以身爲正儀，而貴自安者也。詩云：「不識不知，順帝之則。」此之謂也。楊曰：大雅皇矣之篇。引此以喻師法暗合天道，如文王雖未知，已順天之法則也。

端慤順弟，楊曰：弟與「悌」同。則可謂善少者矣；加好學遜敏焉，則有鈞無上，俞曰：謂但有與之齊等，無更在其上者也。可以爲君子者矣。偷儒憚事，無廉恥而嗜乎飲食，則可謂惡少者矣；加惕悍而不順，楊曰：韓侍郎云：惕與「蕩」同，謂放蕩兇悍也。險賊而不弟焉，則可謂不詳少者矣；楊曰：詳當爲「祥」。啓雄按：祥、詳古通用。左成十六傳：「德刑詳義禮信」，疏：「詳者祥也。」爾雅釋詁：「祥，善也。」雖陷刑戮可也。

老老而壯者歸焉；楊曰：老老，謂以老爲老而尊敬之也。不窮窮而通者積焉；俞曰：窮通以賢不肖言。不窮窮者，不強人以所不知不能也。行乎冥冥而施乎無報而賢不肖一焉；楊曰：行乎冥冥，謂行事不務求人之知。施乎無報，謂施不務報。如此，賢不肖同慕而歸之。啓雄按：一當爲壹；左昭十傳：「壹、同也。」禮記玉藻注：「壹猶聚也。」——人有此三行，雖有大過，天其不遂乎。俞曰：過與「禍」通。漢書公孫宏傳：「雖陽與善後竟報其過。」史記過作「禍」。于曰：遂墜古通，謂天不隕墜之也。啓雄按：荀子在天論篇中否定了有意識的人格化的天，而指出無意識的物質性的天；可是、在這句和榮辱：「天生烝民，有所取之」。性惡：「天非私曾騫孝己而外衆人……天非私齊魯之民而外秦人。」賦：「皇天隆物，以示下民，……弟子勉學，天不忘也；……嗚呼！上天！曷維其同。」大略：「天之生民，非爲君也；天之立君，以爲民也。」等句中的「天」字似仍指有意識的天；在他的天道觀上是一矛一盾，顯然不調和；也許是在變革歷程中因少年和晚年的觀點不同，所以前後說得不一致。

君子之求利也、略，其遠害也、早，其避辱也、懼，其行道理也、勇。

君子貧窮而志廣，富貴而體恭，安燕而血氣不惰，啓雄按：燕借爲晏；晏、烏諫切；說文：「晏安也。」勞勸而容貌不枯，啓雄按：陶詩：「辛苦無此比，常有好容顏。」意義與此句暗合。怒不過奪，喜不過予。楊曰：予、賜也。君子貧窮而志廣，隆仁也。楊曰：仁愛之心厚，故所思者廣。言務於遠大濟物也。富貴而體恭，殺勢也。啓雄按：隆字解詳本書勸學篇中。禮記文王世子注：「殺、差也」。公羊僖廿二傳注：「殺、省也。」殺、差、省雙聲。此文隆仁，謂尊大仁，殺勢，謂減省勢。安燕而血氣不惰，柬理也。王曰：爾雅：「柬、擇也。」勞勸而容貌不枯，好交也。王曰：交當爲「文」。上言「柬理」，下言「好文」。理與文皆謂禮也。禮論：「孰知夫禮義文理之所以養情也。」又：「貴本之謂文，親用之謂理。」性惡：「出於辭讓，合於文理。」賦：「非絲非帛，文理成章。」凡荀子書言文理者皆謂禮也。怒不過奪，喜不過予，是法勝私也。楊曰。以公滅私，故賞罰得中也。啓雄按：世德堂及崇文局本「法」上並無「是」字。書曰：「無有作好，遵王之道。無有作惡，遵王之路。」楊曰：書洪範之辭。此言君子之能以公義勝私欲也。

第三篇　不苟

君子行不貴苟難，說不貴苟察，啓雄按：匡謬正俗：「苟者、媮合之稱。」儀禮注：「苟、假也。」苟察、謂苟且分辨事物之理而自以爲纖微皆審的假明察。名不貴苟傳，唯其當之爲貴：——故懷負石而赴河，汪曰：負、抱也，謂抱石於懷中而赴河也。劉師培曰：「懷」疑後人旁注之字，以「懷」釋「負」，非正文亦有懷字也。是行之難爲者也，而申徒狄能之；楊曰：申徒狄恨道不行，發憤而負石自沉於河。莊子音義：「殷時人。」外傳：「申徒狄將自投於河，崔嘉聞而止之，不從。」然而君子不貴者，非禮義之中也。啓雄按：中字解見勸學篇首。山淵平，啓雄按：莊子天下：「山與澤平。」與此同意。天地比，啓雄按：莊子天下：「天與地卑。」和這句同意。又按：札迻六：「廣雅釋詁：『比、近也。』漢書嚴延年傳：『比、接近也。』此『比』亦接近之義，天與地相距本絕遠，而云相接近，猶山與澤本不平而謂之平，皆名家合同異之論也。」齊秦襲，楊曰：襲、合也。入乎耳，出乎口，啓雄按：「入乎耳、出乎口」六字必有誤。大概是傳鈔者不得其解，就隨便地寫勸學的文來改易它，楊注引或說「山出口」，恐是原文，但上三個字是什麽字又無可考了。鉤有須，俞曰：鉤疑「姁」之叚字，說文：「姁、嫗也。」嫗無須而謂之有須，故曰：說之難持者也。

啓雄按：說文：「須、面毛也。」須鬚正俗字。卵有毛，啓雄按：莊子天下亦云：「卵有毛。」伯兄曰：「釋文引司馬云：『胎卵之生必有毛羽。毛氣成毛，羽氣成羽，雖胎卵未生，而毛羽之性已著矣。』按：此言雞卵中含有雞毛的原素，其理可通。」是說之難持者也，而惠施鄧析能之；伯兄曰：惠施魏惠王時人，曾爲魏相，與莊周爲友。漢書藝文志有惠子一篇，在名家。原注云：「名施、與莊子並時。」書已佚。其遺說散見莊子荀子呂覽韓非子戰國策等書，淸馬國翰有惠子輯本，采錄未備。志又有鄧子二篇，在名家。原注云：「鄭人、與子產並時。」書亦佚。今所傳鄧析子乃後人僞託，不甚可信。列子力命：「鄧析操兩可之說，設無窮之辭。」呂覽離謂：「鄭國多相縣以書者，子產令無縣書，鄧析致之，子產令無致書，鄧析倚之。令無窮而鄧析應之亦無窮，是可不可無辨也。」析蓋長於智辯，故後此推爲名家之祖。然而君子不貴者，非禮義之中也。盜跖貪凶，今本貪凶作「吟口」，據郝洪據說苑校改。名聲若日月，與舜禹俱傳而不息；然而君子不貴者，非禮義之中也。故曰：君子行不貴苟難，說不貴苟察，名不貴苟傳，唯其當之爲貴。詩曰：「物其有矣，唯其時矣。」楊曰：小雅魚麗之篇。言雖有物，亦須得其時，以喻當之爲貴也。此之謂也。

君子易知而難狎，俞曰：知者、接也。古謂相交接曰知。易懼而難脅，楊曰：小心、而志不可奪。畏患而不避義死，欲利而不爲所非，交親而不比，楊曰：親、謂仁恩。比、謂暱狎。言辯而不辭，鍾曰：辭與非爲韻，辭謂多文辭。蕩蕩乎！其有以殊於世也！

君子能亦好，不能亦好。小人能亦醜，不能亦醜。君子能則寬容易直以開道人，楊曰：道與「導」同。不能則恭敬繜絀以畏事人。劉師培曰：繜絀者，即「撙節」之轉音也。絀與「屈」同，「節」「屈」雙聲，義亦相近，禮記曲禮：「是以君子恭敬撙節，退讓以明禮。」即此文之「恭敬繜絀」也。啓雄按：廣雅釋詁：「畏、敬也」。小人能則倨傲僻違以驕溢人，啓雄按：驕溢猶「驕侮」。溢借爲「恤」，詩維天之命：「假以溢我」，襄廿七年左傳引作：「何以恤我」，即「溢」「恤」通用之證。廣雅釋詁：「恤、敡也。」說文：「敡、侮也。」又按：僻、違解見本書修身篇中。不能則妬嫉怨誹以傾覆人。故曰：君子能則人榮學焉，不能則人樂告之；小人能則人賤學焉，不能則人羞告之。是君子小人之分也。

君子寬而不僈，楊曰：僈與「慢」同，怠惰也。廉而不劌，楊曰：廉，稜也。說文：「劌，利傷也。」但有廉隅，不至於刃傷也。辯而不爭，察而不激，楊曰：但明察而不激切。直立而不勝，今本直作「寡」，據王據榮辱校改。王曰：易漸六四：「終莫之勝。」虞翻曰：「勝、陵也。」此言君子雖特立獨行，而不以陵人也。堅彊而不暴，柔從而不流，恭敬謹愼而容。王曰：容、裕也。言君子敬愼而不局促，綽綽有裕也。夫是之謂至文。楊曰：言德備也。詩曰：「溫溫恭人，惟德之基。」楊曰：大雅抑之篇。俞曰：荀子之意，蓋以「柔而立」說此詩，言溫溫之恭人，其德則有以自立。故曰：「維德之基」。上文「寬而不僈」，又「柔從而不流」，可知其義。非十二子：「率道而行，端然正己，不爲物傾側，夫是之謂誠君子。詩云：『溫溫恭人，維德之基。』此之謂也。」按引維德之基以證不爲物傾側，亦「柔而立」之義。君道：「人習其事而固……」亦引此二句，其義亦同。此之謂矣。

君子崇人之德，揚人之美，非諂諛也；正義直指，舉人之過，非毀疵也；伯兄曰：疵，即「瑕疵」之「疵」。左傳：「予取予求，不汝瑕疵。」瑕疵、猶挑剔指摘也。言己之光美擬於舜禹參於天地，陶曰：此句「己」字不當有。言之光美參於天地、如孟子「言必稱堯舜」，孔子「言性與天道」，是也。光美指「言」言，不指「己」言。增己字則文義違矣。啓雄按：若删去一己字那是就「言之美」言，不删己字是就「身之美」言，二說都通。非夸誕也；與時屈伸，柔從若蒲葦，非懾怯也；剛強猛毅，靡所不信，楊曰：信讀爲「伸」，下同。古字通用。非驕暴也；——以義變應，王先謙曰：以義變通應事也。劉師培曰：變應當作「應變」。知當曲直故也。王懋竑曰：知其當曲，而曲；當直，而直。詩曰：「左之左之，君子宜之；右之右之，君子有之。」楊曰：小雅裳裳者華之篇。此言君子能以義屈信變應故也。久保愛曰：應下有「故」字，非。

君子小人之反也：——君子大心則敬▲天而道，今本天上奪「敬」字，據盧王據外傳校補。啓雄按：爾雅釋詁：「道、直也。」小心則畏義而節，知則明通而類，楊曰：類、謂知統類。愚則端慤而法，見由則恭而止。楊曰：由、用也。啓雄按：廣雅釋言：「止、禮也。」見閉則敬而齊，楊曰：見閉、謂閉塞，道不行也。啓雄按：詩小宛傳：「齊、莊也。」喜則和而治，今本治作「理」，據劉據外傳校改。憂則靜而理，通則文而明，楊曰：有文而彰明也。窮則約而詳。楊曰：隱約而詳明其道也。小人則不然：大心則慢而暴，小心則淫而傾，知則攫盜而漸，王引之曰：漸、詐欺也。愚則毒賊而亂，見由則兌而倨，王先謙曰：兌與「銳」同，謂捷利也。見閉則怨而險，喜則輕而翾，啓雄按：翾與「儇」同；輕薄的意思。方言：「儇、疾也，慧也。」非相：「鄉曲之儇子。」注云：「輕薄巧慧之子也。」憂則挫而懾，通則驕而偏，楊曰：偏、頗也。劉師培曰：偏當作「褊」。爾雅釋言：「褊、急也。」廣雅釋詁：「褊、陋也。」是褊卽局量褊淺之義。器小易盈，故褊者必驕。此荀子所由驕褊並言也。窮則弃而儑。啓雄按：淮南時則注：「隰、卑也。」廣雅釋詁：「墬、下也。」儑與「隰」「墬」並通。儑正謂其志趣卑下。傳曰：「君子兩進，小人兩廢。」此之謂也。

君子治治，非治亂也。啓雄按：上治字是動詞，下治字及亂字是抽象名詞，指禮義及違禮義。曷謂邪？曰：禮義之謂治，非禮義之謂亂也。故君子者，治禮義者也，非治非禮義者也。然則國亂將弗治與？曰：國亂而治之者，非案亂而治之之謂也，去亂而被之以治。啓雄按：案借爲按；漢書揚雄傳注：「按、依也。」廣雅釋詁：「被、加也。」人汙而修之者，啓雄按：說文：「修、飾也。」此暗指修德。　非案汙而修之之謂也，去汙而易之以修。故去亂而非治亂也，去汙而非修汙也。治之爲名，猶曰君子爲治而不爲亂，爲修而不爲汙也。

君子絜其身而同焉者合矣，今本身作「辯」，據盧據外傳校改。善其言而類焉者應矣。啓雄按：易乾文言：「同聲相應，同氣相求；水流溼，火就燥；各從其類也。」義與此及勸學論物類文多同。故馬鳴而馬應之，牛鳴而牛應之，此六字今本奪，據盧據外傳校補。非知也，其埶然也。楊曰：知音智。故新浴者振其衣，新沐者彈其冠，人之情也。其誰能以己之潐潐受人之掝掝者哉！高曰：潐潐、潔白也。掝掝、汚黑也。

君子養心莫善於誠；啓雄按：誠、即大學「誠其意」之「誠」。致誠則無它事矣；楊曰：致、極也。啓雄按：事是「從事」之「事」，是動名詞。致誠無它事　謂不用從事於其他養心術，唯守仁行義已足矣。此冒下文言之。唯仁之爲守，唯義之爲行。誠心守仁則形，啓雄按：形、即中庸「誠則形」之「形」。朱注云：「形者、積中而發外。」形則神，啓雄按：神、即中庸「致誠如神」之「神」。神則能化矣。誠心行義則理，理則明，明則能變矣。啓雄按：禮記中庸：「義者、宜也，」宜、謂所安之事也。孟子告子注：「理者、得道之理。」變化代興，謂之天德。天不言而人推高焉，地不言而人推厚焉；四時不言而百姓期焉；楊曰：期、謂知其時候。夫此有常，以至其誠者也。楊曰：至、極也。天地四時所以有常如此者，由極其誠所致也。君子至德，嘿然而喻，啓雄按：嘿同「默」。未施而親，不怒而威；夫此順命，以愼其獨者也。郝曰：獨者、人之所不見也；愼者、誠也；誠者、實也。心不篤實，則所謂獨者不可見，惟精專沈默，心如槁木死灰，而後髣髴遇焉。口不能言，人亦不能傳，故曰獨也。又曰：「不獨則不形」者，形非形於外也，形卽形此獨也。又曰：「不形則雖作於心、見於色、出於言」，三句皆由獨中推出，此方是見於外之事。而其上說天地四時云：「夫此有常，以至其誠者也。」說君子至德云：「夫此順命，以愼其獨者也。」順命、謂順天地四時之命。言化工默運自然而極其誠。君子感人嘿然而人自喻，惟此順命，以愼其獨而已。善之爲道者，不誠則不獨，不獨則不形，不形則雖作於心，見於色，出於言，民猶若未從也；王曰：若、猶「然」也。雖從必疑。天地爲大矣，不誠則不能化萬物。啓雄按：這個誠字卽「夫此有常以至其誠」的「誠」，指大自然中有規律的運行和變化。聖人爲知矣，不誠則不能化萬民。父子爲親矣，不誠則疏。君上爲尊矣，不誠則卑。夫誠者，君子之所守也，而政事之本也；唯所居以其類至。楊曰：所居、所止也。唯其所止至誠，則以類自至。謂天地誠則能化萬物……。操之則得之，舍之則失之。操而得之則輕，楊曰：持至誠而得之則易舉也。輕則獨行，啓雄按：獨、卽專精沉默的誠，指養心修身克己自律的根本原則。獨行而不舍，則濟矣。濟而材盡，楊曰：旣濟則材性自盡。啓雄按：盡、卽中庸「能盡其性」之「盡」。長遷而不反其初，啓雄按：長久遷流而不返同性惡之初。則化矣。

君子位尊而志恭，心小而道大；所聽視者近，而所聞見者遠；是何邪？則操術然也。盧曰：宋本則作「是」。故千人萬人之情，一人之情是也。楊曰：人情不相遠。天地始者，今日是也。百王之道，後王是也。楊曰：後王、當今之王。言後王之道與百王不殊；行堯舜則是亦堯舜也。啓雄按：「後王」、解詳本書非相篇中。君子審後王之道，而論於百王之前，若端拜而議。王曰：古無拜而議事之禮，且端拜二字義不相屬。拜當爲「𢪛」，𢪛、今拱字也。端拱而議，即從容不勞也。推禮義之統，分是非之分，總天下之要，治海內之衆，若使一人。故操彌約，而事彌大。五寸之矩，盡天下之方也。故君子不下室堂而海內之情舉積此者，王曰：猶老子言不出戶知天下也。則操術然也。

有通士者，有公士者，有直士者，有愨士者，有小人者：——上則能尊君，下則能愛民，物至而應，事起而辨，王曰：辨、治也。說文：「辧、治也。」若是則可謂通士矣。不下比以闇上，不上同以疾下，王先謙曰：上同、苟合於上。分爭於中，不以私害之，若是則可謂公士矣。身之所長，上雖不知，不以悖君；王引之曰：悖，怨懟也。身之所短，上雖不知，不以取賞；長短不飾，以情自竭；郝曰：情、實也。竭、舉也。言短長皆以實傾說，不加文飾，所以爲直士。若是則可謂直士矣。庸言必信之，庸行必愼之，畏法流俗，而不敢以其所獨甚，楊曰：法、效也，畏效流移之俗。王曰：甚當爲「是」，言不從流俗，而亦不敢用其所獨是也。啓雄按：荀子這句話和戴震「勿以人蔽己，勿以己自蔽。」一語意合。若是則可謂愨士矣。啓雄按：說文：「愨、謹也。」言無常信，行無常貞，唯利所在，無所不傾，伯兄曰：傾、傾邪也。若是則可謂小人矣。

公生明，偏生闇，端愨生通，詐僞生塞，誠信生神，夸誕生惑，——此六生者，君子愼之，而禹桀所以分也。

欲惡取舍之權，——見其可欲也，則必前後慮其可惡也者；見其可利也，則必前後慮其可害也者；而兼權之，孰計之，然後定其欲惡取舍；如是則常不失陷矣。啓雄按：權是「權衡」之「權」。衡是稱桿，權是稱錘。當稱物之時衡主其平，權則或前或却往返移動而使衡平正。古書多借權字作動名詞用，凡以正道爲準來衡量事物之宜否的揆度亦曰「權」。凡人之患，偏傷之也，——見其可欲也，則不慮其可惡也者；見其可利也，則不顧其可害也者。啓雄按：前句言：「全面地看問題」，此句言：「片面地看問題」。是以動則必陷，爲則必辱，是偏傷之患也。

人之所惡者，吾亦惡之。夫富貴者，王先謙曰：荀書用夫字俱訓「彼」。他篇竝同。則類傲之；孫曰：類與「戾」通。逸周書史記篇：「昔穀平之君愎類無親。」孔晁注云：「類，戾也。」類傲二字平列、與求柔文正相對。夫貧賤者，則求柔之；俞曰：求、猶「務」也。是非仁人之情也，俞曰：仁字衍。是姦人將以盜名於晻世者也，險莫大焉。楊曰：晻與「暗」同。故曰：盜名不如盜貨。田仲史鰌不如盜也。楊曰：田仲齊人，處於陵，不食兄祿，辭富貴，爲人灌園，號曰「於陵仲子」。史鰌、衞大夫，字子魚。賣直也。盧曰：田與「陳」古多通用。伯兄曰：田仲卽孟子之陳仲子。其名亦見韓非子及戰國策。馬國翰有田仲子輯本。史鰌卽論語之史魚。孔子稱其直：「邦有道如矢，邦無道如矢。」外傳記其以尸諫。啓雄按：田仲非十二子作「陳仲」。又按：說苑雜言亦記孔子稱揚史鰌的話，說：「史鰌有君子之道三：不仕而敬上，不祀而敬鬼，直能曲於人。」

第四篇　榮辱

憍泄者，啓雄按：憍同喬；說文：「喬、高而曲也。」古書多以「驕」代之。泄當作「媟」；賈子道術：「反恭爲媟」。古書多以「褻」代之。人之殃也。恭儉者，偋五兵也。楊曰：偋當爲「屏」，卻也。王先謙曰：偋當爲「併」。荀書例以併爲「屏」。啓雄按：偋、屏、併、都通用，不煩改字。又按：五兵、周禮司兵注：「五兵：戈、殳、戟、酋矛、夷矛。」國語齊語注：「五刃：刀、劍、矛、戟、矢。」穀梁莊二十五傳注：「五兵：矛、戟、鉞、楯、弓矢。」雖有戈矛之刺，不如恭儉之利也。故與人善言，煖於布帛；傷人以言，今本以作「之」，據王據類聚及御覽校改。深於矛戟。故薄薄之地，楊曰：薄薄、謂「旁薄廣大」之貌。于曰：薄薄讀溥溥。不得履之，非地不安也；危足無所履者，凡在言也。楊曰：危足、側足也。凡、皆也。巨涂則讓，小涂則殆，俞曰：讓當讀爲「攘」之「攘」。巨涂人所共行，故攘攘而不止；小涂人所罕由，故危殆而不安，是涂無巨小，皆不可不謹。故曰：「雖欲不謹，若云不使」也。雖欲不謹，若云不使。啓雄按：這句說：在途中行走的人們，雖欲不謹，而事實上不使之不謹。又按：殆、卽墨子經說上「罪、不在禁，雖害、無罪，若殆。」之「殆」。伯兄釋之曰：「殆、行路相擠也。」這是說：巨塗廣闊，那末，人們都能遵禮讓路，小塗狹隘，才不得不相擠。亦可備一解。

快快而亡者怒也， 伯兄曰：快快疑當作「怏怏」。**察察而殘者忮也，** 楊曰：至明察而見傷殘者，由於有忮害之心也。**博而窮者訾也，** 楊曰：言詞辯博而見窮蹙者，由於好毀訾也。啓雄按：台州本博下有「之」字。**淸之而俞濁者口也，** 劉師培曰：口當作「句」，說文：「句、曲也。」凡從句之字均有曲義，淸之而俞濁者，蓋其人外託于淸，而陰以行其鄙，如漢公孫弘是。即孟子所謂「同乎流俗，而行之似廉潔」也。荀子謂之「句」，亦以其行不由衷，近于曲意媚世耳！高曰：口當作「厶」，形近而譌，厶即古「私」字。**豢之而俞瘠者交也，** 啓雄按：交、猶驕也。勸學引詩曰：「匪交匪舒」。王引之曰：「交讀爲『姣』。廣雅：『姣、侮也。』」此交字義亦同。侮和驕意思相近。此言：人們本來要養他們的尊榮，可是結果適得其反，是由於驕傲使然啊！**辯而不說者爭也，** 俞曰：淮南子俶眞注：「說、釋也。」謂辯而人不解說，由其好與人爭，而不能委曲以曉人也。**直立而不見知者勝也，** 啓雄按：不苟：「直立而不勝」，王引易虞翻注：「勝、陵也。」此言：雖然特立獨行而不被別人知者，是由於好陵人使然啊！**廉而不見貴者劌也，** 王曰：廉而劌、謂有廉隅而傷人也。如此則人不貴之矣。不苟注：「廉、陵也。劌、利傷也。」**勇而不見憚者貪也，信而不見敬者好剸行也，** 啓雄按：剸正字作「專」，專借爲「嫥」，說文：「嫥、壹也。」專行、嫥擅獨行也。**此小人之所務，而君子之所不爲也。**

鬬者忘其身者也，忘其君者也。行其少頃之怒，而喪終身之軀，然且爲之，是忘其身也。室家立殘，親戚不免乎刑戮，然且爲之，是忘其親也。君上之所惡也，刑法之所大禁也，然且爲之，是忘其君也。憂忘其身，楊引或曰：當爲「下忘其身」，誤爲「夏」，又夏轉誤爲憂字。啓雄按：憂與「內」「上」對舉，作「下」義較長；下同。內忘其親，上忘其君，是刑法之所不舍也，聖王之所不畜也。乳彘不觸虎，今本觸上奪「不」字，據久保愛據宋本韓本標注本補。乳狗不遠遊，不忘其親也。啓雄按：乳彘、乳狗、指哺乳的母彘、母狗。不觸虎、謂爲哺養幼彘而愛身也。不遠遊、謂爲哺養幼狗不遠離也。親、指親愛的幼子。人也，憂忘其身，內忘其親，上忘其君，則是人也，而曾狗彘之不若也。

凡鬬者，必自以爲是而以人爲非也。己誠是也，人誠非也，則是己君子而人小人也；以君子與小人相賊害也，憂以忘其身，內以忘其親，上以忘其君，豈不過甚矣哉！是人也，所謂以狐父之戈钃牛矢也。楊曰：時人舊有此語，喻以貴而用於賤也。狐父地名，蓋其地出名戈。钃、刺也。劉師培曰：此卽彤弓彈鳥之喻。钃當訓「斫」，謂重器賤施也。將以爲智邪？則愚莫大焉。將以爲利邪？則害莫大焉。將以爲榮邪？則辱莫大焉。將以爲安邪？則危莫大焉。人之有鬬，何哉？我欲屬之狂惑疾病邪？則不可，聖王又誅之。我欲屬之鳥鼠禽獸邪？則不可，其形體又人，而好惡多同。楊曰：視其形體則又人也，其好惡多與賢人同，但好鬭爲異耳！人之有鬭，何哉？我甚醜之。

有狗彘之勇者，有賈盜之勇者，有小人之勇者，有士君子之勇者：——爭飲食，無廉恥，不知是非，不辟死傷，楊曰：辟讀爲「避」。不畏衆彊，恈恈然唯利飲食之見，楊曰：恈恈、愛欲之貌。方言：「牟、愛也。」久保愛曰：利字衍。是狗彘之勇也。爲事利，爭貨財，無辭讓，果敢而振，王引之曰：振當爲「很」，字之誤也。果敢而很，猛貪而戾，二句一意相承。猛貪而戾，恈恈然唯利之見，是賈盜之勇也。輕死而暴，是小人之勇也。兼山曰：依前後例，輕死上似有脫文。義之所在，不傾於權，不顧其利，舉國而與之不爲改視，重死、持義而不橈，楊曰：雖重愛其死，而執節持義不橈曲，以苟生也。俞曰：此本作：「重死而持義不橈」。是士君子之勇也。

儵䱁者，浮陽之魚也，王曰：疑䱁爲「魾」字之誤，爾雅：「魴魾」。魾卽魴之異名。啓雄按：浮陽猶「浮蕩」也。廣雅釋訓：「陽陽、流也。」又、陽與「湯」通，莊子應帝王：「天根遊於殷陽。」釋文：「陽或作湯。」是其證。廣雅釋訓：「湯湯、流也。」那末陽可訓「流」是很清楚了。流與「蕩」同意。胠於沙而思水，則無逮矣。俞曰：胠當作「阹」。文選吳都賦：「阹以九疑。」注：「阹、闌也。」言遮闌於沙而思水則無及矣。挂於患而欲謹，則無益矣。自知者不怨人，知命者不怨天。怨人者窮。怨天者無志。伯兄曰：志謂志氣，荀子意謂當以人力制服天行。天論：「大天而思之，孰與物畜而裁之！從天而頌之，孰與制天命而用之！」故不自振而怨天，則無志也。失之己，反之人，豈不迂乎哉！王曰：廣雅：「迂、遠也。」啓雄按：反、求也。說見本書君道篇中。

榮辱之大分；安危利害之常體：——先義而後利者榮，先利而後義者辱；榮者常通，辱者常窮；通者常制人，窮者常制於人；——是榮辱之大分也。材慤者常安利，王懋竑曰：材疑當作「朴」。蕩悍者常危害；啓雄按：蕩悍、放蕩兇悍之意。安利者常樂易，楊曰：歡樂、平易也。危害者常憂險；王曰：憂險、猶憂危也。樂易者常壽長，憂險者常夭折；——是安危利害之常體也。

夫天生蒸民，有所以取之：——志意致修，德行致厚，智慮致明，是天子之所以取天下也。政令法，舉措時，聽斷公，上則能順天子之命，下則能保百姓，是諸侯之所以取國家也。志行修，臨官治，上則能順上，下則能保其職，是士大夫之所以取田邑也。循法則度量刑辟圖籍，不知其義，謹守其數，愼不敢損益也；父子相傳，以持王公，王曰：持、猶奉也。廣雅：「奉、持也。」是故三代雖亡，治法猶存，是官人百吏之所以取祿秩也。王先謙曰：正論：「官人以爲守。」注：「官人、守職事之官也。」孝弟原慤，郝曰：原與「愿」同，原愨皆訓謹也。軥錄疾力，劉師培曰：軥錄即「劬勞」之異文。淮南主術：「加之以勇力辨慧，捷疾劬錄。」此軥字作劬之證。勞碌雙聲，則勞錄亦爲雙聲，古代雙聲之字多可通用，故易勞爲錄，詩傳：「劬勞、疾苦也。」以敦比其事業，啓雄按：爾雅釋詁：「敦、勉也。」說文：「比、密也。」謂：勤勉而審密於其事業。而不敢怠傲，是庶人之所以取煖衣飽食長生久視以免於刑戮也。啓雄按：呂覽重己：「莫不欲長生久視。」注：「視、活也。」飾邪說，文姦言，爲倚事，啓雄按：倚與「奇」同，怪也。陶誕突盜，楊曰：突、凌突不順也。王曰：陶、讀爲「謟」，音滔，謟誕雙聲字，謟亦誕也。愓悍憍暴，楊曰：愓與「蕩」同。郝曰：憍卽「驕」字。以偷生反側於亂世之間，是姦人之所以取危辱死刑也；其慮之不深，其擇之不謹，其定取舍楛僈，啓雄按：勸學：「問楛者勿告也」，注：「或曰：楛讀爲『沽』。儀禮有『沽功』，鄭曰：『沽、麤也。』」僈與「慢」通，釋名釋言語：「慢、漫也。漫漫、心無所限忌也。」楛、是說他麤疏。慢、是說他不經心。是其所以危也。

材性知能，君子小人一也；好榮惡辱，好利惡害，是君子小人之所同也；若其所以求之之道則異矣：——小人也者，疾爲誕而欲人之信己也，疾爲詐而欲人之親己也，王曰：疾、猶「力」也。禽獸之行而欲人之善己也，慮之難知也，王曰：小人慮事不能知也。行之難安也，持之難立也，成則必不得其所好，必遇其所惡焉。俞曰：尚書皋陶謨鄭注：「成、猶終也。」故君子者，信矣，而亦欲人之信己也；忠矣，而亦欲人之親己也；修正治辨矣，啓雄按：辨、治也。說詳集解不苟頁九。而亦欲人之善己也；慮之易知也，行之易安也，持之易立也，成則必得其所好，必不遇其所惡焉；是故窮則不隱，通則大明，身死而名彌白；楊曰：白、彰明也。小人莫不延頸舉踵而願曰：知慮材性，固有以賢人矣！楊曰：願、猶慕也。賢人、謂賢過於人也。啓雄按：方言：「願、欲思也。」夫不知其與己無以異也。則君子注錯之當，而小人注錯之過也。王曰：注錯二字同義。廣雅：「措、鉒，置也。」措鉒即注錯。啓雄按：注與「鉒」通。莊子達生：「以瓦注者巧」，淮南說林作「鉒」，是其證。故孰察小人之知能，足以知其有餘可以爲君子之所爲也；譬之越人安越，楚人安楚，君子安雅。王引之曰：雅讀爲「夏」。夏、謂中國也。古者夏雅二字互通。是非知能材性然也，是注錯習俗之節異也。王曰：習俗雙聲字，俗即是「習」。說文：「俗、習也。」王先謙曰：節異、猶言「適異」也。

仁義德行，常安之術也，然而未必不危也。汙僈突盜，楊曰：僈當爲「漫」，漫亦汙也。啓雄按：汙僈疑借爲「訏謾」。說文：「僈、詭譌也。謾、欺也。」汙僈突盜，與前「陶誕突盜」同意。常危之術也，然而未必不安也。故君子道其常，而小人道其怪。劉師培曰：此文兩「道」字均當訓爲「由」。啓雄按：文選東京賦注引國語賈注：「道、由也。」

凡人有所一同：飢而欲食，寒而欲煖，勞而欲息，好利而惡害，——是人之所生而有也，是無待而然者也，是禹桀之所同也。目辨白黑美惡，耳辨音聲清濁，口辨酸鹹甘苦，鼻辨芬芳腥臊，骨體膚理辨寒暑疾養，——楊曰：養與「癢」同。是又人之所常生而有也，陶曰：「所常」二字誤倒，「是又人之常」爲句。上文：「是人之所生而有也」，「之」下亦當有「常」字，而寫者脫之。皆承上節末「君子道其常」而言。久保愛曰：常字衍。是無待而然者也，是禹桀之所同也。可以爲堯禹，可以爲桀跖，可以爲工匠，可以爲農賈，在埶注錯習俗之所積耳！于曰：言在於情勢注錯習俗之所積耳！是又人之所生而有也，是無待而然者也，是禹桀之所同也。王曰：此二十三字涉上文而衍。爲堯禹則常安榮，爲桀跖則常危辱，爲堯禹則常愉佚，爲工匠農賈則常煩勞。然而人力爲此而寡爲彼，何也？曰：陋也。堯禹者，非生而具者也，夫起於變故，啓雄按：變故 謂改變他故舊的本性。成乎修修之爲，俞曰：「修之」二字衍。「起於變故，成乎修爲。」二語相對成文。下文：「非孰修爲之君子，莫之能知也。」正以修爲二字連文可證。啓雄按：周禮注：「爲，作也。」修爲，謂修作道德，餘詳本書仲尼篇末。待盡而後備者也。人之生固小人，王先謙曰：生性字通用。無師無法則唯利之見耳！人之生固小人，又以遇亂世得亂俗，是以小重小也，以亂得亂也。君子非得埶以臨之，則無由得開內焉。楊曰：開小人之心而內善道也。

啓雄按：內同「納」。今是人之口腹，安知禮義？安知辭讓？安知廉恥隅積？王曰：今是猶「今夫」。（啓雄按：餘詳釋詞九。）王先謙曰：隅、道之分見者也。積、道之貫通者也。亦呥呥而嚌，鄉鄉而飽已矣。楊曰：呥呥、噍貌。噍、嚼也。鄉鄉、趨飲食貌。人無師無法，則其心正其口腹也。陶曰：正蓋「止」字之誤。儒效：「有所正矣」，彼注或曰：「正當爲止，言止於禮義。」治要正作：「有所止矣」，即其例也。人無師法，但措意於口腹。故曰：止其口腹。本書言止者多矣。今使人生而未嘗睹芻豢稻粱也，惟菽藿糟糠之爲睹，則以至足爲在此也，俄而粲然有秉芻豢稻粱而至者，則瞲然視之曰：此何怪也！楊曰：粲然、精潔貌。牛羊曰「芻」，犬豕曰「豢」。豢、圈也，以穀食於圈中。瞲然、驚視貌。彼臭之而無嗛於鼻，王懋竑曰：無字衍。嗛、快也。嘗之而甘於口，食之而安於體，則莫不弃此而取彼矣。今以夫先王之道，仁義之統，以相羣居，以相持養，啓雄按：持亦養也。說詳集解議兵頁十六。以相藩飾，楊曰：藩蔽、文飾。物茂卿曰：藩飾即「繁飾」。以相安固耶？以夫桀跖之道；王先謙曰：鄉射禮注：「以、猶與也。」是其爲相縣也，幾直夫芻豢稻粱之縣糟糠爾哉！楊曰：幾讀爲「豈」。啓雄按：釋詞六：「直、猶特也，但也。」又十：「夫、猶彼也。」然而人力爲此而寡爲彼，何也？曰：陋也。陋也者，天下之公患也，人之大殃大害也。故曰：仁者好告示人。告之示之，靡之儇之，王引之曰：方言：「還、積也。」還與「儇」聲近而義同。是靡之僈之，皆積慣之意。啓雄按：靡、借爲摩；說文：「摩、研也。」謂孳磨也。鉛之重之，楊曰：鉛與「沿」同，循也，撫循之也。啓雄按：左僖十五年傳：「慼憂以重我。」王引之曰：「重、感動也。」則夫塞者俄且通也，陋者俄且僩也，楊曰：詩箋：「僩、寬大也。」盧曰：僩當爲嫺雅之義。郝曰：陋爲陝隘，僩爲寬大，故以僩陋相儷。愚者俄且知也。是若不行，則湯武在上曷益？桀紂在上曷損？湯武存，則天下從而治，桀紂存，則天下從而亂；如是者，豈非人之情固可與如此可與如彼也哉！啓雄按：釋詞一：「與、猶以也。」

人之情，食欲有芻豢，衣欲有文繡，行欲有輿馬，又欲夫餘財蓄積之富也；然而窮年累世不知不足，楊曰：不知不足，當爲「不知足」。是人之情也。今人之生也，方知畜鷄狗豬彘，又畜牛羊，然而食不敢有酒肉；餘刀布，楊曰：刀、布，皆錢也。啓雄按：史記平準書：「農工商交易之路通而龜貝、金錢、刀布之幣興焉」。有囷窌，楊曰：囷、廩也。窌、窖也。然而衣不敢有絲帛；約者有筐篋之藏，楊曰：約、儉嗇也。然而行不敢有輿馬。是何也？非不欲也，幾不長慮顧後而恐無以繼之故也？啓雄按：釋詞：「幾讀爲豈。也猶耶。」於是又節用御欲，收斂蓄藏以繼之也；楊曰：御、制也。是於己長慮顧後，幾不甚善矣哉！今夫偷生淺知之屬，曾此而不知也，糧食大侈，楊曰：大讀爲「太」。不顧其後，俄則屈安窮矣；啓雄按：釋詞二：「言屈焉窮也；屈焉、竄貌也。」是其所以不免於凍餓，操瓢囊爲溝壑中瘠者也；王曰：瘠讀爲「掩骼埋胔」之「胔」，露骨曰「骼」，有肉曰「胔」。瘠，借字耳。況夫先王之道，仁義之統，詩書禮樂之分乎！彼固天下之大慮也，將爲天下生民之屬長慮顧後而保萬世也。其汧長矣，楊曰：汧古「流」字。其溫厚矣，郝曰：溫與「薀」同。薀者、積也。溫叚借字耳。其功盛姚遠矣，楊曰：姚與「遙」同。言功業之盛甚長遠也。非順孰修爲之君子，今本孰上奪「順」字，據王據禮論校補。啓雄按：順讀爲「慎」。孰、精熟。修爲、修作修行之意。莫之能知也。故曰：短綆不可以汲深井之泉，知不幾者不可與及聖人之言。啓雄按：廣雅釋詁：「幾、微也，微明也。」知不幾、等於說知不明罷了。又按：釋詞一：「與猶以也。」夫詩書禮樂之分，固非庸人之所知也。故曰：一之而可再也，豬飼彥博曰：一爲之而可再復也。有之而可久也，廣之而可通也，慮之而可安也，反鉛察之而兪可好也。楊曰：鉛與「沿」同，循也。王先謙曰：反者，反復也。反鉛察之者，反復沿循而察之。以治情則利，以爲名則榮，以羣則和，陶曰：和字下當奪「一」字。以羣則和一，以獨則足樂，相對爲文。以獨則足樂，王曰：言獨居而說禮樂、敦詩書，則致足樂。意者其是邪？啓雄按：釋詞三：「意者、疑詞也。」

夫貴爲天子，富有天下，是人情之所同欲也；然則從人之欲，王曰：然則、猶言「然而」也。王先謙曰：從讀爲「縱」。則埶不能容，物不能贍也。故先王案爲之制禮義以分之，使有貴賤之等，長幼之差，知愚能不能之分，皆使人載其事而各得其宜，郝曰：載、猶「任」也。然後使慤祿多少厚薄之稱，俞曰：慤當作「穀」。孟子滕文公：「穀祿不平。」注：「穀所以爲祿也。」此文言「穀祿」，正與彼同。王霸：「心好利而穀祿莫厚焉。」此穀祿二字見於本書者。于曰：之猶是也。是夫羣居和一之道也。

故仁人在上，則農以力盡田，賈以察盡財，百工以巧盡械器，士大夫以上至於公侯莫不以仁厚知能盡官職，夫是之謂至平。楊曰：各當其分，雖貴賤不同，然謂之至平也。故或祿天下而不自以爲多，楊曰：謂爲天子以天下爲祿也。或監門御旅，楊曰：御讀爲「迓」。迓旅、逆旅也。抱關擊柝，而不自以爲寡。故曰：「斬而齊，劉曰：斬讀如『儳』。說文：『儳儳互不齊也。』言多儳互不齊，乃其所以爲齊也。枉而順，啓雄按：說文：『枉、邪曲也。』言枉曲不直，而歸於順也。不同而一。」夫是之謂人倫。詩曰：「受小共大共，爲下國駿蒙。」楊曰：殷頌長發之篇。俞曰：傳訓共爲「法」，與荀子意合。小共大共，謂大小各有法度，卽上文所謂：「貴賤之等，長幼之差」也。駿蒙、詩作「駿厖」，字異義同。啓雄按：經義述聞七：「受小球大球，受小共大共，傳：『球、玉也。共、法也。』按：球、共、皆法也。球讀爲『捄』，共讀爲『拱』。廣雅：『拱、捄、法也』。……言受小事之法、大事之法於上帝，故能爲下國綴旒、爲下國駿厖。……小球大球，小共大共，謂所受法制有小大之差耳！」毛詩傳箋通釋三十二：「大戴將軍文子引作『恂蒙』，駿與恂古通用，恂讀爲『徇』，呂氏春秋忠廉注：『徇、猶衞也。』是徇有『庇衞』之義。又大雅桑柔：『其下侯旬。』傳：『旬、言陰均也。』正義引爾雅釋言：『洵、均也，』李巡曰：『洵、偏之均。』恂、洵、義亦近。蒙通作『幪』、說文：『幪、蓋衣也。』廣雅釋詁：『幪、覆也。』幪卽幪字之俗，爲下國恂蒙，猶云：爲下國庇覆耳！」此之謂也。

第五篇　非相

楊曰：相、視也。視其骨狀以知吉凶貴賤也。妄誕者多以此惑世，時人或矜其狀貌而忽於務實，故荀卿作此篇非之。漢書形法家有相人二十四卷。啓雄按：非、違也，譏也，（見本書修身注）排也，（見釋名釋言語）。非相、卽反對相術、譏譴而排去之的意思。

相人，古之人無有也，學者不道也：——

古者有姑布子卿，啓雄按：姑布子卿、春秋鄭人；字子卿。曾經看過孔子和趙無卹的相。詳外傳九和史記趙世家。今之世梁有唐舉，啓雄按：唐舉、戰國時相士，嘗相李兌曰：「百日之內持國秉政。」相蔡澤曰：「先生之壽從今以往四十三歲。」後來都應驗了。見史記蔡澤傳。相人之形狀顏色而知其吉凶妖祥，世俗稱之；古之人無有也，學者不道也。

故相形不如論心；論心不如擇術。形不勝心；心不勝術。術正而心順之，則形相雖惡而心術善，無害爲君子也。形相雖善而心術惡，無害爲小人也。君子之謂吉，小人之謂凶。故長短小大善惡形相，非吉凶也；高曰：善惡當爲「美惡」，字之誤也。美惡、猶言妍媸。下文曰：「長短小大、美惡形相豈論也哉！」又曰：「差長短、辨美惡」，並作「美惡」；是其證矣。古之人無有也，學者不道也。

蓋帝堯長，帝舜短；文王長，周公短；仲尼長，子弓短。楊曰：子弓蓋仲弓也。昔者衞靈公有臣曰公孫呂，身長七尺，面長三尺，焉廣三寸，王紹蘭曰：安焉古通，此焉則「頞」之借字也。說文：「頞、鼻莖也。」高曰：焉蓋借爲「頞」，音同通用，猶下文之借麋爲眉也。鼻目耳具，而名動天下。高曰：「鼻目耳具」意不完足，疑具下奪一大字，具讀爲「俱」，言鼻目耳皆大也。楚之孫叔敖，期思之鄙人也，楊曰：杜元凱云：「期思、楚邑名，今弋陽期思縣。」鄙人、郊野之人也。啓雄按：孫叔敖春秋時楚相，蔿賈的兒子。突禿長左，高曰：左借爲「𠂇」。說文：「𠂇𠂇手也。」隸變作ナ，長ナ、謂左手長也。軒較（？）之下，而以楚霸。葉公子高，微小短瘠，楊曰：葉公、楚大夫沈尹戌之子，食邑於葉，名諸梁，字子高。楚僭稱王，其大夫稱公。白公亦是也。微、細也。葉、音攝。行若將不勝其衣然；白公之亂也，令尹子西司馬子期皆死焉，楊曰：白公楚太子建之子，平王之孫。子西楚平王長庶子公子申，子期亦平王子公子結。久保愛曰：白公之亂，見于左哀十六年傳。葉公子高入據楚，誅白公，定楚國，如反手爾，仁義功名善於後世。俞曰：善、乃蓋字之誤。故事不揣長，啓雄按：事、台州本作「士」，二字通用。不揳大，楊曰：揳與「絜」同，約也。謂約計其大小也。不權輕重，陶曰：不權輕重，「輕」字衍文，不權重，與不揣長，不揳大，句法一律。言長、大、重、而短、小、輕在其中矣。亦將志乎爾：高曰：「將志」意不完足，疑將下脫一「論」字，下文曰：「從者將論志意比類文學耶」，是其證。長短大小，美惡形相，豈論也哉！

且徐偃王之狀，目可瞻焉。▲今本焉作「馬」，據高據元刻改。楊曰：徐、國名，僭稱王。久保愛曰：史記秦本紀：「繆王西巡狩，樂而忘歸。徐偃王作亂，造父爲繆王御，長驅歸周以救亂。」韓非子：「徐偃王處漢東地方五百里。行仁義，割地而朝者三十有六國。」高曰：馬元刻作「焉」是。焉借爲「顔」，與前同。顔、額也。仲尼之狀，面如蒙倛。高曰：蒙倛卽「彭蜞」。世說新語紕漏：「蔡司徒渡江，見彭蜞大喜，曰：蟹有八足，加以二螯，令烹之，既食，吐下，委頓，方知非蟹。」劉孝標注：「彭蜞似蟹而小。」集韵作「彭蜞」，云：「似蟹而小。」容齋四筆載呂元蟹圖曰：「彭蜞小於常蟹。」並彭蜞似蟹之證。彭蒙一聲之轉。詩靈臺：「鼉鼓逢逢」，逢借爲「彭」，是其例也。倛蜞音同，故荀子作「蒙倛」。面如蒙倛猶言面如「彭蜞」耳。周公之狀，身如斷菑。楊曰：爾雅：「木立死曰椔。」椔與「菑」同。皋陶之狀，色如削瓜。閎夭之狀，面無見膚。楊曰：閎夭文王臣，在十亂之中，言多鬢髯蔽其膚也。傅說之狀，身如植鰭。郝曰：鰭在魚之背，立而上見，駝背人似之，然則傅說亦背僂歟？伊尹之狀，面無須麋。楊曰：麋與「眉」同。啓雄按：須鬚古今字。禹跳。湯偏。楊曰：鄭注尚書大傳：「湯半體枯。」呂氏春秋：「禹通水濬川，顔色黎黑，步不相過。」高曰：跳、偏，皆足跛也。堯舜參牟子。楊曰：牟與「眸」同。久保愛曰：今世間有三瞳子者，愛得見之，然則重瞳三瞳傳聞之異也。從者將論志意比類文學邪？王懋竑曰：從者、猶言「學者」。直將差長短，辨美惡，而相欺傲邪？啓雄按：此語問：爲學的人們將論志意比類文學呢？抑或只是差別身的長短辨相貌的美惡來相欺傲呢？

古者桀紂長巨姣美，天下之傑也；筋力越勁，于曰：廣雅釋詁：「越、疾也，」疾、謂敏疾也。百人之敵也；然而身死國亡，爲天下大僇，楊曰：僇與「戮」同。後世言惡，則必稽焉。盧曰：稽、止也。此卽天下之惡皆歸焉之意。稽、猶歸也。是非容貌之患也，聞見之不衆，論議之卑爾！

今世俗之亂君，俞曰：疑本作「世俗之亂民。」鄉曲之儇子，楊曰：方言：「儇、疾也，慧也。」輕薄巧慧之子也。莫不美麗姚冶，楊曰：說文：「姚，美好貌。」奇衣婦飾，血氣態度擬於女子；婦人莫不願得以爲夫，處女莫不願得以爲士，弃其親家而欲奔之者，比肩竝起，然而中君羞以爲臣，中父羞以爲子，中兄羞以爲弟，中人羞以爲友；俄則束乎有司而戮乎大市，莫不呼天啼哭，苦傷其今，而後悔其始。是非容貌之患也，聞見之不衆，論議之卑爾！然則從者將孰可也？

盧曰：非相篇當止於此。下文所論較大，竝與相人無與，疑是榮辱篇錯簡於此。

人有三不祥：幼而不肯事長，賤而不肯事貴，不肖而不肯事賢：是人之三不祥也。

人有三必窮：爲上則不能愛下，爲下則好非其上，是人之一必窮也；鄉則不若，楊曰：鄉讀爲「向」。王懋竑曰：若、順也。偝則謾之，楊曰：謾、欺毀也。是人之二必窮也；知行淺薄，曲直有以相縣矣，然而仁人不能推，王懋竑曰：此謂不能推仁人。知士不能明，王曰：明者、尊也。言不能尊智士也。明與推皆尊崇之謂也。是人之三必窮也。——人有此三數行者，王引之曰：「三數行」文不成義，當作「有此數行」，「三」字衍。以爲上則必危，爲下則必滅。詩曰：「雨雪瀌瀌，宴然聿消。啓雄按：詩毛氏傳疏二十二：『瀌瀌爲雨雪衆盛也。』說文解字注：『宴然卽曣晛。廣雅釋詁：「曣晛、煗也。」煗、卽日氣也。』釋詞二：『韓詩作「曣晛聿消」，曣晛、日出也。聿、於也。言日出則雪於是消釋也。』這句比喻惡人雖多，德化一普及就立刻盡消滅了。莫肯下隧，式居屢驕。」郝曰：隧與『隊』同。隊墜古今字也。下隧者、以言小人莫肯降下引退，如雪宴肰消滅，方用居位而數以驕人也。屢當作『婁』。婁者、亟也，數也。」楊曰：小雅角弓之篇。啓雄按：這詩文和今毛詩不同，大概是魯詩的異文。此之謂也。

人之所以爲人者何已也？楊曰：已與「以」同。問何以謂之人而貴於禽獸也。曰：以其有辨也。楊曰：辨、別也。飢而欲食，寒而欲煖，勞而欲息，好利而惡害，是人之所生而有也，是無待而然者也，是禹桀之所同也。然則人之所以爲人者，非特以二足而無毛也，以其有辨也。今夫狌狌形笑亦二足而毛也，俞曰：笑、疑當作「狀」。「毛」上當有「無」字。上文：「然則人之所以爲人者，非特二足無毛也」。下文：「故人之所以爲人者，非特以其二足而無毛也」。則此文亦當作無毛明矣！然而君子啜其羹，食其胾。楊曰：胾、臠也。故人之所以爲人者，非特以其二足而無毛也，以其有辨也。夫禽獸有父子而無父子之親，有牝牡而無男女之別。——故人道莫不有辨。

辨莫大於分，楊曰：有上下親疏之分也。分莫大於禮，禮莫大於聖王。聖王有百，吾孰法焉？故曰：文久而息，王曰：「故」衍字。自「曰文久而息」以下皆與上文「聖王有百，吾孰法焉」，二句自相問答，則「曰」上不當有「故」字明矣。蓋涉下文三「故曰」而衍。下文：「是以文久而滅，節族久而絕」，滅與絕爲韻，則此亦當然，今本滅作息，則失其韻矣，息字誤。啓雄按：臣道：「禮義以爲文，」此文字似指禮義，與「節族」「法數」對文。節族久而絕，郝曰：族者、聚也，湊也，湊與奏古今字；漢律志：「蔟、奏也。」是其義也。奏、湊、蔟、族，竝聲義同，然則節族即「節奏」矣。守法數之有司極禮而褫。王曰：褫、弛也。俞曰：禮字衍。啓雄按：極、猶久也。廣雅釋詁：「極、遠也。」久遠同意。故曰：欲觀聖王之跡，則於其粲然者矣，後王是也。楊曰：後王近時之王也。粲然、明白之貌。言近世明王之法則是聖王之跡也。劉師培曰：後后古通。后、繼體君也。（見說文）蓋開創爲君，守成爲后。開創之君，立法草創，而成文之法，大抵定于守成之君，如周之禮制，定于周公成王是也。荀子所言後王，均指守成之主言，非指文武言也。啓雄按：後王、未詳；似是指總匯「百王」「聖王政教」之跡的「君師」，是一位理想的、「德才兼備」的、有位或無位的聖人，——王或素王。或者就是解蔽勸學中的「其人」。（請閱不苟儒效王制正名成相有關章句。）彼後王者，天下之君也；舍後王而道上古，譬之是猶舍己之君而事人之君也。故曰：欲觀千歲，則數今日；欲知億萬，則審一二；欲知上世，則審周道；欲知周道，則審其人，——所貴君子。啓雄按：據下文「千世之上」上文「聖王之跡」，此「千歲」是指過去的千歲。數、據下文當爲審。周易釋文：「周、遍也，備也。」周道、謂周徧全備之道。其人、指人們所尊貴的君子，即後王。解蔽：「孔子仁知且不蔽，故學亂術足以爲先（後）王者也，一家得周道，舉而用之，不蔽於成積也。」勸學：「方其人之習君子之說，則尊以徧矣，周於世矣。」可與此文互發。故曰：以近知遠，以一知萬，以微知明，啓雄按：「以近」指「審今日」；「知遠」指「觀千歲」；就時間上說。「以一」指「審一二」；「知萬」指「知億萬」；就空間上說。「以微」指「審其人」；「知明」指「知上世、知周道」；兼時間空間說。王制「以類行雜」，就是指用這種「統類」來審察古今繁雜的事物。此之謂也。

夫妄人曰：「古今異情，其所以治亂者異道。」今本以上奪「所」字，據王據外傳校補。啓雄按：荀書中的情字什之八九都是指人情和性情，此情字或指人類性情。亂字是不苟「非禮義之謂亂」和修身「致亂而惡人之非己」的「亂」，是動名詞。非相篇中多談「人之所以爲人」的「人道」，此道字或指修德之道。此言：古今人的性情不同，因此、用來治理人類粗惡性情的修德之道也相應地不同。而衆人惑焉。彼衆人者，愚而無說，陋而無度者也。楊曰：言其愚陋而不能辨說測度。其所見焉，猶可欺也，而況於千世之傳也！楊曰：傳、傳聞也。妄人者，門庭之間，猶誣欺也，今本誣上衍「可」字，據俞據外傳校刪。而況於千世之上乎！

聖人何以不可欺？今本欺上奪「可」字，據王據外傳校補。曰：聖人者，以己度者也。楊曰：以己意度古人之意，故人不能欺。故以人度人，以情度情，以類度類，楊曰：類、種類。以說度功，楊曰：以言說度其功業也。以道觀盡，楊曰：以道觀盡物之理。古今一也。今本也上衍「度」字，據王據外傳校刪。類不悖，雖久同理，楊曰：此言種類不乖悖，雖久而理同，今之牛馬與古不殊，何至人而獨異哉！故鄉乎邪曲而不迷，楊曰：鄉讀爲「向」。觀乎雜物而不惑，啓雄按：「故鄉乎邪曲」二句疑當在「古今一也」之下。以此度之，五帝之外無傳人，楊曰：外、謂已前也。無傳人、謂其人事跡後世無傳者。啓雄按：無傳人、謂其時之聖賢皆湮沒不傳也。非無賢人也，久故也。五帝之中無傳政，非無善政也，久故也。楊曰：中、間也。五帝：少昊顓頊高辛唐虞也。禹湯有傳政而不若周之察也，啓雄按：禮記中庸注：「察猶著也。」非無善政也，久故也。傳者久則論略，近則論詳；略則舉大，詳則舉小。愚者聞其略而不知其詳，聞其細而不知其大也。今本細作「詳」，據外傳改。是以文久而滅，節族久而絕。

凡言不合先王，不順禮義，謂之姦言；雖辯，君子不聽。法先王，順禮義，黨學者，楊曰：黨、親比也。然而不好言，不樂言，則必非誠士也。故君子之於言也，志好之，行安之，樂言之。故君子必辯。楊曰：辯、謂能談說也。凡人莫不好言其所善，楊曰：所善、謂己所好尚也。而君子爲甚。故贈人以言，重於金石珠玉；觀人以言，楊樹達曰：觀與周語「先王耀德不觀兵」之「觀」同，謂示也。美於黼黻文章；聽人以言，王曰：言我言之，人聽之。樂於鍾鼓琴瑟。故君子之於言無厭。鄙夫反是：好其實不恤其文，楊曰：但好其質，而不知文飾。是以終身不免埤汙傭俗。啓雄按：埤借爲卑；說文：「卑、賤也」。故易曰：「括囊無咎無譽。」啓雄按：易坤六四爻辭正義：「括，結也。囊所以貯物，以譬心藏知也。閉其知而不用，故曰括囊。功不顯物，故曰无譽。不與物忤，故曰无咎。」比喻不談說的人們，無惡可稱，也無善可紀，老是採取旁觀的態度，所以呵斥他們爲「腐儒」。腐儒之謂也。

凡說之難：以至高遇至卑，以至治接至亂。未可直至也，啓雄按：至、猶「達」也。遠舉則病繆，啓雄按：繆借爲「謬」。說文：「謬、狂者之妄言也。」近世則病傭。楊曰：傭、鄙也。啓雄按：世借爲「抴」。說文：「抴、捈也。捈、臥引也。」廣雅釋詁：「捈、引也。」遠舉近抴、猶言遠稱近引耳！善者於是閒也，亦必遠舉而不繆，近世而不傭，與時遷徙，與世偃仰，啓雄按：偃、僵也，

（說文）仆也，（儀禮注）臥也，（論語皇疏）均倒地之意。與時遷徙、謂適時，即因時制宜；與世偃仰、謂從俗、即因地制宜；都是靈活地變革來因應。緩急嬴絀，啓雄按：嬴、借爲「贏」。絀借爲「黜」。廣雅釋詁：「贏、餘也，過也。」左襄十傳注：「黜、減損也」。府然若渠匽檃栝之於己也，楊曰：府、與「俯」同。就物之貌。渠匽所以制水，檃栝所以制木。王引之曰：正文注文渠字疑皆「梁」字之誤。爾雅：「隄謂之梁。」鄭衆注周禮：「梁、水偃也。」偃與「匽」通，即堰字。梁與「匽」同義，故以梁匽連文。曲得所謂焉，啓雄按：荀卿書「曲」字多半有「周徧」的意義。說詳本書正名篇首。然而不折傷。久保愛曰：不折傷、謂不以辯言折傷別人也。

故君子之度己則以繩，接人則用抴。郝曰：抴即枻字。言君子裁度己身則以準繩，接引人倫則用舟楫。謂律己嚴而容物寬也。啓雄按：枻、楫也，船夫有時也兼用它來接引乘客登舟，故荀子借之以喻輔導他人前進。度己以繩，故足以爲天下法則矣；接人用抴，故能寬容，因求以成天下之大事矣。楊曰：成事在衆。王曰：求當爲「衆」。唯寬容故能因衆以成事。上文：「與時遷徙，與世偃仰」，正所謂因衆也。楊注：「成事在衆」，言衆而不言求，則求爲衆之誤甚明。鍾曰：求讀如救，即下文「謀救是也，」取其能救正人之失耳！故君子賢而能容罷，楊曰：罷、弱不任事者，音疲。知而能容愚，博而能容淺，粹而能容雜，夫是之謂兼術。楊曰：粹、專一也。兼術、兼容之法。詩曰：「徐方既同，天子之功。」楊曰：大雅常武之篇。言君子容物，亦猶天子之同徐方也。此之謂也。

談說之術，——矜莊以莅之，端誠以處之，堅彊以持之，譬稱以喻之，分別以明之，今本「譬稱」與「分別」互錯，據王據外傳說苑校易。欣驩芬薌以送之，王曰：芬薌、和也。寶之，珍之，貴之，神之；如是則說常無不受；雖不說人，人莫不貴。啓雄按：「說人」的說字借爲悅；謂：說服別人的談說，雖然不令別人喜悅，但有正義感的人沒有不貴重它的。夫是之謂爲能貴其所貴。傳曰：「唯君子爲能貴其所貴。」此之謂也。

君子必辯。凡人莫不好言其所善，而君子爲甚焉。是以小人辯言險，而君子辯言仁也。言而非仁之中也，則其言不若其默也，其辯不若其吶也。楊曰：吶與「訥」同。言而仁之中也，則好言者上矣，不好言者下也。故仁言大矣：起於上所以道於下，楊曰：道與「導」同。政令是也；起於下所以忠於上，謀救是也。王曰：謀救當爲「諫救」，（管子立政九敗解「諫臣死而諂臣尊」，今本諫誤作「謀」。淮南主術：「執正進諫」，注：「諫或作謀。」）周官有「司諫」「司救」。說文：「救、止也。」論語八佾：「女弗能救與」，馬注與說文同。然則諫止其君之過謂之「諫救」。故曰：「起於下所以忠於上，諫救是也。」故君子之行仁也無厭。楊曰：無厭倦時。志好之，行安之，樂言之；故言君子必辯。王曰：「言」字乃涉上文而衍。小辯不如見端，楊曰：端首。見端不如見本分。王引之曰：本分上本無「見」字，此涉上兩見端而衍。本分者、本其一定之分也。小辯而察，見端而明，本分而理。聖人士君子之分具矣。

有小人之辯者；有士君子之辯者；有聖人之辯者：——不先慮，不早謀，發之而當，成文而類，啓雄按：文字解見本書勸學篇中。方言：「齊謂法爲類」。此類字指語法，歸納：非十二子「多言而類聖人也」，儒效「其言有類」，性惡「多言則文而類」，可證。居錯遷徙，應變不窮，王曰：居讀爲「擧」，古字通。言或擧或錯或遷徙皆隨變應之而不窮也。是聖人之辯者也。先慮之，早謀之，斯須之言而足聽，楊曰：斯須發言已可聽也。文而致實，王曰：致讀爲「質」，質、信也。謂信實也。博而黨正，王懋竑曰：黨、從也。謂博而能從乎正也。是士君子之辯者也。聽其言則辭辯而無統，用其身則多詐而無功，上不足以順明王，下不足以和齊百姓；然而口舌之均，俞曰：之、猶「則」也。均、調也。噡唯則節，王先謙曰：說文：「詹、多言也。」俗加言作譫。從言之字或從口，故譫又爲噡矣。噡唯則節者、或辯或唯皆中其節也。足以爲奇偉偃卻之屬；楊曰：奇偉、誇大也。偃卻猶「偃仰」，卽偃蹇也。言姦雄口辯適足以自誇大偃蹇而已。夫是之謂姦人之雄。聖王起，所以先誅也，然後盜賊次之。盜賊得變，此不得變也。楊曰：變、謂教之使自新也。

第六篇　非十二子

假今之世，楊引或曰：假、借也。今之世、謂戰國昏亂之世。治世則姦言無所容，故十二子借亂世以惑衆也。飾邪說，文姦言，以梟亂天下，啓雄按：梟借爲「撓」。說文：「撓、擾也。」矞宇嵬瑣，楊曰：矞與「譎」同；詭詐也。…周禮大司樂：「大傀烖，則去樂。」鄭曰：「傀、猶怪也。」嵬當與「傀」同義。俞曰：宇讀爲「訏」。說文：「訏、詭譌也。」矞宇猶言「譎詭」。啓雄按：楊訓嵬爲「怪」，是也。正論：「夫是之謂嵬說。」嵬說者、怪說也。本篇下文：「吾語女學者之嵬容。」嵬容者、怪容也。又：「是學者之嵬也。」猶言是學者之怪也。又按：爾雅釋訓：「瑣瑣、小也。」單言「瑣」也是小的意思。使天下混然不知是非治亂之所存者有人矣。

縱情性，安恣睢，禽獸行，不足以合文通治；然而其持之有故，其言之成理，足以欺惑愚衆。是它囂魏牟也。伯兄曰：它囂、本書外不見，無考。魏牟、魏公子牟也。漢藝文志有公子牟四篇，在道家。原注云：「先莊子，莊子稱之。」然今莊子秋水有公子牟稱莊子之言以折公孫龍，殆與莊子同時也。列子仲尼又引公子牟解釋公孫龍學說，其語頗精到。其人屬於何學派，徜侊難定。孟子云：「子莫執中，執中無權」。孫詒讓謂子莫卽子牟。（籀高述林卷一）豈其人好持模稜兩可之說耶？呂覽審爲述公子牟與詹子問答語。詹子曰：「重生則輕利。」公子牟曰：「雖知之猶不能自勝也。」詹子曰：「不能自勝則縱之，神無惡乎？」據此則魏牟故主張縱欲者，故荀子謂其「縱情性，安恣睢」也。至斥爲「禽獸行」，其言恐過當，非批評家正當態度。

忍情性，　伯兄曰：「忍情性」與前段「縱情性」相反。**綦谿利跂，**　于曰：谿讀作蹊，蹊徯古通用；一切經音義引通俗文：「邪道曰徯。」跂歧同字。綦谿利跂、應讀作「極蹊利歧」，言極其邪徑而利其歧途也。下云：「苟以分異人爲高，不足以合大衆明大分，」正言其標奇立異，不循坦途也。**苟以分異人爲高，**伯兄曰：孟子記陳仲之事云：「仲子齊之世家也，兄戴，蓋祿萬鍾；以兄之祿爲不義之祿而不食也，以兄之室爲不義之室而不居也，避兄離母，處於於陵。」又云：「居於陵，三日不食，耳無聞，目無見。」又云：「仲子所居之室，所食之粟，彼身織屨，妻辟纑以易之。」韓非子云：「田仲不恃仰人而食。」戰國策云：「於陵仲子上不臣於王，下不治其家，中不索交諸侯。」合此諸文觀之，其人蓋主張自食其力，絕世離羣者，故荀子謂其「苟以分異人爲高，不足以合大衆明大分」。此等非社會的生活，其不足以合衆明矣。故孟子亦云：「充仲子之操，則蚓而後可。」又云：「人莫大焉無親戚君臣上下。」言其非人類生活也。史鰌尸諫，亦是極端的嫉俗厭世；不苟又云：「夫富貴者則類傲之，夫貧賤者則求柔之，是非人之情也，是姦人將以盜名於晻世也，險莫大焉。故曰：盜名不如盜貨。田仲史鰌不如盜也。」曰「非人情」，曰「險」，卽「忍情性，綦谿跂」之意。**不足以合大衆，明大**

分；然而其持之有故，其言之成理，足以欺惑愚衆。是陳仲史鰌也。啓雄按：陳仲史鰌考見本書不苟篇末。合大衆、指社會上的合羣；明大分、指社會上各種分際。陳史二人主張絕世離羣，是非社會的生活，故荀子這樣批評他們。荀書論羣和分的文詳見于王制富國等篇。

不知壹天下建國家之權稱，楊曰：不知齊一天下建立國家之權稱，言不知輕重。啓雄按：權稱、猶言權衡也。說文：「稱、銓也。」俗字作秤。上功用，大儉約而優差等，楊曰：大讀爲「太」。王曰：上與「尙」同。優讀爲「曼」。廣雅：「曼、無也。」伯兄曰：墨子曰：「諸加費不加利於民者，聖人不爲。」又曰：「焉有善而不可用者？」其論事物之善惡，專以效率之有無多寡爲衡。極端的功利主義也。宋鈃說秦楚罷兵，曰：「我將言其不利」，亦是此意，所謂「尙功用」也。大同「太」，太過儉約「以腓無胈脛無毛相進」，「五升之飯足矣」，勞心者與勞力者同一享用，故優差等。又儒家言「親親之殺，尊賢之等」，墨家言「愛鄰人之家若愛其家」，故優差等。曾不足以容辨異，縣君臣；啓雄按：由於太儉約，故任何人對於物質享用都一律平等，不容有差異存在着；就是君臣之間也不容有懸殊。然而其持之有故，其言之成理，足以欺惑愚衆。是墨翟宋鈃也。伯兄曰：宋鈃、孟子作宋牼，莊子逍遙遊韓非子顯學並作宋榮子。莊子天下以之與尹文子並稱。本書正論之子宋子卽宋鈃之尊稱也。

尙法而無法，下脩而好作，伯兄曰 脩、爲也，治也。尙法、謂以法爲上。下脩、謂以修爲脩治爲下。莊子天下述愼到說云：「選則不徧，教則不至」，卽「下脩」之義也。愼到爲法家之祖，然「棄知去己」，而學「無知之物」，故曰：「尙法而無法」。旣尙法，必須立法，故曰「好作」。上則取聽於上，下則取從於俗，楊曰：言苟順上下意也。伯兄曰：莊子天下述愼到田駢之學曰：「推拍輐斷，與物宛轉，不師知慮，不知前後，魏然而已矣。推而後行，曳而後往，……」卽所謂「上則取聽於上，下則取從於俗」也。終日言成文典，反紃察之，楊曰：紃與「循」同。則倜然無所歸宿，楊曰：倜然、疏遠貌。不可以經國定分；然而其持之有故，其言之成理，足以欺惑愚衆。是愼到田駢也。伯兄曰：漢藝文志有愼子四十二篇，在法家。原注云：「名到，先申韓。」書已佚，今所傳五篇，乃後人輯本。志又有田子二十五篇，在道家。原注云：「名駢，齊人，游稷下，號天口駢。」書今佚。尹文子大道下引田駢學說。莊子天下彭蒙田駢愼到合論。史記孟荀傳謂愼到趙人，田駢齊人。

不法先王，不是禮義，而好治怪說，玩琦辭，楊曰：玩與「翫」同。琦讀爲「奇異」之「奇」。甚察而不惠，王曰：惠當爲「急」。甚察而不急，謂其言雖甚察而不急於用。辯而無用，多事而寡功，不可以爲治綱紀；然而其持之有故，其言之成理，足以欺惑愚衆。是惠施鄧析也。

啓雄按：惠施鄧析考見本書不苟篇首。

略法先王而不知其統，猶然而材劇志大，楊曰：猶然、舒遲貌。盧曰：宋本正文作「然而猶」。聞見雜博。案往舊造說，謂之五行，楊曰：五行、五常，仁、義、禮、智、信。伯兄曰：此文謂子思孟軻「案往舊造說，謂之五行」。今子思書雖佚，然孟子書則實無五行之說。楊注謂：「五行即五常，仁義禮智信。」然果屬五常，似不能謂爲「僻違無類，幽隱無說，閉約無解。」故此數語終不甚可曉。今强申楊說，則：孔子只言仁，或言仁智，或言智仁勇，未有以仁義禮智信平列者。孟子好言仁義禮智，義禮本仁智所衍生，以之並舉，實爲不倫，故曰無類；其說不可通，則無說可解也。然孟子亦無以信並於仁義禮智爲五行之語，故此說亦卒未安。啓雄按：太炎文錄一：「五常之義舊矣。雖子思始倡之亦無損，荀卿何譏焉！尋子思作中庸，其發端曰：『天命之謂性』，注：『木神則仁，金神則義，火神則禮，水神則智，土神則信。』孝經說略同此，（王制正義引）是子思之遺說也。沈約曰：『表記取子思子。』今尋表記云：『今父之親子也，親賢而下無能；母之親子也，賢則親之，無能則憐之。母親而不尊，父尊而不親。水之於民也，親而不尊，火尊而不親；土之於民也，親而不尊，天尊而不親。命之於民也，親而不尊，鬼尊而不親。』此以水火土比父母於子，猶董生以五行比臣子事君父。古者鴻範九疇舉五行傅人事義未彰箸，子思始善傅會，旁有燕齊怪迂之士侈搪其說，以爲神奇，燿世誣人，自子思始，宜哉荀卿以爲譏也。」甚僻違而無類，王曰：僻、違、皆邪也。類、法也。鍾曰：荀書每言：「倫類、統類，」無類、亦言：「無統、無倫」耳！幽隱而無說，閉約而無解。案飾其辭而祗敬之曰：此眞先君子之言也。——子思唱之，孟軻和之，世俗之溝猶瞀儒嚾嚾然不知其所非也，郝曰：溝、猶、瞀、儒，皆謂愚蒙也。遂受而傳之，以爲仲尼子游爲茲厚於後世。俞曰：厚、猶重也。茲、卽指子思孟子而言。郭曰：子游必子弓之誤。是則子思孟軻之罪也。

若夫總方略，齊言行，壹統類，而羣天下之英傑而告之以大古，敎之以至順，楊曰：總、領也。統、謂綱紀。類、謂比類。大、謂之統，分別謂之類。羣、會合也。大讀曰「太」。啓雄按：外傳四大古、作「大道」。奧窔之間，簟席之上，楊曰：西南隅謂之「奧」。東南隅謂之「窔」。言不出室堂之內也。斂然聖王之文章具焉，佛然平世之俗起焉；楊曰：佛讀爲「勃」。勃然、興起貌。王引之曰：斂當爲「歙」。歙然、聚集貌。啓雄按：外傳四佛然、作「沛然」。六說者不能入也，十二子者不能親也；啓雄按：六說、十二子二人爲一說。親、親近也。無置錐之地，而王公不能與之爭名；在一大夫之位，王懋竑曰：一字衍。則一君不能獨畜，一國不能獨容；楊曰：言王者之佐，雖在下位，非諸侯所能畜，一國所能容。成名況乎諸侯，莫不願以爲臣；俞曰：成與「盛」通。孫曰：況與「皇」通。詩周頌烈文傳：「皇、美也。」大戴記小辯：「治政之樂，皇於四海。」此云：「成名況乎諸侯」，與小辯「皇於四海」義同。是聖人之不得埶者也，仲尼子弓是也。

一天下，財萬物，王曰：財、如泰象傳：「財成天地之道」之「財」，財亦「成」也。長養人民，兼利天下，通達之屬，莫不從服，楊曰：通達之屬、謂舟車所至，人力所通者。六說者立息，十二子者遷化，楊曰：遷而從化。則聖人之得埶者，舜禹是也。

今夫仁人也，將何務哉？上則法舜禹之制，下則法仲尼子弓之義，以務息十二子之說，如是則天下之害除，仁人之事畢，聖王之跡著矣。

信信、信也，疑疑、亦信也。貴賢、仁也，賤不肖、亦仁也。言而當、知也，默而當、亦知也；故知默猶知言也。故多言而類聖人也；少言而法君子也；啓雄按：類字解見本書非相篇末。多言無法，而流湎然，雖辯小人也。今本言作「少」，據盧據大略改。王曰：而與「如」同。王先謙曰：流湎猶「沈湎」。故勞力而不當民務，謂之姦事；勞知而不律先王，謂之姦心；楊曰：律、法也。辯說譬諭，齊給便利，而不順禮義，謂之姦說；楊曰：齊、疾也。給、急也。便利、亦謂言辭敏捷也。此三姦者，聖王之所禁也。知而險，賊而神，王曰：知者、巧也。淮南覽冥注：「智故、巧詐也。」與此知字同義。啓雄按：神似當作「狠」或「忍」，音近而譌。爲詐而巧，俞曰：爲與「僞」通。爲詐卽「僞詐」也。言「無用」而辯，辯「不惠」而察，啓雄按：「無用」「不惠」都是形名詞。上句辯字是副詞，下句辯字是動詞，賈子道術：「論物明辯謂之辯，纖微皆審謂之察。」謂：言說無用的姦說却辯說得很明白，辯說不仁的邪說却分析得很細微。治之大殃也。行辟而堅，楊曰：辟讀爲「僻」。飾非而好，王曰：飾非而好，言其飾之工也。玩姦而澤，楊曰：翫姦而使有潤澤也。（今本楊注翫作「習」，據久保愛說改。）言辯而逆，古之大禁也。楊曰：逆者、乖於常理。知而無法，勇而無憚，察辯而操僻，淫太而用之，俞曰：太讀爲「汰」，淫汰連文。之者、「乏」之壞字。好姦而與衆，啓雄按：後漢書陳元傳注：「與、猶黨也。」利足而迷，負石而墜，啓雄按：負石而墜、猶言任重而隕。是天下之所弃也。

兼服天下之心，高上尊貴不以驕人；聰明聖智不以窮人；齊給速通不爭先人；王曰：爭當作「以」。剛毅勇敢不以傷人；不知則問，不能則學，雖能必讓，然後爲德。遇君則修臣下之義，遇鄉則修長幼之義，楊曰：在鄉黨之中也。遇長則修子弟之義，遇友則修禮節辭讓之義，遇賤而少者則修告導寬容之義。無不愛也，無不敬也，無與人爭也，恢然如天地之苞萬物。久保愛曰：苞與「包」通。如是則賢者貴之，不肖者親之，如是而不服者，則可謂訞怪狡猾之人矣；楊曰：訞與「妖」同。雖則子弟之中，刑及之而宜。詩云：「匪上帝不時，殷不用舊；雖無老成人，尚有典刑；曾是莫聽，大命以傾。」楊曰：大雅蕩之篇，鄭云：「老成人、伊尹伊陟臣扈之屬也。典刑、常事故法也。」此之謂也。

古之所謂士仕者，王曰：士仕當爲「仕士」，與下「處士」對文。厚敦者也，啓雄按：老子：「敦兮其若朴」，注：「敦、質厚也。」合羣者也，樂富貴者也，啓雄按：謂樂合於分際的富貴。孟子滕文公

「富貴不能淫」，本書修身「富貴而體恭」，是「樂富貴」的兩種表徵。樂分施者也，王先謙曰：君道：「以禮分施，均徧而不偏。」均徧不偏，即分施之義。遠罪過者也，務事理者也，羞獨富者也。今之所謂士仕者，汙漫者也，賊亂者也，恣睢者也，貪利者也，觸抵者也，王曰：觸抵、謂觸罪過。無禮義而唯權埶之嗜者也。

古之所謂處士者，德盛者也，能靜者也，修正者也，知命者也，箸是者也，劉曰：箸是、疑當作「著定」。言有定守不流移也。今之所謂處士者，無能而云能者也，無知而云知者也，利心無足而佯無欲者也，行僞險穢而彊高言謹慤者也，劉師培曰：行僞即「行爲」。以不俗爲俗離縱而跂訾者也。郝曰：縱與「蹤」同，本作「𨎮」，謂車迹也。俗作「蹤」，假借作「縱」耳。離縱者、謂離其尋常蹤迹而令人敬異也。啓雄按：跂借爲「企」，說文：「企、舉踵也。」訾借爲「跐」，廣雅釋詁：「跐、履也。」企跐、謂舉踵而步，表示自異於衆人。

士君子之所能不能爲：王曰：此文本作：「士君子之所能爲不能爲」。啓雄按：能不能爲、即「能爲與不能爲」。君子能爲可貴，不能使人必貴己；能爲可信，不能使人必信己；能爲可用，不能使人必用己。故君子恥不修，不恥見汙；恥不信，不恥不見信；恥不能，不恥不見用。是以不誘於譽，不恐於誹，率道而行，端然正己，不爲物傾側，夫是之謂誠君子。

詩云：「溫溫恭人，維德之基。」啓雄按：大雅抑文。解詳本書不苟篇中。此之謂也。

士君子之容：其冠進，俞曰：進讀爲「峻」，高也。其衣逢，楊曰：逢、大也。其容良；楊曰：良、樂易也。儼然，壯然，祺然，蕼然，恢恢然，廣廣然，昭昭然，蕩蕩然，是父兄之容也。楊曰：儼然、矜莊之貌。壯然、不可犯之貌。祺、祥也，吉也；謂安泰不憂懼之貌。恢恢、廣廣、皆容衆之貌。昭昭、明顯之貌。蕩蕩、恢夷之貌。劉師培曰：左傳襄三十一年引詩：「威儀棣棣。」賈子新書容經釋此文曰：「棣棣、富也。」蕼蓋「隸」字之訛，隸從隶聲，與棣古通，則蕼然即「棣棣」，所以表其富于威儀也。其冠進，其衣逢，其容愨；楊曰：愨、謹敬。儉然，恀然，輔然，端然，訾然，洞然，綴綴然，瞀瞀然，是子弟之容也。楊曰：儉然、自卑謙之貌。輔然、相親附之貌。端然、不傾倚之貌。訾然、未詳。洞然、恭敬之貌。綴綴然、不乖離之貌。瞀瞀然、不敢正視之貌。俞曰：漢書敍傳：「姼姼公主」，師古曰：「姼姼好貌。」恀即「姼」之叚字。啓雄按：訾疑借爲「玼」，說文：「玼、玉色鮮也。」詩君子偕老：「玼兮玼兮」，王肅曰：「玼、顏色衣服鮮明貌。」吾語汝學者之嵬容，——郝曰：嵬容、怪異之容。劉師培曰：嵬容、奇詭之容。其冠絻，楊曰：絻當爲「俛」，謂太向前而低俯也。其纓禁緩，楊曰：纓、冠之繫也。又引或曰：禁讀爲「紟」，帶也。啓雄按：其纓紟緩、謂冠繫和要帶都緩了。其容簡連；楊曰：簡連、傲慢不前之貌。塡塡然，啓雄按：莊子馬蹄：「其行塡塡」，崔注：「塡塡、重遲也。」狄狄然，楊曰：狄讀爲「趯」，跳躍之貌。莫莫然，啟雄按：莫借爲「牟」。孟子：「子莫執中」，卽本書之魏牟，此莫牟通用之證。廣雅釋訓：「牟牟、進也。」覞覞然，楊引或曰：覞與「規」同。規規、小見之貌。瞿瞿然，啟雄按：瞿借爲「䀠」，說文：「䀠、左右視也，讀若良士瞿瞿。」盡盡然，俞曰：盡盡、猶「津津」也。盱盱然，啟雄按：說文：「盱、張目也。」酒食聲色之中則瞞瞞然，瞑瞑然；劉師培曰：瞞瞞卽「眸眸」，榮辱：「恈恈然唯利飲食之見」，楊曰：「恈恈、愛欲之貌。」恈瞞雙聲，故可通用。瞑瞑卽「泯泯」，古代訓民爲冥，又訓爲瞑，則瞑泯古通，書呂刑「泯泯棼棼」或作「湎湎」，蓋泯湎義同，卽沈溺其中之義也。上句顯其愛欲之情，下句則表其沈冥之態。禮節之中則疾疾然，訾訾然，楊曰：謂憎疾毀訾也。勞苦事業之中則儢儢然，離離然，楊曰：儢儢、不勉彊之貌。離離、不親事之貌。偷儒而罔，無廉恥而忍謑詢，是學者之嵬也。楊曰：偷儒、謂苟避事之勞苦也。罔、謂罔冒不畏人之言也。謑詢、詈辱也。郝曰：此言學者之嵬容也。瞞瞞瞑瞑、謂耽於酒食聲色，惛瞀迷亂之容也。疾疾訾訾、謂苦於禮節拘迫，畏憚惰窳之容也。儢儢離離、謂不耐煩苦勞頓，嬾散疏脫之容也。皆以四字合爲雙聲，狀其醜態，爲學者戒。

弟佗其冠，衶禫其辭，楊曰：衶禫當爲「沖澹」，謂其言淡薄也。盧曰：弟本或作「弚」，集韻音徒回反。莊子應帝王有「弟靡」，此弟佗義當近之。劉師培曰：弟作「弚」，是也。弚佗卽「委蛇」之異文。啟雄按：儒效有「解果其冠」，解果與「弟佗」音近，疑都是當時的俗語。禹行而舜趨，是子張氏之賤儒也。

正其衣冠，齊其顔色，嗛然而終日不言，是子夏氏之賤儒也。鍾曰：說文：「嗛、口有所銜也。」此嗛然正用本義，蓋譏之也。偷儒憚事，無廉恥而耆飲食，必曰君子固不用力，是子游氏之賤儒也。楊曰：耆與「嗜」同。伯兄曰：荀子所斥，殆指戰國末年依附三家門墻之俗儒，非逕詆三賢也。

彼君子則不然：佚而不惰，勞而不優，楊曰：雖逸而不懈惰，雖勞而不弛慢。宗原應變，曲得其宜，如是然後聖人也。王先謙曰：宗原者、以本原爲宗也。應萬變而不離其宗，各得其宜，是謂聖人。

第七篇 仲尼

仲尼之門，▲今本門下衍「人」字，據王據文選注風俗通義校刪。下同。五尺之豎子言羞稱乎五伯。啓雄按：說文：「伯、長也。」五伯、古書亦作「五霸」；伯、本字，霸，叚字。本書王霸：「五伯……齊桓晉文楚莊吳闔閭越句踐。」是何也？曰：然，彼誠可羞稱也。齊桓五伯之盛者也，前事則殺兄而爭國，內行則姑姊妹之不嫁者七人，啓雄按：下文：「事行若是其險汙淫汏」，墨子經：「行、爲也」，禮記坊記注：「行猶事也。」是「內行」指家室內所行所爲之事；是動名詞。閨門之內，般樂奢汏，楊曰：般、亦樂也。汏、侈也；音太。以齊之分奉之而不足；于曰：分謂分際，言以齊之分際奉之而猶不足也。外事則詐邾襲莒，并國三十五；楊曰：詐邾未聞。襲莒、謂桓公與管仲謀伐莒，未發，爲東郭牙先知之，是也。并國三十五、謂滅譚、滅遂、滅項、之類，其餘所未盡聞也。岡本保孝曰：襲莒事見管子小問，呂覽重言，外傳四，說苑權謀，此注所云，乃其大意也。其事行也若是其險汙淫汏也！楊曰：事險而行汙也。彼固曷足稱乎大君子之門哉！

若是而不亡，乃霸；何也？啓雄按：白虎通號：「霸者、伯也、行方伯之職。」曰：於乎！夫齊桓公有天下之大節焉，夫孰能亡之！倓然見管仲之能足以託國也，是天下之大知也。楊曰：倓、安也，安然不疑也。大知、謂知人之大也。安忘其怒，出忘其讎，于曰：「安」與「出」均指桓公與公子糾爭國脫險而言，安則忘其危急之怒，出則忘其困厄之讎。遂立以爲仲父，是天下之大決也。

立以爲仲父，而貴戚莫之敢妬也；與之高國之位，而本朝之臣莫之敢惡也；楊曰：高子、國子、世爲齊上卿，今以其位與之。本朝之臣、謂舊臣也。與之書社三百，而富人莫之敢距也；楊曰：書社、謂以社之戶口書於版圖。周禮：「二十五家爲社。」距與「拒」同。郝曰：論語：「奪伯氏駢邑三百，飯疏食，沒齒無怨言」，朱子集注援此說之。貴賤長少，秩秩焉，莫不從桓公而貴敬之，是天下之大節也。諸侯有一節如是，則莫之能亡也；桓公兼此數節者而盡有之，夫又何可亡也！其霸也，宜哉！非幸也，數也。啓雄按：管子法法注：「數、理也」。

然而仲尼之門，五尺之豎子，言羞稱乎五伯，是何也？曰：然，彼非本政教也，王引之曰：本當爲「平」。致士：「刑政平而百姓歸之。」孟子離婁：「君子平其政。」昭二十年左傳：「是以政平而不干。」周南芣苢序箋：「天下和，政教平。」五伯猶未能平其政教，故曰：「非平政教也。」「平政教」三字本篇一見，王制兩見，王霸兩見，其誤爲本政教者四，唯王制之一未誤，今據以訂正。非致隆高也，非綦文理也，非服人之心也。啓雄按：隆高、解詳本書勸學篇中。文理、解詳賦篇篇首。鄉方略，楊曰：鄉讀爲「向」，趨也。審勞佚，畜積，修鬭，而能顛倒其敵者也。詐心以勝矣，彼以讓飾爭，依乎仁而蹈利者也，小人之傑也，彼固曷足稱乎大君子之門哉！

彼王者則不然：致賢而能以救不肖，致彊而能以寬弱，劉師培曰：二致字皆當作「至」。啓雄按：寬、是動詞；詩淇奧傳：「寬、能容衆。」戰必能殆之而羞與之鬭，楊曰：必以義服，不力服也。啓雄按：說文：「殆、危也。」在此作動詞用；殆之、言我勝敵使敵危殆也。委然成文以示之天下，王引之曰：委讀爲「緌」，文貌也。而暴國安自化矣，有災繆者然後誅之。楊曰：有災怪繆戾者然後誅之，非顛倒其敵也。故聖王之誅也，綦省矣。文王誅四，楊曰：四謂：密、阮、共、崇。武王誅二，俞曰：誅二者、殆卽孟子所稱「誅紂伐奄與」？周公卒業，至於成王則安無誅矣。今本無上衍「以」字，據王據大略校刪。故道豈不行矣哉！文王載顧曰：「載」下當有「之」字，「載之」、「舍之」對文，二之字皆指道也。富國：「以國載之。」是其證。百里地而天下一；桀紂舍之，厚於有天下之埶而不得以匹夫老。故善用之，則百里之國足以獨立矣；不善用之，則楚六千里而爲讎人役。楊曰：善用、謂善用道也。讎人、秦也。楚懷王死於秦，襄王又爲秦所制而役使之也。故人主不務得道，而廣有其埶，是其所以危也。

持寵處位終身不厭之術：——楊曰：論人臣處位可終身行之之術。主尊貴之則恭敬而僔，楊曰：傳同「撙」，卑退也。主信愛之則謹愼而嗛，王引之曰：嗛與「謙」同。主專任之則拘守而詳，楊曰：謹守職事，詳明法度。主安近之則愼比而不邪，王引之曰：愼比卽「順比」，言雖順比於君而不諂諛也。啓雄按：愼借爲「順」。管子五輔：「比順以敬，」注：「比、和也」。主疏遠之則全一而不倍，楊曰：不以疏遠而懷離貳之心。久保愛曰：全純互通用。禮投壺：「二算爲純」，純音全，注：「純、全也。」主損絀之則恐懼而不怨。久保愛曰：絀、讀爲「黜」。貴而不爲夸，信而不處謙，楊曰：謙讀爲「嫌」。得信於主，不處嫌疑間，使人疑其作威福也。任重而不敢專；財利至則善而不及也，楊曰：而、如也。言己之善寡如不合當此財利也。啓雄按：台州本「善」上有「言」字。必將盡辭讓之義然後受。福事至則和而理，禍事至則靜而理；富則施廣，貧則用節；可貴可賤也，可富可貧也，可殺而不可使爲姦也。是持寵處位終身不厭之術也。雖在貧窮徒處之埶，亦取象於是矣；夫是之謂吉人。楊引或曰：徒處、獨處也。雖貧賤，其所立志亦取法於此也。詩曰：「媚茲一人，應侯順德。永言孝思，昭哉嗣服。」楊曰：大雅下武之篇。一人、謂君也。應當，侯維，服事也。鄭云：「媚、愛也。茲、此也。可愛乎武王能當此順德，謂能成其祖考之功也。服、事也。明哉武王之嗣行祖考之事。謂伐紂定天下也。」引此者明臣事君亦猶武王之繼祖考也。陳曰：嗣服、猶云「纘緒」也。此之謂也。

求善處大重理任大事，俞曰：「理」字衍文。「處大重、任大事、」相對，皆蒙善字爲義。楊注：「大重、謂大位也。」不釋理字之義，知楊氏作注時尚無理字，理字蓋卽重字之誤而衍者。擅寵於萬乘之國必無後患之術，——莫若好同之，久保愛曰：謂好與人同也。援賢博施，除怨而無妨害人。能耐任之，則愼行此道也；能而不耐任，啓雄按：二能字都是形名詞，指能力和才能。耐借爲能，是動詞。釋詞七：「而猶如也，猶若也。」且恐失寵，則莫若早同之，推賢讓能，而安隨其後。如是，有寵則必榮，失寵則必無罪。是事君者之寶而必無後患之術也。故知者之舉事也，滿則慮嗛，楊曰：嗛、不足也。當其盈滿，則思其後不足之時而先防之。平則慮險，安則慮危，曲重其豫，猶恐及其旤，楊曰：委曲重多而備豫之猶恐其及旤。旤與「禍」同。是以百舉而不陷也。孔子曰：「巧而好度，必節；啓雄按：節、說苑雜言作『工』，義較長。勇而好同，必勝；楊曰：巧者多作淫靡，故好法度者必得其節。勇者多陵物，故好與人同者必勝之也。知而好謙，必賢。」此之謂也。愚者反是：處重擅權，則好專事而妒賢能，抑有功而擠有罪，志驕盈而輕舊怨；王曰：輕、忽也。輕忽舊怨以爲莫如予何也。以厺嗇而不行施，道乎上爲重，啓雄按：厺是「吝」之俗字。道乎上爲重、謂愚者處重擅權，他的言行都託稱「依上之恉」來自重。卽俗語所謂「狐假虎威」之意。招權於下以妨害人；雖欲無危得乎哉！是以位尊則必危，任重則必廢，擅寵則必辱，可立而待也，可炊而傹也。郭慶藩曰：字書無「傹」字，傹當讀爲「竟」。說文：「樂曲盡爲竟。」引申之，凡終盡之義皆謂之竟。炊而竟，猶言終食之間，謂時不久也。是何也？則墮之者衆而持之者寡矣。王先謙曰：墮，毀也。啓雄按：解蔽：「鮑叔…能持管仲」，注：「持，扶翼也。」

天下之行術，——以事君則必通，以爲仁則必聖；啓雄按：荀子在榮辱禮論一再說：「修爲之君子。」性惡說：「禹之所以爲禹者，以其爲仁義法正也。」此文「爲仁」謂：修爲仁德。論語「克己復禮爲仁。爲仁由己。」周禮注：「爲，作也，」均謂用己力作爲仁德。立隆而勿貳也。王先謙曰：隆，猶「中」也。謂立中道而無貳心。然後恭敬以先之，忠信以統之，愼謹以行之，端慤以守之，頓窮則疾力以申重之。今本疾上衍「從之」二字，據久保愛據元本孫鑛本删。王曰：疾，猶「力」也。啓雄按：注云：「困戹之時則尤加勤力而不敢怠惰。」是楊所見本似亦無「從之」二字。崇文局本亦無。君雖不知，無怨疾之心；功雖甚大，無伐德之色；省求多功，啓雄按：言所求之名利少，而所建樹之功多。愛敬不勌；啓雄按：勌即「倦」字。如是則常無不順矣。以事君則必通，以爲仁則必聖，夫是之謂天下之行術。

少事長，賤事貴，不肖事賢，是天下之通義也。有人也，埶不在人上，啓雄按：埶、位也。說見集解儒效頁三。而羞爲人下，是姦人之心也。志不免乎姦心，行不免乎姦道，而求有君子聖人之名，辟之是猶伏而咶天，救經而引其足也；楊曰：咶與「舐」同。經、縊也。救經而引其足，愈益急也。說必不行矣！俞務而俞遠。楊曰：俞讀爲「愈」。故君子時詘則詘，啓雄按：廣雅釋詁：「詘、屈也。」時伸則伸也。楊曰：埶在上則爲上，在下則爲下，必當其分，安有埶不在上而羞爲下之心哉！

第八篇　儒效

大儒之效，——武王崩，成王幼，周公屏成王而及武王以屬天下，惡天下之倍周也。啓雄按：禮記曲禮注：「屏、退也。」公羊莊卅二傳：「兄死弟繼曰及。」說文：「屬、連也。」廣雅釋詁：「屬、續也。」倍借爲「背」。履天子之籍，王曰：籍者、位也。啓雄按：淮南氾論：「武王崩，成王幼，周公繼文王業，履天子之籍，」注：「籍或作阼。」外傳作：「履天子之位。」籍、阼、位、義略同。聽天下之斷，偃然如固有之，楊曰：偃然、猶安然。固有之、謂如固合有此位也。而天下不稱貪焉。殺管叔，虛殷國，楊曰：虛讀爲「墟」。墟殷國、謂殺武庚遷殷頑民于洛邑朝歌爲墟也。而天下不稱戾焉。兼制天下，立七十一國，姬姓獨居五十三人，郝曰：此總言之；左傳晰言之曰：「其兄弟之國者十有五人，姬姓之國者四十人。」以校此數，三當爲五，或三五字形易於混淆，故轉寫致誤耳！啓雄按：史記漢興年表序：「武王成康所封數百，而同姓五十五。」和左傳的數合。外傳四和本書君道與此文全同，可是漢書諸侯王表作「五十有餘」，大概是傳聞各不相同罷了，不煩改字。而天下不稱偏焉。教誨開導成王，使諭於道，而能揜迹於文武。楊曰：揜、襲也。周公歸周，反籍於成王，王先謙曰：歸周者、以周之天下歸之成王也。而天下不輟事周；然而周公北面而朝之。天子也者，不可以少當也，陶曰：少、當讀爲「幼少」之「少」。修身所謂「善少、惡少、不詳少」，皆謂幼少。例與此同。二句乃申說上文，以起下文。下文云：武王崩，成王幼，周公攝位以屬天下，惡天下之離周也；承不可以少當而言也。成王冠成人，周公反籍歸周，明不滅主之義也；承不可以假攝爲而言也。皆見大儒與時通變之效。物茂卿曰：少、幼少也。當、猶「當國」之「當」。不可以假攝爲也；能則天下歸之，不能則天下去之。是以周公屏成王而及武王以屬天下，惡天下之離周也。

成王冠成人，周公歸周反籍焉，明不滅主之義也。久保愛曰：滅、讀爲「蔑」。周公無天下矣；鄉有天下，今無天下，非擅也；楊曰：鄉、讀爲「向」。擅同「禪」。言非禪讓與成王也。成王鄉無天下，今有天下，非奪也；變埶次序節然也。王先謙曰：節然、猶「適然」。故以枝代主而非越也。楊曰：枝、枝子；周公武王之弟，故曰「枝」。主、成王也。久保愛曰：越、僭越也。以弟誅兄而非暴也。楊曰：謂殺管叔。管叔周公之兄也。君臣易位而非不順也。因天下之和，遂文武之業，明枝主之義，抑亦變化矣，天下厭然猶一也。王曰：厭然、安貌。秦風小戎：「厭厭良人。」傳：「厭厭、安靜也。」非聖人莫之能爲。夫是之謂大儒之效。

秦昭王問孫卿子曰：儒無益於人之國？啓雄按：孫卿之爲「荀卿」，大概是語音之轉。說詳本書荀子傳徵。

孫卿子曰：儒者法先王，隆禮義，謹乎臣子而致貴其上者也。人主用之，則埶在本朝而宜；王曰：禮運注：「埶、埶位也。」不用，則退編百姓而慤；必爲順下矣。楊曰：必不爲悖亂也。久保愛曰：編、「編戶」之「編」。雖窮困凍餧，必不以邪道爲貪；啓雄按：新序貪作「食」，義較長。無置錐之地，而明於持社稷之大義。嗚呼而莫之能應；今本嗚作「鳴」，據王據新序校改。王曰：嗚與「叫」同，新序雜事作「叫呼而莫之能應。」然而通乎財萬物養百姓之經紀。王先謙曰：言儒者窮困之時人不聽其呼召也。啓雄按：財、成也，說見集解非十二子頁十七。埶在人上，則王公之材也；在人下，則社稷之臣，國君之寶也。雖隱於窮閻漏屋，王曰：窮閻、卽陋巷也。漏讀爲「陋巷」之「陋」。人莫不貴；貴道誠存也。今本貴作「之」，據王先謙據治要校改。王先謙曰：言人所以莫不貴此人者，以其可貴之道在也。

仲尼將爲司寇，沈猶氏不敢朝飲其羊，公愼氏出其妻，愼潰氏踰境而徙，魯之粥牛馬者不豫賈，楊曰：家語：「沈猶氏常朝飲其羊以詐市人，公愼氏妻淫不制，愼潰氏奢侈踰法，魯之粥六畜者飾之以儲賈。」王引之曰：豫、猶誑也。周官司市注：「使定物賈防誑豫。」是也。不豫賈、市賈皆實，不相誑豫也。必蚤正以待之也。俞曰：「必」字衍文。下文「孝弟以化之也」，與此句相對，下無必字；則此亦當無

「必」字矣！蚤字疑「脩」字之誤。脩字闕壞止存右旁之肴，故誤爲蚤耳！榮辱：「脩正治辨矣。」非十二子：「脩正者也。」富國：「必先脩正其在我者。」王霸：「內不脩正其所以有。」皆以「脩」「正」二字連文，可以爲證。新序引此作「布正」，布隸書或作「㠿」，亦與脩字右旁相似。居於闕黨，闕黨之子弟，罔不必分，有親者取多，集解從宋本無「必」字，據元刻補。王紹蘭曰：不、即「罘」之省文。月令：「田獵罝羅罔。」注：「獸罟曰罝罘。」說文作「罦」，解云：「兔罟也，从网、否聲。」隸省作「罘」，此又省作「不」也。罔不必分、謂罔罘所得必分也。罔以取魚，罘以取獸，是「罔罘分」即新序之「罔罟分」「畋魚分」也。啓雄按：罔網古今字。孝弟以化之也。儒者在本朝則美政，在下位則美俗。儒之爲人下如是矣。

王曰：然則其爲人上何如？

孫卿曰：其爲人上也，廣大矣！志意定乎內，禮節脩乎朝，法則度量正乎官，王曰：曲禮注：「官、謂板圖文書之處。」忠信愛利形乎下。行一不義，殺一無罪，而得天下，不爲也。此君義信乎人矣，通於四海，則天下應之如讙。楊曰：讙、喧也。言聲齊應之也。是何也？則貴名白而天下願也。今本願作「治」，據顧據榮辱王制等篇校改。楊曰：白、明顯。顧曰：榮辱：「身死而名彌白，小人莫不延頸舉踵而願。」注：「願、猶慕也。」故近者歌謳而樂之，遠者竭蹶而趨之。久保愛曰：竭蹶、勞苦不休以來至之貌。淮南子精神：「形勞而不休則蹶，精用而不已則竭。」四海之內若一家，通達之屬，莫不從服。夫是之謂人師。楊曰：師、長也。王先謙曰：師長之義甚古，長亦君也。周語注：「長、猶君也。」廣雅釋詁：「長、君也。」人師、猶言人君矣。詩曰：「自西自東，自南自北，無思不服。」楊曰：大雅文王有聲之篇。引此以明天下皆歸之也。啓雄按：釋詞八：「思、句中語助也。」此之謂也。夫其爲人下也，如彼；其爲人上也，如此；何謂其無益於人之國也！

昭王曰：善！

先王之道，仁之隆也，比中而行之。王曰：比、順也，從也。言從乎中道而行之也。啓雄按：隆字解詳本書勸學篇中。此言：先王之道，是仁道的大而高的凸出表徵。此句「中」字和下文「中事」「中說」之中都是「適當」之意，說詳本書勸學篇首。曷謂中？曰：禮義是也。道者，非天之道，非地之道，人之所以道也，君子之所道也。王曰：人之所以道者，道行也，謂人之所以行也。君子之所道者，道爲人之所以行，而人皆莫能行之，唯君子爲能行之也。

君子之所謂賢者，非能偏能人之所能之謂也；君子之所謂知者，非能偏知人之所知之謂也；君子之所謂辯者，非能偏辯人之所辯之謂也；君子之所謂察者，非能偏察人之所察之謂也；有所止矣。今本止作「正」，據楊據或說、王據治要改。相高下，視墝肥，序五種，楊曰：相、視也。高下、原隰也。墝、薄田也。五種：黍、稷、豆、麥、麻。序、謂不失次序，各當土宜也。君子不如農人。通財貨，相美惡，辯貴賤，君子不如賈人。設規矩，陳繩墨，便備用，于曰：備服音近字通，便備用、即便服用。君子不如工人。不卹是非然不然之情，王先謙曰：卹恤通用。秦策注：「恤、顧也。」以相薦撙，以相恥怍，楊曰：薦、藉也。謂相蹈藉撙抑，皆謂相陵駕也。怍、慚也。劉師培曰：薦撙當作「踐蹲」，踐薦義同。蹲字說文訓爲「踞」。「踐蹲」者，即驕倨以臨人之義也。君子不若惠施鄧析。啓雄按：惠施鄧析考詳本書不苟篇首。若夫譎德而定次，今本譎作「謫」，據楊王據下文校改。王曰：譎決古字通。謂決其德之大小而定位次也。量能而授官，使賢不肖皆得其位，能不能皆得其官，萬物得其宜，事變得其應，愼墨不得進其談，惠施鄧析不敢竄其察。王先謙曰：竄、容也。言二子無所容其察辨也。言必當理，事必當務，是，然後君子之所長也。

凡事行，楊曰：行、下孟反。有益於理者，立之；無益於理者，廢之；夫是之謂中事。凡知說，有益於理者，爲之；無益於理者，舍之；夫是之謂中說。事行失中謂之姦事；知說失中謂之姦道。姦事姦道，治世之所棄而亂世之所從服也。若夫充虛之相施易也，楊曰：充、實也。施讀曰「移」。移易、謂使實者虛，虛者實也。「堅白」「同異」之分隔也，是聰耳之所不能聽也，明目之所不能見也，辯士之所不能言也；雖有聖人之知，未能僂指也。劉師培曰：僂字訓爲「曲」，僂指、猶言曲陳。不知無害爲君子，知之無損爲小人。工匠不知，無害爲巧。君子不知，無害爲治。楊曰：君子、卿大夫也。王公好之則亂法；百姓好之則亂事。而狂惑戇陋之人，乃始率其羣徒，辯其談說，明其辟稱，老身長子，不知惡也。楊曰：戇、愚也。辟、音譬。稱、尺證反。身老子長、言終身不知惡之也。夫是之謂上愚；劉曰：上愚、極愚也。曾不如相雞狗之可以爲名也。楊曰：有惠施鄧析之名，尙不如相雞狗之名也。詩曰：「爲鬼爲蜮，則不可得；有靦面目，視人罔極。作此好歌，以極反側。」楊曰：小雅何人斯之篇。毛云：「蜮、短狐也。靦、姡也。」鄭云：「使汝爲鬼爲蜮也，則汝誠不可得見也；姡然有面目，汝乃人也。人相視無有極時，終必與汝相見也。」引此以喻狂惑之人也。此之謂也。

我欲賤而貴，愚而智，貧而富，可乎？

曰：其唯學乎！彼學者：行之，曰士也；啓雄按：士上「曰」字猶「則」也。墨子天志中：「殺不辜者誰也？曰人也。予之不祥者誰也？曰天也。」句中兩曰字天志上並作「則」。敦慕焉，君子也；王引之曰：敦慕皆勉也。爾雅：「敦、勉也。」知之，聖人也。楊曰：知之謂通於學也。於事皆通，則與聖人無異也。上爲聖人，下爲士君子，孰禁我哉！楊曰：爲學之後，則誰能禁我使不爲聖人士君子也。鄉也，混然涂之人也，俄而竝乎堯禹，豈不賤而貴矣哉！啓雄按：鄉借爲曏；說文：「曏、不久也。」儀禮士相見禮注：「曏、曩也。」法言修身：「善惡混」，注：「混、雜也。」涂借爲途。竝、今字作「並」；禮記禮運注：「並、併也，謂比方之也。」鄉也，效門室之辨，楊曰：辨、別也。王引之曰：效、考也，驗也。考驗門室之別，曾混然不能決，言其愚也。混然曾不能決也，俄而原仁義，楊曰：原、本也。分是非，圖回天下於掌上而辨白黑，楊曰：圖、謀也。回、轉也。言圖謀運轉天下之事如在掌上也。盧曰：而與「如」同。俞曰：圖、圎之誤字。廣雅釋詁：「圎、圓也。」圎回、猶圓轉也。淮南原道：「圓者常轉。」是其義也。圎回天下於掌上，言天下之大可圓轉於掌上也。豈不愚而知矣哉！鄉也，胥靡之人，王引之曰：胥靡者、空無所有之謂。俄而治天下之大器舉在此，豈不貧而富矣哉！今有人於此，屑然藏千溢之寶，啓雄按：說文：「屑、動作切切也。」方言：「屑、勞也。」屑然、似謂勤勞操切之意。雖行貣而食，楊曰：行貣、行乞也。人謂之富矣。彼寶也者，衣之不可衣也，食之不可食也，賣之不可僂售也，楊曰：僂、疾。然而人謂之富，何也？豈不大富之器誠在此也？是杅杅亦富人已，楊曰：杅杅即「于于」。王引之曰：方言：「于、大也。」檀弓正義：「于謂廣大。」重言之則曰「于于」。是言學之富如財之富也。豈不貧而富矣哉！

故君子無爵而貴，無祿而富，不言而信，不怒而威，窮處而榮，獨居而樂，豈不至尊至富至重至嚴之情舉積此哉！楊曰：舉、皆也。此、此儒學也。其情皆在此，故人尊貴敬之。故曰：貴名不可以比周爭也，不可以夸誕有也，啓雄按：不苟：「夸誕生惑。」注：「矜夸妄誕。」

不可以埶重脅也，必將誠此然後就也。爭之則失，讓之則至，遵道則積，王曰：道當爲「遁」，字之誤也。遵遁即「逡巡」。文選上林賦注引廣雅：「逡巡、卻退也。」夸誕則虛。故君子務脩其內而讓之於外，務積德於身而處之以遵道；如是，則貴名起如日月，天下應之如雷霆。楊曰：衆應之聲如雷。故曰：君子隱而顯，微而明，辭讓而勝。詩曰：「鶴鳴于九皋，聲聞于天。」楊曰：小雅鶴鳴之篇。毛云：「皋、澤也。言身隱而名著也。」鄭云：「皋澤中水溢出所爲坎，自外數至九，喻深遠也。」此之謂也。

鄙夫反是：比周而譽俞少，楊曰：俞讀爲「愈」。啓雄按：據前段「貴名不可以比周爭，」「隱而顯，微而明，」下句「鄙爭而名俞辱，」知此「譽」字是指名譽。鄙爭而名俞辱，煩勞以求安利其身俞危。詩曰：「民之無良，相怨一方。受爵不讓，至于己斯亡。」楊曰：小雅角弓之篇。引此以明不責己而怨人。啓雄按：傳：「爵祿不以相讓，故怨禍及之。」此之謂也。

故能小而事大，辟之是猶力之少而任重也，舍粹折無適也。楊曰：粹讀爲「碎」。身不肖而誣賢，王先謙曰：不肖而自以爲賢，是誣也。啓雄按：大略：「不能而居之、誣也。」是猶傴身而好升高也，今本身作「伸」，據久保愛據宋本改。指其頂者愈衆。故明主譎德而序位，啓雄按：譎德而序位，解見上文「譎德而定次」句。所以爲不亂也；忠臣誠能然後敢受職，所以爲不窮也。分不亂於上，能不窮於下，治辯之極也。啓雄按：辨者、治也。說詳集解不苟頁九。詩曰：「平平左右，亦是率從。」楊曰：小雅采菽之篇。毛云：「平平、辯治也。」是言上下之交不相亂也。王曰：交如「上下交征利」之「交」。此承上文而言。分不亂於上、能不窮於下，是上下交不相亂也。交不相亂四字連讀。以從俗爲善，以貨財爲寶，以養生爲己至道，劉曰：養生、猶言治生。是民德也。王曰：「民」字對下「士」「君子」「聖人」而言。行法志堅，今本志作「至」，據劉據外傳校改。下同。啓雄按：「行」「志」是名詞。「法」「堅」是形容詞。行法，即下文「其行多當」，謂：行動是合法的。不以私欲亂所聞；如是，則可謂勁士矣。行法志堅，好脩正其所聞，以橋飾其情性；楊曰：橋與「矯」同。其言多當矣，而未諭也；楊曰：謂未盡曉其義。其行多當矣，而未安也；其知慮多當矣，而未周密也；上則能大其所隆，王先謙曰：所隆、謂其所尊奉者。言能推崇其道而大之。下則能開道不己若者；如是，則可謂篤厚君子矣。脩百王之法若辨白黑，應當時之變若數一二；楊曰：如數一二之易。行禮要節而安之，若生四枝；啓雄按：禮論：「孰知夫出死要節之所以養生也。」注：「要節、自要約以節義，謂立節也。」又按：若生四枝之「生」字，外傳三（明沈氏野竹齋刊本）作「運」，義較長。謂聖人安於行禮立節，就像身之運轉四肢一樣，非常自然。要時立功之巧若詔四時；楊曰：要、邀也。邀時立功之巧、謂不失機權，若天告四時使成萬物也。物茂卿曰：詔紹通，言四時相紹代也。平正和民之善，億萬之衆而博若一人；王曰：博爲「摶」字之誤，摶卽專一之「專」，卽所謂和專如一也。王先謙曰：平正、猶「平政」也。如是，則可謂聖人矣。

井井兮其有理也。楊曰：理、條理也。嚴嚴兮其能敬己也。楊曰：嚴嚴、有威重之貌。能敬己不可干以非禮。分分兮其有終始也。王曰：分分當爲「介介」。介介、堅固貌。固守不變，終始如一。啓雄按：「分當爲介，」是。穀梁莊三十傳：「周之分子也」釋文謂：「分或作介」，是二字形近而譌之旁證。猒猒兮其能長久也。啓雄按：猒猒、安靜也。說見上。樂樂兮其執道不殆也。俞曰：樂樂、猶「落落」，石貌。老子曰：「落落如石。」以其執道不殆，故以石形容之。久保愛曰：殆與「怠」通。炤炤兮其用知之明也。于曰：炤炤卽昭昭，正形容明貌。脩脩兮其用統類之行也。王曰：脩讀爲「條」。條條、行貌。王引之曰：統類上不當有用字。綏綏兮其有文章也。楊曰：綏綏、安泰貌。熙熙兮其樂人之臧也。楊曰：熙熙、和樂貌。隱隱兮其恐人之不當也。楊曰：隱隱、憂戚貌。恐人之行事不當理。此已上皆論大儒之德也。如是、則可謂聖人矣，鍾曰：此句乃重言以詠歎之。此其道出乎一。

曷謂一？曰：執神而固。啓雄按：謂堅執「盡善挾治」的治道而能固。曷謂神？曰：盡善挾治之謂神。楊曰：挾讀爲「浹」。浹、周洽也。萬物莫足以傾之之謂固。神固之謂聖人。王引之曰：萬物上當有「曷謂固？曰：」四字，「萬物莫足以傾之，之謂固。」與「曷謂固？」上下正相呼應。「曷謂固」，與上文之「曷謂一」，「曷謂神」，皆文同一例。「曷謂神」、「曷謂固」、承上「執神而固」言之，下文「神固之謂聖人」，又承上「曷謂神」，「曷謂固」言之。今本脫去「曷謂固？曰：」四字，則與上下文不相應矣！

聖人也者，道之管也。天下之道管是矣，百王之道一是矣；楊曰：管、樞要也。是、是儒學。故詩書禮樂之歸是矣。劉曰：之下當有「道」字，與上兩「之道」對文。詩言是其志也，書言是其事也，禮言是其行也，樂言是其和也，春秋言是其微也。楊曰：微、謂儒之微旨，一字爲褒貶，微其文隱其義之類，是也。故風之所以爲不逐者，楊曰：逐、流蕩也。取是以節之也；小雅之所以爲小雅者，取是而文之也；楊曰：文、飾也。大雅之所以爲大雅者，取是而光之也；郝曰：光、猶「廣」也。頌之所以爲至者，楊曰：至、謂盛德之極。取是而通之也。天下之道畢是矣。鄉是者臧，楊曰：鄉讀爲「向」。倍是者亡。鄉是如不臧，倍是如不亡者，自古及今，未嘗有也！啓雄按：釋詞七：「如猶而也。」

客有道曰：孔子曰：「周公其盛乎！身貴而愈恭，家富而愈儉，勝敵而愈戒。」

應之曰：是殆非周公之行，非孔子之言也。武王崩，成王幼，周公屏成王而及武王，履天子之籍，負扆而坐，楊曰：戶牖之間、謂之扆。盧曰：坐、當爲「立」。王曰：古無坐見諸侯之禮。諸侯趨走堂下；當是時也，夫又誰爲恭矣哉！兼制天下，立七十一國，姬姓獨居五十三人焉；周之子孫，苟不狂惑者，莫不爲天下之顯諸侯。孰謂周公儉哉！武王之誅紂也，行之日以兵忌，楊曰：武王發兵以兵家所忌之日。東面而迎太歲，楊曰：迎、謂逆太歲。尸子：「武王伐紂，魚辛諫曰：『歲在北方不北征。』武王不從。」至氾而汎，汪曰：汜當作「氾」，字从㔾。至懷而壞，啓雄按：謂至氾水而氾水汎溢，至懷城而懷城崩壞。至共頭而山隧。楊曰：隧讀爲「墜」。霍叔懼曰：出三日而五災至，無乃不可乎？楊曰：霍叔武王弟也。周公曰：刳比干而囚箕子，飛廉惡來知政，楊曰：飛廉惡來皆紂之嬖臣。飛廉善走惡來有力。啓雄按：呂覽長見：「三年而知鄭國之政，」注：「知猶爲也。」夫又惡有不可焉！遂選馬而進，俞曰：詩猗嗟傳：「選、齊也。」此選字亦應訓齊。車攻傳：「同、齊也。」然則選馬而進，蓋戎事齊力之義。非簡擇之謂也。朝食於戚，暮宿於百泉，厭旦於牧之野。俞曰：厭旦當作「旦厭」。厭讀爲「壓」。久保愛曰：厭旦、字倒。謂昧旦壓紂軍未備而陳。鼓之而紂卒易鄉，楊曰：倒戈而攻後也。鄉讀曰「向」。遂乘殷人而誅紂。蓋殺者非周人，因殷人也。故無首虜之獲，無蹈難之賞，啓雄按：謂周人無衝鋒陷陣以立戰功而受賞的人。反而定三革，偃五兵，楊曰：定息、偃仆也；皆不用之義。三革：犀、兕、牛。國語注：「三革：甲、冑、盾。」啓雄按：「五兵」解詳本書榮辱篇首。合天下，立聲樂，於是武象起而韶護廢矣。啓雄按：武象武王樂名。韶舜樂。護湯樂。蓋殷兼用舜樂。護與「濩」同。四海之內，莫不變心易慮以化順之；故外闔不閉，跨天下而無蘄。劉曰：蘄與「圻」同。言四海一家，無封疆之限也。淮南俶眞注：「圻、垠字也。」啓雄按：國語晉語注：「跨、猶據也。」當是時也，夫又誰爲戒矣哉！

造父者，天下之善御者也；無輿馬則無所見其能。楊曰：造父周穆王之御者。羿者，天下之善射者也，無弓矢則無所見其巧。楊曰：羿有窮之君，逐夏太康而遂簒位者。大儒者，善調一天下者也，無百里之地則無所見其功。輿固馬選矣，劉師培曰：漢書武帝紀注：「選、善也。」啓雄按：「選、齊也。」說見上。而不能以至遠——一日而千里——則非造父也。久保愛曰：至讀爲「致」。弓調矢直矣，而不能以射遠，中微，則非羿也。用百里之地，而不能以調一天下，制彊暴，則非大儒也。

彼大儒者，雖隱於窮閻漏屋，啓雄按：窮閻漏屋、解見上。無置錐之地，而王公不能與之爭名；今本名下衍「在一大夫之位則一君不能獨畜一國不能獨容成名況乎諸侯莫不願得以爲臣」三十二字，據盧據外傳校刪。用百里之地，而千里之國莫能與之爭勝；笞棰暴國，齊一天下，而莫能傾也；是大儒之徵也。楊曰：徵、驗也。其言有類，啓雄按：「類」字解見本書非相篇末。其行有禮，其舉事無悔，其持險應變曲當；啓雄按：曲、周徧也；說見本書正名篇首。謂扶持艱險的政局、應國內外的事變，都無往而不適當。與時遷徙，與世偃仰，千舉萬變，其道一也；是大儒之稽也。

楊曰：稽、攷也。攷、成也。其窮也，俗儒笑之；其通也，英傑化之，嵬瑣逃之，楊曰：言英傑之士則慕而化之，狂怪之人則畏而逃去之也。邪說畏之，衆人媿之。楊曰：衆人初皆非其所爲，成功之後，故自媿也。通則一天下，窮則獨立貴名。天不能死，地不能埋，啓雄按：謂其名永存。桀跖之世不能汙，非大儒莫之能立，仲尼子弓是也。

故有俗人者，有俗儒者，有雅儒者，有大儒者：——不學問，無正義，以富利爲隆，是俗人者也。逢衣淺帶，解果其冠，劉師培曰：蟹蜾今說苑作「蟹堁」，而史記滑稽傳則作「甌窶」。正義以爲高地狹小之區。蓋蟹蜾倒文爲「蜾蟹」，與「甌窶」一聲之轉。又甌窶即「岣嶁」「痀僂」；山巔爲「岣嶁」，曲脊爲「痀僂」。凡物之中高而旁下者，其音皆近于「甌窶」。則「解果其冠」，殆亦冠之中高旁下者歟。略法先王而足亂世，術繆學雜，今本雜下衍「舉」字，據豬飼彥博據外傳校刪。不知法後王而一制度，啓雄按：「後王」解見本書非相篇中。不知隆禮義而殺詩書；啓雄按：殺、差也，省也，解詳修身篇末。此文認實踐「禮義」爲首要，記誦詩書爲次要。殺詩書，謂對於研究詩書應依其重要性的差等比「隆禮義」酌量減省一些；榮辱「詩書之分」，就是指這個差等。荀子確提倡讀書，可是、確反對搬弄教條，勸學「學雜志、順詩書而已耳，則末世窮年不免爲陋儒而已！」這是他「殺詩書」的理由。其衣冠行僞已同於世俗矣，然而不知惡者，王曰：「然而不知惡」，與下「然而明不能別」，對文。則惡下不當有「者」字。郝曰：

僞與「爲」同，行動、作爲也。其言議談說已無以異於墨子矣，然而明不能別；啓雄按：明、明察；別、辨別也。台州本別上有分字。呼先王以欺愚者而求衣食焉，得委積足以揜其口，則揚揚如也；啓雄按：委積、謂儲蓄也。周禮遺人注：「少曰委、多曰積。」隨其長子，俞曰：長子、猶鉅子。劉師培曰：隨其長子，卽順從貴顯之人也。事其便辟，舉其上客，王曰：舉讀爲「相與」之「與」。謂交其上客以求助也。物茂卿曰：舉當是「譽」。億然若終身之虜而不敢有他志；王曰：億蓋「億」之誤。說文：「億、安也。」億然、安然也。是俗儒者也。法後王，一制度，隆禮義而殺詩書；其言行已有大法矣，然而明不能齊法敎之所不及聞見之所未至，則知不能類也；俞曰：齊讀爲「濟」。言法敎所及，聞見所至，則明足以及之，而不能濟其法敎所未及聞見所未至也。所以然者，由其知不能類也。外傳正作「明不能濟法敎之所不及聞見之所未至。」知之曰知之，不知曰不知，內不自以誣，外不自以欺，王曰：唐風羔裘傳：「自、用也。」言內不用之以誣己，外不用之以欺人也。以是尊賢畏法而不敢怠傲；是雅儒者也。法先王，楊曰：先王、當爲「後王」。統禮義，一制度，以淺持博，楊曰：謂見其淺則可以執持博也。以古持今，楊曰：當爲以今持古。以一持萬；啓雄按：呂覽至忠注：「持猶得也。」謂拿淺近簡易的事理來推求得博裕厖雜的事理……非相「以近知遠，以一知萬，以微知明。」義與此同。彼文三「知」字，卽推求得知之意。苟仁義之類也，雖在鳥獸之中若別白黑；兼山曰：雖在鳥獸之中，卽雖在蠻貊之邦。倚物怪變，所未嘗聞也，所未嘗見也，卒然起一方，則舉統類而應之，無所儗㤰；楊曰：倚、奇也。儗讀爲「疑」。㤰與「怍」同。奇物怪變，卒然而起，人所難處者，大儒知其統類，故舉以應之，無所疑滯慙怍也。張法而度之，則晻然若合符節；是大儒者也。王引之曰：張法而度之，外傳張作「援」。晻然、同貌也。外傳作「奄然」。爾雅：「弇、同也。」郭引詩「奄有龜蒙」。弇、奄、晻竝通。

故人主用俗人，則萬乘之國亡；用俗儒，則萬乘之國存；用雅儒，則千乘之國安；用大儒，則百里之地久而後三年，天下爲一，諸侯爲臣；王先謙曰：久而後三年者，猶言久至三年也，推極言之。用萬乘之國，則舉錯而定，久保愛曰：舉錯而定，謂其速也。一朝而伯。王曰：伯讀爲「白」。白、顯著也。言一朝而名顯於天下也。

不聞不若聞之，聞之不若見之，見之不若知之，知之不若行之。學至於行之而止矣。行之明也。楊曰：行之則通明於事也。明之爲聖人。聖人也者，本仁義，當是非，齊言行，不失豪氂；無它道焉，已乎行之矣。楊曰：已、止也。言聖人無他，在止於行其所學也。故聞之而不見，雖博必謬；見之而不知，雖識必妄；啓雄按：周禮保章氏注：「識、記也」。知之而不行，雖敦必困。楊曰：苟不能行，雖所知多厚，必至困躓也。不聞不見，則雖當非仁也；楊曰：

雖偶有所當，非仁人君子之通明者也。其道百舉而百陷也。

故人無師無法而知，則必爲盜；勇，則必爲賊；云能，王曰：廣雅：「云、有也。」云能、有能也。則必爲亂；察，則必爲怪；辯，則必爲誕。人有師有法而知，則速通；勇，則速威；云能，則速成；察，則速盡；辯，則速論。王曰：後漢書陳寵傳注：「論、決也。」故有師法者，人之大寶也；無師法者，人之大殃也。

人無師法，則隆性矣；有師法，則隆積矣；啓雄按：隆性、謂擴大其本然之性。隆積、謂擴大其積習之學，餘詳勸學篇中。而師法者，所得乎情，非所受乎性；不足以獨立而治。啓雄按：「得乎情」的「情」字和解蔽「其情之至也不貳」的「情」都讀爲「精」，淮南脩務注：「精、專也。」下文「幷一而不二」卽承此「情」言之。不足獨立而治、謂師法不能離開「專壹」而治。性也者，吾所不能爲也，然而可化也。情也者，非吾所有也，然而可爲也。注錯習俗，所以化性也。幷一而不二，啓雄按：禮記檀弓注：「幷，猶專也。」一當爲壹。專壹不二、卽人爲的「情」的表現。所以成積也。習俗移志，安久移質。幷一而不二，則通於神明，參於天地矣。啓雄按：神明解詳勸學篇首。

故積土而爲山，積水而爲海，旦暮積謂之歲，至高謂之天，至下謂之地，宇中六指謂之極，楊曰：六指、上下四方也。盡六指之遠則爲六極，言積近以成遠。涂之人——百姓，積善而全盡謂之聖人。彼求之而後得，爲之而後成，積之而後高，盡之而後聖。故聖人也者，人之所積也。人積耨耕而爲農夫，積斲削而爲工匠，積反貨而爲商賈，楊曰：反讀爲「販」。積禮義而爲君子。工匠之子莫不繼事，而都國之民安習其服。啓雄按：禮記注：「服，猶習也。」左僖十五傳：「安其教訓而服習其道。」漢書：「服其水土。」此服字指心理和生理上養成的習慣。居楚而楚，居越而越，居夏而夏。是非天性也，積靡使然也。啓雄按：靡借爲「摩」。禮學記：「相觀而善之謂摩。」

故人知謹注錯，慎習俗，大積靡，則爲君子矣；縱性情而不足問學，則爲小人矣。爲君子則常安榮矣；爲小人則常危辱矣。凡人莫不欲安榮而惡危辱，故唯君子爲能得其所好，小人則日徼其所惡。楊曰：徼與「邀」同，招也。詩曰：「維此良人，弗求弗迪。維彼忍心，是顧是復。民之貪亂，甯爲荼毒。」楊曰：大雅桑柔之篇。迪、進也。言厲王有此善人，不求而進用之。忍害爲惡之人，反顧念而重復之。故天下之民貪亂，安然爲荼毒之行，由王使之然也。此之謂也。

人論：志不免於曲私，而冀人之以己爲公也；行不免於汙漫，而冀人之以己爲修也；王曰：漫亦「汙」也。甚愚陋溝瞀，今本甚作「其」，據王據呂本改。楊曰：溝音「寇」，愚也。溝瞀、無知也。而冀人之以己爲知也；是衆人也。志忍私然後能公，楊曰：忍、謂矯其性。行忍情性然後能脩，知而好問然後能才，王先謙曰：不自以爲知也。公脩而才，可謂小儒矣。楊曰：皆矯其不及，故爲小儒也。志安公，行安脩，知通統類，如是則可謂大儒矣。大儒者，天子三公也。楊曰：其才堪王者之佐也。小儒者，諸侯大夫士也。衆人者，工農商賈也。禮者，人主之所以爲羣臣寸尺尋丈檢式也。王曰：檢、式、皆法也。文選演連珠注引蒼頡篇：「檢、法度也。」是檢與式同義。言治人以禮，如寸尺尋丈之有法度也。陶曰：此節專論人倫，寸尺尋丈卽指上文衆人小儒大儒言之，人之有大小，如度之有長短，而禮者、卽人主所以測人長短之法式也。故下云：「人倫盡矣。」言如此而人類可盡也。人倫盡矣。

君子言有壇宇，王曰：壇、堂基也。宇、屋邊也。言有壇宇、猶曰言有界域。行有防表，楊曰：防、隄防。表、標也。行有防表、謂有標準也。久保愛曰：言有壇宇、非法不言也。防表、謂禮也。道有一隆。王先謙曰：道有一隆、謂有所專重。言道德之求，楊曰：此道德或當爲「政治」。不下於安存。楊曰：謂人以政治來求，則以安存國家已上之事語之也。言志意之求，不下於士。楊曰：以脩其志意來求，則語爲士已上之事。言道德之求，不二後王。道過三代謂之蕩。楊曰：道過三代已前，事已久遠，則爲浩蕩難信也。法二後王謂之不雅。楊曰：雅、正也。其治法不論當時之事而廣說遠古則爲不正也。啓雄按：王制：「道不過三代，法不貳後王；道過三代謂之蕩，法貳後王謂之不雅。」「二」「貳」卽今語：「兩樣」之意。蓋在道（原則）上不能過三代之前，在法（政法）上不能和後王兩樣。後王解詳非相篇中。高之下之，小之臣之，楊曰：臣當爲「巨」。不外是矣。楊曰：雖高、下、小、大、不出此壇宇防表也。是君子之所以騁志意於壇宇宮庭也。楊曰：君子雖騁志意，論說不出此壇宇宮庭之內也。是時百家異說多妄引前古以亂當世，故荀卿屢有此言也。故諸侯問政，不及安存，則不告也。王先謙曰：如衞靈公問陳，孔子對以軍旅未學。匹夫問學，不及爲士，則不教也。王先謙曰：如樊遲問學稼學圃，孔子答以不如老農老圃。百家之說，不及後王，則不聽也。啓雄按：台州本後作「先」。夫是之謂君子言有壇宇，行有防表也。

第九篇　王制

請問爲政？

曰：賢能不待次而舉，楊曰：不以官之次序，若傅說起版築爲相也。罷不能不待須而廢，啓雄按：倉頡篇：「罷、嬾也。」俗本須作「頃」，義較勝，正論：「蹎跌碎折，不待頃矣。」元惡不待教而誅，楊曰：不教而殺謂之虐，唯元惡不教而誅之也。中庸不待政而化。今本不上衍「民」字，據王據外傳校刪。陶曰：政指刑賞言。分未定也則有昭繆。楊曰：繆讀爲「穆」。父昭子穆。言爲政當分未定之時則爲之分別，使賢者居上，不肖居下，如昭穆之分別然；不問其世族。劉師培曰：言依昭穆之次，用人者當分未定時亦可行斯制，此所謂分未定則有昭穆也。二語以下，當有脫文，言分定之後，此制不可行。蓋脫「分既定焉，則無昭穆」八字。雖王公士大夫之子孫也，今本孫下奪「也」字，據王先謙據台州本校補。不能屬於禮義，啓雄按：說文：「屬、連也。」此言不能使己之德行連屬於禮義。則歸之庶人。雖庶人之子孫也，積文學，正身行，能屬於禮義，則歸之卿相士大夫。故姦言，姦說，姦事，姦能，遁逃反側之民，職而教之，須而待之。啓雄按：爾雅釋詁：「職、主也，常也。」廣雅釋詁：「職、事也，業也。」

須借爲須；說文：「須、待也。」此言：常主持敎育姦邪之民的事業，且待其遷善。勉之以慶賞，懲之以刑罰。安職則畜，不安職則棄。楊曰：畜、養也。棄、謂投四裔之比也。五疾，上收而養之，材而事之，官施而衣食之，王先謙曰：官、任也。施、用也。久保愛曰：漢書溝洫志注：「事、謂役使也。」兼覆無遺。才行反時者死無赦。夫是之謂天德，是王者之政也。今本王上奪「是」字，據王據外傳校補。

聽政之大分，——以善至者待之以禮，以不善至者待之以刑。兩者分別，則賢不肖不雜，是非不亂。賢不肖不雜則英傑至，是非不亂則國家治。若是名聲日聞，王曰：本無「聞」字。日、本作「白」，白、明也，顯也。名聲白者，名聲顯著於天下也。致士：「貴名白，天下願，令行禁止，王者之事畢矣。」文正與此同。「貴名白」，卽「名聲白」也。樂論：「名聲於是白，光輝於是大。」堯問：「名聲不白，徒與不衆，光輝不大。」皆其證也。「名聲白，天下願」，二句相對爲文。若於上句內加一字，則句法參差矣！此因「白」字譌作日，後人不得其解，故於「日」下加「聞」字耳！天下願，啓雄按：榮辱：「小人莫不延頸舉踵而願曰。」注「願、猶慕也。」令行禁止，王者之事畢矣。

凡聽：——楊曰：論聽政也。威嚴猛厲而不好假道人，楊曰：厲、剛烈也。高曰：假道、告導也。則下畏恐而不親，周閉而不竭；郝曰：竭者、舉也；謂隱匿其情不肯舉發也。若是，則大事殆乎弛，小事殆乎遂。王曰：遂讀爲「墜」。謂廢弛墜失也。和解調通，楊曰：謂寬和不拒下也。好假道人，而無所凝止之，啓雄按：廣雅釋詁：「凝、定也。」則姦言並至，嘗試之說鋒起；楊曰：嘗試之說，謂假借他事試爲之也。久保愛曰：鋒與「蜂」通。若是則聽大事煩，是又傷之也。楊曰：聽大、謂所聽之事多也。傷、傷政也。豬飼彥博曰：上云：「大事殆乎弛，小事殆乎遂。」此亦宜言大事小事之失也。蓋有脫誤，故不成言。

故法而不議，則法之所不至者必廢。職而不通，則職之所不及者必隊。鍾曰：周禮：「以八灋治官府：一曰官屬，以舉邦治；二曰官職，以辨邦治；三曰官聯，以會官治；」官屬官職之後必繼之以官聯者，卽所以防「職而不通」也。故法而議，職而通，無隱謀，無遺善，而百事無過，非君子莫能。故公平者，職之衡也，劉曰：職之衡、當作「聽之衡」。中和者，聽之繩也。楊曰：聽、聽政也。衡所以知輕重，繩所以辨曲直；言君子用公平中和之道，故能百事無過。中和、謂寬猛得中也。其有法者以法行，無法者以類舉，啓雄按：類字解見本書勸學篇中。聽之盡也。偏黨而無經，聽之辟也。楊曰：無經、謂無常法也。辟讀爲「僻」。故有良法而亂者，有之矣；有君子而亂者，自古及今，未嘗聞也。傳曰：「治生乎君子，亂生乎小人。」此之謂也。

分均則不偏，楊曰：分均、謂貴賤敵也。分、扶問反。高曰：偏借爲「辯」。說文：「辯、治也。」埶齊則不壹，衆齊則不使。楊曰：此皆名無差等，則不可相制也。有天有地而上下有差，明王始立而處國有制。楊曰：制亦謂差等也。久保愛曰：處、處置也。夫兩貴之不能相事，兩賤之不能相使，是天數也。啓雄按：管子法法注：「數、理也。」埶位齊，而欲惡同，物不能澹則必爭。楊曰：澹讀爲「贍」，既無等級，則皆不知紀極，故物不能足也。啓雄按：崇文局本澹作「贍」。爭則必亂，亂則窮矣。楊曰：窮、物窮竭也。先王惡其亂也，故制禮義以分之，使有貧、富、貴、賤、之等，足以相兼臨者，是養天下之本也。書曰：「維齊非齊。」楊曰：呂刑。言維齊一者乃在不齊。以諭有差等然後可以爲治也。此之謂也。啓雄按：榮辱篇末持論多與此同。

馬駭輿，則君子不安輿；庶人駭政，則君子不安位。楊曰：駭政、不安上之政也。馬駭輿則莫若靜之；庶人駭政，則莫若惠之。楊曰：惠、恩惠也。選賢良，舉篤敬，興孝弟，收孤寡，補貧窮；如是，則庶人安政矣。庶人安政，然後君子安位。傳曰：「君者，舟也；庶人者，水也。水則載舟，水則覆舟。」此之謂也。啓雄按：則、能也。左哀十一年傳載孔子語，『鳥則擇木，木豈能擇鳥。』史記孔子世家作『鳥能擇木，木豈能擇鳥。』是其證。

故君人者，欲安、則莫若平政愛民矣；欲榮、則莫若隆禮敬士矣；啓雄按：隆字解詳本書勸學篇中。欲立功名、則莫若尚賢使能矣；——是君人者之大節也。三節者當，則其餘莫不當矣。三節者不當，則其餘雖曲當，猶將無益也。孔子曰：「大節是也，小節是也，上君也。大節是也，小節一出焉，一入焉，中君也。大節非也，小節雖是也，吾無觀其餘矣。」

成侯嗣公聚斂計數之君也，楊曰：成侯嗣公皆衞君也。未及取民也。俞曰：老子：「故取天下者常以無事」，河上公注：「取、治也。」子產取民者也，未及爲政也。管仲爲政者也，未及修禮也。楊曰：言未及敎化也。故修禮者王，爲政者彊，取民者安，聚斂者亡。故王者富民，霸者富士，僅存之國富大夫，亡國富筐篋，實府庫。筐篋已富，府庫已實，而百姓貧；夫是之謂上溢而下漏。王引之曰：溢、滿也。漏之言漉也。言上富而下貧也。入不可以守，出不可以戰，則傾覆滅亡可立而待也。故我聚之以亡，敵得之以彊。聚斂者，召寇、肥敵、亡國、危身、之道也，故明君不蹈也。

王奪之人，霸奪之與，楊曰：與、謂與國。啓雄按：呂覽音初注：「之、其也。」奪人、謂爭取人心。彊奪之地。奪之人者臣諸侯，奪之與者友諸侯，奪之地者敵諸侯。臣諸侯者王，友諸侯者霸，敵諸侯者危。

用彊者：人之城守，人之出戰，而我以力勝之也，則傷人之民必甚矣；傷人之民甚，則人之民惡我必甚矣；人之民惡我甚，則日欲與我鬬。人之城守，人之出戰，而我以力勝之，則傷吾民必甚矣；傷吾民甚，則吾民之惡我必甚矣；吾民之惡我甚，則日不欲爲我鬬。人之民日欲與我鬬，吾民日不欲爲我鬬，是彊者之所以反弱也。地來而民去，累多而功少，雖守者益，啓雄按：益、增加。廣雅釋詁：「益、加也。」所以守者損，楊曰：守者、謂地也。所以守者、謂所以守地之人也。是以大者之所以反削也。俞曰：上「以」字衍文。諸侯莫不懷交接怨而不忘其敵，俞曰：此文當作「懷怨交接」，猶云：「匿怨而友其人也。」劉師培曰：懷交當作「懷校」，小爾雅「交」「校」二字皆訓爲「報」，又訓「校」「戰」二字爲「交」，此校交古字通用之證，左僖二十三年傳：「有人而校」，秦策：「足以校於秦矣」，論語泰伯：「犯而不校」，校均訓「報」，則荀子之所謂「懷交」即言諸侯莫不懷報復之心也。上文言「人之民日欲與我鬬」即此文懷校之義。若「接怨」猶孟子之「構怨」。伺彊大之間，承彊大之敝，啓雄按。承借爲乘，承敝、謂欲乘其敝也。此彊大之殆時也。楊曰：殆、危也。

知彊大者不務彊也。王引之曰：大當爲「道」。彊道、謂所以致彊之道。即下文所謂「以王命，全其力，凝其德」也。慮以王命，楊曰：慮、計也。全其力，凝其德。楊曰：凝、定也。力全則諸侯不能弱也，德凝則諸侯不能削也，天下無王霸主，則常勝矣；楊曰：無王霸之主，則彊國常勝。「主」

或衍字。是知彊道者也。

彼霸者不然：辟田野，實倉廩，便備用，王先謙曰：便備用、猶言便械用。案謹募選閱材伎之士，然後漸慶賞以先之，郝曰：漸讀若「漸民以仁」之「漸」，漬也、浸也，深染入也。啓雄按：案字解見本書勸學篇中。嚴刑罰以糾之；存亡繼絕，衞弱禁暴，而無兼幷之心，楊曰：幷讀爲「併」。下同。則諸侯親之矣。修友敵之道以敬接諸侯，則諸侯說之矣。楊曰：說、讀爲「悅」。冢田虎曰：修友敵之道，言爲朋友匹敵之交也。所以親之者，以不幷也；幷之見，則諸侯疏矣。楊曰：見、賢徧反。所以說之者，以友敵也；臣之見，則諸侯離矣。故明其不幷之行，信其友敵之道，天下無王霸主，王曰：上文說彊者之事，云：「天下無王霸主，則常勝矣。」言天下無王霸主，則彊者常勝也。此文說霸者之事，云：「天下無王主，則常勝矣。」言天下無王主，則霸者常勝也。王主二字之間不當更有「霸」字，葢涉上文「王霸主」而衍。則常勝矣，是知霸道者也。

閔王毀於五國，楊曰：史記：「齊湣王四十年樂毅以燕趙楚魏秦破齊，湣王出奔莒。」桓公劫於魯莊，楊曰：公羊傳：「柯之盟，齊桓公爲魯莊公之臣曹沫所劫。」無它故焉，非其道而慮之以王也。楊曰：不行其道而以計慮爲王，所以危亡也。

彼王者不然：仁眇天下，義眇天下，威眇天下。王曰：眇者、高遠之稱。言仁高天下，義高天下，威高天下耳。仁眇天下，故天下莫不親也。義眇天下，故天下莫不貴也。威眇天下，故天下莫敢敵也。以不敵之威，輔服人之道，王先謙曰：服人之道，謂上文「仁」「義」。故不戰而勝，不攻而得，甲兵不勞而天下服，是知王道者也。——知此三具者，欲王而王，欲霸而霸，欲彊而彊矣。啓雄按：釋詞七：「而、猶則也。」又按：三具、集解錯成「二具」。

王者之人，——王懋竑曰：此指王者言，謂其人如此。飾動以禮義，王曰：飾讀爲「飭」。言動作必以禮義自飭。聽斷以類，明振毫末，楊曰：振、舉也。言細微必見。舉措應變而不窮，夫是之謂有原，楊曰：原、本也。知爲政之本。是王者之人也。

王者之制，——道不過三代，法不貳後王；楊曰：論王道不過夏殷周之事，過則久遠難信。道過三代謂之蕩；法貳後王謂之不雅。啓雄按：此數句解詳本書儒效篇末。衣服有制，宮室有度，人徒有數，喪祭械用，皆有等宜。楊曰：械、器也。皆有等級各當其宜也。王曰：宜讀爲「儀」，儀與「等」義相近。聲，則凡非雅聲者舉廢；色，則凡非舊文者舉息；久保愛曰：舊文、五色也。禮記：「姦色亂正色，不粥於市。」與此相發。械用，則凡非舊器者舉毀；久保愛曰：所毀者、禮記所謂「奇技」「奇器」之類。夫是之謂復古，是王者之制也。

王者之論，——無德不貴，無能不官，無功不賞，無罪不罰。朝無幸位，民無幸生。楊曰：幸、僥倖也。尚賢使能，而等位不遺；楊曰：不遺、言各當其材。等位、等級之位也。啓雄按：外傳三作「等級不踰。」折愿禁悍，而刑罰不過。今本折作「析」，據王據外傳校改。王曰：折、制也。愿讀爲「傆」。說文：「傆、黠也。」言制桀黠之民使畏刑也。百姓曉然皆知夫爲善於家而取賞於朝也；爲不善於幽而蒙刑於顯也。夫是之謂定論，是王者之論也。

王者之法，今本之下奪「法」字，據王據下文校補。等賦，楊曰：等賦、賦稅有等，所以爲等賦。政事，財萬物，所以養萬民也。王曰：政讀爲「正」。言等地賦，正民事，以成萬物而養萬民也。財者、成也。田野什一，關市幾而不征，楊曰：幾、呵察也。但呵察姦人而不征稅也。禮記幾作「譏」。山林澤梁，以時禁發而不稅。相地而衰政，楊曰：相、視也。衰、差也。政讀爲「征」。理道之遠近而致貢，王曰：小雅信南山傳：「理、分地里也。」通流財物粟米，無有滯留，使相歸移也；四海之內若一家。楊曰：歸讀爲「饋」。移、轉也。言通商及轉輸相救無不豐足，雖四海之廣若一家也。故近者不隱其能，遠者不疾其勞。楊曰：不隱其能，謂竭其才力也。不疾苦其勞，謂奔走來王也。無幽閒隱僻之國，莫不趨使而安樂之。物茂卿曰：無論幽閒隱僻之國也。啓雄按：本書王霸及外傳「無」字並作「雖」。夫是之謂人師，是王者之法也。啓雄按：師、長也。長、猶君也。說詳集解儒效頁五。

北海則有走馬吠犬焉，楊曰：海、謂荒晦絕遠之地，不必至海水也。然而中國得而畜使之。

南海則有羽翮齒革曾青丹干焉，楊曰：曾青、銅之精，可繢畫及化黃金者。丹干、丹砂也。蓋一名丹干。干讀爲「矸」。然而中國得而財之。東海則有紫紶魚鹽焉，然而中國得而衣食之。王引之曰：紶當爲綌。于曰：紫卽絺之叚字。西海則有皮革文旄焉，然而中國得而用之。故澤人足乎木，山人足乎魚，農夫不斲削不陶冶而足械用，工賈不耕田而足菽粟。故虎豹爲猛矣，然君子剝而用之。故天之所覆，地之所載，莫不盡其美致其用，上以飾賢良下以養百姓而安樂之。楊曰：飾、謂車服。養、謂衣食。夫是之謂大神。郝曰：爾雅釋詁：「神者、治也。」大神、謂大治。詩曰：「天作高山，大王荒之；彼作矣，文王康之。」楊曰：周頌天作之篇。啓雄按：國語晉語：「叔詹曰：『周頌曰：「天作高山，大王荒之，」荒、大之也。』」爾雅釋言：「荒、奄也。」說文：「奄、覆也。」此言：天造山，太王擴大它的墾地而奄有之，太王旣闢土地矣，文王又從而安康之。此之謂也。

以類行雜，以一行萬；啓雄按：類、指統類。呂覽季夏紀注：「行、察也。」謂：以統類審察繁雜事物，以一理（天地人聯結依賴之理）審察萬種事理。始則終，終則始，若環之無端也，啓雄按：廣雅釋言：「則、卽也」；謂「始」就是「終」，「終」就是「始」，因爲：天地生萬物，禮義治事物，君子行禮義；爲之、貫之、積重之、致好之育成君子，——天地是始，君子是終。反過來看：君子通過爲、貫、積重、致好來實踐禮義，更通過人治來管理天地——君子是始，天地是終。這是人和天地互相聯結、而且是循環往復地依賴的道理，下文八句即伸釋此理。舍是而天下以衰矣。天地者，生之始也；禮義者，治之始也；君子者，禮義之始也。楊樹達曰：孟子所謂：「禮義由賢者出也。」爲之，貫之，積重之，致好之者，君子之始也。啓雄按：這句簡直是勸學全篇的舉綱。爲、貫、積重、致好是養成君子的德育因素，故稱它們是「君子之始」。故天地生君子，君子理天地；君子者，天地之參也，萬物之總也，民之父母也。楊曰：參謂與之相參共成化育也。總、領也。啓雄按：總、猶言總管也。無君子，則天地不理，禮義無統；上無君師，下無父子，夫是之謂至亂。君臣父子兄弟夫婦，始則終，終則始，與天地同理，與萬世同久，夫是之謂大本。啓雄按：此謂：社會上人與人的聯結依存和宇宙間天地與人的聯結依賴同理同久。大本、指這個天地人「同理同久」的偉大的基本。故喪祭朝聘師旅一也。貴賤殺生與奪一也。君君臣臣父父子子兄兄弟弟一也。農農士士工工商商一也。啓雄按：這四個一字都當作壹，左昭十傳注：「壹、同也。」謂：都是同一個大基本呵！

水火有氣而無生，草木有生而無知，禽獸有知而無義；人有氣有生有知亦且有義，故最爲天下貴也。力不若牛，走不若馬，而牛馬爲用，何也？曰：人能羣，彼不能羣也。人何以能羣？曰：分。啓雄按：荀書「合羣」「分施」對舉。分何以能行？曰：義。故義以分則和，楊曰：言分義相須也。義、謂裁斷也。和則一，一則多力，多力則彊，彊則勝物；故宮室可得而居也。故序四時，裁萬物，啓雄按：裁、成也。說詳集解非十二子頁十七。兼利天下，無它故焉，得之分義也。楊曰：以有分義，故能治天下也。

故人生不能無羣，羣而無分則爭，爭則亂，亂則離，離則弱，弱則不能勝物。故宮室不可得而居也，不可少頃舍禮義之謂也。能以事親謂之孝，能以事兄謂之弟，能以事上謂之順，能以使下謂之君。楊曰：能以、皆謂能以禮義也。君者，善羣也。楊曰：善能使人爲羣也。羣道當則萬物皆得其宜，六畜皆得其長，羣生皆得其命。楊曰：安其性命。故養長時，則六畜育，殺生時，則草木殖。楊曰：殺生、斬伐。政令時，則百姓一，賢良服。聖王之制也：草木榮華滋碩之時，則斧斤不入山林，不夭其生，不絕其長也；黿鼉魚鱉鰌鱣孕別之時，楊曰：別、謂生育與母分別也。罔罟毒藥不入澤，不夭其生，不絕其長也；春耕、夏耘、秋收、冬藏、四者不失時，故五穀不絕，而百姓有餘食也；汙池淵沼川澤，謹其時禁，故魚鱉優多而百姓有餘用也；斬伐養長不失其時，故山林不童而百姓有餘材也。楊曰：山無草木曰「童」。聖王之用也：豬飼彥博曰：用、功用也。上察於天，下錯於地，塞備天地之間，啓雄按：儀禮注：「備、盡也。」加施萬物之上；微而明，短而長，狹而廣，楊曰：言用禮義，故所守者近，所及者遠也。神明博大以至約。啓雄按：神明、指聖王的智慧，解詳本書勸學篇首。故曰：一與一是爲人者、謂之聖人。啓雄按：「爲人」的「人」字似衍。上「一」字是「君子者萬物之總也」之「總」字的代詞。下「一」字是「夫是之謂大本」之「本」字的代詞。方言：「與、操也，」呂覽注：「與、用也。」謂：以「萬物之總」的智慧操用一個「大基本」的道理，這樣做的人、可以稱爲聖人。

序官：——楊曰：謂王者序官之法也。宰爵知賓客祭祀饗食犧牲之牢數。俞曰：宰爵、官名，卽主爵也。久保愛曰：知猶主也。司徒知百宗城郭立器之數。洪曰：「立器」、當是「任器」之譌。周禮地官：「載師掌任土之法以物地事。」任器謂賦稅之事。司馬知師旅甲兵乘白(?)之數。王引之曰：白與「伯」同。百人爲伯。乘、車乘之乘。脩憲命，久保愛曰：憲命、猶「憲令」。審詩商，王引之曰：商讀爲「章」。禁淫聲，以時順脩，楊曰：謂不失其時而順之脩之。使夷俗邪音不敢亂雅，大師之事也。楊曰：夷俗、謂蠻夷之樂。雅、正聲。太師樂官之長。脩隄梁，通溝澮，行水潦，久保愛曰：行、如字，通之也。安水藏，啓雄按：水藏、古之水庫。以時決塞；楊曰：旱則決之，水則塞之，不使失時也。歲雖凶敗水旱，使民有所耘艾，楊曰：艾讀爲「刈」。司空之事也。相高下，視肥墝，序五種，省農功，楊曰：省、觀也。觀其勤惰而勸之。謹蓄藏，以時順脩，使農夫樸力而寡能，治田之事也。劉師培曰：能當作「罷」。于曰：治田、爲官；古籀治作「𤔲」，與「司」同用，如：司徒、司馬、司空作：𤔲土、𤔲馬、𤔲工是也。治田、卽司田，治市、卽司市。周禮有「司市。」脩火憲，楊曰：不使非時焚山澤。養山林藪澤草木魚鼈百索，王引之曰：索當爲「素」。百素即「百蔬」。伯兄曰：索、素古字通，不煩改字。中庸：「索隱行怪」，卽借索爲「素」。離騷：「憑不厭乎求索。」注：「索、徐邈讀作蘇故切，則索亦有素音。」左傳：「八索九邱。」釋文：「索本作素。」以時禁發，使國家足用而財物不屈，虞師之事也。楊曰：屈、竭也。順州里，楊曰：使之和順。定廛宅，養六畜，閒樹藝，王曰：閒與「閑」通，謂習樹藝之事也。勸敎化，趨孝弟，楊曰：趨讀爲「促」。以時順修，使百姓順命，安樂處鄉，鄉師之事也。論百工，楊曰：論其巧拙。審時事，辨功苦，楊曰：功謂器之精好者，苦謂濫惡者。尙完利，楊曰：完、堅也。利、謂便於用。便備用，使彫琢文采不敢專造於家，楊曰：專造、私造也。工師之事也。相陰陽，占祲兆，楊曰：祲、陰陽相侵之氣。兆、萌兆。鑽龜陳卦，楊曰：鑽龜、謂以火爇荆菙灼之也。陳卦、謂揲蓍布卦也。主攘擇五卜，楊曰：攘擇、攘除不祥擇取吉事也。五卜、洪範所謂「曰雨、曰霽、曰蒙、曰驛、曰剋。」言兆之形也。知其吉凶妖祥，傴巫跛擊之事也。孫曰：擊、謂擊戾不能仰之人。啓雄按：擊疑借爲「覡」。說文：「覡能齋肅事神明也。在男曰覡，在女曰巫，從巫從見。」脩採淸，俞曰：採乃「埰」字之誤。方言：「塚、秦晉之閒謂之埰。」淸、說文：「廁、淸也。」易道路，啓雄按：左襄卅一年傳：「司空以時平易道路。」注「易、治也。」逸詈切。謹盜賊，平室律，郝曰：室律二字不成文理。疑律當爲「肆」字之譌。室、謂廬舍，如市樓候館之屬是也。肆謂廛肆，如粟帛牛馬各有行列是也。故下遂云：「以時順脩，使賓旅安而貨財通，治市之事也。」事見周禮地官。以時順修，使賓旅安而貨財通，王引之曰：賓當爲「賨」，字之誤也。說文：「賨、行賈也。」今通用商字。考工記：「通四方之珍異以資之謂之商旅。」注：「商旅、販賣之客也。」月令：「易關市來商旅，納貨賄。」故曰：「使賨旅安而貨財通，治市之事也。」王霸「商旅安，貨財通。」是其明證。治市之事也。啓雄按：治市、解見上。抃急禁悍，楊曰：急當爲「愿」。王曰：抃當爲「折」。啓雄按：折愿、解見上。防淫除邪，戮之以五刑，使暴悍以變，姦邪不作，司寇之事也。本政教，王引之曰：本當爲「平」，字之誤也。啓雄按：王引之說見集解仲尼頁廿四。正法則，兼聽而時稽之，度其功勞，論其慶賞，以時順脩，使百吏免盡，王曰：免盡、當爲「盡免」，免與「勉」同。盡勉、皆勉也。而衆庶不偸，冢宰之事也。論禮樂，正身行，廣敎化，美風俗，兼覆而調一之，辟公之事也。全道德，致隆高，綦文理，一天下，振毫末，王先謙曰：言雖毫末之微，必振而起之。使天下莫不順比從服，天王之事也。故政事亂，則冢宰之罪也；國家失俗，則辟公之過也；天下不一，諸侯俗反，則天王非其人也。于曰：俗通欲，毛公鼎「俗我弗作先王頫」俗卽欲。莊子繕性「滑欲於俗思，」闕誤引張本作：「欲思」。

具具而王，具具而霸，具具而存，具具而亡。王先謙曰：與上文「知此三具者」相應。具具者，王、霸、存、亡之具畢具也。用萬乘之國者，威彊之所以立也，名聲之所以美也，敵人之所以屈也，國之所以安危臧否也，制與在此亡乎人；王曰：與、讀爲「舉」，皆也。亡、不在也。言其制皆在此而不在乎人也。王霸安存危殆滅亡，制與在我亡乎人。夫威彊未足以殆鄰敵也，啓雄按：殆鄰敵、謂威迫鄰敵使鄰敵危殆。名聲未足以縣天下也，王先謙曰：縣天下、言能縣衡天下，爲四海持平也。則是國未能獨立也，豈渠得免夫累乎！啓雄按：詎渠通用。天下脅於暴國，而黨爲吾所不欲於是者，日與桀同事同行，無害爲堯；伯兄曰：黨同「儻」。謂倘非欲暴，即被脅而與桀同行，亦無害爲堯也。是非功名之所就也，非存亡安危之所墮也。俞曰：墮當作「隨」，隨從也，言非存亡安危之所從也　功名之所就，存亡安危之所墮，必將於愉殷赤心之所。啓雄按：殷借爲「慇」。說文「慇、痛也。」愉殷、猶言「憂樂」。言功名、存亡、安危、在其心之所憂樂。誠以其國爲王者之所亦王，以其國爲危殆滅亡之所亦危殆滅亡。久保愛曰：所、猶言「所爲」也。啓雄按：此二句謂：置諸安處則安，置諸危處則危。殷之日，豬飼彥博曰：謂國勢殷盛之時也。案以中立無有所偏而爲縱橫之事，郝曰：縱橫、當作「從衡」，古書皆然。偃然案兵無動，郝曰：案兵之「案」，與按同。按者、抑也，止也。以觀夫暴國之相卒也；俞曰：卒當作「捽」，國語晉語：「戎夏交捽。」注：「捽，交對也。」案平政教，審節奏，砥礪百姓，爲是之日，而兵剸天下之勁矣；今本勁上奪「之」字，據王先謙據下文補。王先謙曰：剸讀與「專」同。案然修仁義，俞曰：「然」衍字。上文「案平政教，審節奏，砥礪百姓。」與此文一律，可證。伉隆高，啓雄按：伉借爲亢；廣雅釋詁：「亢、極也。」正法則，選賢良，養百姓，爲是之日，而名聲剸天下之美矣。權者重之，鍾曰：謂上「中立無有所偏，偃然按兵不動也」，兵之勁名聲之美皆本乎此，故首言之。兵者勁之，名聲者美之。夫堯舜者一天下也，啓雄按：者猶「之」也。莊子庚桑楚：「南榮趎曰：然則是至人之德已乎？非也，是乃所謂冰解凍釋者能乎！」王先謙曰：「者猶之」。不能加毫末於是矣！

權謀傾覆之人退，則賢良知聖之士案自進矣。刑政平，百姓和，國俗節，則兵勁城固，敵國案自詘矣。務本事，啓雄按：廣雅：「詘、屈也。」本事、指農事。積財物，而勿忘棲遲薛越也，王懋竑曰：棲遲薛越、似是分散遺棄之意。久保愛曰：棲遲、貨財費散，猶人之棲息自廢於中野也。薛越、讀爲「屑越」，狼戾也。啓雄按：忘當爲「妄」。是使羣臣百姓，皆以制度行，則財物積，國家案自富矣。三者體此而天下服；暴國之君案自不能用其兵矣。何則？彼無與至也。彼其所與至者，必其民也；久保愛曰：彼、皆指暴君。其民之親我歡若父母，今本歡上衍「也」字，據世德堂本校删。好我芳若芝蘭，反顧其上則若灼黥，若仇讐；久保愛曰：其民、謂暴國之民也。若灼黥、謂畏怖之也。彼人之情性也雖桀跖，豈有肯爲其所惡賊其所好者哉！彼以奪矣。郭曰：承上文王奪之人言，彼所有之人已爲我奪也。啓雄按：以同已。故古之人，有以一國取天下者，非往行之也；脩政其所，啓雄按：政與「正」同。天下莫不願，今本莫上奪「天下」二字，據陶據榮辱致士及本篇上文校補。如是而可以誅暴禁悍矣。啓雄按：釋詞七：「而、猶則也。」故周公南征而北國怨。曰：何獨不來也！東征而西國怨。曰：何獨後我也！孰能有與是鬭者與！安以其國爲是者王。殷之日，安以靜兵息民，久保愛曰：以字衍。慈愛百姓，辟田野，實倉廩，便備用，安謹募選，閱材伎之士；然後漸賞慶以先之，嚴刑罰以防之，擇士之知事者使相率貫也，是以厭然畜積修飾而物用之足也。王先謙曰：之字衍。啓雄按：厭然、安貌，說見集解儒效頁二。兵革器械者，彼將日日暴露毀折之中原，我今將脩飾之，拊循之，掩蓋之於府庫。貨財粟米者，彼將日日棲遲薛越之中野，我今將畜積幷聚之於倉廩。材技股肱健勇爪牙之士，彼將日日挫頓竭之於仇敵，我今將來致之，幷閱之，啓雄按：詩谷風傳：「閱、容也。」砥礪之於朝廷。如是，則彼日積敝，我日積完；彼日積貧，我日積富；彼日積勞，我日積佚。君臣上下之間者，彼將厲厲焉日日相離疾也，我今將頓頓焉日日相親愛也以是待其敝，王先謙曰：莊子人間世釋文：「厲、疾也。」頓讀爲「敦」。敦敦、相親厚之意。安以其國爲是者霸。立身則從傭俗，事行則遵傭故，啓雄按：謂行事則循平常的故事。進退貴賤則舉傭士，王懋竑曰：傭與「庸」同。之所以接下之人百姓者則庸寬惠，王先謙曰：荀書多以「之」爲「其」。郝曰：

庸、用也。如是者則安存。盧曰：僅免於危亡而已。立身則輕楛，事行則蠲疑，高曰：蠲、惑也。啓雄按：輕楛、謂輕佻濫惡。餘詳勸學篇末。進退貴賤則舉佞兌，今本兌作「侻」，據王先謙據修身校改。啓雄按：佞兌、即「佞銳」。佞是口才捷利之名，銳亦利也。說詳集解修身頁十九。之所以接下之人百姓者則好取侵奪，如是者危殆。立身則憍暴，事行則傾覆，進退貴賤則舉幽險詐故，王先謙曰：故、亦「詐」也。啓雄按：憍與「驕」同。說詳榮辱篇首。之所以接下之人百姓者，則好用其死力矣而慢其功勞，好用其籍斂矣而忘其本務，久保愛曰：籍斂、猶言「稅斂」也。詩：「實畝實籍。」鄭玄曰：「籍，稅也。」本務、謂農桑也。如是者滅亡。——此五等者，不可不善擇也，王霸安存危殆滅亡之具也。善擇者制人，不善擇者人制之；善擇之者王，不善擇之者亡。夫王者之與亡者制人之與人制之也。是其爲相縣也，亦遠矣。

第十篇　富國

萬物同宇而異體，無宜而有用爲人，數也。王曰：爲讀曰「于」。言萬物於人，雖無一定之宜，而皆有用於人，數也。數也、猶言道固然也。啓雄按：管子法法注：「數、理也。」

人倫並處，同求而異道，同欲而異知，生也。王曰：生讀爲「性」。皆有可也，知愚同；所可異也，知愚分。啓雄按：人無論智或愚、都有他自認爲可的，（就是意以爲善的。）可是，各人的認可力的程度有差等，智愚之別便顯然呈現了。埶同而知異，行私而無禍，縱欲而不窮，則民心奮而不可說也。啓雄按：易虞注：「埶、力也。」謂衆人的勢力都相同而認可的理智不相同，倘統治者行私而無懲罰，縱欲而無極，這樣、民情便衝動而不可以用曲說來說服了！如是，則知者未得治也；啓雄按：謂智者未得機會治理國家。知者未得治，則功名未成也；鍾曰：功、功用。名、名分。非常言所謂「功名」也。功名未成，則羣衆未縣也；楊曰：有功名者居上，無功名者居下，然後羣衆縣隔；若未有功名，則羣衆齊等也。羣衆未縣，則君臣未立也。無君以制臣，無上以制下，天下害生縱欲。楊曰：無上下相制，則天下之害生於各縱其欲也。王先謙曰：此承上縱欲不窮申言之。欲惡同物，欲多而物寡，寡則必爭矣。故百技所成，所以養一人也；汪曰：此言一人之身而百工之所爲備。而能不能兼技，鍾曰：言人之能不兼通數技也。人不能兼官；離居不相待則窮，啓雄按：不相待、卽不互助和不通功易事之意。羣而無分則爭。窮者患也，爭者禍也。救患除禍，則莫若明分使羣矣。啓雄按：明分使羣、謂使人羣居且明其分際。離居不相待則窮，所以必使羣，羣而無分，則爭，所以必明分。彊脅弱也，知懼愚也，民下違上，久保愛曰：民字衍。少陵長；不以德爲政；如是，則老弱有失養之憂，而壯者有分爭之禍矣。事業所惡也，功利所好也，職業無分；如是，則人有樹事之患，而有爭功之禍矣。啓雄按：事業、卽今語「義務」。功利、卽今語「權利」。樹事疑作「樹私」，音近而訛。言義務本爲人所惡，權利本爲人所好，若職業無分界，這樣，人有樹私之患，而且有爭功之禍。男女之合，夫婦之分，婚姻娉內送逆無禮；楊曰：聘、問名也。內讀曰「納」。納幣也。送、致女，逆、親迎也。啓雄按：正文作「娉」，注文作「聘」，娉、本字；聘、叚字。如是，則人有失合之憂，而有爭色之禍矣。故知者爲之分也。楊曰：知、讀爲「智」。

足國之道，——楊曰：明富國之術也。節用裕民，而善臧其餘。盧曰：臧古「藏」字。節用以禮，裕民以政。彼裕民故多餘，啓雄按：按上下文皆「節用」「裕民」對句平列，這句「裕民」二字，當作「節用」，句法才一律。大概是涉下文而錯罷了！裕民則民富；民富則田肥以易；啓雄按：

易、治也。說見本書王制篇中。田肥以易則出實百倍。楊曰：所出穀實多也。上以法取焉，而下以禮節用之。餘若丘山，不時焚燒，無所臧之；楊曰：以言多之極也。夫君子奚患乎無餘！故知節用裕民，則必有仁義聖良之名，而且有富厚丘山之積矣。楊曰：名實皆美。此無它故焉，生於節用裕民也。不知節用裕民則民貧，民貧則田瘠以穢，田瘠以穢則出實不半；上雖好取侵奪，猶將寡獲也。啓雄按：好、如字。好取、謂不亂取於民。「侵奪」二字疑與下文無禮節用之「節用」二字互錯，此言：統治者若不知節用裕民，就終歸於「出實不半」，此時君雖改變政策，愼取於民，且節用減政，可是、四海已困窮，即使薄稅歛亦將寡獲了。而或以無禮節用之，啓雄按：此句「節用」二字，疑與上句「上雖好取侵奪」之「侵奪」二字互錯。則必有貪利糾譑之名，王曰：糾、收也。譑讀爲「撟」，撟、取也。而且有空虛窮乏之實矣。此無他故焉，不知節用裕民也。康誥曰：「弘覆乎天，若德裕乃身。」楊曰：弘覆如天，又順於德，是乃所以寬裕汝身。言百姓足，君孰與不足也。此之謂也。

禮者，貴賤有等，長幼有差，貧富輕重皆有稱者也。故天子袾裷衣冕，楊曰：袾古「朱」字。裷與「袞」同。畫龍於衣謂之袞，朱袞以朱爲質也。衣冕、猶服冕也。諸侯玄裷衣冕，楊曰：謂上公也。周禮：「公之服、自袞冕而下，如王之服。」大夫裨冕，楊曰：衣裨衣而服冕，謂祭服也。天子六服，大裘爲上，其餘爲裨，裨之言卑也。以事尊卑服之，諸侯以下亦服焉。鷩冕絺冕，皆是也。士皮弁服。楊曰：皮弁、謂以白鹿皮爲冠，象上古也。素積爲裳，用十五升布爲之。積、猶辟也。辟蹙其腰中，故謂之素積也。德必稱位，位必稱祿，祿必稱用，由士以上則必以禮樂節之，衆庶百姓則必以法數制之。啓雄按：這是分配和消費的經濟思想。呂覽注：「節，適也。」本書王制注：「制、差等也。」謂：用禮樂來調節士以上的「位」「祿」「用」，使它們都調整得適當。同時又用法律條文來制定衆庶、百姓們的「事」和「利」的差等，並使他們的衣食用和收入出入相抵當。量地而立國，計利而畜民，度人力而授事；使民必勝事，事必出利，利足以生民，皆使衣食百用出入相揜，王曰：爾雅：「弇、同也。」方言：「掩、同也。」周頌執競傳：「奄、同也。」弇、奄、掩、揜、竝通。出入相同，謂不使出數多於入數也。必時藏餘，謂之稱數。啓雄按：稱、與上文「貧富輕重皆有稱」之「稱」字相應。又榮辱「使穀祿多少厚薄之稱。」此言：這就是各人的德才和他的地位、俸祿、享用相稱的理。故自天子通於庶人，事無大小多少，由是推之。故曰：「朝無幸位，民無幸生。」楊曰：無德而祿，謂之幸位。惰游而食，謂之幸生。啓雄按：這兩句話荀子在王制篇已經說過，所以用「故曰」。此之謂也。

輕田野之稅，平關市之征，省商賈之數，楊曰：省、減也，謂使農夫衆也。罕興力役，無奪農時，如是則國富矣。夫是之謂以政裕民。

人之生，不能無羣；羣而無分則爭；爭則亂；亂則窮矣。楊曰：窮、困。故無分者，人之大害也；有分者，天下之本利也；楊曰：本當爲「大」。而人君者，所以管分之樞要也。故美之者，是美天下之本也；盧曰：美之、安之、貴之、三「之」字皆謂人君。安之者，是安天下之本也；貴之者，是貴天下之本也。古者先王分割而等異之也，故使或美，或惡，或厚，或薄，或佚樂，或劬勞，今本樂勞二字上各衍一「或」字，據王據治要校刪。非特以爲淫泰夸麗之聲，將以明仁之文，通仁之順也。啓雄按：爾雅釋詁：「順、敍也。」故爲之雕琢刻鏤黼黻文章，使足以辨貴賤而已，不求其觀；啓雄按：不求外觀之美。爲之鍾鼓管磬琴瑟竽笙，使足以辨吉凶合歡定和而已，不求其餘；啓雄按：淮南子天文注「定、成也。」爲之宮室臺榭，使足以避燥溼養德辨輕重而已，不求其外。詩曰：「雕琢其章，金玉其相，亹亹我王，綱紀四方。」楊曰：大雅棫樸之篇。相、質也。亹亹、勸勉之貌。言雕琢爲文章，又以金玉爲質，勉力爲善，所以綱紀四方也。與詩義小異。此之謂也。

若夫重色而衣之，重味而食之，重財物而制之，合天下而君之，非特以爲淫泰也，固以爲王天下，劉師培曰：王當作「主」，言爲天下之主也。治萬變，材萬物，啓雄按：材借爲「財」。財、成也。說詳非十二子篇中。養萬民，兼制天下者，爲莫若仁人之善也夫！久保愛曰：爲字衍。故其知慮足以治之，其仁厚足以安之，其德音足以化之。久保愛曰：德音、有令聞之謂也。得之則治，失之則亂。百姓誠賴其知也，楊曰：知、讀爲「智」，下同。故相率而爲之勞苦，以務佚之，以養其知也。誠美其厚也，故爲之出死斷亡以覆救之，以養其厚也。楊曰：厚、恩厚也，出死謂出身致死。久保愛曰：斷亡、如韓非子「犯白刃，蹈爐炭，斷死於前」之「斷」，亦謂決死也。誠美其德也，故爲之雕琢刻鏤黼黻文章，以藩飾之，以養其德也。楊曰：有德者宜備藩衞文飾也。故仁人在上，百姓貴之如帝，楊曰：天帝也。親之如父母，爲之出死斷亡而愉者，楊曰：愉、歡。無它故焉；其所是焉誠美，其所得焉誠大，其所利焉誠多也。▲今本多下奪「也」字，據王先謙據治要校補。詩曰：「我任我輦，我車我牛，我行既集，蓋云歸哉！」楊曰：小雅黍苗之篇。引此以明百姓不憚勤勞以奉上也。鄭云：「集、猶成也。蓋、猶皆也。轉餫之役，有負任者，有輓輦者，有將車者，有牽傍牛者，事既成、召伯則皆告之云：可以歸矣。」久保愛曰：言我行裝已成，當往而歸于此君，謂負任擔荷以來歸也。此之謂也。

故曰：「君子以德，小人以力；力者，德之役也。」啓雄按：左襄九傳、國語魯語、孟子滕文公都引述這樣的話。百姓之力，待之而後功；啓雄按：爾雅釋詁：「功、成也」。言百姓的力，待君子才成功。百姓之羣，待之而後和；百姓之財，待之而後聚；百姓之埶，待之而後安；百姓之壽，待之而後長。楊曰：皆明待君上之德化然後無爭奪相殺也。父子不得不親，兄弟不得不順，男女不得不歡。少者以長，老者以養。故曰：「天地生之，聖人成之。」此之謂也。楊曰：古者有此語，引以明之也。

今之世而不然：王先謙曰：釋詞：「而、猶則也。」厚刀布之斂以奪之財，啓雄按：刀布、錢也。詳榮辱篇末。重田野之稅以奪之食，啓雄按：「之財」「之食」二「之」字都作「其」解，呂覽音初注：「之、其也。」苛關市之征以難其事。不然而已矣：楊曰：不唯如此而已。有掎挈伺詐，楊曰：有讀爲「又」。掎撫其事、挈舉其過，伺候其罪，詐爲其辭。權謀傾覆，以相顛倒，以靡敝之，楊曰：敝、敗也。豬飼彥博曰：靡、損也，越語：「靡王躬身。」百姓曉然皆知其汙漫暴亂而將大危亡也，楊曰：汙漫、皆穢行也。是以臣或弒其君，下或殺其上，粥其城，啓雄按：粥正字作鬻；國語齊語：「市賤鬻貴」，注：「鬻、賣也」。倍其節，而不死其事者，無它故焉，人主自取之也。今本之下奪「也」字，據王先謙據治要校補。詩曰：「無言不讎，無德不報。」楊曰：大雅抑之篇。此之謂也。

兼足天下之道在明分：——掩地表畝，豬飼彥博曰：表、猶高也。言覆土爲畝。劉師培曰：掩疑「揜」訛。揜、猶度也。刺屮殖穀，啓雄按：說文：「刺、直傷也。」屮是「艸」之古文。刺艸、謂以耜鍤除去草根。多糞肥田，是農夫衆庶之事也。守時力民，進事長功，和齊百姓，使人不偷，是將率之事也。俞曰：蓋古之爲將率者，其平時卽州長黨正之官。啓雄按：率借爲衛；說文：「衛、將衛也」。古書多以帥代之。高者不旱，下者不水，寒暑和節，而五穀以時孰，是天下之事也。王曰：天下之事、當作「天之事」。不旱、不水、寒暑和節，此皆出於天而非人之所能爲。故曰：「是天之事。」正對下文「是聖君賢相之事」而言。「下」乃涉上文「下者」而衍。若夫兼而覆之，兼而愛之，兼而制之，啓雄按：制、卽上文「以法數制之」的制，指制百姓、衆庶的「事」和「利」。歲雖凶敗水旱，使百姓無凍餧之患，則是聖君賢相之事也。

墨子之言昭昭然爲天下憂不足。啓雄按：禮記中庸注：「昭昭、猶耿耿，小明也。」詩柏舟傳：「耿耿猶儆儆也。」廣雅釋訓：「耿耿、不安也。」此言墨子「儆惕不安」地爲天下憂不足，是片面地認識事理，故不得稱爲「大明」，只能稱爲「小明」。夫不足，非天下之公患也，特墨子之私憂過計也。今是土之生五穀也，啓雄按：釋詞九：「是、猶夫也。」人善治之，則畝數盆，一歲而再獲之；楊曰：當時以盆爲量。獲讀爲「穫」。然後瓜桃棗李一本數以盆鼓，楊曰：一本、一株也。鼓、量也。啓雄按：廣雅釋器：「斛謂之鼓」。然後葷菜百疏以澤量，楊曰：葷、辛菜也。疏與「蔬」同。以澤量、言滿澤也。然後六畜禽獸一而剸車，楊曰：剸與「專」同，言一獸滿一車。黿鼉魚鱉鰌鱣以時別一而成羣，楊曰：別、謂生育與母分別也。以時別、謂不夭其生使得成遂也。一而成羣、言每一類皆得成羣。豬飼彥博曰：黿上脫「然後」二字。然後飛鳥鳧雁若煙海，楊曰：遠望如煙之覆海，皆言多也。然後昆蟲萬物生其間，可以相食養者不可勝數也。夫天地之生萬物也，固有餘足以食人矣；麻葛繭絲鳥獸之羽毛齒革也，固有餘足以衣人矣。夫有餘不足，王先謙曰：此二句與上文同。荀反復申重，以明墨之非。以文義求之，不足上不當有「有餘」二字。非天下之公患也，特墨子之私憂過計也。

天下之公患：亂傷之也。胡不嘗試相與求亂之者誰也？啓雄按：釋詞四：「也、猶乎也。」我以墨子之「非樂」也，則使天下亂；墨子之「節用」也，則使天下貧；非將墮之也，說不免焉。豬飼彥博曰：言墨子非將欲隳毀天下也，然其說之不善，不免如此。墨子大有天下，小有一國，將蹙然衣麤食惡，憂戚而非樂；若是則瘠，楊曰：瘠、奉養薄也。瘠則不足欲，不足欲則賞不行。墨子大有天下，小有一國，將少人徒，省官職，上功勞苦，于曰：上讀爲尙，詩陟岵：「尙慎旃哉」，漢石經尙作上。謂崇事功而勞苦也。與百姓均事業，齊功勞。若是則不威，不威則罰不行。賞不行，則賢者不可得而進也。罰不行，則不肖者不可得而退也。楊曰：賞罰所以進賢而退不肖。賢者不可得而進也，不肖者不可得而退也，則能不能不可得而官也。

王先謙曰：此能不能就一人所短長言之。官、謂不失其任；各當其任無差錯也。若是則萬物失宜，事變失應，上失天時，下失地利，中失人和，楊曰：賞罰不行、賢愚一貫，故有斯敝。天下敖然，若燒若焦；楊曰：敖、讀爲「熬」。墨子雖爲之衣褐帶索，嚽菽飲水，惡能足之乎！楊曰：嚽、與「啜」同。既以伐其本，竭其原，而焦天下矣。啓雄按：禮記檀弓注：「以與已字本同。」

故先王聖人爲之不然：知夫爲人主上者不美不飾之不足以一民也；不富不厚之不足以管下也；不威不强之不足以禁暴勝悍也；故必將撞大鐘，擊鳴鼓，吹笙竽，彈琴瑟，以塞其耳；必將錭琢刻鏤，楊曰：錭與「彫」同。黼黻文章，以塞其目；必將芻豢稻粱，五味芬芳以塞其口；然後衆人徒，啓雄按：衆、動詞。衆人徒、謂招徠人徒使人數衆多。備官職，漸慶賞，啓雄按：漸字解見本書王制篇中。嚴刑罰，以戒其心；使天下生民之屬，皆知己之所願欲之舉在是于也，楊曰：舉、皆也。是于、猶言「于是」。故其賞行；皆知己之所畏恐之舉在是于也，故其罰威。賞行罰威，則賢者可得而進也，不肖者可得而退也，能不能可得而官也。若是則萬物得宜，事變得應，上得天時，下得地利，中得人和，則財貨渾渾如泉源，楊曰：渾渾、水流貌。如泉源、言不絕也。汸汸如河海，楊曰：汸、讀爲「滂」，水多貌也。暴暴如丘山，楊曰：暴暴、卒起之貌。言物多委積，高大如丘山也。不時焚燒，無所臧之，夫天下何患乎不足也。故儒術誠行，則天下大而富，楊曰：大、讀爲「泰」，優泰也。使而功，劉曰：使、當作「佚」。撞鐘擊鼓而和。詩曰：「鐘鼓喤喤，管磬瑲瑲。降福穰穰，降福簡簡，威儀反反。既醉既飽，福祿來反。」楊曰：周頌執競之篇。毛云：「喤喤、瑲瑲、皆聲和貌。穰穰、衆也。簡簡、大也。」鄭云：「反反順習之貌。反、復也。」此之謂也。故墨術誠行，則天下尚儉而彌貧，非鬬而日爭，勞苦頓萃而愈無功，王曰：頓、如困頓之頓。管子版法注：「頓卒、猶困苦。」愀然憂戚非樂而日不和。詩曰：「天方薦瘥，喪亂弘多。民言無嘉，憯莫懲嗟。」楊曰：小雅節南山之篇。薦、重也。瘥、病也。憯、曾也。懲、止也。嗟、奈何。薦或爲「荐」。此之謂也。

垂事養民，——楊曰：垂、下也。以上所操持之事下就於民而養之。謂施小惠也。孫曰：此「垂事」與下文「進事長功」文相對，垂、疑當爲「舍」之譌。墨子尙賢下云：「垂其股肱之力而不相勞來也。」尙同中作「舍餘力不以相勞。」是其證也。垂舍二字艸書相似，故荀墨二子皆互譌。下文云：「故垂事養譽不可以遂功。」義同。劉師培曰：垂、疑「棄」訛。墨子非儒下「巧垂作舟」，類聚七十一誤垂爲「棄」，是其例。伯兄曰：據下文此「民」字當作「譽」。拊循之，唲嘔之，郝曰：循與「揗」同，撫揗、謂撫摩矜憐之也。唲嘔、爲小兒語聲，慈愛之也。冬日則爲之饘粥，夏日則與之瓜麮，郝曰：說文：「麮、麥甘鬻也。」食之止渴又袪暑。啓雄按：釋名釋飲食：「煮麥曰麮。」以偷取少頃之譽焉，是偷道也；可以少頃得姦民之譽，然而非長久之道也；事必不就，功必不立，是姦治者也。傮然要時務民，楊曰：要時、趨時也。務、勉強也。謂以勞役彊民也。王先謙曰：傮然、猶嘈嘈，紛雜之意。進事長功，楊曰：益上之功利也。陶曰：前節云：「守時力民，進事長功。」乃言兼足天下之道，施之此文則不類矣。進、疑「遂」字之誤。讀如「大夫無遂事」之「遂」。「遂事長功」與「要時務民」語意一貫，下文以遂功而忘民亦不可，正承此言，是其證也。今本涉下文「事進矣而百姓疾之」而誤。啓雄按：陶引「大夫無遂事」句見公羊襄十二年傳。疏：「遂者，專事之辭。」輕非譽而恬失民，楊曰：恬、安也。言不顧下之毁譽而安然忘於失民也。久保愛曰：非、誹也。恬失民、安於失民心也。事進矣而百姓疾之，楊曰：事雖長進而百姓怨。是又不可偷偏者也。王先謙曰：「不可」二字衍文。豬飼彥博曰「不可」二字衍。偏、當作「徧」。徙壞墮落，必反無功。楊曰：雖苟求功利，旋即毁壞墮落，必反無成功也。啓雄按：據注，徙、當作「毁」。故垂事養譽、不可，以遂功而忘民、亦不可，皆姦道也。

故古人爲之不然：使民夏不宛暍，楊曰：宛、讀爲「蘊」，暑氣也。暍、傷暑也。冬不凍寒，急不傷力，緩不後時，楊曰：皆謂量民之力，不使有所傷害。事成功立，上下俱富；而百姓皆愛其上，人歸之如流水，親之歡如父母，爲之出死斷亡而愉者，無它故焉，忠信調和均辨之至也。王曰：辨、讀爲「平」。久保愛曰：辨、與「徧」通。君道有「均徧而不偏」之語。故君國長民者，欲趨時遂功，則和調累解，俞曰：累解之義，殆猶「平正」也。速乎急疾；王曰：「疾」下當有「矣」字。忠信均辨，說乎賞慶矣；必先脩正其在我者，然後徐責其在人者，威乎刑罰。啓雄按：罰字下當有「矣」字。三「乎」字都借爲「于」。謂：君國長民者，要想「趨時成功」，那末、用「和調累解」的方法，比「急疾」（即急躁）來得快；用「忠信均辨」法，比「慶賞」更招人喜悅；用「先正己然後責人」法，比「刑罰」更威嚴。三德者誠乎上，則下應之如景嚮，楊曰：三德、謂：調和累解，忠信均辨，正己而後責人也。誠乎上、謂上誠意行之也。嚮、讀爲「響」。雖欲無明達，得乎哉！書曰：「乃大明服，惟民其力懋，和而有疾。」楊曰：康誥。懋、勉也。言君大明以服下，則民勉力爲和調而疾速，以明效上之急也。此之謂也。

故不教而誅，則刑繁而邪不勝；教而不誅，則姦民不懲；誅而不賞，則勤勵之民不勸；今本勵作「厲」，據王據治要校改。誅賞而不類，啓雄按：類字解見本書勸學篇中。則下疑俗儉而百姓不一。楊曰：儉、當爲「險」。王先謙曰：治要作「險」。啓雄按：儉險古通用，不煩改字。故先王明禮義以壹之；致忠信以愛之；尚賢使能以次之；王先謙曰：晉語注：「次、行列也。」次之、謂使之就列。爵服慶賞以申重之；時其事，輕其任，以調齊之；潢然兼覆之，楊曰：潢、與「滉」同。潢然、水大至之貌也。養長之，如保赤子。若是故姦邪不作，盜賊不起，而化善者勸勉矣。楊曰：化善、化而爲善者也。是何邪？則其道易，其塞固，高曰：塞固、謂其邊塞固也。其政令一，其防表明。楊曰：隄防標表，明白易識。故曰：上一則下一矣，上二則下二矣。辟之若屮木枝葉必類本。此之謂也。楊曰：辟、讀爲「譬」。屮、古草字。

不利而利之，徂徠曰：不利民而吾取其利也。不如利而後利之之利也。不如愛而後用之之功也。利而後利之，不如利而不利者之利也。愛而後用之，不如愛而不用者之功也。利而不利也、愛而不用也者，取天下者也。今本者也作「矣」字，據王據文選注改。利而後利之，愛而後用之者，保社稷者也。今本也上奪「者」字，據王據文選注補。不利而利之，不愛而用之者，危國家者也。今本也上奪「者」字，據王據文選注補。

觀國之治亂臧否，至於疆易而端已見矣。楊曰：易、與「埸」同。其候徼支繚，楊曰：候、斥候。徼、巡也。支繚、支分繚繞，言委曲巡警也。其竟關之政盡察，楊曰：竟、與「境」同。盡察、極察，言無不察。是亂國已。郭曰：候繳支繚，多疑而煩苦；竟關之政察，析利而苛細；知此之爲亂，可與言治矣。入其境，其田疇穢，都邑露，王曰：露者、敗也，謂都邑敗壞也。方言：「露、敗也。」是貪主已。觀其朝廷，則其貴者不賢；觀其官職，則其治者不能；觀其便嬖，則其信者不愨；是闇主已。凡主相臣下百吏之俗，其於貨財取與計數也，須孰盡察；俞曰：俗、當爲「屬」。須、乃順字之誤。啓雄按：俞說是；順讀爲愼，孰、精熟。其禮義節奏也，芒軔僈楛，楊曰：芒、昧也。軔、柔也，怠惰之意。僈與「慢」同。楛、不堅固也。是辱國已。其耕者樂田，其戰士安難，其百吏好法，其朝廷隆禮，其卿相調議，是治國已。觀其朝廷，則其貴者賢；觀其官職，則其治者能；觀其便嬖，則其信者愨；是明主已。啓雄按：說文：「嬖、便嬖，愛也。」荀卿書例，凡「便嬖（嬖或作「辟」「僻」）」「親比己者」連用，才含邪佞意，若單舉「便嬖」二字，只是指左右近習之人罷了！未肯定爲何種人。君道：「文王非無貴戚也，非無子弟也，非無便嬖也。」又：「便嬖左右者，人主之所以窺遠收衆之門戶牖嚮也，不可不早具也，故人主必將有便嬖左右足信者然後可；其知慧足使規物，其端誠足使定物然後可；夫是之謂國具。」儒效：「呼先王以欺愚者而求衣食焉，……隨其長子，事其便僻，舉其上客，……是俗儒也。」都是明證。凡主相臣下百吏之屬，其於貨財取與計數也，寬饒簡易；楊曰：不汲汲於貨財也。其於禮義節奏也，陵謹盡察，王曰：陵、嚴密也。劉師培曰：陵、嚴明也。是榮國已。賢齊則其親者先貴；能齊則其故者先官；其臣下百吏，汙者皆化而脩，啓雄按：不苟：「去汙而易之以修」。悍者皆化而愿，躁者皆化而愨；王引之曰：躁、謂狡猾也。是明主之功已。

觀國之强弱貧富有徵驗：今本徵下奪「驗」字，據崇文局本及增注本補。啓雄按：楊注：「徵驗、言其驗先見也。」可證楊所見本有「驗」字了。上不隆禮則兵弱，上不愛民則兵弱，已諾不信則兵弱，慶賞不漸則兵弱，將率不能則兵弱。楊曰：率、與帥同。上好功則國貧，楊曰：民不得安業也。啓雄按：台州本功上有「攻取」二字。上好利則國貧，楊曰：賦斂重也。士大夫衆則國貧，楊曰：所謂三百赤芾。工商衆則國貧，楊曰：農桑者少也。無制數度量則國貧。楊曰：不爲限量則物耗費。下貧則上貧，下富則上富。故田野縣鄙者，財之本也；垣窌倉廩者，財之末也。百姓時和，事業得敍者，貨之源也；等賦府庫者，貨之流也。楊曰：時和、得天之和氣，謂歲豐也。事業得敍、耕稼得其次序，上不奪農時也。等賦、以差等制賦。貨、財、皆錢穀通名。別而言之，則粟米布帛曰「財」，錢布龜貝曰「貨」也。故明主必謹養其和，節其流，開其源，而時斟酌焉。潢然使天下必有餘，而上不憂不足；王先謙曰：此文「上」「下」對舉，下字上「天」字當爲「夫」字。荀書夫俱訓「彼」。如是，則上下俱富，交無所藏之，啓雄按：交、如「上下交征利」之「交」。說詳集解儒效頁十一。是知國計之極也。故禹十年水，湯七年旱，而天下無菜色者，十年之後，年穀復熟，而陳積有餘，久保愛曰：陳、謂舊穀也。漢書食貨志：「大倉之粟，陳陳相因，充溢露積於外。」是無它故焉，知本末源流之謂也。故田野荒而倉廩實，百姓虛而府庫滿，夫是之謂國蹷。楊曰：蹷、傾倒也。伐其本，竭其源，而幷之其末，啓雄按：幷借爲「併」，一切經音義十二引說文：「併、聚也。」然而主相不知惡也，則其傾覆滅亡可立而待也。以國持之而不足以容其身，王曰：持、載也。夫是之謂至貪，王先謙曰：貪、疑爲「貧」。此言觀國之貧富有徵，伐本竭源，覆亡立見。故雖倉廩實府庫滿而謂之至貧也。是愚主之極也。將以求富而喪其國，將以求利而危其身，古有萬國，今無十數焉，今本無作「有」，據豬飼彥博據外傳校改。是無它故焉，其所以失之一也。君人者，亦可以覺矣。

百里之國，足以獨立矣。——楊曰：此言有道，則雖小足以獨立也。凡攻人者，非以爲名，則案以爲利也，不然則忿之也。——楊曰：凡攻伐者，不求討亂征暴之名，則求貨財土地之利，不然則以忿怒，不出此三事也。仁人之用國，將脩志意，正身行，伉隆高，王曰：伉、極也，廣雅：「亢、極也。」伉、亢義同。啓雄按：隆高、解詳本書勸學篇中。致忠信，期文理，楊曰：期、當爲「綦」。極文理、謂其有條貫也。布衣紃屨之士誠是，楊曰：紃、條也，謂編麻爲之麤紃之屨也。啓雄按：是上疑脫「若」字。則雖在窮閻漏屋，而王公不能與之爭名，以國載之，楊曰：載、猶「任」也。則天下莫之能隱匿也；楊曰：言其國聲之光大也。若是則爲名者不攻也。將辟田野，實倉廩，便備用，王先謙曰：備用、即「械用」。說見集解王制頁六。上下一心，三軍同力，與之遠舉極戰，則不可，境內之聚也保固，視可午其軍，取其將，若撥麷，王曰：保、安也。午、觸也。言境內之聚既安固，則視觸人之軍，取人之將，若撥麷也。俞曰：麷、讀爲「豐」，豐、蒲也。蒲至脆弱，撥之至易也。彼得之不足以藥傷補敗，楊曰：彼縱有所得，不足以藥其所傷，補其所敗，言所獲不如所亡也。俞曰：藥、讀爲「𤻲」。說文：「𤻲、治也。」彼愛其爪牙，畏其仇敵，若是則爲利者不攻也。將脩小大强弱之義以持愼之，啓雄按：謂對於小事大弱事强之義持重謹愼。禮節將甚文，珪璧將甚碩，貨賂將甚厚，所以說之者必將雅文辯慧之君子也，彼苟有人意焉，夫誰能忿之！若是則忿之者不攻也。王引之曰：「忿之」當作「爲忿」，上文「則爲名者不攻也」「則爲利者不攻也」「爲利者否」「爲忿者否」，皆其證。爲名者否，爲利者否，爲忿者否，楊曰：否、不攻也。爲、于僞反。則國安於盤石，盧曰：盤石、卽「磐石」。壽於旗翼。楊曰：旗、讀爲「箕」。箕、翼、皆星名。人皆亂，我獨治；人皆危，我獨安；人皆失喪之，我案起而制之。今本案作「按」，制作「治」，據崇文局本校改。故仁人之用國，非特將持其有而已也，又將兼人。詩曰：「淑人君子，其儀不忒，其儀不忒，正是四國。」楊曰：曹風尸鳩之篇。此之謂也。

持國之難易，——事强暴之國難，使强暴之國事我易。事之以貨寶，則貨寶單而交不結；啓雄按：單借爲殫；說文：「殫、極盡也。」約信盟誓，則約定而畔無日；啓雄按：畔借爲叛。割國之錙銖以賂之，楊曰：外傳作「割國之疆垂以賂之。」則割定而欲無猒。事之彌順，今本順作「煩」，據王據外傳校改。其侵人愈甚，必至於資單國舉然後已，雖左堯而右舜，未有能以此道得免焉者也；辟之是猶使處女嬰寶珠佩寶玉，楊曰：嬰、繫於頸也。負戴黃金，而遇中山之盜也，雖爲之逢蒙視，王曰：逢蒙視、微視也。詘要撓膕，楊曰：詘、與「屈」同。要、讀爲「腰」。橈、曲也。膕、曲脚。言俯伏畏懼之甚也。君盧屋妾，楊曰：盧、當爲「廬」。劉曰：君、疑作「若」。言屈要橈膕，若盧屋之妾也。由將不足以免也。楊曰：由、與「猶」同。故非有一人之道也，楊曰：謂不能齊一其人，同力以拒大國也。直將巧繁拜請而畏事之，王引之曰：繁、讀爲「敏」。巧敏、謂「便佞」也。則不足以持國安身；故明君不道也，啓雄按：道、由也。說見本書榮辱篇中。必將脩禮以齊朝，正法以齊官，平政以齊民；然後節奏齊於朝，楊曰：齊、整也。節奏、禮之節文也。謂上下皆有禮也。百事齊於官，啓雄按：官、謂板圖文書之處。說詳集解儒效頁五。衆庶齊於下。如是，則近者競親，遠方致願，啓雄按：方言：「願、欲思也」。上下一心，三軍同力；名聲足以暴炙之，楊曰：名聲如日暴火炙。炎赫也。威强足以捶笞之，拱揖指揮，而强暴之國莫不趨使，譬之是猶烏獲與焦僥搏也。楊曰：烏獲、秦之力人，舉千鈞者。焦僥、短人，長三尺者。搏、鬭也。故曰：「事强暴之國難，使强暴之國事我易。」此之謂也。

第十一篇　王霸

國者，天下之制利用也；楊曰：制、衍字耳！啓雄按：利用卽「利器」。書微子：「乃攘竊神祇之犧牷牲用。」僞孔傳：「器實曰用。」是「用」「器」同誼之證。人主者，天下之利埶也。得道以持之，則大安也，大榮也，積美之源也；不得道以持之，則大危也，大累也，有之不如無之；及其綦也，啓雄按：綦借爲極。索爲匹夫不可得也；齊湣宋獻是也。楊曰：宋獻、宋君偃也。劉師培曰：獻、卽「康」之訛。啓雄按：湣王又作「閔王」「愍王」；名地。齊民有狐咺者，正議，湣王斮之，百姓不附；宗室陳舉直言，殺之，宗族離心；司馬穰苴爲政，殺之，（此據宋策，與史記異。）大臣不親。燕樂毅幷將趙秦魏韓之兵擊之，湣王亡走衞，不遜，衞人侵之；又走鄒魯，有驕色，鄒魯弗內；遂走莒。淖齒擢其筋，縣之廟梁，一夜乃死。（據國策韓子呂覽史記漢書纂。）宋康王名偃，嘗滅滕伐薛，與齊魏爲敵。射天笞地，斬社稷而焚滅之，曰：「威服天下鬼神。」淫於婦人，剖傴之背，鍥朝涉之脛，羣臣諫者輒射之，國人大駭，諸侯皆稱之曰「桀宋」。齊湣王乃與魏楚共滅之，康王奔魏，死於溫。（據國策史記纂。）

故人主天下之利埶也，然而不能自安也，安之者必將道也。王先謙曰：廣雅釋詁：「將、行也。」

故用國者，義立而王，信立而霸，權謀立而亡，——三者明主之所謹擇也，仁人之所務白也：挈國以呼禮義而無以害之，楊曰：挈、提舉也。于曰：金文呼作「乎」，是呼乎字通。以、用也。乎語助。言挈國用乎禮義也。行一不義，殺一無罪，而得天下，仁者不爲也；擽然扶持心國且若是其固也！楊曰：擽、讀爲「落」，石貌。其所持心持國，不行不義，不殺無罪，落然如石之固。之所與爲之者，王引之曰：上之字猶「其」也。之人則擧義士也；之所以爲布陳於國家刑法者，則擧義法也；主之所極然帥羣臣而首鄉之者，則擧義志也。郝曰：極與「亟」同，敏疾之意。王引之曰：「之所」上「主」字衍。上文「之所與」「之所以」上皆無「主」字，王制三言「之所以接下之人百姓者」上亦無「主」字。如是，則下仰上以義矣，是綦定也；楊曰：綦當爲「基」，基、本也。言以義爲本。綦定而國定，國定而天下定。仲尼無置錐之地，誠義乎志意，加義乎身行，楊曰：言志意及立身立行皆以義。箸之言語，濟之日，不隱乎天下，名垂乎後世。今亦以天下之顯諸侯誠義乎志意，加義乎法則度量，箸之以政事，案申重之以貴賤殺生，使襲然終始猶一也；楊曰：申亦重也。既爲政皆以義，又申重以賞罰。王曰：襲然、合一之貌。如是，則夫名聲之部發於天地之間也，豈不如日月雷霆然矣哉！楊曰：部當爲「剖」，謂開發也。啓雄按：釋詞十：「夫猶彼也。」故曰：以國齊義，啓雄按：齊、卽論語爲政「齊之以禮」之「齊」。一日而白，湯武是也。湯以亳，武王以鄗，楊曰：亳、湯國都。鄗與「鎬」同。武王所都京也。皆百里之地也，天下爲一，諸侯爲臣，通達之屬，莫不從服，無它故焉，以濟義矣，啓雄按：濟、疑「齊」字之訛，下同。是所謂義立而王也。德雖未至也，義雖未濟也，然而天下之理略奏矣，王曰：奏、讀爲「湊」，廣雅：「湊、聚也。」刑賞已諾信乎天下矣，楊曰：諾、許也。已、不許也。禮記：「與其有諾責，寧有已怨。」信乎天下，謂若齊桓不背柯盟之比也。臣下曉然皆知其可要也。楊曰：要、約也。皆知其可與要約不欺也。政令已陳，雖覩利敗，不欺其民；楊曰：謂若伐原命三日之糧，不降而退之比也。啓雄按：晉文公圍原事，見左僖二十五年傳及晉語。約結已定，雖覩利敗，不欺其與；楊曰：與、相親與之國。謂若齊桓許赦魯衞不遂滅之爲己利之比也。啓雄按：楊注「赦」字，增注作「救」，似是。魯哀姜慶父之亂，弑二君，國無嗣，齊桓使高子存之。狄滅衞，殺懿公，衞人出廬於曹，齊桓城楚丘而復立衞君，這是救魯衞的事證。（並見閔二年春秋經及史記齊世家。）如是，則兵勁城固，敵國畏之；國一綦明，與國信之；劉曰：綦、訓「極」，猶言「標準」也。王曰：極、謂「信」也。雖在僻陋之國，威動天下，五伯是也。楊曰：伯、讀如字，爲諸侯之長曰「伯」。豬飼彥博曰：以下文觀之，所謂五伯者：齊桓、晉文、楚莊、吳闔閭、越勾踐也。啓雄按：伯、本字，霸、借字。非本政教也，啓雄按：本當作「平」，下同。說詳本書仲尼篇首。非致隆高也，楊曰：致、極也，不如堯舜湯之極崇高也。非綦文理也，啟雄按：荀子用交織的文理比喻有條理的高尚行爲——禮。餘詳賦篇首。非服人之心也，楊曰：此皆言雖未能備行王道，以略信之故，猶能致霸也。鄉方略，楊曰：所向唯在方略，不在用仁義也。審勞佚，謹畜積，脩戰備，齺然上下相信，而天下莫之敢當。楊曰：齺、齒相迎也。齺然、上下相向之貌。故齊桓晉文楚莊吳闔閭越句踐，是皆僻陋之國也，威動天下，彊殆中國，楊曰：其強能危中國。無它故焉，略信也，啟雄按：淮南兵略注：「略、獲得也」。是所謂信立而霸也。挈國以呼功利，不務張其義，齊其信，唯利之求，內則不憚詐其民而求小利焉，楊曰：謂若梁伯好土功詐其民曰「寇將至」，之比。啟雄按：梁伯事詳見左僖十九年傳。外則不憚詐其與而求大利焉，楊曰：謂若楚靈王以義討陳蔡因遂滅之，之比。啟雄按：楚滅陳詳見左昭八年傳、滅蔡詳十一年傳。公羊斥楚靈王爲「懷惡而討不義，君子不予也。」內不脩正其所以有，然常欲人之有，楊曰：有土地貨財也。王曰：下文言「啖啖然常欲人之有」，則此文「然」上亦當有「啖啖」二字。顧曰：「內」字疑衍。下文「不好脩正其所以有」無「內」字，是其證。又案：「不」下當有「好」字。啟雄按：禮記檀弓注：「以、與『已』字本同。」如是，則臣下百姓莫不以詐心待其上矣。上詐其下，下詐其上，則是上下析也。如是，則敵國輕之，與國疑之，權謀日行，而國不免危削，綦之而亡，齊閔薛公是也。楊曰：薛公孟嘗君田文、齊閔王之相也。齊閔王爲五國所伐，皆薛公使然，故同言之。啓雄按：司馬遷孟嘗君傳贊曰：「吾嘗過薛，其俗閭、里率多暴桀子弟，與鄒魯殊，問其故？曰：孟嘗君招致天下任俠，姦人入薛蓋六萬餘家矣。」司馬光通鑑評之曰：「盜其君之祿以立私黨，張虛譽，上以侮其君，下以蠹其民，是姦人之雄也。」合此觀之，可見賈誼所稱「忠信」「寬厚」「愛人」不能無疑，所以荀子在這裏拿他和閔王同言，在臣道簡直斥罵他是「篡臣」。又按：史記孟嘗君傳：「薛公文卒，諸子爭立，齊魏共滅薛，孟嘗絕嗣、無後。」和這句「綦之而亡。」語意正相合。故用彊齊，非以修禮義也，非以本政教也，非以一天下也，緜緜常以結引馳外爲務。楊曰：緜緜不絕貌。鍾曰：結引、謂結納與國。故彊南足以破楚，楊曰：史記：「齊閔王二（啓雄按：謝本及集解並作「三」、誤。）十三年與秦敗楚於重丘，……南割楚之淮北。」西足以詘秦，楊曰：史記：「閔王二十六年與韓魏共攻秦，至函谷軍焉。」啓雄按：西周策亦載此事。北足以敗燕，啓雄按：湣王敗燕事，未詳。史遷在燕世家載：「湣王令章子將五都之兵伐燕」，却在田齊世家六國表又並未互載這件事，國策及孟子均將這事歸於宣王，實在較史記確些。中足以舉宋，啓雄按：考證見本篇篇首。及以燕趙起而攻之，物茂卿曰：「及以」二字，只是「及」字意，佛經多有之。啓雄按：攻齊之師，不止是燕趙二國，在這裏單獨舉出它們，因爲燕趙首先倡議其事。戰國策燕策：「望諸君獻書報燕王曰：『夫齊霸國之餘教，……若欲攻之，則必舉天下而圖之，舉天下而圖之，莫徑於結趙矣，……趙若許，約四國攻之，齊可大破也。』」就是明證。若振槁然，楊曰：閔王四十年，燕秦楚三晉敗我於濟西。振、擊也。槁、枯葉也。言當權謀彊盛之時，雖破敵滅國，及樂毅以諸國攻之，若擊枯葉之易也。而身死國亡，爲天下大戮，楊曰：爲天下大戮辱也。後世言惡，則必稽焉！楊曰：後世稽考閔王爲龜鏡也。是無他故焉，唯其不由禮義而由權謀也。——三者明主之所以謹擇也，而仁人之所以務白也。善擇者制人，不善擇者人制之。

國者，天下之大器也，啓雄按：大器、與上文「利用」同意。重任也，不可不善爲擇所而後錯之，錯險則危；楊曰：所、處也。錯、讀爲「措」。啓雄按：台州本險上有「之」字。不可不善爲擇道然後道之，王曰：道之、行之也。下文「何法之道」及「道王者之法」……。與此「道」同。涂薉則塞；危塞則亡。彼國錯者，王懋竑曰：國錯、當作「錯國」。非封焉之謂也，郭曰：周禮「溝封」「畿封」，注皆訓爲「界」，言非徒畫分疆界，君其國，而子其民，遂可以立國也。何法之道，誰子之與也。啓雄按：上文既謂：非徒畫分疆界而止，故進一步所當謀慮的又有二事：（一）行何法政，（二）委任何人。這是緊承上文說的，舊說以爲設問之辭，不對。故道王者之法，與王者之人爲之，則亦王；道霸者之法，與霸者之人爲之，則亦霸；道亡國之法，與亡國之人爲之，則亦亡。——三者，明主之所以謹擇也，而仁人之所以務白也。

故國者，重任也，不以積持之則不立。啓雄按：積、即儒效「積善全盡」之「積」，此語謂：國重任也，所以那些持國者必須有「積禮義」的人格，和積「千歲之信法」的學識，才成。並見下文。故國者，世所以新者也，是憚，憚、非變也，劉師培曰：治要無「所」字，此不當有。憚即「禪」訛，正論辨堯舜擅讓云：「天下有聖而在後者，則天下不離，朝不易位，國不更制，天下厭然與鄉無以異也；以堯繼堯，夫又何變之有哉！聖不在後子而在三公，則天下如歸，猶復而振之矣，天下厭然與鄉無以異也；以堯繼堯，夫又何變之有！唯其徙朝改制爲難。」與此略同。此謂易君新國，其名爲「禪」，與變不同。禪、即彼篇之「擅」。所云非變，又即彼篇「何變之有也！」改玉改行，亦與「徙朝改制」同。改玉改行也。楊引或曰：玉、佩玉；行、步也。故一朝之日也，一日之人也，然而厭焉有千歲之國何也？今本國作「固」字，據王先謙據儒效治要校改。啓雄按：這是說：一朝廷之時期，一時期之君臣，其久不過百年，可是何以有千歲之國呢？曰：援夫千歲之信法以持之也；安與夫千歲之信士爲之也。楊曰：謂使百世不易可信之士爲政。人無百歲之壽，而有千歲之信士，何也？曰：以夫千歲之法自持者，啓雄按：千歲之法、指禮義。是乃千歲之信士矣。故與積禮義之君子爲之則王，與端誠信全之士爲之則霸，與權謀傾覆之人爲之則亡，——三者，明主之所以謹擇也，而仁人之所以務白也。善擇之者制人，不善擇之者人制之。

彼持國者，必不可以獨也；然則彊固榮辱在於取相矣！啓雄按：固、破敗也，與彊義相反。

周禮典婦功：「辨其苦良。」漢書息夫躬傳：「器用鹽惡。」本書議兵：「械用兵革窳楛不便利者弱。」苦、鹽、楛、皆破敗義，與固並从古聲得通用。魯語：「不識窮固又求自爾。」注：「固、廢也。」固訓「廢」與「破敗」義更相近。身能，相能，如是者王。楊曰：謂若湯伊尹文王太公也。身不能，知恐懼而求能者，如是者彊。楊曰：若燕昭樂毅也。身不能、不知恐懼而求能者，安唯便僻左右親比己者之用，如是者危削。楊曰：謂若楚襄王左州侯右夏侯之比也。綦之而亡。楊曰：宋獻之比。國者，巨用之則大，小用之則小；綦大而王，綦小而亡，小巨分流者存。巨用之者，先義而後利，安不卹親疏，不卹貴賤，唯誠能之求，夫是之謂巨用之。小用之者，先利而後義，安不卹是非，不治曲直，唯便僻親比己者之用，夫是之謂小用之。巨用之者若彼，小用之者若此；小巨分流者，亦一若彼，一若此也。故曰：「粹而王，駁而霸，無一焉而亡。」此之謂也。楊曰：粹、全也。駁、雜也。啓雄按：這三句又見于彊國。

國無禮則不正。禮之所以正國也，譬之猶衡之於輕重也，猶繩墨之於曲直也，猶規矩之於方圓也，既錯之而人莫之能誣也。楊曰：錯、置也。詩云：「如霜雪之將將，如日月之光明；爲之則存，不爲則亡。」郝曰：四句皆逸詩。將將、大也。此蓋言禮廣大體備，如霜雪之無不周徧，如日月之無不照臨，爲禮則禮存而國存，不爲禮則禮亡而國亦亡。」此之謂也。

國危則無樂君，國安則無憂民。顧曰：民，疑當作「君」。亂則國危，治則國安。今君人者，急逐樂而緩治國，豈不過甚矣哉！譬之是由好聲色而恬無耳目也，楊曰：恬，安也。啓雄按：元本由作「猶」，由猶古通用。豈不哀哉！夫人之情，目欲綦色，耳欲綦聲，口欲綦味，鼻欲綦臭，心欲綦佚，楊曰：臭，氣也。凡氣香亦謂之「臭」。禮記：「佩容臭。」綦，極也。——此五綦者，人情之所必不免也。養五綦者有具，楊曰：具，謂廣大富厚治辨彊固之道也。無其具，則五綦者不可得而致也。萬乘之國可謂廣大富厚矣，加有治辨彊固之道焉，啓雄按：辨，治也。說詳集解不苟頁九。若是則恬愉無患難矣，啓雄按：台州本恬作「怡」。然後養五綦之具具也。故百樂者，生於治國者也；憂患者，生於亂國者也。急逐樂而緩治國者，非知樂者也。故明君者，必將先治其國然後百樂得其中；闇君者，今本君下奪「者」字，據台州本及治要補。必將急逐樂而緩治國，故憂患不可勝校也；楊曰：計校。必至於身死國亡然後止也，豈不哀哉！將以爲樂，乃得憂焉；將以爲安，乃得危焉；將以爲福，乃得死亡焉；豈不哀哉！於乎！君人者，亦可以察若言矣！故治國有道，人主有職。若夫貫日而治詳，一日而曲列之，王曰：君道作「一日而曲辨之」，辨與別古字通，則列爲「別」之譌也。離騷注：「貫，累也。」言以累日之治而辨之於一日也。啓雄按：曲，周也。說見本書正名篇首。是所使夫百吏官人爲也，啓雄按：

釋詞十：「夫猶彼也。」不足以是傷游玩安燕之樂。若夫論一相以兼率之，使臣下百吏莫不宿道鄉方而務，楊曰：論、謂討論選擇之也。率、領也。宿道、止於道也。向方、不迷亂也。啓雄按：晉語注：「務猶趨也，」謂向正確方向而前進。是夫人主之職也，楊曰：論相乃是人主之職，不在躬親小事也。若是則一天下，王引之曰：「一天下」上有「功」字，而今本脫之，則與下句不對。下文「功壹天下，名配舜禹。」是其證。名配堯禹。之主者，王曰：之主者，是主也。啓雄按：台州本及治要之作「人」。守至約而詳，事至佚而功，垂衣裳不下簟席之上而海內之人莫不願得以爲帝王，夫是之謂至約，樂莫大焉。

人主者，以官人爲能者也；啓雄按：官、卽禮記王制「論定然後官之」之「官」，謂任用人爲官。匹夫者，以自能爲能者也。人主得使人爲之，匹夫則無所移之。啓雄按：無所移之，謂不得使別人爲之。百畝一守，事業窮，啓雄按：一守、一夫之守。事業窮、謂耕稼的事業窮盡於一人之身。無所移之也。今以一人兼聽天下，日有餘而治不足者，楊曰：而治不足，言所治之事少而不足，言不足治也。使人爲之也。大有天下，小有一國，必自爲之然後可，則勞苦秏顇莫甚焉；楊曰：秏、謂精神竭秏。顇、顦顇也。如是，則雖臧獲不肯與天子易埶業。楊曰：臧獲、奴婢也。王曰：埶者、位也。以是縣天下，啓雄按：縣天下、言能縣衡天下爲四海持平。說詳集解彊國頁十。一四海，何故必自爲之？爲之者，役夫之道也，墨子之說也。論德使能而官施之者，王先謙曰：施、用也。官施之者，官之、用之也。聖王之道也，儒之所謹守也。傳曰：農分田而耕，賈分貨而販，百工分事而勸，士大夫分職而聽，楊曰：聽其政治。建國諸侯之君分土而守，三公總方而議；楊曰：總、領也。議其所總之政。「自陝以東，周公主之；自陝以西，召公主之；一相處於內。」是總方而議之也。啓雄按：分陝文見公羊隱五年傳。則天子共己而已矣！今本已下奪「矣」字，據虞王本補。楊曰：共、讀爲「恭」。啓雄按：天子恭己而已矣！下文作「天子共己而止矣！」都是說：天子得人來任衆職，可以無爲而治，只是恭敬己身就够了！論語衞靈公：「夫何爲哉！恭己正南面而已矣！」與此文「共己而已矣」意合。出若入若，楊曰：若、如此也。出若入若，謂內外皆如此也。謂如論德使能官施之事。天下莫不平均，莫不治辨，是百王之所同也，而禮法之大分也。

百里之地可以取天下。——是不虛；其難者在人主之知之也：取天下者，非負其土地而從之之謂也，楊曰：非謂它國負荷其土地來而從我之謂也。啓雄按：從、當作「徙」。道足以壹人而已矣。楊曰：其道足以齊壹人，故天下歸之也。彼其人苟壹，則其土地且奚去我而適它！郝曰：此言有人斯有土也。故百里之地，其等位爵服，足以容天下之賢士矣；其官職事業，足以容天下之能士矣；循其舊法，擇其善者而明用之，足以順服好利之人矣。楊曰：擇舊法之善者而明用之，謂擇務本厚生之法而用之，則民衣食足，而好利之人順服也。賢士一焉，久保愛曰：一、謂天下盡來仕。能士官焉，好利之人服焉，三者具而天下盡，桃源藏曰：天下盡、猶言天下事畢。啓雄按：盡、謂盡有之。無有是其外矣。故百里之地，足以竭埶矣；楊曰：竭、盡也。啓雄按：埶、謂天下之埶。此卽上文「百里之地，可以取天下。」致忠信，箸仁義，足以竭人矣。楊曰：言極忠信，明仁義，足以盡天下之人，謂皆來歸也。兩者合而天下取，諸侯後同者先危。詩曰：「自西自東，自南自北，無思不服。」啓雄按：解見本書儒效篇首。一人之謂也。啓雄按：一人、齊一天下的人們。引詩來證明道足以齊一人的人，四方之人們將都服從而盡歸他。

羿蠭門者，善服射者也。楊曰：蠭門卽蠭蒙，學射於羿。郝曰：服者、屈服也。啓雄按：蠭門又作逢門、蓬蒙、蠭蒙、都是一音之轉。王良造父者，善服馭者也。楊曰：王良，趙簡子之御。馭、與「御」同。啓雄按：王良又作王梁。姓郵，名無恤，又名無正；亦曰子良……清梁玉繩曰：「王良本星名，史天官書『王良策馬』，因其字子良便目爲王良。蓋郵其氏，初名無恤，後改無正，（避趙襄子名）字子良。」聰明君子者，善服人者也。人服而埶從之，人不服而埶去之，故王者已於服人矣。啓雄按：詩風雨箋：「已、止也。」故人主欲得善射——射遠中微——則莫若羿蠭門矣；欲得善馭——及速致遠——則莫若王良造父矣；欲得調壹天下，制秦楚，則莫若聰明君子矣。其用知甚簡，楊曰：用智慮至少也。其爲事不勞而功名致大，甚易處而綦可樂也。故明君以爲寶，而愚者以爲難。夫貴爲天子，富有天下，名爲聖王，兼制人，人莫得而制也，是人情之所同欲也，而王者兼而有是者也。重色而衣之，重味而食之，重財物而制之，啓雄按：制、疑當作「利」。合天下而君之；飲食甚厚，聲樂甚大，臺謝甚高，郝曰：謝榭古今字。園囿甚廣，臣使諸侯，一天下，是又人情之所同欲也，而天子之禮制如是者也。制度以陳，政令以挾；楊曰：挾、讀爲「浹」，洽也。久保愛曰：以、與「已」同。官人失要則死，公侯失禮則幽，楊曰：要、政令之要約也。禮記：「各揚其職，百官廢職服大刑。」幽、囚也。春秋傳：「晉侯執衞侯歸之于京師，置諸深室。」啓雄按：楊引春秋傳見左僖二十八年傳。四方之國，有侈離之德則必滅。久保愛曰：離、讀爲「麗」，侈麗、富國所謂「淫泰夸麗」是也。周禮形方氏職華麗，亦作「華離」，離麗古字通故也。啓雄按：侈、疑借爲「誃」，爾雅釋言：「誃、離也。」誃離、猶言「叛離」。左成十六年傳疏：「德、謂人之性行。」名聲若日月，功績如天地，天下之人應之如景嚮，盧曰：景俗作「影」，嚮宋本作「響」，古通用。是又人情之所同欲也，而王者兼而有是者也。故人之情，口好味而臭味莫美焉，啓雄按：史記禮書索隱引劉氏：「臭、香也。」耳好聲而聲樂莫大焉，目好色而文章致繁婦女莫衆焉，形體好佚而安重閒靜莫愉焉，心好利而穀祿莫厚焉；合天下之所同願兼而有之，皋牢天下而制之若制子孫，今本臯作「皐」，據後漢書馬融傳注引此文改。啓雄按：困學紀聞：「馬融傳注：『臯牢、猶牢籠。』」人苟不狂惑戇陋者，其誰能睹是而不樂也哉！欲是之主，並肩而存；能建是之士，不世絕；楊樹達曰：三十年曰「世」，世絕、謂終世無其人。千歲而不合，何也？啓雄按：謂欲是之主與能建是之士千歲不得一遇合者，何耶？曰：人主不公，人臣不忠也。人主則外賢而偏舉，人臣則爭職而妬賢，是其所以不合之故也。人主胡不廣焉無卹親疏無偏貴賤，唯誠能之求？啓雄按：「偏舉」「偏貴賤」之「偏」，即今語：「偏差」「偏心」之「偏」。說文：「偏、頗也。」廣雅：「偏、衺也。」都是偏邪不平正之意。若是則人臣輕職業讓賢，而安隨其後；如是則舜禹還至，王業還起；楊曰：還、復。王曰：還至、即至也。還起、即起也。功壹天下，名配舜禹，物由有可樂如是其美焉者乎！啓雄按：由猶二字古通用。嗚呼！君人者亦可以察若言矣！楊曰：可以察如此之言也。楊朱哭衢涂，——曰：此夫過舉蹞步而覺跌千里者夫！哀哭之。楊曰：楊朱戰國時人，後於墨子，與墨子弟子禽滑釐辨論，其說在愛己，不拔一毛以利天下，與墨子相反。衢涂、歧路也。秦俗以兩爲衢。王先謙曰：衢涂過舉蹞步卽覺其跌至千里，喻人一念得失，可知畢生，不必果至千里而後覺其差也。此亦榮辱安危存亡之衢已，此其爲可哀甚於衢涂。楊曰：此謂求誠能之士也。不求則滅亡，故可哀甚於衢涂也。嗚呼！哀哉！君人者，千歲而不覺也。

無國而不有治法，無國而不有亂法；無國而不有賢士，無國而不有罷士；楊曰：國語：「罷士無伍，罷女無家。」韋昭曰：「病也，無行曰罷。」無國而不有愿民，無國而不有悍民；無國而不有美俗，無國而不有惡俗；兩者竝行而國在，王曰：國在，謂國存也。啓雄按：無國、謂無論任何國，說詳正名篇末。上偏而國安，在下偏而國危；楊曰：上偏，偏行上事也。謂治法多，亂法少，……之類，下偏、反是。王曰：「下偏」上「在」字衍。啓雄按：釋詞七：「而猶則也。」上一而王，下一而亡。故其法治，其佐賢，其民愿，其俗美，而四者齊，夫是之謂上一。如是，則不戰而勝，不攻而得，甲兵不勞而天下服。故湯以亳，武王以鄗，楊曰：與「鎬」同。皆百里之地也，天下爲一，諸侯爲臣，通達之屬，莫不從服，無他故焉，四者齊也。桀紂即▲厚於有天下之埶，今本厚作「序」，據王據彊國仲尼校改。索爲匹夫而不可得也，是無它故焉，四者竝亡也。故百王之法不同，若是，所歸者一也。

上莫不致愛其下而制之以禮，上之於下，如保赤子，政令制度，所以接下之人百姓有不理者如豪末，則雖孤獨鰥寡必不加焉；故下之親上歡如父母，可殺而不可使不順，君臣上下，貴賤長幼，至于庶人，莫不以是爲隆正；啓雄按：此隆字是禮論「禮豈不至矣哉，立隆以爲極」之隆，餘詳勸學篇中。然後皆內自省以謹於分，是百王之所以同也，王曰：「百王之所以同」

之「以」衍文也。而禮法之樞要也。然後農分田而耕，賈分貨而販，百工分事而勸，士大夫分職而聽，建國諸侯之君分土而守，三公總方而議，則天子共己而止矣。出若入若，天下莫不平均，莫不治辨，是百王之所同，而禮法之大分也。若夫貫日而治平，俞曰：上文「若夫貫日而治詳」，君道「併耳目之樂，而親自貫日而治詳」，兩文相同，此文「平」字，疑亦當作「詳」，蓋叚「羊」爲「詳」，又誤羊爲「平」耳！權物而稱用，使衣服有制，宮室有度，人徒有數，喪祭械用皆有等宜，以是用挾於萬物，楊曰：挾讀爲「浹」。王曰：用當爲「周」，字之誤也。周挾卽「周浹」，君道：「先王審禮以方皇周浹於天下。」禮論：「方皇周挾，曲得其次序。」楊彼注曰：「挾讀爲浹，帀也。言於是禮之中徘徊周帀委曲皆得其次序而不亂。」此注亦曰：挾讀爲「浹」，則楊本正作「周挾」，明矣！尺寸尋丈，莫得不循乎制度數量然後行，則是官人使吏之事也，不足數於大君子之前。啓雄按：數字是動詞，說文：「數、計也。」禮記儒行疏：「數、說也。」這個「大君子」指聖君。故君人者，立隆政本朝而當，啓雄按：政正古字通用。所使要百事者誠仁人也，楊曰：主百事之要，約綱紀者，謂相也。則身佚而國治，功大而名美，上可以王，下可以霸。立隆正本朝而不當，所使要百事者非仁人也，則身勞而國亂，功廢而名辱，社稷必危，是人君者之樞機也。楊曰：樞機在得賢相。人君、當爲「君人」。故能當一人而天下取，失當一人而社稷危。不能當一人而能當千人百人者，說無之有也。楊曰：能當、謂能用人之由也。既能當一人，則身有何勞而爲，啓雄按：「勞」「爲」疑當互易，大概是傳寫誤倒了！垂衣裳而天下定。故湯用伊尹，文王用呂尚，武王用召公，成王用周公旦。卑者五伯，——齊桓公閨門之內，縣樂奢泰游抏之脩，楊曰：縣、簨簴也。泰與「汰」同。抏與「玩」同。言齊桓唯此是脩也。於天下不見謂脩(？)，然九合諸侯，一匡天下，爲五伯長，是亦無他故焉，知一政於管仲也，是君人者之要守也；楊曰：要守在任賢也。知者易爲之興力而功名綦大，楊曰：智者知任賢之君也。舍是而孰足爲也。故古之人，有大功名者，必道是者也；楊曰：道、行也。必行此任賢之事。喪其國，危其身者，必反是者也。故孔子曰：「知者之知，固以多矣，啓雄按：以同「已」。有以守少，楊曰：有讀爲「又」。能無察乎！愚者之知，固以少矣，有以守多，能無狂乎！」此之謂也。

治國者分已定，則主相臣下百吏各謹其所聞，不務聽其所不聞；各謹其所見，不務視其所不見。所聞所見，誠以齊矣，楊曰：齊、謂各當其事不侵越也。則雖幽閒隱辟，百姓莫敢不敬分安制以化其上，楊曰：安制、謂安於國之制度，不敢踰分。是治國之徵也。

主道治近不治遠，治明不治幽，治一不治二。主能治近則遠者理，啓雄按：理、當作「治」。主能治明則幽者化，主能當一則百事正。夫兼聽天下，日有餘而治不足者，如此也，是治之極也。既能治近，又務治遠；既能治明，（啓雄按：據下文，治、疑當作「察」。）又務見幽；（久保愛曰：治要見作「治」。）既能當一，又務正百；是過者也，過猶不及也；辟之是猶立直木而求其影之枉也。不能治近，又務治遠；不能察明，又務見幽；不能當一，又務正百；是悖者也，辟之是猶立枉木而求其影之直也。故明主好要，而闇主好詳。（楊曰：任一相而委之是好要，不委人而自治百事，是好詳也。久保愛曰：始皇本紀：「三十五年，天下之事，無小大皆決於上，上至以衡石量書，日夜有呈，不中呈不得休息。」是也。）主好要則百事詳，主好詳則百事荒。（楊曰：力不及故荒也。）君者，論一相，陳一法，明一指，以兼覆之，兼炤之，以觀其盛者也。（楊曰：論、選擇也。指、指歸也。一法、一指，皆謂紀綱也。盛、讀爲「成」，觀其成功也。）相者，論列百官之長，要百事之聽，（楊曰：列、置於列位也。聽、治也。要取百事之治考其得失也。）以飾朝廷臣下百吏之分，（啓雄按：淮南時則注：「飾、治也。」飾分、謂刷治百吏的職分。）度其功勞，論其慶賞，歲終奉其成功以效於君。當則可，不當則廢。故君人勞於索之，而休於使之。（高曰：君道篇亦有此語，休並當作「佚」，字之誤也。休篆作[illegible]，佚篆作[illegible]，楷篆並相近，故誤。勞逸誼相對，韓非子難二：「桓公曰：吾聞君人者勞於索人，佚於使人。」可作此處左證。）

用國者，得百姓之力者富，得百姓之死者彊，得百姓之譽者榮。三得者具而天下歸之，三得者亡而天下去之。天下歸之之謂王，天下去之之謂亡。湯武者，修其道，今本修作「循」，據王先謙據虞王本校改。行其義，興天下同利，除天下同害，天下歸之。故厚德音以先之，明禮義以道之，致忠信以愛之，賞賢使能以次之，楊曰：賞、當爲「尙」。爵服賞慶以申重之，時其事輕其任以調齊之，潢然兼覆之，養長之，如保赤子。生民則致寬，啓雄按：生是「生養」之生，周禮注：「生猶養也」。使民則綦理，辯政令制度，啓雄按：辯借爲辨。所以接天下之人百姓，王曰：「天」字衍。有非理者如豪末，啓雄按：豪俗字作「毫」。則雖孤獨鰥寡，必不加焉。是故百姓貴之如帝，親之如父母，爲之出死斷亡而不愉者，楊曰：不愉、「不」字剩耳！啓雄按：富國「爲之出死斷亡而愉者」注：「愉歡」。無他故焉，道德誠明，利澤誠厚也。

亂世不然：汙漫突盜以先之，權謀傾覆以示之，俳優侏儒婦女之請謁以悖之，楊曰：悖、亂也。使愚詔知，啓雄按：莊子盜跖：「爲人父者必能詔其子。」釋文：「詔、教也。」使不肖臨賢，生民則致貧隘，使民則綦勞苦。是故百姓賤之如尪，啓雄按：尪同「尩」。左傳二十一年傳：「公欲焚巫尪」，注：「尪女巫也。」惡之如鬼，日欲司間而相與投藉之，去逐之。楊曰：司間、伺其間隙。投、擿也。藉、踐也。卒有寇難之事，又望百姓之爲己死，不可得也，說無以取之焉。孔子曰：「審吾所以適人，人之所以來我也。」今本人上衍「適」字，據王據治要刪。楊曰：適人、往與人也，審慎其與人之道爲其復來報我也。此之謂也。

傷國者何也？曰：以小人尙民而威，楊曰：尙、上也。使小人在上位而作威也。以非所取於民而巧，啓雄按：此語謂：用巧妙的手段取其所不當取於民的行爲。是傷國之大災也。大國之主也，而好見小利，是傷國。其於聲色臺榭園囿也，愈厭而好新，楊曰：厭、足也。是傷國。不好修正其所以有，啖啖常欲人之有，是傷國。今本修作「循」，據元本改。郝曰：啖啖、欲食之貌。王先謙曰：「啖啖」下應有「然」字。三邪者在匈中，啓雄按：匈與胷同。而又好以權謀傾覆之人斷事其外，若是則權輕名辱，社稷必危，是傷國者也。大國之主也，不隆本行，不敬舊法，而好詐故，王曰：故亦「詐」也。呂氏春秋論人注：「巧故、僞詐也。」若是則夫朝廷羣臣亦從而成俗於不隆禮義，而好傾覆也，楊曰：以不隆禮義爲成俗。朝廷羣臣之俗若是，則夫衆庶百姓亦從而成俗於不隆禮義而好貪利矣。君臣上下之俗莫不若是，則地雖廣，權必輕；人雖衆，兵必弱；刑罰雖繁，令不下通；夫是之謂危國，是傷國者也。

儒者爲之不然：必將曲辨：啓雄按：曲、周也。說見本書正名篇首。說文：「辨、治也。」朝廷必將隆禮義而審貴賤，若是則士大夫莫不敬節死制者矣。百官則將齊其制度，重其官秩，楊曰：秩、祿也。若是則百吏莫不畏法而遵繩矣。關市幾而不征；啓雄按：幾、借爲「譏」，禮記玉藻注：「譏猶察也。」經傳亦多以「譏」代之。質律禁止而不偏，楊曰：質律、質劑也，可以爲法，故言質律也。禁止而不偏，謂禁止姦人不偏聽也。周禮：「小宰聽賣買以質劑。」鄭司農云：「質劑平市價，今之月平是也。」鄭康成云：「兩書一札，同而別之，長曰質，短曰劑，皆今之券書也。」如是則商賈莫不敦愨而無詐矣。百工將時斬伐，佻其期日，楊曰：佻與「偷」同，緩也。而利其巧任，俞曰：巧任猶「巧能」也。如是則百工莫不忠信而不楛矣。楊曰：楛謂器惡不牢固也。縣鄙將輕田野之稅，省刀布之斂，罕舉力役，無奪農時，如是則農夫莫不朴力而寡能矣。啓雄按：能當讀爲「態」，能態古通用。態讀爲「姦慝」之「慝」。說詳集解成相頁七。士大夫務節死制，然而兵勁。王曰：然、如此也。百吏畏法循繩，然後國常不亂。商賈敦愨無詐，則商旅安，貨通財，王曰：貨通財、當作「貨財通」。而國求給矣。百工忠信而不楛，則器用巧便而財不匱矣。農夫朴力而寡能，則上不失天時，下不失地利，中得人和，而百事不廢。是之謂政令行，風俗美。以守則固，以征則彊，居則有名，動則有功，此儒之所謂曲辨也。

第十二篇　君道

有亂君，無亂國；有治人，無治法。羿之法非亡也，而羿不世中；啓雄按：詩裳裳者華序：「絕功臣之世。」疏：「世，繼世。」公羊文十三傳：「世室、世世不毀也。」是世有「世世繼續」之意。齊策：「是秦之計中。」注：「中、得也。」此語謂：羿之法非亡失掉，可是用羿射法的人，始終無善射如羿者世世繼續地出現。禹之法猶存，而夏不世王。故法不能獨立，類不能自行；得其人則存，失其人則亡。久保愛曰：禮記：「文武之政，布在方策，其人存則其政舉，其人亡則其政息。」法者，治之端也；君子者，法之原也。故有君子，則法雖省，足以徧矣；無君子，則法雖具，失先後之施，不能應事之變，足以亂矣。不知法之義而正法之數者，雖博臨事必亂。啓雄按：此數字和解蔽「由法謂之道盡數矣」的「數」字都是指法的條文。故明主急得其人，而闇主急得其埶。急得其人，則身佚而國治，功大而名美，上可以王，下可以霸；不急得其人，而急得其埶，則身勞而國亂，功廢而名辱，社稷必危。故君人者，勞於索之，而休於使之。高曰：休、當作「佚」，說詳本書王霸篇末。書曰：「惟文王敬忌，一人以擇。」此之謂也。

合符節，別契券者，所以爲信也；上好權謀，則臣下百吏誕詐之人乘是而後欺。探籌投鉤者，郝曰：探籌、剡竹爲書，令人探取，蓋如今之掣籤。豬飼彥博曰：投鉤、蓋擲錢投筊之類。所以爲公也；上好曲私，則臣下百吏乘是而後偏。衡石稱縣者，王先謙曰：縣、猶「衡」也。所以爲平也；上好傾覆，則臣下百吏乘是而後險。斗斛敦槩者，郝曰：槩即「杚」也，所以平斗斛者。劉師培曰：穆天子傳：「六敦壺尊四十。」注：「敦似壺，音堆。」廣雅：「盩、盂也。」盩即「敦」字，又聶氏三禮圖引舊圖云：「敦受一斗二升。」儀禮注：「廢敦、敦無足者，所以盛米。」是敦亦可代盛米之用。此文之「敦」即音堆之「敦」矣。于曰：此篇所謂「斗斛敦槩」者，敦本應作毀。所以爲嘖也，盧曰：嘖、情也。此當作情實解。上好貪利，則臣下百吏乘是而後豐取刻與以無度取於民。故械數者，治之流也，非治之原也。君子者，治之原也。官人守數，君子養原；原淸則流淸，原濁則流濁。故上好禮義，尚賢使能，無貪利之心，則下亦將綦辭讓，致忠信，而謹於臣子矣。如是則雖在小民，不待合符節別契券而信，不待探籌投鉤而公，不待衡石稱縣而平，不待斗斛敦槩而嘖。故賞不用而民勸，罰不用而民服，有司不勞而事治，政令不煩而俗美；百姓莫敢不順上之法，象上之志，而勸上之事，而安樂之矣。故藉斂忘費，久保愛曰：藉斂、猶言「稅斂」也。事業忘勞，寇難忘死，城郭不待飾而固，兵刃不待陵而勁。王先謙曰：陵謂厲兵刃也。敵國不待服而詘，四海之民不待令而一。夫是之謂至平。詩曰：「王猶允塞，徐方既來。」啓雄按：大雅常武文。漢書嚴助傳也引這兩句，下文接曰：「言王道甚大，而遠方懷之也。」顏師古曰：「猶、道也。允、信也。塞、滿也。既、盡也。言王道信充滿於天下，則徐方淮夷盡來服也。」此之謂也。

請問爲人君？曰：以禮分施，均徧而不偏。請問爲人臣？曰：以禮待君，郝曰：待字誤，外傳作「事」。忠順而不懈。請問爲人父？曰：寬惠而有禮。請問爲人子？曰：敬愛而致恭。▲今本恭作「文」，據郝據外傳校改。請問爲人兄？曰：慈愛而見友。請問爲人弟？曰：敬詘而不苟。盧曰：元刻作「不悖」。久保愛曰：元本作「不悖」，與左傳「兄愛而友，弟敬而順」意合。請問爲人夫？曰：致功而不流，劉師培曰：功字乃「和」字之訛也。久保愛曰：不流、無流淫之行也。致臨而有辨。郝曰：辨、外傳作「別」，謂夫婦有別。啓雄按：臨、讀爲「隆」，詩皇矣：「與爾臨衝。」韓詩作「隆衝」。（臨隆雙聲。又後漢殤帝諱隆，漢儒改隆爲臨。）此隆字或指隆禮。請問爲人妻？曰：夫有禮則柔從聽侍，夫無禮則恐懼而自竦也。此道也，偏立而亂，俱立而治，啓雄按：釋詞七：「而猶則也。」其足以稽矣。請問兼能之奈何？曰：審之禮也，古者先王審禮以方皇周浹於天下，啓雄按：說文：「方、併船也，」所以方字有「併」「並」「比」各種意義。說文：「皇、大也。」周易釋文：「周、遍也，備也。」說文新附：「浹、洽也，徹也。」這是承「俱立而治」和「兼能之」說的，是荀子「尊以偏矣，周於世矣」的全面性的周道思想。動無不當也。故君子恭而不難，敬而不鞏，久保愛曰：難讀爲戁，詩長發：「不震不動，不戁不竦。」爾雅：「戁、懼也。」鞏讀爲恐。貧窮而不約，富貴而不驕，久保愛曰：約、屈約也。曲禮：「富貴而知好禮則不驕不淫，貧賤而知好禮則志不懾。」與此相發。並遇變態而不窮，王曰：竝、猶普也，偏也。言偏遇萬事之變態而應之不窮也。審之禮也。故君子之於禮，敬而安之；其於事也，徑而不失；其於人也，寡怨寬裕而無阿，高曰：阿、借爲「訶」，說文：「訶大言而怒也。」老子：「唯之與阿相去幾何。」古本阿亦作「呵」。呵即「訶」之異文。此阿訶通用之證。又按：廣雅釋詁：「阿、衺也。」楚辭逢紛：「行叩誠而不阿兮。」注：「阿、曲也。」呂氏春秋長見：「阿鄭君之心。」注：「阿、從也。」蓋衺曲以從人謂之阿，此處解爲斯義亦通。其所爲身也，久保愛曰：元本爲上無「所」字。謹修飾而不危；久保愛曰：謹下疑脫「愼」字。鍾曰：危、高也，卽論語「危行危言」之危，修飾者易於自高，故曰「不危」。其應變故也，齊給便捷而不惑；其於天地萬物也，不務說其所以然而致善用其材；其於百官之事技藝之人也，不與之爭能而致善用其功；其待上也，忠順而不懈；其使下也，均偏而不偏；其交遊也，緣類而有義；今本「義」「類」二字互錯，據盧據元刻，郝據外傳校易。其居鄉里也，容而不亂。久保愛曰：容上疑脫「寬」字，臣道：「調而不流，柔而不屈，寬容而不亂。」是故窮則必有名，達則必有功，仁厚兼覆天下而不閔，久保愛曰：外傳閔作「窮」，是也。明達用天地理萬變而不疑，王曰：用、當爲「周」，字之誤也。啓雄按：疑同「凝」，荀書凝都作「疑」。凝、凝滯之意。血氣和平，志意廣大，行義塞於天地之間，啓雄按：韓子仁字多錯成「行」字，這句行字似本作「仁」字。仁知之極也，夫是之謂聖人審之禮也。

請問爲國？曰：聞脩身，未嘗聞爲國也。君者儀也，民者景也，儀正而景正。君者槃也，民者水也，槃圓而水圓。今本君者儀也下奪「民者景也」。君者槃也下奪「民者水也」。槃圓而水圓下衍「君者盂也，盂方而水方」。盧王據廣韻及帝範注引校正。君射則臣決。楊樹達曰：詩車攻傳：「決鉤弦也。」楚莊王好細腰，故朝有餓人。豬飼彥博曰：莊、當從國策作「靈」。故曰：聞脩身，未嘗聞爲國也。

君者，民之原也；原淸則流淸，原濁則流濁。故有社稷者而不能愛民不能利民，而求民之親愛己，不可得也。民不親不愛，而求其爲己用爲己死，不可得也。民不爲己用不爲己死，而求兵之勁城之固，不可得也。兵不勁城不固，而求敵之不至，不可得也。敵至而求無危削，不滅亡，不可得也。危削滅亡之情擧積此矣，而求安樂，是狂生者也。劉師培曰：左傳閔二年：「是服也狂夫阻之。」服注云：「方相之士，蒙玄衣朱裳，主索室中毆疫號之爲狂夫。」晉語：「狂夫阻之衣也。」韋解云：「狂夫方相氏之士也。」是古之所謂狂夫均指方相氏言。周禮夏官：「方相氏掌蒙熊皮，黄金四目，玄衣朱裳，執戈揚盾。」蓋方相氏者，以物蒙面者也。古人以物蒙首者，其音皆近于狂，以羽蒙首謂之「翌舞」，故方相氏亦謂之「狂夫」，古代所稱之狂夫均指「方相氏」言。詩鄭風「乃見狂且。」傳：「狂人也。」此狂且蓋與狂夫同。蓋以方相氏喻醜面之人也。且以物蒙首，則于外物鮮所見，故于外物多所蔽者，古人亦稱爲狂，論語「其蔽也狂。」左傳昭廿三年：「幼而狂。」蓋均指蔽于物而迷亂者言也。韓非解老：「心不能審得失之地謂之狂。」新書大政：「知善而弗行謂之狂。」蓋以其中心迷亂，無知妄行，近於爲物所蒙，故假方相氏以爲喻，謂之曰「狂」，韓賈之書，均就左氏「狂夫」而伸其義者也。荀子亦然，此文之「狂生」，即左傳之「狂夫」，言爲人君者，危亂當前而不知，與方相氏以物蒙面，外無所見者略同，下文「狂生不胥時而樂」，胥盧訓爲須，須與「相」同，言其不知審時而徒知行樂也，即危亂當前而不知之義。若臣道「迷亂狂生」，狂生，即指紂言，蓋以紂蔽于外物與狂生同，而飛廉等復迷亂之也。狂生者，不胥時而樂。▲今本樂作「落」，據台州本韓本校改。盧曰：胥，須也。故人主欲彊固安樂，則莫若反之民；欲附下一民，則莫若反之政；啓雄按：孟子離婁：「愛人不親反其仁，治人不治反其智，禮人不答反其敬，行有不得者，皆反求諸己。」孟子就是拿「反求」二字來申釋上文三「反」字。禮記學記：「知不足然後能自反也。」注：「自反，求諸己也。」鄭康成正拿「己」字釋「自」字，拿「求」字釋「反」字。都是「反」有「求」義的證據。此文「反之民」

「反之政」「求其人」，「反」「求」互用，它的含義相同。反之民，求諸民也。反之政，求諸政也。欲脩政美俗，則莫若求其人。今本俗作「國」，據王據外傳校改。彼或蓄積而得之者不世絕，啓雄按：不世絕、不絕於世也。說見集解王霸頁十二。「彼」卽承上文「其人」言，謂國之賢良。蓄積而得之，謂蓄積前言往行而得治國平天下的方法。彼其人者，生乎今之世而志乎古之道。以天下之王公莫好之也，然而是子獨好之；以天下之民莫爲之也，然而是子獨爲之。好之者貧，爲之者窮，然而是子猶將爲之也，今本三是字上各衍一「于」字，下、各奪一「子」字，爲作「欲」字，猶上衍「獨」字，據王據外傳校正。不爲少頃輟焉。曉然獨明於先王之所以得之所以失之，知國之安危臧否若別白黑。則是其人也，今本是上奪「則」字，人下衍「者」字，據王據外傳校正。大用之，則天下爲一，諸侯爲臣；小用之，則威行鄰敵；縱不能用，使無去其疆域，則國終身無故。故君人者，愛民而安，好士而榮，兩者無一焉而亡。啓雄按：釋詞七：「而猶則也。」詩曰：「介人維藩，大師維垣。」此之謂也。俞曰：毛詩介作「价」，訓「善」，本爾雅釋詁，與荀合。价人者，善人也；所謂士也。大師、毛無傳，以荀義求之，則「師」當訓衆，大師者，大衆也，所謂民也。啓雄按：大雅板文。傳：「藩、屏也。垣、牆也。」此謂士君子爲國之屏藩，民衆爲國之牆垣。

道者，何也？曰：君之所道也。今本道上奪「之所」二字，據王據外傳校補。君者何也？曰：

能羣也。能羣也者，何也？曰：善生養人者也；久保愛曰：生養、興其利除其害，使民衣食給足也。善班治人者也；啓雄按：班與「辨」同，治也。說見集解不苟頁九。善顯設人者也；王先謙曰：設、用也。久保愛曰：量其才能而陳設之朝廷也。啓雄按：下文「上賢使之爲三公，次賢使之爲諸侯，下賢使之爲士大夫，是所以顯設之也，」即此文之注脚。善藩飾人者也。啓雄按：榮辱注：「藩飾、藩蔽，文飾也。」善生養人者人親之，善班治人者人安之，善顯設人者人樂之，善藩飾人者人榮之；四統者俱而天下歸之，鍾曰：俱當作具。夫是之謂能羣。不能生養人者，人不親也，不能班治人者，人不安也，不能顯設人者，人不樂也，不能藩飾人者，人不榮也；四統者亡而天下去之，王先謙曰：統、猶言總要也。夫是之謂匹夫。故曰：道存則國存，道亡則國亡。省工賈，衆農夫，禁盜賊，除姦邪，——是所以生養之也。天子三公，諸侯一相，大夫擅官，王先謙曰：說文：「擅專也。」言得專其官也。士保職，豬飼彥博曰：三公，一相，無所不總；大夫專領一官之事；士謹守其職也。莫不法度而公，——是所以班治之也。論德而定次，啓雄按：王謂論當作「諭」，諭決古字通。謂決其德之大小而定次也。說詳集解儒效頁七。量能而授官，皆使人載其事而各得其所宜，今本使下衍「其」字，據王據榮辱正論校刪。啓雄按：榮辱注：「載、任之也。」上賢使之爲三公，次賢使之爲諸侯，下賢使之爲士大夫，——是所以顯設之也。修冠弁衣裳黼黻文章琱琢刻鏤皆有等差，——是所以藩飾之也。故由天子至於庶人也，莫不騁其能，得其志，安樂其事，是所同也；衣煖而食充，居安而游樂，事時制明而用足，是又所同也。若夫重色而成文章，重味而成珍備，俞曰：珍備二字無義，此本作「重味而備珍怪」，正論：「食飲則重太牢而備珍怪。」是其證也。外傳作「重色而成文，累味而備珍」，無「章」「怪」二字，然「成文」「備珍」，正本荀子，可據以訂正。是所衍也。王先謙曰：賦篇：「暴人衍矣。」楊注：「衍、饒也。」此言重色重味皆所饒爲之，有餘之意也。久保愛曰：衍、餘也。聖王財衍以明辨異，久保愛曰：財、讀爲「裁」，裁制其所餘以明上下之別，言貴者文飾珍異備具，其次以班降之也。上以飾賢良而明貴賤，下以飾長幼而明親疏；上在王公之朝，下在百姓之家，天下曉然皆知其非以爲異也，啓雄按：台州本及世德堂本非字上都有「所」字。將以明分達治而保萬世也。故天子諸侯無靡費之用，士大夫無流淫之行，百吏官人無怠慢之事，衆庶百姓無姦怪之俗無盜賊之罪，其能以稱義徧矣。故曰：治則衍及百姓，亂則不足及王公。此之謂也。

至道大形，——鍾曰：至道之大形也；形者儀也。隆禮至法則國有常，啓雄按：隆字解詳勸學篇中。尙賢使能則民知方，王先謙曰：知方、皆知所向。啓雄按：詩皇矣箋：「方猶鄉也。」成相：「君法明、論有常、表儀既設民知方，」卽謂人民知向往的方向。纂論公察則民不疑，久保愛曰：纂、集也。公察、無私也。賞克罰偷則民不怠，王懋竑曰：克、能也。謂賞能者而罰偷惰者。王曰：克當爲「免」，免與「勉」同。言勉者賞之也。外傳作「賞勉罰偷」。兼聽齊明則天下歸之；然後明分職，序事業，材技，官能，王先謙曰：材以驗技，官以程能。久保愛曰：治要材技作「拔材」，是也。莫不治理，則公道達而私門塞矣，公義明而私事息矣。如是，則德厚者進而佞說者止，貪利者退而廉節者起。書曰：「先時者殺無赦，不逮時者殺無赦。」啓雄按：書逸文，今采入僞胤征篇。人習其事而固，王先謙曰：固者、不移易之謂。易繫辭下傳注：「固、不傾移也。」人之百事，如耳目鼻口之不可以相借官也；啓雄按：不可以相借官，謂耳不借來視，目不借來聽。故職分而民不慢，今本慢作「探」，據王據外傳校改。次定而序不亂，兼聽齊明而百事不留。如是，則臣下百吏至於庶人莫不修己而後敢安止，今本止作「正」字，據世德堂本及增注校改。久保愛曰：止、謂己所立之位也。益稷：「安汝止。」與此「止」同。誠能而後敢受職；百姓易俗，小人變心，姦怪之屬莫不反愨，夫是之謂政教之極。故天子不視而見，不聽而聰，不慮而知，不動而功，塊然獨坐而天下從之如一體，如四胑之從心，王懋竑曰：胑同「肢」。盧曰：胑、宋本作「支」。夫是之謂大形。詩曰：「溫溫恭人，維德之基。」啓雄按：大雅抑文。此之謂也。久保愛曰：言有此恭人，而後德化可大行也。

爲人主者莫不欲彊而惡弱，欲安而惡危，欲榮而惡辱，是禹桀之所同也。要此三欲，辟此三惡，啓雄按：辟借爲避。果何道而便？曰：在愼取相，道莫徑是矣。王先謙曰：徑猶「疾」也，便也。脩身：「莫徑由禮。」義與此同。故知而不仁，不可；仁而不知，不可；既知且仁，是人主之寶也，而王霸之佐也。不急得，不知；啓雄按：得、謂取相。知、同智。得而不用，不仁。無其人而幸有其功，愚莫大焉。

今人主有六患，——久保愛曰：標注曰：六患宜作「大患」。使賢者爲之，則與不肖者規之；使知者慮之，則與愚者論之；使脩士行之，則與汙邪之人疑之；雖欲成功得乎哉！譬之是猶立直木而恐其影之枉也，啓雄按：據王霸恐、疑當作「求」。惑莫大焉。語曰：好女之色，惡者之孽也。王曰：孽、猶「害」也。久保愛曰：好、美也。惡、醜也。公正之士，衆人之痤也。王先謙曰：玉篇：「痤、癤也。」啓雄按：癰疽之小者曰「癤」。脩道之人，今本脩作「循」，據俞據元刻校改。道上衍「平」字，據王據治要校刪。汙邪之賊也。今使汙邪之人論其怨賊而求其無偏，得乎哉！譬之是猶立枉木而求其影之直也，亂莫大焉。

故古之人爲之不然：其取人有道，其用人有法。取人之道，參之以禮。啓雄按：史記禮書索隱：「參者驗也。」用人之法，禁之以等。王先謙曰：彊國：「夫義者，所以限禁人之爲惡，與姦者也。」限禁連文，是禁與「限」同義，禁之以等，猶言限之以階級耳。鍾曰：等者序也，卽後世所謂「資格」也。行義動靜，度之以禮；啓雄按：義、讀爲「儀」，文選褚淵碑文注：「儀、形容也。」知慮取舍，稽之以成；日月積久，校之以功。久保愛曰：校、考校也。故卑不得以臨尊，輕不得以縣重，愚不得以謀知，是以萬舉不過也。故校之以禮，而觀其能安敬也；與之舉錯遷移，而觀其能應變也；與之安燕，而觀其能無流慆也；盧曰：流慆疑卽「流淫」。啓雄按：慆借爲「滔」，說文：「滔、水漫漫大貌。」廣雅釋言：「滔、漫也。」是滔與淫義相近，流滔猶言流蕩。接之以聲色權利忿怒患險，而觀其能無離守也。彼誠有之者與誠無之者若白黑然，可詘邪哉！王先謙曰：廣雅釋詁：「詘、屈也。」呂覽壅塞注：「詘、枉也。」言白黑分明焉，可枉屈乎哉！故伯樂不可欺以馬，啓雄按：伯樂，姓孫，名陽，秦穆公臣；善相馬。石氏星經：「伯樂天星名，主典天馬。」因爲孫陽善相馬，所以拿「伯樂」來稱呼他。（據莊子馬蹄釋文，淮南俶眞注纂）而君子不可欺以人，此明王之道也。

人主欲得善射——射遠中微者，縣貴爵重賞以招致之。內不可以阿子弟，外不可以隱遠人，能中是者取之，是豈不必得之之道也哉！王曰：不猶「非」也。雖聖人不能易也。欲得善馭速致遠者，俞曰：「速」字衍。一日而千里，縣貴爵重賞以招致之。內不可以阿子弟，外不可以隱遠人，能致是者取之，是豈不必得之之道也哉！雖聖人不能易也。欲治國馭民，調壹上下，將內以固城，外以拒難，治則制人，人不能制也；亂則危辱滅亡可立而待也；豬飼彥博曰：此句不與上下文連屬，恐有衍奪，宜言：「亂則無危辱滅亡之禍也。」然而求卿相輔佐則獨不若是其公也，案唯便嬖親比己者之用也，豈不過甚矣哉！故有社稷者莫不欲彊，俄則弱矣；莫不欲安，俄則危矣；莫不欲存，俄則亡矣。古有萬國，今有十數焉，今本十數作「數十」，據王據富國校乙。是無它故，莫不失之是也。王先謙曰：是謂用人不公。故明主有私人以金石珠玉，無私人以官職事業，是何也？曰：本不利於所私也。彼不能而主使之，則是主闇也；臣不能而誣能，王先謙曰：誣能、自以爲能。大略：「不能而居之誣也。」則是臣詐也。主闇於上，臣詐於下，滅亡無日，俱害之道也。夫文王非無貴戚也，非無子弟也，非無便嬖也，倜然乃舉太公於州人而用之，郝曰：倜、超遠也。外傳四倜作「超」，州作「舟」。俞曰：州人當從外傳作「舟人」，太公身爲漁父而釣於渭濱，故言「舟人」也。舟州古字通。啓雄按：曲園雜纂十七讀韓詩外傳：『州者、國名也，水經陰溝水注引世本：「許州向申、姜也，炎帝後。」太公姜姓，疑本州國之人，故曰：「州人」。舉太公於州人而用之，正見文王舍便辟親比而用他國之人也。』豈私之也哉！以爲親邪？則周姬姓也，而彼姜姓也。以爲故邪？則未嘗相識也。以爲好麗邪？則夫人行年七十有二，啓雄按：釋詞十：「夫猶此也」。齳然而齒墮矣。今本齳作「齫」，據郝據外傳校改。郝曰：說文：

「齳、無齒也。」然而用之者，夫文王欲立貴道，欲白貴名，以惠天下，而不可以獨也，非于是子莫足以舉之，故舉是子而用之。於是乎貴道果立，貴名果白，今本白作「明」，據顧據外傳校改。兼制天下，立七十一國，姬姓獨居五十三人，周之子孫，苟不狂惑者，莫不爲天下之顯諸侯，如是者能愛人也。故舉天下之大道，立天下之大功，然後隱其所憐所愛，王先謙曰：呂覽圜道注：「隱、私也。」于曰：「所憐」二字衍，錢氏考異謂：「諸本無所憐二字」是也。其下猶足以爲天下之顯諸侯。故曰：唯明主爲能愛其所愛，闇主則必危其所愛。此之謂也。

牆之外，目不見也；里之前，耳不聞也；久保愛曰：里之前猶言里之外也。而人主之守司，啓雄按：守司、猶職責也。遠者天下，近者境內，不可不略知也。天下之變，境內之事，有弛易齵差者矣，王先謙曰：易繫辭注：「易、慢易也。」弛易、猶言弛慢。齒不正曰「齵」。齵差、參差不齊。而人主無由知之，則是拘脅蔽塞之端也。耳目之明，如是其狹也；人主之守司，如是其廣也；其中不可以不知也如是其危也。啓雄按：其中、謂在這種情勢之中。此語謂：人主耳目所達到的境地甚狹而所守司的範圍又甚廣，在這種情勢之中，不可以不知拘脅蔽塞的危險。上「也」字似衍。然則人主將何以知之？曰：便嬖左右者，人主之所以窺遠收衆之門戶牖嚮也，不可不早具也。啓雄按：荀卿書例，凡「便嬖（嬖或作僻）」「親比己者」連用，才含「邪佞」的意思；若單舉「便嬖」二字，只是指左右近習的人，並未肯定是壞人。餘詳本書富國篇中。故人主必將有便嬖左右足信者然後可，其知惠足使規物其端誠足使定物然後可，盧曰：惠、宋本作「慧」，古通用。夫是之謂國具。人主不能不有遊觀安燕之時，則不得不有疾病物故之變焉。如是，啓雄按：「如是」下似有奪文。當爲「人主不可獨，必有卿相輔佐然後可，」一類語。國者，事物之至也如泉原，一物不應，亂之端也。啓雄按：此言國事之繁複連續，如原泉混混，衆流湧匯，彼此互關，因果相接，在這種情勢之下，若一物不應，就是亂之端了。應、指物相應。故曰：人主不可以獨也。卿相輔佐，人主之基杖也，俞曰：杖、人所以行者，故以爲喻。鍾曰：上言：「便嬖左右者，人主之所以窺遠收衆之門戶牖嚮也，」「基」與「門戶牖向」皆就宮室爲喻。不可不早具也。故人主必將有卿相輔佐足任者然後可，其德音足以鎭撫百姓其知慮足以應待萬變然後可，今本鎭作「塡」，據元刻校改。夫是之謂國具。四鄰諸侯之相與，不可以不相接也，然而不必相親也，故人主必將有足使喻志決疑於遠方者然後可，其辯說足以解煩，其知慮足以決疑，其齊斷足以距難，久保愛曰：齊與「劑」通，劑剪截也。不還秩不反君，鍾曰：謂不待還反請命於君也。秩者職也。還反一義。然而應薄扞患足以持社稷然後可，王懋竑曰：薄與「迫」同。謂應之於迫促之時也。俞曰：僖二十三年左傳：「薄而觀之。」文十二年傳：

「薄之河。」注疏曰：「薄、迫也。」言有偪迫者足以應之也。于曰：應讀詩：「戎狄有膺」之「膺」，詩傳：「膺、當也」，當有拒義，言拒其迫而扞其患也。夫是之謂國具。故人主無便嬖左右足信者謂之闇，無卿相輔佐足任者謂之獨，所使於四鄰諸侯者非其人謂之孤，孤獨而晻謂之危。啓雄按：說文：「晻、不明也。」國雖若存，古之人曰亡矣。詩曰：「濟濟多士，文王以寧。」啓雄按：大雅文王文。傳「濟濟、多威儀也。」此之謂也。

材人：——盧曰：謂王者因人之材而器使之之道也。愿慤拘錄，劉師培曰：拘錄、葢「劬勞」之異文。伯兄曰：拘劬、錄碌、古通。劬碌、猶「勞碌」也。計數纖嗇而無敢遺喪，是官人使吏之材也。伯兄曰：因材器使各當其用如五官然，謂之「官人」。大戴記有文王官人篇。啓雄按：台州本使作「史」。脩飾端正，今本飾作「飭」，據元刻校改。尊法敬分而無傾側之心，守職脩業，今本脩作「循」，據元刻校改。不敢損益，可傳世也，而不可使侵奪，是士大夫官師之材也。知隆禮義之爲尊君也，知好士之爲美名也，知愛民之爲安國也，知有常法之爲一俗也，知尙賢使能之爲長功也，知務本禁末之爲多材也，陶曰：材與「財」同。知無與下爭小利之爲便於事也，知明制度權物稱用之爲不泥也，王先謙曰：明制度權物稱用，有似乎拘泥也。是卿相輔佐之材也。未及君道也。能論官此三材者而無失其次，是謂人主之道也。若是則身佚而國治，功大而名美；

上可以王，下可以霸，是人主之要守也。人主不能論此三材者，不知道此道，王先謙曰：道此道、由此道也。安値將卑埶出勞，併耳目之樂，王先謙曰：値與「直」同，併與「屛」同。彊國：「併己之私欲。」注：「併讀爲屛，屛棄也。」而親自貫日而治詳，一日而曲辨之，今本日作「內」，據增注校改。啓雄按：貫日、累日也。曲、周徧也。慮與臣下爭小察而綦偏能，自古及今，未有如此而不亂者也。是所謂視乎不可見，聽乎不可聞，爲乎不可成，此之謂也。

第十三篇　臣道

人臣之論：啓雄按：禮記王制注：「論、謂考其德行道藝」。有態臣者，有篡臣者，有功臣者，有聖臣者：——內不足使一民，外不足使距難；百姓不親，諸侯不信；豬飼彥博曰：下說功臣云「士信之。」諸侯、當作「諸士」。然而巧敏佞說，楊曰：說、音悅。善取寵乎上，是態臣者也。啓雄按：態讀爲「姦慝」之「慝」。說見集解成相頁七。上不忠乎君，下善取譽乎民；不卹公道通義，朋黨比周，以環主圖私爲務，王曰：環、讀爲「營」。營、惑也，謂營惑其主也。呂覽尊師注：「營、惑也。」是篡臣者也。冢田虎曰：篡臣者、篡奪君之威權之謂也。內足使以一民，外足使以距難，民親之，士信之，上忠乎君，下愛百姓而不倦，是功臣者也。上則能尊君，下則能愛民；政令教化，刑下如影；王曰：刑如「刑于寡妻」之「刑」。刑、法也。言下之法上如影之從形。應卒遇變，齊給如響；楊曰：齊、疾也；夫卒變人所遲疑，今聖臣應之疾速如響之應聲。啓雄按：非十二子：「齊急便利。」注：「給、急也。」是給亦敏捷之義。推類接譽，啓雄按：譽、讀爲「與」，與亦類也。言推類接與好來對待無常的事而應付它。說見集解儒效頁十。以待無方，曲成制象，是聖臣者也。楊曰：無方、無常也。……待之無常，謂不滯於一隅也。委曲皆成制度法象，言物至而應，無非由法不苟而行之也。聖者、無所不通之謂也。故用聖臣者王，用功臣者强，用篡臣者危，用態臣者亡。態臣用，則必死；篡臣用，則必危；功臣用，則必榮；聖臣用，則必尊。故齊之蘇秦，楊曰：蘇秦初相趙，後仕燕，終死於齊。故曰齊之蘇秦。楚之州侯，楊曰：楚襄王佞臣也。戰國策：莊辛諫襄王曰：「君王左州侯，右夏侯，輦從鄢陵君與壽陵君，……載方府之金，與之馳騁乎雲夢之中，不知穰侯方受令乎秦王，塡黽塞之內而投己乎黽塞之外。」韓子曰：「州侯相荆貴而荆王疑之，因問左右。對曰：無有。如出一口也。」秦之張儀，可謂態臣者也。韓之張去疾，楊曰：蓋張良之祖。趙之奉陽，楊曰：後語：「蘇秦說趙肅侯，肅侯之弟奉陽君爲相不說蘇秦，蘇秦乃去之。」又戰國策：「蘇秦說趙王曰：「天下之卿相人臣，乃至布衣之士，莫不高大王之行義，皆願奉教陳忠於前之日久矣；雖然，奉陽君妬，大王不得任事，是以外賓客游談之士，無敢盡忠於前。」啓雄按：趙策又有：『趙王曰：「先王之時，奉陽君相，專權擅勢，蔽晦先王，獨制官事。」』齊之孟嘗，楊曰：史記：「齊閔王既滅宋，益驕，欲盡滅孟嘗，孟嘗君恐，乃如魏，魏昭王以爲相，西合於秦趙與燕共伐破齊，後齊襄王立，孟嘗中立爲諸侯，無所屬，襄王新立，畏孟嘗而與連和，是篡臣也。」可謂篡臣也。齊之管仲，晉之咎犯，楊曰：咎、與「舅」同，晉文公之舅狐偃，犯其字也。楚之孫叔敖，可謂功臣矣。殷之伊尹，周之太公，可謂聖臣矣。是人臣之論也，吉凶賢不肖之極也，必謹志之而愼自爲擇取焉，足以稽矣。楊曰：志、記也。言必謹記此四臣之安危而愼自擇取，則足以稽考用臣也。

從命而利君謂之順，從命而不利君謂之諂；逆命而利君謂之忠，逆命而不利君謂之篡；不卹君之榮辱，不卹國之臧否，偷合苟容以持祿養交而已耳，劉師培曰：養交、卽「養客」也。管子明法：「小臣持祿養交。」晏子春秋問篇：「仕者持祿，游者養交。」以養交屬于游者，則交卽賓客，且本書榮辱：「以相羣居，以相持養。」議兵：「則高爵豐祿以持養之。」均以持養對文，又正論以「持老」與「養衰」對言，則養爲「豢養」之「養」明矣。蓋荀子之時，爲臣者莫不養士，不獨四公子爲然也，觀孟子言「萬鍾於我何加焉！」萬鍾之受，卽持祿也；「窮乏者得我。」卽養交也。及西漢時司馬遷報任少卿書猶言「不能取尊官厚祿以爲宗族交游光寵。」則古代之入仕者，必分俸以給交游，此卽荀子所謂「持祿養交」也。謂之國賊。君有過謀過事，將危國家殞社稷之懼也，大臣父兄，有能進言於君，用則可，不用則去，謂之諫；有能進言於君，用則可，不用則死，謂之爭；有能比知同力，楊曰：比、合也。知、謂爲「智」。率羣臣百吏而相與彊君矯君，今本矯作「撟」，據王先謙據治要校改。君雖不安，不能不聽，遂以解國之大患，除國之大害，成於尊君安國，謂之輔；楊曰：事見平原君傳。啓雄按：成、猶「終」也。說見集解榮辱頁十七。有能抗君之命，竊君之重，反君之事，以安國之危，除君之辱，功伐足以成國之大利，謂之拂。楊曰：抗、拒也。故諫爭輔拂之人，社稷之臣也，國君之寶也，明君之所尊厚也，今本君下奪「之」字，據台州本及治要校補。而闇主惑君以爲己賊也。啓雄按：草書「君」和「焉」字形相近。疑君爲「焉」誤。非相：「而衆人惑焉。」文義正同。故明君之所賞，闇君之所罰也；闇君之所賞，明君之所殺也。伊尹箕子可謂諫矣，比干子胥可謂爭矣，平原君之於趙可謂輔矣，信陵君之於魏可謂拂矣。傳曰：「從道不從君。」此之謂也。

故正義之臣設，則朝廷不頗；楊曰：頗、邪也。王先謙曰：設、猶「用」也。諫爭輔拂之人信，則君過不遠；楊引或曰：信、讀爲「伸」，謂道行也。爪牙之士施，俞曰：淮南原道注：「施、用也。」久保愛曰：施、陳列之謂也。則仇讎不作；邊境之臣處，則疆垂不喪。楊曰：垂、與「陲」同。故明主好同而闇主好獨。楊曰：獨、謂自任其智。明主尙賢使能而饗其盛，啓雄按：盛、讀爲「成」，成亦功也。說詳集解榮辱頁二十二。闇主妬賢畏能而滅其功，罰其忠，賞其賊，夫是之謂至闇，桀紂所以滅也。

事聖君者，有聽從無諫爭；事中君者，有諫爭無諂諛；事暴君者，有補削無撟拂。王引之曰：補削、謂彌縫其闕也。迫脅於亂時，窮居於暴國，而無所避之，則崇其美，揚其善，違其惡，王曰：違、讀爲「諱」。曲禮注：「諱、辟也。」辟、同「避」。隱其敗，言其所長，不稱其所短，以爲成俗。楊曰：謂危行言遜以避害也。以爲成俗，言如此而不變，若舊俗然也。詩曰：「國有大命，不可以告人，妨其躬身。」郝曰：有命不以告人，明哲所以保身。上云：「以爲成俗」，言彼習非勝是不可變移，默足以容，庶不有害於躬也。躬身一耳，爲足句兼取韻。久保愛曰：言天降大命，將亡此國，以此告人，則罪將及其身，宜緘其口，以防身害也。此之謂也。

恭敬而遜，聽從而敏，不敢有以私決擇也，楊曰：敏、謂承命而速行，不敢更私自決斷選擇也。不敢有以私取與也，以順上爲志，是事聖君之義也。忠信而不諛，諫爭而不諂，撟然剛折端志而無傾側之心，楊曰：撟、彊貌，禮記：「和而不流，彊哉撟。」端志、不邪曲也。劉師培曰：折、當訓「斷」。說文：「折、斷也。」剛斷者、言斷事剛直也。豬飼彥博曰：志、當爲「慤」。是案曰是，非案曰非，是事中君之義也。調而不流，柔而不屈，寬容而不亂，曉然以至道而無不調和也，俞曰：「然」字衍文，當作「曉以至道而無不調和也」，言事暴君者當以至道曉之也。而能化易，時關內之，楊曰：內、與「納」同。王曰：凡通言於上曰「關」。史記佞幸傳索隱：「關、通也。」謂公卿因之而通其詞說。」是事暴君之義也。若馭樸馬，楊曰：樸馬、未調習之馬。若養赤子，若食餧人。郝曰：樸馬未調也，赤子難曉也，餧人毋速飽也。——三者正明化易關內之事，蓋必順從其意，與之推移，因而逆遏其邪，施之楗閉，庶令回心易嚮，日遷善而不自知也。故因其懼也而改其過，楊曰：懼則思德，故因使其改過。因其憂也而辨其故，王曰：辨、讀爲「變」，變其故，謂去故而就新也。辨或作「辯」、廣雅：「辯、變也。」因其喜也而入其道，因其怒也而除其怨，曲得所謂焉。久保愛曰：所謂、改其過以下之四事也。書曰：「從命而不拂，微諫而不倦，爲上則明，爲下則遜。」盧曰：逸書。此之謂也。

事人而不順者，不疾者也；楊曰：不疾、言怠慢也。啓雄按：疾、力也。說詳集解榮辱頁十七。疾而不順者，不敬者也，敬而不順者，不忠者也；忠而不順者，無功者也，有功而不順者，無德者也，故無德之爲道也，傷疾墮功滅苦，郝曰：苦者、勞也。王曰：苦當爲「善」，字之誤也。「疾」與「功」已見上文，「善」卽上文之「忠」「敬」也。傷疾、墮功、滅善、皆承上文言之。故君子不爲也。

有大忠者，有次忠者，有下忠者，有國賊者：——以德覆君而化之，大忠也；今本覆作「復」，據俞據外傳校改。啓雄按：覆、卽中庸「辟如天地之無不持載，無不覆幬。」之「覆」。以德調君而輔之，次忠也；今本輔作「補」，據郝據外傳校改。以是諫非而怒之，下忠也；不卹君之榮辱，不卹國之臧否，偷合苟容以持祿養交而已耳，國賊也。今本持上衍「之」字，據久保愛據治要校删。若周公之於成王也，可謂大忠矣，若管仲之於桓公，可謂次忠矣；若子胥之於夫差，可謂下忠矣；若曹觸龍之於紂者，可謂國賊矣。楊曰：說苑：「桀貴爲天子，富有天下，其左師觸龍者諂諛不正。」此云「紂」，未知孰是。王先謙曰：議兵：「微子開封於宋，曹觸龍斷於軍。」皆殷紂時事，則說苑誤。

仁者必敬人。凡人非賢，則案不肖也。人賢而不敬，則是禽獸也；啓雄按：謂他人賢而我不敬他，那就是行同禽獸了。人不肖而不敬，則是狎虎也。楊曰：狎、輕侮也。言必見害。啓雄按：謂別人雖不肖，可是我也應該敬他，否則就同輕視老虎一樣危險了。禽獸則亂，狎虎則危災及其身矣。詩曰：「不敢暴虎，不敢馮河。人知其一，莫知其它。戰戰兢兢，如臨深淵，如履薄冰。」楊曰：小雅小旻之篇。言人皆知暴虎馮河立至於害，而不知小人爲害有甚於此也。此之謂也。故仁者必敬人。

敬人有道，——賢者則貴而敬之，不肖者則畏而敬之；賢者則親而敬之，不肖者則疏而敬之。其敬一也，其情二也。若夫忠信端慤而不害傷，則無接而不然，是仁人之質也。楊曰：其敬雖異，至於忠信端慤不傷害則凡所接物皆然，言嘉善而矜不能，不以人之不肖，逆詐待之，而欲傷害之也。質、體也。忠信以爲質，端慤以爲統；楊曰：統、綱紀也。言以端慤自處而待物者也。禮義以爲文，楊曰：用爲文飾。倫類以爲理，喘而言，臑而動，而一可以爲法則。啓雄按：臑、當從勸學作「蝡」，勸學注云：「喘、微言也。蝡、微動也。一、皆也。」詩曰：「不僭不賊，鮮不爲則。」楊曰：大雅抑之篇。言不僭差賊害，則少不爲人法則矣。此之謂也。

恭敬，禮也；調和，樂也；謹愼，利也；鬬怒，害也。故君子安禮樂利，王曰：樂利、當爲「樂樂」，樂樂、與安禮對文。安禮、樂樂，承上「禮」「樂」而言；謹愼而無鬬怒，承上「謹愼」「鬬怒」而言。謹愼而無鬬怒，是以百舉不過也。——小人反是。

通忠之順，久保愛曰：忠、謂爭戾弼君也，其行似逆而其實歸順也。通、達其義也。權險之平，久保愛曰：其行似險，而其實歸平也。權、稱量其輕重也。禍亂之從聲，——啓雄按：從聲、指唯唯諾諾地聽從君的命令。這是說：人臣事君，若只知道柔從君意而無諫爭違戾，那末禍亂就伴隨着來了。三者非明主莫之能知也。爭然後善，戾然後功，楊曰：諫爭君然後能善，違戾君然後立功。出死無私，致忠而公，夫是之謂通忠之順；信陵君似之矣。奪然後義，殺然後仁，上下易位然後貞，功參天地，澤被生民，夫是之謂權險之平；湯武是也。過而通情，于曰：錢氏考異謂「通情諸本作同情」，是也。言旣有過而猶與之同情也。和而無經，楊曰：經、常也。但和順上意而無常守。不卹是非，不論曲直，偷合苟容，迷亂狂生，久保愛曰：君道：「危削滅亡之情舉積此矣，而求安樂，是狂生者也。」如桀紂其人也，而飛廉惡來迷亂之。夫是之謂禍亂之從聲，飛廉惡來是也。傳曰：「斬而齊，枉而順，不同而一。」啓雄按：這三句解詳本書榮辱篇末。這引文比喻忠臣事君，雖順逆異途，可是歸宿到忠君愛國却一樣。詩曰：「受小球大球，爲下國綴旒。」楊曰：商頌長發之篇。球、玉也。鄭玄曰：「綴、猶結也。旒、旌旗之垂者。言湯旣爲天所命，則受小玉——謂尺二寸圭也。受大玉——謂珽也，長三尺。執圭搢珽以與諸侯會同，結定其心如旌旗之旒縿著焉。」引此以明湯武取天下，權險之平，爲救下國者也。

此之謂也。

第十四篇　致士

衡聽、顯幽、重明、退姦、進良、之術：——楊曰：衡、平也，謂不偏聽也。王先謙曰：重明、猶書堯典之「明明」。朋黨比周之譽，君子不聽；殘賊加累之譖，君子不用；隱忌雍蔽之人，啓雄按：雍借爲邕；邕今字作壅。廣雅釋詁：「壅、障也，隔也。」君子不近；貨財禽犢之請，君子不許。楊曰：行賂請謁者也。凡流言、流說、流事、流謀、流譽、流愬、不官而衡至者，君子愼之，楊曰：流者、無根源之謂。衡、讀爲「横」；横至、横逆而至也。啓雄按：說文：「愬、告也。」史記孝文紀索隱：「官猶公也。」呂覽本生注：「官、正也。」不官，謂不公正。聞聽而明譽之，久保愛曰：譽，疑當作「督」，字之誤也。劉師培曰：淮南主術注：「聞猶達也。」則聞聽者，即「達聽」之謂也。定其當而當，劉師培曰：「而」字係「不」字之訛，篆文草文均相似，故爾致訛。下文言「出其刑賞」，蓋當則有賞，不當則有刑，刑與賞爲對文，則「當」亦與「不當」爲對文，猶言眞僞虛實也。然後士其刑賞而還與之；楊曰：士當爲事，行也。于曰：金文卿士皆作「卿事」。又古文事使同字，使猶用也。謂然後用其刑賞而還與之也。如是，則姦言、姦說、姦事、姦謀、姦譽、姦愬、莫之試也；忠言、忠說、忠事、忠謀、忠譽、忠愬，莫不明通，方起以尚盡矣。楊曰：方起、並起。尚、與「上」同。啓雄按：上盡、謂竭盡忠言、忠說、忠事、忠謀、忠譽、忠愬於上。夫是之謂衡聽、顯幽、重明、退姦、進良之術。

川淵深而魚鼈歸之，山林茂而禽獸歸之，刑政平而百姓歸之，禮義備而君子歸之。故禮及身而行修，義及國而政明，能以禮挾而貴名白，顧曰：禮下疑當有「義」字。啓雄按：挾讀爲「浹」，說文新附：「浹、洽也，徹也。」天下願，啓雄按：榮辱：「小人莫不延頸舉踵而願。」注「願猶慕也。」此言「天下願」，謂天下人們都慕他的貴名。令行禁止，王者之事畢矣。詩曰：「惠此中國，以綏四方。」楊曰：大雅民勞之篇。中國、京師也。四方、諸夏也。引此以明自近及遠也。此之謂也。川淵者，龍魚之居也；山林者，鳥獸之居也；國家者，士民之居也。川淵枯則龍魚去之，山林險則鳥獸去之，郝曰：險、與「儉」古通用。儉、如山之童，林木之濯濯。國家失政則士民去之。

無土則人不安居，無人則土不守，無道法則人不至，無君子則道不舉。故土之與人也，道之與法也者，國家之本作也；王曰：魯頌駉傳：「作、始也。」君子也者，道法之總要也；不可少頃曠也，得之則治，失之則亂；得之則安，失之則危；得之則存，失之則亡。故有良法而亂者有之矣，有君子而亂者，自古及今，未嘗聞也。傳曰：「治生乎君子，亂生乎小人。」此之謂也。

得衆動天。美意延年。誠信如神。夸誕逐魂。郝曰：按四句一韻，文如箴銘，而與上下頗不相蒙，疑或他篇之誤脫。魂者神也。夸奢誕謾所謂逐物意移，心動神疲者也。

人主之患，不在乎不言用賢，而在乎不誠必用賢。今本誠上奪「不」字，據王先謙據治要補。王曰：言用賢之不誠不必也。夫言用賢者，口也；卻賢者，行也；口行相反，而欲賢者之至，不肖者之退也，不亦難乎！夫耀蟬者務在明其火振其樹而已，郝曰：耀俗燿字，燿者、照也。火不明，雖振其樹，無益也。今人主有能明其德者，今本德下奪「者」字，據劉師培據中論校補。則天下歸之若蟬之歸明火也。

臨事接民，而以義變應，啓雄按：「而」上似有奪文。或：臨事接民而以義，句。變應寬裕而多容，句。寬裕而多容，恭敬以先之，政之始也；然後中和察斷以輔之，政之隆也；啓雄按：隆字解詳勸學篇中。然後進退誅賞之，政之終也。故一年與之始，三年與之終。楊曰：夫不教而殺謂之虐，故爲政之始，寬裕多容，三年政成，然後進退誅賞也。用其終爲始，則政令不行而上下怨疾，亂所以自作也。楊曰：先賞罰，後德化，則亂。書曰：「義刑義殺，勿庸以即，女惟曰：未有順事。」言先教也。楊曰：康誥。言雖義刑義殺，亦勿用即行之，當先教後刑也。雖先後不失，尙謙曰：「我未有順事，故使民犯法。」久保愛曰：今康誥大有異同。啓雄按：宥坐篇亦引此文，但「女」作「予」。彼注云：「周公命康叔使以義刑義殺勿用以就汝之心。不使任其喜怒也。」

程者，物之準也；楊曰：程者、度量之總名也。禮者，節之準也。啓雄按：禮記樂記注：「節、法度也。」程以立數，禮以定倫；德以敘位，能以授官。楊曰：度其德以序上下之位，考其能以授所任之官。凡節奏欲陵，而生民欲寬；王曰：陵、謂嚴密也。富國：「其於貨財取與計數也，寬饒簡易。其於禮義節奏也，陵謹盡察。」節奏陵而文，生民寬而安。王曰：而猶「則」也。上文下安，功名之極也，不可以加矣。

君者，國之隆也；父者，家之隆也。隆一而治，二而亂；啓雄按：此二而字亦「則」也。自古及今，未有二隆爭重而能長久者。

師術有四——而博習不與焉：劉師培曰：初學記御覽並引博習作「傳習」，義較長。尊嚴而憚，可以爲師；啓雄按：漢書東方朔傳集注引應劭：「憚、敬也。」耆艾而信，可以爲師；楊曰：五十曰「艾」。六十曰「耆」。誦說而不陵不犯，可以爲師；伯兄曰：陵、陵亂也。禮記學記：「不陵節而施之謂孫。」犯、違忤也。不陵不犯，即善守師說之意。啓雄按：修身：「師云而云，則是知若師。」就是這「不陵不犯」的意思。知微而論，可以爲師：郝曰：論、與「倫」古字通。言知極精微而皆中倫理也。伯兄曰：即詩正月：「有倫有脊」之「倫」。故師術有四——而博習不與焉。水深而回，樹落則糞本，郝曰：回、旋流也。糞、壅根也。二句喻弟子於師不忘水源木本之意。弟子通利則思師。詩曰：「無言不讎，無德不報。」楊曰：此言爲善則物必報之也。豬飼彥博曰：此證弟子思師恩也。啓雄按：大雅抑文。無言、無德、謂無論任何言、德；說詳正名篇末。此之謂也。

賞不欲僭，刑不欲濫。賞僭則利及小人，刑濫則害及君子。若不幸而過，寧僭無濫；與其害善，不若利淫。久保愛曰：左襄二十六年傳：「善爲國者，賞不僭而刑不濫，賞僭則懼及淫人，刑濫則懼及善人，若不幸而過，寧僭無濫。與其失善，寧其利淫。」又尙書：「與其殺不辜，寧失不經。」是也。

第十五篇　議　兵

臨武君與孫卿子議兵於趙孝成王前。楊曰：臨武君蓋楚將，未知姓名。戰國策：「天下合從，趙使魏加見楚春申君曰：君有將乎？春申君曰：有矣，僕欲將臨武君。魏加曰：臣少之時好射，臣願以射譬，可乎？春申君曰：可。魏加曰：異日者更羸與魏王處京臺之下，更羸曰：臣能爲王引弓虛發而下鳥，有間，鳴雁從東方來，更羸以虛發而下之。王曰：射之精乃至於此乎？更羸曰：此孽也。王曰：先生何以知之？對曰：其飛徐者，故創痛也；鳴悲者，久失羣也。故創未息而驚心未去，聞弦音烈而高飛，故隕也。今臨武君嘗爲秦孽，不可以爲距秦之將。」趙孝成王晉大夫趙夙之後，簡子十世孫。盧曰：楊氏改書名作荀卿子，而此篇正文仍作孫卿子，依漢以來相傳之舊也。

王曰：請問兵要？

臨武君對曰：上得天時，下得地利，觀敵之變動，後之發，先之至，此用兵之要術也。久保愛曰：敵發而後發，敵未至而先至。啓雄按：孫子九地：「始如處女，敵人開戶，後如脫兔，敵不及拒。」這就是「後之發，先之至。」的確解或妙喻。

孫卿子曰：不然，臣所聞古之道，凡用兵攻戰之本在乎壹民：弓矢不調，則羿不能以中微；六馬不和，則造父不能以致遠；士民不親附，則湯武不能以必勝也。故善附民者，是乃善用兵者也。故兵要在乎善附民而已。

臨武君曰：不然，兵之所貴者埶利也，所行者變詐也，善用兵者感忽悠闇，劉師培曰：感忽、新序作「奄忽」，「感」「奄」聲近。說文訓「奄」爲「覆」，有隱蔽之義。三倉云：「忽、微也。」悠、訓爲「遠」，闇、與「黯」同。說文訓黯爲「深黑」，則闇兼有「深」義。悠闇者、即深遠之義也。下文言「窺敵觀變，欲潛以深。」亦即此義。此言善用兵者，其術隱微而深遠，故下言「莫知其所從出」也。莫知其所從出；孫吳用之無敵於天下，楊曰：孫、謂吳王闔閭將孫武。吳、謂魏武侯將吳起也。豈必待附民哉！

孫卿子曰：不然，臣之所道，仁人之兵，王者之志也。君之所貴，權謀埶利也；所行，攻奪變詐也；諸侯之事也。仁人之兵，不可詐也；彼可詐者，怠慢者也，路亶者也。王曰：路亶、猶「羸憊」也。伯兄曰：路同「露」，暴露也。亶、同「𤺺」，同「癉」，疾也；即「下民卒癉」之癉。謂孤露羸憊之兵乃可詐也。君臣上下之間，渙然有離德者也。今本渙作「滑」，據王引之據新序改。故以桀詐桀，猶巧拙有幸焉。以桀詐堯，譬之若以卵投石，以指撓沸；若赴水火，入焉焦沒耳！王曰：焉、猶「則」也。故仁人上下，啓雄按：仁人上下，當爲「仁人在上。」百將一心，三軍同力；臣之於君也，下之於上也，若子之事父，弟之事兄，若手臂之扞頭目而覆胸腹也，詐而襲之與先驚而後擊之，一也。鍾曰：詐而襲之，謂用詐也；先驚而後擊之，謂鳴鐘鼓而伐之也；詐而襲之與先驚而後擊之，一也者，言用詐與不用詐同則詐無所用矣。且仁人之用十里之國，則將有百里之聽；用百里之國，則將有千里之聽；用千里之國，則將有四海之聽，必將聰明警戒和傳而一。楊曰：而一、「如一」也。王曰：傳當爲「摶」，字之誤也。摶、卽「專一」之「專」。啓雄按：王說詳集解儒效頁十二。故仁人之兵，聚則成卒，散則成列，楊曰：卒、卒伍。列、行列。延則若莫邪之長刃，嬰之者斷，兌則若莫邪之利鋒，當之者潰，郝曰：延者、長也。兌、與「銳」同。古屋鬲曰：陣法有方圓曲直銳，延者、直陣是也。啓雄按：韓非子說難：「龍喉下有逆鱗徑尺，若人有嬰之者則必殺人。」注：「嬰、觸。」圜居而方止，則若盤石然，觸之者角摧，楊曰：圜居、方止、謂不動時也。則如大石之不可移動也。郝曰：外傳作：「圜居則若丘山之不可移也，方居則若盤石之不可拔也。」語尤明晰，此「方止」卽「方居」變文以儷句耳！案角鹿埵隴種東籠而退耳！劉曰：角字衍。郝曰：鹿埵隴種東籠，蓋皆摧敗披靡之貌。顧氏炎武（見日知錄廿七）引舊唐書竇軌傳：「我隴種車騎，未足給公。」北史李穆傳：「籠涷軍士，爾曹主何在，爾獨住此。」蓋周隋時人尚有此語，此等皆古方俗之言，不必强解。且夫暴國之君，將誰與至哉！啓雄按：說文：「與、黨與也。」周禮注：「與、謂所與共事也。」彼其所與至者，必其民也，而其民之親我歡若父母，其好我芬若椒蘭，彼反顧其上，則若灼黥，楊曰：如畏灼黥。若仇讎；人之情，雖桀跖，豈又肯爲其所惡賊其所好者哉！啓雄按：釋詞三：「又猶有也。」新序又正作「有」。是猶使人之子孫自賊其父母也，彼必將來告之，夫又何可詐也！故仁人用國日明，鍾曰：此承上而言，明謂聰明也。諸侯先順者安，後順者危，慮敵之者削，啓雄按：慮猶大氐也。說詳集解王制頁四。反之者亡。詩曰：「武王載發，有虔秉鉞；如火烈烈，則莫我敢遏。」啓雄按：殷頌長發文。詩傳「武王、湯也。虔、固也。」箋：「有之言又也。」發、毛詩作「旆」。又按：毛詩傳箋通釋三十二：「載與哉通、始也，載發即「始發」」，謂始興師。此之謂也。

孝成王，臨武君曰：善！請問王者之兵設何道？王曰：道、術也。王先謙曰：設猶「用」也。何行而可？

孫卿子曰：凡在大王，將率末事也；臣請遂道王者諸侯彊弱存亡之效，安危之埶：楊曰：率、與「帥」同，所類反。道、說也。效、驗也。孝成王見荀卿論兵，謂王者以兵爲急，故遂問用兵之術。荀卿欲陳王道，因不答其問，故言凡在大王之所務，將帥乃其末事耳！所急，教化也。遂廣說湯武五霸及戰國諸侯之事。君賢者其國治，君不能者其國亂；隆禮貴義者其國治，啓雄按：隆字解詳勸學篇中。簡禮賤義者其國亂；治者强，亂者弱，是强弱之本也。上足卬則下可用也，上不足卬則下不可用也；集解無「足」字，據謝本補。楊曰：卬、古仰字。啓雄按，足仰，謂君賢足爲人民所仰望。不足仰，反是。下可用則强，下不可用則弱；是强弱之常也。隆禮效功，上也；鍾曰：效、「效死」之效，訓作「致」。重祿貴節，次也；上功賤節，下也；是强弱之凡也。好士者强，不好士者弱；愛民者强，不愛民者弱；政令信者强，政令不信者弱；民齊者强，民不齊者弱；賞重者强，賞輕者弱；刑威者强，刑侮者弱；械用兵革攻完便利者强，高曰：廣雅釋詁：「攻、堅也。」攻完、猶言「堅固」。械用兵革窳楛不便利者弱；楊曰：窳、器病也。楛、濫惡，謂不堅固也。重用兵者强，輕用兵者弱；權出一者强，權出二者弱；是强弱之常也。

齊人隆技擊，楊曰：齊人以勇力擊斬敵者。號爲「技擊」。其技也，得一首者，則賜贖錙金，無本賞矣！楊曰：八兩曰「錙」。啓雄按：這大概說：利用犯罪者的贖金賞賜那些「得一首」的有戰功者，用罰金來作賞金，所以說：「無本賞」。是事小敵毳則偷可用也，楊曰：毳讀爲「脆」。王先謙曰：晉語注：「偷、苟且也。」偷可用、謂苟且用之猶爲可也。豬飼彥博曰：事、謂師役，國策所謂「長平之事。」事大敵堅則渙焉離耳！若飛鳥然，啓雄按：謂行伍無紀律的狀態就象散亂的飛鳥似的。傾側反覆無日，啓雄按：即左傳「亡無日矣！」之意。是亡國之兵也，兵莫弱是矣，是其去賃市傭而戰之幾矣。啓雄按：

爾雅釋詁：「幾、近也。」這是說：和賃用那些在市中傭作的人們而使之戰相去甚近。

魏氏之武卒，以度取之，汪曰：度、程也。下文所云是也。衣三屬之甲，楊曰：如淳曰：「上身一，髀褌一，脛繳一，凡三屬也。」操十二石之弩，負服矢五十个，俞曰：服者、箙之叚字。說文：「箙、弩矢箙也。」負服矢五十个者、盛矢五十个於服而負之也。置戈其上，冠軸帶劍，楊曰：軸與「胄」同。漢書作「冠胄帶劍。」顏師古曰：「著兜鍪而又帶劍也。」贏三日之糧，楊曰：贏、負擔也。日中而趨百里，俞曰：日中者、自旦至於日中，蓋半日而趨百里也。中試則復其戶，利其田宅，王先謙曰：試之而中程，則用為武卒，優之如此。上所謂「以度取之」。啓雄按：中試、卽今語試驗合格。又按：漢書刑法志注：「復、謂免其賦稅也。利田宅者、給其便利處也。」是數年而衰而未可奪也，改造則不易周也，楊曰：此中試者筋力數年而衰，亦未可遽奪其優復，使皆怨也。改造更選擇也，則又如前。是故地雖大其稅必寡，是危國之兵也。楊曰：優復既多，則稅寡。資用貧乏，故國危。

秦人其生民也陿阸，郝曰：陿阸、猶狹隘。鍾曰：生猶養也；謂養民者薄也。觀商君書弱民篇可見。其使民也酷烈，久保愛曰：此卽與王霸「生民則致貧隘，使民則綦勞苦。」同意。言秦政其生養之道薄，而使役之方急也。劫之以埶，隱之以阸，郭曰：劫之以埶，承上酷烈言。隱之以阸，承上狹隘言。其民本無生計，又甚迫蹙之使亟騖於戰以邀賞也。下文「阸而用之。」正中此義。劉師培曰：詩柏舟傳：「隱、痛也。」……

隱之以阨，謂苦民以阨也，言以陿阨之境苦民，使之不得不從事於戰。忸之以慶賞，楊曰：忸與「狃」同，慣習也。戰勝則與之慶賞，使習以爲常。豬飼彥博曰：忸狃同，狎昵馴伏之意。鰌之以刑罰，啓雄按：漢書刑法志王先謙注：「鰌蓋卽『遒』之借字，說文：『遒、迫也。』或作『遒』，遒之以刑罰，迫以刑罰也。」又按：堯問：「孫卿迫於亂世，鰌於嚴刑。」鰌迫義通而文異。使天下之民所以要利於上者，非鬭無由也；顧曰：「天」字疑不當有，此以「下之民」與「要利於上」相對爲文，謂秦民，非謂天下之民，明甚。陶曰：「天」乃「夫」之誤。阨而用之，得而後功之，楊曰：得勝乃賞其功。功賞相長也；鍾曰：謂「功」與「賞」相持而長，蓋賞則有功，有功則益得賞，得賞則益急於有功，是爲相長。五甲首而隸五家，楊曰：獲得五甲首則役隸鄉里之五家也。是最爲衆彊長久，多地以正，陶曰：衆强、對齊之「賃市傭而戰」言之。長久、對魏之「數年而衰」言之。多地以正，對「地大而稅寡」言之。正當讀爲「征」，上文「五甲首而隸五家。」注：「獲得五甲首則役隸鄉里之五家也。」既輸稅於公，又爲私家之役隸，是一地而兩征之，地雖少而見多矣！故曰：「多地以征」。故四世有勝，非幸也，數也。楊曰：四世：孝公惠公武王昭王。啓雄按：管子法法注：「數、理也。」

故齊之技擊不可以遇魏氏之武卒，魏氏之武卒不可以遇秦之鋭士，秦之鋭士不可以當桓文之節制，桓文之節制不可以敵湯武之仁義；有遇之者，若以焦熬投石焉。俞曰：上文「以桀詐堯，譬之若以卵投石，以指撓沸。」此文「以焦熬投石」疑有奪誤，當云：「以指焦熬，以卵投石。」焦讀爲「撨」。廣雅釋詁：「撨、拭也。」說文：「熬、乾煎也。」以指撨熬，其義猶以指撓沸也。兼是數國者，皆干賞蹈利之兵也，傭徒鬻賣之道也，未有貴上安制綦節之理也，楊曰：干、求也。言秦魏雖足以相勝，皆求賞蹈利之兵，與傭徒之人鬻賣其力作無異，未有愛貴其上，爲之致死，安於制度，自不踰越，極於忠義，心不爲非之理者也。諸侯有能微妙之以節，則作而兼殆之耳！楊曰：微妙、精盡也。節、仁義也。作、起也。殆、危也。諸侯有能精盡仁義，則能起而兼危此數國，謂擒滅之。鍾曰：節謂禮也，觀下言「禮義教化」，可見。故招近募選，楊曰：近當爲「延」，傳寫誤耳！招延謂引致之也。隆埶詐，尙功利，是漸之也；啓雄按：漸、詐欺也。說詳集解不苟頁五。禮義教化，是齊之也。故以詐遇詐，猶有巧拙焉；以詐遇齊，辟之猶以錐刀墮太山也，楊曰：墮、毀也。非天下之愚人莫敢試。故王者之兵不試。湯武之誅桀紂也，拱挹指麾，王曰：挹與「揖」通。而彊暴之國莫不趨使，誅桀紂若誅獨夫。故泰誓曰：「獨夫紂。」此之謂也。故兵大齊則制天下，小齊則治鄰敵，王曰：治讀爲「殆」，殆、危也，謂危鄰敵也。王制：「威彊未足以殆鄰敵。」王霸：「威動天下，彊殆中國。」彊國：「威動海內、彊殆中國。」殆治古字通。若夫招近募選，隆埶詐，尙功利之兵，則勝不勝無常，代翕代張代存代亡相爲雌雄耳矣！楊曰：翕、斂也。夫是之謂盜兵，君子不由也。

故齊之田單，楚之莊蹻，秦之衞鞅，燕之繆蟣，楊曰：田單齊襄王臣安平君也。史記：莊蹻者、楚莊王苗裔，楚威王使爲將，將兵循江而上，略蜀黔中以西。蹻至滇池，方三百里，地肥饒數千里，以兵威定屬楚。欲歸報，會秦擊奪楚巴黔中郡，道塞不通，因還以其衆至滇，變服從其俗焉。衞鞅、秦孝公臣，封爲商君者也。繆蟣、未聞也。啓雄按：衞鞅嘗將兵圍魏安邑，降之。又破魏軍，虜魏將公子卬。並見史記本傳。是皆世俗之所謂善用兵者也，是其巧拙強弱則未有以相君也，王先謙曰：相君、猶言相長也。廣雅釋詁：「長、君也。」長訓「君」，則君亦訓「長」。若其道一也，未及和齊也；掎契司詐，楊曰：契讀爲「挈」，挈、持也。掎挈、猶言「掎撫」也。司讀爲「伺」。詐、欺誑也。皆謂因其危弱卽掩襲之也。權謀傾覆，未免盜兵也。齊桓晉文楚莊吳闔閭越句踐是皆和齊之兵也，可謂入其域矣，楊曰：孟康曰：「入王兵之域也。」然而未有本統也，楊曰：本統、謂前行素修，若湯武也。啓雄按：漢書刑法志作「猶未本仁義之統。」故可以霸而不可以王，是強弱之效也。啓雄按：效、字亦作効；廣雅釋言：「効、驗也。」此言：這就是強弱的效驗。

孝成王，臨武君曰：善！請問爲將？

孫卿子曰：知莫大乎棄疑，行莫大乎無過，事莫大乎無悔，事至無悔而止矣，成不可必也。故制號政令欲嚴以威；慶賞刑罰欲必以信；處舍收臧欲周以固；楊曰：處舍、營壘也。收臧、財物也。周密牢固則敵不能陵奪矣。徙舉進退，欲安以重，欲疾以速；窺敵觀變，欲潛以深，欲伍以參；楊曰：伍參、猶錯雜也。使間諜或參之，或伍之於敵之間而盡知其事。遇敵決戰，必道吾所明，無道吾所疑；王曰：道訓爲「行」。夫是之謂六術。無欲將而惡廢，啓雄按：將、讀爲「將上軍」「將中軍」「將下軍」之「將」。廢、楚辭憖命注：「不用曰廢。」二字均是動名詞。此言謂：爲將者，毋欲君之將己而惡君之廢己。無急勝而忘敗，無威內而輕外，無見其利而不顧其害，啓雄按：以上四無字均借爲毋；說文：「毋、止之也」。凡慮事欲孰而用財欲泰，楊曰：孰、謂精審。泰、謂不吝賞也。夫是之謂五權。楊曰：五者爲將之機權也。所以不受命於主有三：可殺而不可使處不完，啓雄按：說文：「完、全也。」不完、不安全也。可殺而不可使擊不勝，可殺而不可使欺百姓，夫是之謂三至。楊曰：至、謂一守而不變。凡受命於主而行三軍，三軍既定，百官得序，羣物皆正，則主不能喜，敵不能怒，楊曰：不苟徇上意，故主不能喜。不爲變詐，故敵不能怒也。夫是之謂至臣。慮必先事而申之以敬，愼終如始，終始如一，夫是之謂大吉。凡百事之成也必在敬之，其敗也必在慢之，故敬勝怠則吉，怠勝敬則滅，計勝欲則從，啓雄按：儀禮少牢饋食禮注：「從者、求吉得吉之言。」欲勝計則凶。戰如守，楊曰：不務越逐也。行如戰，久保愛曰：行、謂行軍也。如戰、謂警戒嚴整也。有功如幸。楊曰：不務驕矜。敬謀無壙，楊曰：無壙、言不敢須臾不敬也。壙與「曠」同。敬事無壙，敬吏無壙，敬衆無壙，敬敵無壙，夫是之謂五無壙。愼行此六術、五權、三至，而處之以恭敬無壙，夫是之謂天下之將，則通於神明矣。

臨武君曰：善！請問王者之軍制？

孫卿子曰：將死鼓，啓雄按：將用鼓來命令士卒進退。死鼓、謂至死也不讓鼓音斷絕。御死轡，百吏死職，士大夫死行列。聞鼓聲而進，聞金聲而退，順命爲上，有功次之；令不進而進，猶令不退而退也，其罪惟均。楊曰：其罪同也。不殺老弱，不獵禾稼，楊曰：獵與「躐」同，踐也。服者不禽，格者不舍，犇命者不獲。楊曰：格、謂相距捍者。奔命、謂奔走來歸其命者。凡誅、非誅其百姓也，誅其亂百姓者也；百姓有扞其賊，則是亦賊也。以故順刃者生，蘇刃者死，楊曰：順刃、謂不戰偝之而走者。蘇讀爲「傃」，傃、向也；謂相向格鬭者。犇命者貢。劉師培曰：貢字係「置」字之訛，因字形上有脫筆，後人遂妄改爲「貢」。說文：「赦、置也。」赦訓爲「置」，則置字與「舍」字略同。奔命者置，猶奔命者舍之勿獲也。微子開封於宋，楊曰：紂之庶兄，名啓，歸周後封於宋。此云「開」，蓋漢景帝諱，劉向改之也。曹觸龍斷於軍；殷之服民所以養生之者也無異周人；故近者歌謳而樂之，遠者竭蹷而趨之，無幽閒辟陋之國，莫不趨使而安樂之，四海之內若一家，通達之屬莫不從服，夫是之謂人師。詩曰：「自西自東，自南自北，無思不服。」此之謂也。楊曰：大雅文王有聲之篇。

王者有誅而無戰，城守不攻，兵格不擊。楊曰：德義未加，所以敵人不服，故不攻擊也；且恐傷我之士卒也。上下相喜則慶之。楊曰：敵人上下相愛悅則慶賀之，豈況侵伐乎。不屠城，不潛軍，不留衆，高曰：留叚爲「鎦」，說文：「鎦、殺也。」久保愛曰：潛、潛襲也。言王者之師，宜聲其罪以討之也。留衆、謂已克之，留衆守之也。言王者所伐其衆心服，不須守也。師不越時。楊曰：古者行役不踰時也。久保愛曰：時、一時，謂三月也。故亂者樂其政，久保愛曰：亂者、亂國之民也。其政、王者之政也。不安其上，欲其至也。

臨武君曰：善！

陳囂問孫卿子曰：楊曰：陳囂、荀卿弟子。先生議兵，常以仁義爲本；仁者愛人，義者循理，然則又何以兵爲？凡所爲有兵者，爲爭奪也。

孫卿子曰：非女所知也！彼仁者愛人，愛人故惡人之害之也；義者循理，循理故惡人之亂之也。彼兵者，所以禁暴除害也，非爭奪也。故仁人之兵，所存者神，啓雄按：爾雅釋詁：「神、治也。」謂仁人之兵所存留之處都平治。所過者化，楊曰：所過往之國無不從化。若時雨之降，莫不說喜。是以堯伐驩兜，舜伐有苗，禹伐共工，湯伐有夏，文王伐崇，武王伐紂，啓雄按：此數語亦見於秦策。此四帝兩王，劉師培曰：書鈔御覽引作「兩帝四王」，當據訂。皆以仁義之兵行於天下也。故近者親其善，遠方慕其義；今本義作「德」，據王據御覽校改。兵不血刃，遠邇來服，德盛於此，施及四極。詩曰：「淑人君子，其儀不忒；其儀不忒，正是四國。」今本忒下奪「其儀不忒，正是四國。」八字，據陳俞說補。楊曰：曹風尸鳩之篇。王曰：此正承上文遠方慕義而言，所引詩蓋本作「其義不忒」。今本義作「儀」者，後人據詩改之耳！此之謂也。

李斯問孫卿子曰：秦四世有勝，兵強海內，威行諸侯，非以仁義爲之也，以便從事而已！楊曰：便其所從之事而已，謂若刼之以埶，隱之以阨，狃之以慶賞，鰌之以刑罰之比也。

孫卿子曰：非女所知也！女所謂便者，不便之便也。吾所謂仁義者，大便之便也。彼仁義者，所以脩政者也；政脩則民親其上，樂其君，而輕爲之死。故曰：凡在於軍將率末事也。王懋竑曰：軍當作「君」。太宰純曰：軍當作「君」，以音誤。上文云：「凡在大王，將率末事也。」是也。秦四世有勝，諰諰然常恐天下之一合而軋己也，楊曰：漢書諰作「鰓」，蘇林曰：讀如「愼而無禮則葸」之「葸」。鰓，懼貌。張晏曰：軋，踐轢也。此所謂末世之兵，未有本統也。故湯之放桀也，非其逐之鳴條之時也；武王之誅紂也，非以甲子之朝而後勝之也，皆前行素脩也，此所謂仁義之兵也。今女不求之於本而索之於末，此世之所以亂也。禮者，治辨之極也，啓雄按：辨、治也。說詳集解不苟頁九。強固之本也，今本固作「國」，據王先謙據史記校改。威行之道也，功名之總也，啓雄按：史記禮書正義：「總、合也。」王公由之所以得天下也，不由所以隕社稷也；故堅甲利兵不足以爲勝，高城深池不足以爲固，嚴令繁刑不足以爲威，由其道則行，不由其道則廢。

楚人鮫革犀兕以爲甲，堅如金石；今本堅作「鞈」，據王據史記外傳校改。宛鉅鐵釶，慘如蠭蠆；楊曰：宛、地名，屬南陽。徐廣曰：大剛曰「鉅」。釶與「鍦」同，矛也。方言：「自關而西謂之矛，吳揚之間謂之鍦。」言宛地出此剛鐵爲矛，慘如蠭蠆，言其中人之慘毒也。鍦、音啻。久保愛曰：此稱楚國金鐵美，刀矛利也。于曰：言宛地所出之雄戟與其鐵矛也。輕利僄遬，楊曰：僄、亦輕也。遬與「速」同。卒如飄風；然而兵殆於垂沙，唐蔑死。楊曰：殆、謂危亡也。垂沙、地名，未詳所在。史記：「楚懷王二十八年，秦與齊韓魏共攻楚，殺楚將唐眛。」眛與「蔑」同。莊蹻起，楚分而爲三四，楊曰：史記索隱：「莊蹻楚將，言其起爲亂後楚遂分爲四。」韓子：「楚王欲伐越，莊子曰：臣患目能見百步而不見其睫，王之兵敗於齊晉，莊蹻爲盜境內，吏不能禁，而欲伐越，此智之如目也。」蹻初爲盜，後爲楚將。是豈無堅甲利兵也哉！其所以統之者非其道故也。汝潁以爲險，江漢以爲池，限之以鄧林，緣之以方城，楊曰：鄧林北界，鄧地之山林。緣、繞也。方城楚北界山名也。然而秦師至而鄢郢舉，若振槁然，楊曰：舉、謂舉而取之。鄢郢、楚都。振、擊也。槁、枯葉也。謂白起伐楚，一戰舉鄢郢也。是豈無固塞隘阻也哉！其所以統之者非其道故也。

紂刳比干，囚箕子，爲炮烙刑，殺戮無時，臣下懍然莫必其命，楊曰：懍然、悚栗之貌。啓雄按：廣雅釋詁：「必、敕也。」敕、謂謹愼戒備也。古云「必」，猶今人云「保」。然而周師至而令不行乎下，不能用其民，是豈令不嚴，刑不繁也哉！其所以統之者非其道故也。

古之兵，戈矛弓矢而已矣，然而敵國不待試而詘，楊曰：詘、服也。城郭不辨，楊曰：辨、治也。溝池不抇，今本抇作「拑」，據楊據或說改。啓雄按：抇正字作「搰」；說文：「搰、掘也。」固塞不樹，楊曰：樹、立也。機變不張，啓雄按：機變不張，謂巧詐不用。孟子盡心：「爲機變之巧者，」集注：「爲機械變詐之巧者。」然而國晏然不畏外而固者，今本而下衍「明」字，固作「內」，據楊據史記校正。無它故焉，明道而鈞分之，今本鈞分作「分鈞」，據盧王據史記外傳乙。王曰：鈞與「均」通。時使而誠愛之，下之和上也如影嚮，啓雄按：如影之隨形，響之隨聲。嚮正字作「響」。有不由令者，然後俟之以刑。今本俟作「誅」，據王據外傳史記校改。王曰史記正義訓俟爲「待」。故刑一人而天下服，罪人不郵其上，楊曰：郵、怨也。王先謙曰：史記郵作「尤」。啓雄按：郵借爲訧；說文：「訧、辜也。」廣雅釋詁：「詃、惡也。」知罪之在己也；是故刑罰省而威行如流，今本威下奪「行如」二字，據王先謙據史記校補。無它故焉，由其道故也。古者帝堯之治天下也，蓋殺一人刑二人而天下治。傳曰：「威厲而不試，刑錯而不用。」王曰：厲、猛也。錯、置也。置、設也。此之謂也。

凡人之動也，爲賞慶爲之，則見害傷焉止矣。啓雄按：釋詞八：「則、猶若也。」又二：「焉、猶乃也。」下同。故賞慶刑罰埶詐不足以盡人之力，致人之死。爲人主上者也，伯兄曰：者也、疑本作「也者」。其所以接下之百姓者，王曰：此當作「其所以接下之人百姓者。」無禮義忠信，焉慮率用賞慶刑罰埶詐除阸其下，王曰：除當爲「險」，俗書之誤也。險與「阸」同義。啓雄按：方言一：「慮、謀思也。」獲其功用而已矣。大寇則至，使之持危城則必畔，遇敵處戰則必北，啓雄按：漢書高帝紀韋昭注：「北、古背字也，背去而走也。」勞苦煩辱則必犇，霍焉離耳，楊曰：霍焉、猶渙然。下反制其上。故賞慶刑罰埶詐之爲道者，傭徒粥賣之道也，啓雄按：粥是鬻字之誤省。不足以合大衆，美國家；故古之人羞而不道也，故厚德音以先之，明禮義以道之，致忠信以愛之，尚賢使能以次之，爵服慶賞以申之，久保愛曰：申、重也。時其事輕其任以調齊之，長養之，如保赤子。政令以定，風俗以一，啓雄按：以同已。有離俗不順其上，則百姓莫不敦惡，王曰：敦、與「憝」同。說文：「憝、怨也。」廣雅：「憝、惡也。」莫不毒孽，啓雄按：孽、猶害也。說見集解君道頁八。若祓不祥；然後刑於是起矣，是大刑之所加也，辱孰大焉。將以爲利邪？則大刑加焉。身苟不狂惑戇陋，誰睹是而不改也哉！然後百姓曉然皆知脩上之法，王曰：脩當爲「循」，字之誤也。循、順也。像上之志而安樂之，於是有能化善脩身正行積禮義尊道德，百姓莫不貴敬，莫不親譽，然後賞於是起矣，是高爵豐祿之所加也，榮孰大焉。將以爲害邪？則高爵豐祿以持養之。王曰：持養二字平列，持亦養也。呂覽異用注：「持亦養也。」生民之屬，孰不願也。啓雄按：榮辱注：「願猶慕也。」雕雕焉縣貴爵重賞於其前，盧曰：雕雕、猶「昭昭」也。縣明刑大辱於其後，雖欲無化，能乎哉！故民歸之如流水，所存者神，啓雄按：神字解見本篇篇中。所爲者化。楊曰：凡所施爲民皆從化也。于曰：上文言「所存者神，所過者化。」孟子盡心亦有此二語；爲乃「過」之假字。之屬爲之化而順，今本而上有奪文，據汪據下文補「之屬爲之化」五字，餘無考。暴悍勇力之屬爲之化而愿，旁辟曲私之屬爲之化而公，王先謙曰：旁辟、猶「便辟」。矜糾收繚之屬爲之化而調，王曰：矜糾收繚，皆急戾之意。夫是之謂大化至一。詩曰：「王猶允塞，徐方既來。」啓雄按：解見本書君道篇首。此之謂也。

凡兼人者有三術：有以德兼人者，有以力兼人者，有以富兼人者；彼貴我名聲，美我德行，欲爲我民，故辟門除涂，以迎吾入，楊曰：辟與「闢」同，開也。除涂、治其道塗也。因其民，楊曰：因其民之愛悅。襲其處，王先謙曰：襲、亦「因」也。而百姓皆安；立法施令莫不順比；楊曰：比、親附也。是故得地而權彌重，兼人而兵俞強；楊曰：俞讀爲「愈」，下同。是以德兼人者也。非貴我名聲也，非美我德行也，彼畏我威，劫我埶，楊曰：爲我埶所劫也。故民雖有離心，不敢有畔慮，若是則戎甲俞衆，奉養必費；是故得地而權彌輕，兼人而兵俞弱，是以力兼人者也。非貴我名聲也，非美我德行也，用貧求富，用飢求飽，虛腹張口來歸我食；若是則必發夫掌窌之粟以食之，王引之曰：掌、當爲「稟」，稟古「廩」字也。委之財貨以富之，立良有司以接之，已朞三年，啓雄按：謂一年，或三年。然後民可信也；是故得地而權彌輕，兼人而國俞貧，是以富兼人者也。故曰：以德兼人者王，以力兼人者弱，以富兼人者貧。古今一也。

兼并易能也，唯堅凝之難焉。楊曰：凝、定也。齊能并宋，而不能凝也，故魏奪之。燕能并齊，而不能凝也，故田單奪之。韓之上地，方數百里，完全富足而趨趙，楊曰：上地、上黨之地。完全、言城邑也。富足、言府庫也。趨、歸也。趙不能凝也，故秦奪之。故能并之而不能凝則必奪，不能并之又不能凝其有則必亡。能凝之則必能并之矣。得之則凝，兼并無强。伯兄曰：言兼并力所向，强者皆失其强也。古者湯以薄，武王以滈，楊曰：薄與「亳」同。滈與「鎬」同。皆百里之地也，天下爲一，諸侯爲臣，無它故焉，能凝之也。故凝士以禮，凝民以政；禮脩而士服，政平而民安；士服民安，夫是之謂大凝。以守則固，以征則强，令行禁止，王者之事畢矣。

第十六篇　彊國

刑范正，楊曰：刑、范、鑄劍規模之器也。王懋竑曰：刑、與「型」同。范、同「笵」，古字通。金錫美，工冶巧，火齊得，楊曰：火齊得、謂生熟齊和得宜。考工記：「金有六齊。」剖刑而莫邪已！楊曰：剖、開也。莫邪、古之良劍也。然而不剝脫，楊曰：剝脫、謂刮去其生澀。不砥厲則不可以斷繩，剝脫之砥厲之，則劙盤盂刎牛馬忽然耳！楊曰：劙、割也，音戾。劙盤盂，刎牛馬，蓋古用試劍者也。戰國策：「吳干將之劍，肉試則斷牛馬，金試則截盤盂。」彼國者，亦彊國之剖刑已！然而不教誨，不調一，則入不可以守，出不可以戰，教誨之，調一之，則兵勁城固，敵國不敢嬰也。啓雄按：嬰、嬰觸。說詳本書議兵篇首。彼國者亦有砥厲，禮義節奏是也。故人之命在天，國之命在禮。人君者，隆禮尊賢而王，啓雄按：隆字解詳勸學篇中。重法愛民而霸，好利多詐而危，權謀傾覆幽險而亡。

威有三：有道德之威者，有暴察之威者，有狂妄之威者，——此三威者，不可不孰察也。——禮樂則脩，分義則明，楊曰：分、謂上下有分。義、謂各得其宜。舉錯則時，愛利則形；郝曰：形、外傳作「刑」，刑者、法也。愛人利人皆有法，不爲私恩小惠。鍾曰：不苟「不誠則不獨，不獨則不形。」此形與彼「形」同，謂見之於行事也。如是，百姓貴之如帝，高之如天，親之如父母，畏之如神明；故賞不用而民勸，罰不用而威行，夫是之謂道德之威。禮樂則不脩，分義則不明，舉錯則不時，愛利則不刑，然而其禁暴也、察，其誅不服也、審，其刑罰重而信，其誅殺猛而必，黭然而雷擊之，郝曰：黭、與「奄」同。奄然、猝乍之貌。而與「如」古通。啓雄按：釋詞七：「而猶如也。」如牆厭之；啓雄按：厭借爲壓。如是，百姓劫則致畏，嬴則敖上，郝曰：嬴、猶「盈」也。此言百姓被威劫脅，則氣怯而致畏，放縱寬舒則氣盈而敖上。啓雄按：敖借爲傲。執拘則冣，今本冣作「最」，據郝說改。郝曰：冣、即古「聚」之借字也。得間則散，敵中則奪，陶曰：此與上文「執拘則最，得間則散。」二句意義相承。敵、當讀如字，中、讀去聲。中、亦得也。國策齊策「是秦之計中。」注：「中、得也。」是也。言民受執拘則聚，得間隙則散，莫與敵交爭；而敵得間隙，則民且不爲我有矣。故曰：「敵中則奪」。奪又甚於散也。非劫之以形埶，非振之以誅殺，則無以有其下，夫是之謂暴察之威。無愛人之心，無利人之事，而日爲亂人之道，百姓讙敖，楊曰：讙、喧譁也。敖、喧噪也。亦讀爲嗷，謂叫呼之聲嗷嗷然也。則從而執縛之，刑灼之，不和人心；如是，下比周賁潰以離上矣！郝曰：賁與「奔」古字通，賁潰、謂奔走潰散而去也。傾覆滅亡，可立而待也，夫是之謂狂妄之威。——此三威者，不可不孰察也。道德之威成乎安彊，暴察之威成乎危弱，狂妄之威成乎滅亡也。啓雄：成、終也。說見集解榮辱頁十七。

公孫子曰：子發將西伐蔡，楊曰：子發、楚令尹，未知其姓。啓雄按：淮南道應注：「子發楚宣王之將軍。」克蔡，獲蔡侯；王曰：蔡在楚北，非在楚西，不得言「西伐蔡」。將、子匠反。西、當爲「而」。言子發將兵而伐蔡也。歸致命曰：「蔡侯奉其社稷而歸之楚；舍屬二三子而治其地。」楊曰：舍、子發名。劉師培曰：屬者、付託委致之辭也。既楚發其賞，楊曰：發、行也。子發辭曰：「發誡布令而敵退，是主威也；徙舉相攻而敵退，物茂卿曰：徙舉者、徙軍舉兵也。是將威也；合戰用力而敵退，是衆威也。臣舍不宜以衆威受賞。」啓雄按：淮南道應：「子發攻蔡，踰之。宣王郊迎，列田百頃，而封之執圭。子發辭不受，曰：『治國立政，諸侯入賓，此君之德也；發號施令，師未合而敵遁，此將軍之威也；兵陳戰而勝敵者，此庶民之力也。夫乘民之功勞而取其爵祿者，非仁義之道也。』」譏之曰：子發之致命也、恭，其辭賞也、固。劉師培曰：固、訓爲「堅」，有拘執之義。凡拘執者必自是，自是者必傲人。故固亦有不恭之義。……下文言「獨以爲私廉，豈不過甚。」卽指其矯情以傲物言也。夫尚賢使能，賞有功，罰有罪，非獨一人爲之也，彼先王之道也，一人之本也，善善惡惡之應也，治必由之，古今一也。古者明王之舉大事立大功也，大事已博，于曰：博應作「尃」，卽今敷字，金文皆作專。孟子滕文公「舉舜而敷治焉。」注：「敷、治也。」大功已立，則君享其成，羣臣享其功，士大夫益爵，官人益秩，庶人益祿；是以爲善者勸，爲不善者沮，高曰：沮、借爲「阻」。啓雄按：詩巧言傳：「沮、止也。」上下一心，三軍同力，是以百事成而功名大也。今子發獨不然：反先王之道，亂楚國之法，墮興功之臣，恥受賞之屬，楊曰：人皆受賞，子發獨辭，是使興功之臣墮廢其志，受賞之屬慚恥於心。無僇乎族黨，王懋竑曰：僇、疑當作「祿」。孫曰：無乃「侮」之假字，言侮辱其族黨。而抑卑其後世，案獨以爲私廉，豈不過甚矣哉！故曰：子發之致命也、恭，其辭賞也、固。

荀卿子說齊相曰：孫曰：以全書文例校之，荀當作「孫」。處勝人之埶，行勝人之道，天下莫忿，湯武是也。處勝人之埶，不以勝人之道，楊曰：以、用也。厚於有天下之埶，索爲匹夫不可得也，桀紂是也。然則得勝人之埶者，其不如勝人之道遠矣！夫主相者，勝人以埶也，是爲是，非爲非，能爲能，不能爲不能，併己之私欲，楊曰：併、讀曰「屏」，棄也。必以道夫公道通義之可以相兼容者，久保愛曰：「以道」之「道」，訓「由」。是勝人之道也。今相國上則得專主，下則得專國，相國之於勝人之埶，亶有之矣。楊引或曰：亶、誠也。然則胡不敺此勝人之埶，楊曰：敺、驅馭也。赴勝人之道，求仁厚明通之君子而託王焉，楊曰：

求賢而託之以王，使輔佐也。與之參國政，正是非；如是，則國孰敢不爲義矣！君臣上下，貴賤長少，至於庶人，莫不爲義，則天下孰不欲合義矣。楊曰：天下皆來歸義也。賢士願相國之朝，能士願相國之官，啓雄按：上二句中之「願」字均訓「思慕」；說詳本書榮辱篇中。好利之民莫不願以齊爲歸，是一天下也。相國舍是而不爲，案直爲是世俗之所以爲，王先謙曰：以字疑衍。則女主亂之宮，詐臣亂之朝，貪吏亂之官，啓雄按：釋詞九：「之、猶諸也。」衆庶百姓皆以貪利爭奪爲俗，曷若是而可以持國乎！今巨楚縣吾前，大燕鰌吾後，啓雄按：鰌、迫也。說詳本書議兵篇首。勁魏鉤吾右，西壤之不絕若繩，楊曰：鉤、謂如鉤取物也。西壤、齊西界之地。若繩、言細也。楚人則乃有襄賁開陽以臨吾左，楊曰：襄賁、開陽、楚二邑，在齊之東者也。漢書地理志二縣皆屬東海郡。賁、音肥。劉師培曰：楚人、疑當作「魯人」。荀子說齊相之言，汪中年表以爲當湣王世，時楚頃襄王祁立，據史記魯世家，魯頃公十九年，楚取徐州，（卽楚頃襄王三十三年）二十四年，楚考烈王伐魯，頃公亡，遷下邑，（卽考烈王二年）是齊湣之世，不獨魯國未亡，卽徐州亦未失。（徐州在今薛縣），魯地尚廣。又襄賁開陽均在今海州北境，開陽卽啓陽，本係魯邑，（左傳哀三年）故知楚人乃「魯人」之訛也。是一國作謀，則三國必起而乘我，如是，則齊必斷而爲四三，劉師培曰：三字係衍文。國若假城然耳！俞曰：言齊之國若假人之城，不久當歸之也。必爲天下大笑。曷若兩者孰足爲也！高曰：若、擇也。言長擇兩者孰足爲也。說文：「若、擇菜也。」段玉裁曰：晉語：「秦穆公曰：夫晉國之亂，吾誰使先若夫二公子而立之，以爲朝夕之急？」此謂使誰先擇二公子而立之。若、正訓「擇」；擇菜引申之義也。今此「若」亦正訓「擇」。夫桀紂，聖王之後子孫也，有天下者之世也，楊曰：世、謂繼世。埶籍之所存，王曰：籍、亦位也。天下之宗室也，高曰：室、當爲「宔」，字之誤也。說文：「宔、宗廟宔祏。」宗尊祖廟也。凡言宗主皆當作「宗宔」。桀紂天下之君，故曰：「下之宗宔也。」土地之大，封內千里，人之衆數以億萬，俄而天下倜然舉去桀紂而犇湯武，反然舉惡桀紂而貴湯武。楊曰：倜然、高舉之貌。反音翻，翻然，改變貌。是何也？夫桀紂何失？而湯武何得也？曰：是無它故焉，桀紂者善爲人所惡也，而湯武者善爲人所好也。人之所惡何也？曰：汙漫爭奪貪利是也。楊引或曰：漫、謂欺誑也。人之所好者何也？曰：禮義辭讓忠信是也。今君人者，辟稱比方則欲自竝乎湯武，楊曰：辟、讀爲「譬」。若其所以統之，則無以異於桀紂，而求有湯武之功名，可乎？故凡得勝者，必與人也；凡得人者，必與道也。道也者何也？曰：禮義辭讓忠信是也。今本讓上奪「義辭」二字，據台州本校補。故自四五萬而往者，彊勝，非衆之力也，隆在信矣。楊曰：而往、猶已上也。鍾曰：衆、謂人民之衆。自數百里而往者，安固，非大之力也，隆在脩政矣。王曰：脩政、即「脩正」也。陶曰：此言衆兵之强勝，大國之安固，不由於衆大，而由於信與修政耳！即上文「處勝人之埶，行勝人之道。」之意。啓雄按：說文：「隆、豐大也。」今已有數萬之衆者也，陶誕比周以爭與；楊曰：與、謂黨與。啓雄按：陶、讀爲「謟」，謟、亦誕也。說詳集解榮辱頁十六。已有數百里之國者也，汙漫突盜以爭地；楊曰：突、謂相淩犯也。然則是棄己之所安彊，而爭己之所以危弱也；損己之所不足，以重己之所有餘；楊曰：不足、謂信與政。有餘、謂衆與地。若是其悖繆也，而求有湯武之功名，可乎！辟之是猶伏而咶天，救經而引其足也；楊曰：咶、與「舐」同。經、縊也。救縊而引其足，縊愈急也。說必不行矣！愈務而愈遠。爲人臣者，不恤己行之不行，楊曰：上「行」下孟反。下「行」如字。苟得利而已矣，啓雄按：台州本得作「富」。是渠衝入穴而求利也，久保愛曰：渠、渠荅，守城之器。衝、蒙衝，攻城之器。啓雄按：渠衝、本是攻守的利器，現在不用它來征暴禦寇，卻用它在巖穴之間來求山林之利，這是貴物賤施，屈大就小了，所以仁人羞而不爲。大概當時有此成語。是仁人之所羞而不爲也。故人莫貴乎生，莫樂乎安；所以養生安樂者莫大乎禮義。人知貴生樂安而棄禮義，辟之是猶欲壽而歾頸也，王曰：歾、讀爲「刎」。愚莫大焉。故君人者，愛民而安，好士而榮，兩者無一焉而亡。詩曰：「价人維藩，大師維垣。」啓雄按：解詳本書君道篇中。此之謂也。

力術止，義術行。郝曰：彊力之術雖進，終止。杖義之術無往不行。曷謂也？曰：秦之謂也。

楊曰：新序：「李斯問孫卿曰：當今之時，爲秦奈何？孫卿曰：「力術止，義術行，秦之謂也。」」威彊乎湯武，廣大乎舜禹，然而憂患不可勝校也；楊曰：校計。諰諰然常恐天下之一合而軋己也，啓雄按：諰、同「鰓」，憂懼也。軋、踐轢也。餘詳本書議兵篇末。此所謂力術止也。曷謂乎威彊乎湯武？湯武也者，乃能使說己者使耳！楊曰：說、音悅。久保愛曰：下使、役使也。啓雄按：謂能使悅己者爲己役使。今楚父死焉，國舉焉，負三王之廟而辟於陳蔡之間，楊曰：此楚頃襄王之時也，父、謂懷王爲秦所虜而死也。至二十一年，秦將白起遂拔我郢，燒先王墓於夷陵，襄王兵散，遂不復戰，東北保陳城。廟、主也。辟、讀爲「避」。視可，司間，楊曰：視可、謂觀其可伐也。司音伺，間隙也。（今本奪此六字，據盧據元刻補。）案欲剡其脛而以蹈秦之腹，王曰：玉藻：「弁行剡剡起屨。」是剡剡爲起屨之貌。然則剡其脛以蹈秦之腹，亦謂起其脛以蹈秦之腹也。然而秦使左案左，使右案右，是乃使讐人役也；楊曰：秦能使讐人爲之徒役。謂楚襄王七年迎婦於秦，十五年與秦伐燕，（啓雄按：據史記楚、燕、田齊、世家，燕當作「齊」。）二十七年復與秦平，而入太子質之類也。王先謙曰：言秦之役楚，使左則左，使右則右，此文二「案」字以代「則」字。啓雄按：台州本乃作「能」。此所謂威彊乎湯武也。曷謂廣大乎舜禹也？曰：古者百王之一天下臣諸侯也，未有過封內千里者也，今秦南乃有沙羡與俱，是乃江南也，楊曰：漢書地理志，沙羡縣屬江夏郡，此地俱屬秦，是有江南也。盧曰：羡、音夷。王先謙曰：沙羑城在今武昌府夏縣西南。啓雄按：據注下「乃」字當作「有」。北與胡貉爲鄰，西有巴戎，楊曰：巴在西南，戎在西，皆隸屬秦。東在楚者乃界於齊，在韓者踰常山乃有臨慮，楊曰：漢書地理志，臨慮縣名，屬河內，今屬相州也。盧曰：慮、音廬。王先謙曰：地理志作隆慮避後漢殤帝諱，改林慮。故城卽今彰德府林縣治。在魏者乃據圉津，卽去大梁百有二十里耳！楊曰：圉、當爲「圍」。漢書：「曹參下修武，度圍津。」顏師古曰：「在東郡」，豈古名圍津，轉寫爲「圉」，或作韋津，今有韋城，豈是邪？史記：「朱忌謂魏安釐王曰：『秦固有懷茅邢丘城，垝津以臨河內，河內共汲必危。』」垝圍聲相近，疑同。垝居委反。啓雄按：楊引史記見魏世家，但朱忌作「無忌」。其在趙者剡然有苓而據松柏之塞，楊曰：剡然、侵削之貌。苓地名，未詳所在。或曰：苓與「靈」同，漢書地理志常山郡有靈壽縣，今屬眞定。或曰：苓、當爲「卷」。案：卷縣屬河南，非趙地也。松柏之塞，蓋趙樹松栢與秦爲界，今秦據有之。負西海而固常山，楊曰：負、背也。常山本趙山，秦今有之。言秦背西海，東向以常山爲固也。是地徧天下也，威動海內，彊殆中國，楊曰：秦之彊能危殆中國。然而憂患不可勝校也，諰諰然常恐天下之一合而軋己也。此所謂廣大乎舜禹也。俞曰：「此所謂」句當移在「是地徧天下也」句下。然則奈何？曰：節威反文，楊曰：節減威彊，復用文理。案用夫端誠信全之君子治天下焉，因與之參國政，正是非，治曲直，聽咸陽。楊曰：使聽咸陽之政。順者錯之，不順者而後誅之。楊曰：錯、置也，謂捨而不伐。

若是則兵不復出於塞外而令行於天下矣。若是則雖爲之築明堂於塞外而朝諸侯，殆可矣。楊曰：明堂、天子布政之宮。「於塞外」三字衍。假今之世，益地不如益信之務也。

應侯問孫卿子曰：入秦何見？楊曰：應侯、秦相范雎，封於應。孫卿子曰：其固塞險，啓雄按：台州本固作「國」。形埶便，山林川谷美，天材之利多，是形勝也。入境，觀其風俗，其百姓樸，其聲樂不流汙，啓雄按：禮記樂記注：「流、猶淫放也。」王肅曰：「流、流遁不能自還。」其服不挑，楊曰：挑、偷也。不爲奇異之服也。盧曰：挑、與「佻」同。久保愛曰：挑、讀爲「姚」，非相：「美麗姚冶。」甚畏有司而順，古之民也。及都邑官府，楊曰：及、至也。至縣邑之廨署。其百吏肅然，莫不恭儉敦敬忠信而不楛，楊曰：楛、濫惡也。古之吏也。入其國，觀其士大夫，出於其門，入於公門；出於公門，歸於其家，無有私事也；不比周，不朋黨，倜然莫不明通而公也，古之士大夫也。觀其朝廷，其朝閒，▲今本閒上奪「朝」字，據久保愛據宋本補。聽決百事不留，恬然如無治者，古之朝也。故四世有勝，非幸也，數也；是所見也。啓雄按：管子法法注：「數、理也。」故曰：佚而治，約而詳，不煩而功，治之至也。秦類之矣。雖然，則有其諰矣；楊曰：諰、懼。啓雄按：釋詞八：「則、猶乃也」。兼是數具者而盡有之，然而縣之以王者之功名，則倜倜然其不及遠矣！王先謙曰：縣、猶「衡」也。是何也？則其殆無儒邪！故曰：粹而王，楊曰：粹謂全用儒道。駁而霸，無一焉而亡。此亦秦之所短也。

積微：——月不勝日，時不勝月，歲不勝時。啓雄按：這是說：事的積微成著，與其月計，不如日計；與其時計，不如月計，與其歲計，不如時計。時、謂四時。凡人好敖慢小事，大事至然後興之務之，如是則常不勝夫敦比於小事者矣。啓雄按：敦、比、二字解見本書榮辱篇中。是何也？則小事之至也、數，其縣日也、博，其爲積也、大。楊曰：博、謂所縣繫時日多也。大、謂積小以成大。大事之至也、希，其縣日也、淺，其爲積也、小。啓雄按：修身「多聞曰博，少聞曰淺」。但綜觀：儒效「以淺持博」，禮論「博之淺之」，解蔽「博爲蔽淺爲蔽」，頗似以「博淺」爲「多少」的代詞。故善日者王，善時者霸，楊曰：善謂愛惜不怠棄也。補漏者危，大荒者亡。故王者敬日，楊曰：敬、謂不敢慢也。霸者敬時，僅存之國危而後戚之。亡國至亡而後知亡，至死而後知死，亡國之禍敗不可勝悔也。霸者之善箸焉，可以時託也，俞曰：託乃「記」字之譌。言霸者之善所以明著者，以其可以時記也。王者之功名，不可勝日志也。久保愛：言王者之功名多，雖日志之猶有餘也。啓雄按：周禮注：「志、古文識；識、記也。」財物貨寶以大爲重，政教功名反是——能積微者速成。詩曰：「德輶如毛，民鮮克舉之。」楊曰：大雅烝民之篇。輶、輕也。引此以明積微至著之功。此之謂也。

凡姦人之所以起者，以上之不貴義不敬義也。楊曰：上行下效。夫義者，所以限禁人之爲惡與姦者也。今上不貴義不敬義，如是，則下之人百姓皆有棄義之志而有趨姦之心矣，此姦人之所以起也。且上者下之師也，夫下之和上，譬之猶響之應聲，影之像形也。故爲人上者，不可不順也。楊引或曰：順、當爲「愼」。啓雄按：順、借爲「愼」，二字古通。夫義者，內節於人而外節於萬物者也；俞曰：節、猶「適」也。上安於主而下調於民者也；內外上下節者，義之情也。然則凡爲天下之要，義爲本，而信次之。古者禹湯本義務信而天下治；桀紂棄義倍信而天下亂。故爲人上者，必將愼禮義務忠信然後可。此君人者之大本也。

堂上不糞，則郊草不瞻曠芸；王曰：此言事當先其所急，後其所緩，故堂上不糞除，則不暇芸野草也。芸上「瞻曠」二字衍。白刃扞乎胸，則目不見流矢；王曰：扞之言干也，犯也。謂白刃犯胸，則不暇顧流矢。拔戟加乎首，則十指不辭斷；楊曰：不惜十指而救首也。拔或作枝。非不以此爲務也，疾養緩急之有相先者也。楊曰：疾、痛也。養、與「癢」同。言非不以郊草流矢十指爲務，痛癢緩急有所先救者也。言此者，明人君當先務禮義然後及他事也。

第十七篇　天論

天行有常：啓雄按：說苑談叢作：「天道有常；不爲堯存，不爲桀亡。」詩十月之交：「日月告凶，不用其行。」箋：「行、道度也。」蓋大自然之運行（天演）是有定的、正常的，具有客觀規律性，因此、說苑稱「天行」爲「天道」。不爲堯存，不爲桀亡。啓雄按：此言：自然規律既無意識，亦無情感；因此，它不能愛堯就保存規律的正常性，亦不能惡桀就喪亡規律的正常性。應之以治則吉，應之以亂則凶。啓雄按：說文：「應、當也。」是動詞、相値也。不苟：「禮義之謂治，非禮義之謂亂。」「治」「亂」都是形名詞。此言：以禮義適應自然規律就吉，以非禮義適應規律就凶。彊本而節用，楊曰：本、謂農桑。啓雄按：韓子詭使：「耕農之本務。」則天不能貧。養備而動時，則天不能病。啓雄按：養備、謂養生的方法周備。動時、謂動作適合時宜。脩道而不貳，啓雄按：脩借爲修；修道、謂修養道德。貳、指不專心修德。左昭十三傳：「貳、不壹也。」周語注：「貳、二心也」。詩氓：「士貳其行，」詩人伸釋之曰：「二三其德」，是其證。則天不能禍。故水旱不能使之飢▲，今本飢下衍「渴」字，據王據外傳校刪。劉曰：飢、當作「饑」。寒暑不能使之疾，祅怪不能使之凶。本荒而用侈，啓雄按：說文：「荒、蕪也。」此言：不增產節約。則天不能使之富。養略而動罕，楊曰：略、減少也。罕、希也。養略、謂使人衣食不足也。動希、言怠惰也。則天不能使之全。倍道而妄行，啓雄按：倍、借爲「背」。則天不能使之吉。故水旱未至而飢，寒暑未薄而疾，楊曰：薄、迫也。音博。祆怪未至而凶。王曰：「未至」二字與上文複，治要至作「生」，是也。下文「祆是生於亂」，即其證。啓雄按：以上言：人們的吉、富、全、與凶、貧、病、禍、飢，都不是「天賞天罰」，完全是各人的「自作自受」。受時與治世同，而殃禍與治世異，不可以怨天，其道然也。啓雄按：時、指天時。治世、謂禮義之世。此言：亂世的人們所接受的天時和治世的天時相同，然而、亂世人們遭殃禍，治世人們享幸福，遭殃的人們不應推諉責任而怨天，是人們處世法犯了錯誤所自招的。故明於天人之分，則可謂至人矣。啓雄按：禮記禮運注：「分猶職也。」莊子天下：「不離於眞，謂之至人。」此言：明白天與人各有不同的職分者，可稱爲眞實的人。

不爲而成，不求而得，夫是之謂天職。楊曰：不爲而成，不求而得，四時行焉，百物生焉，天之職任如此，豈愛憎於堯桀之閒乎！如是者，雖深，其人不加慮焉；雖大，不加能焉；雖精，不加察焉；徂徠曰：雖深、雖大、雖精、皆當屬「其人」說。言所慮雖深，當慮人之所常慮，而不加毫末於分外以慮天道也。下皆如此。陶曰：此言至人之慮雖深，能雖大，察雖精，不以加於天道也。下文「大巧在所不爲，大智在所不慮。」可證此文之義。高曰：能、讀爲「態」，說文：「態、意也。」不加能、謂不加意也；與不加慮，不加察，意相近。下文「耳目鼻口形態各有接而不相能也。」王念孫釋形能爲形態，是其例。但此用態本義，彼用態字引申義耳！夫是之謂不與天爭職。天有其時，地有其財，人有其治，夫是之謂能參。啓雄按：參借爲三。天有其時、謂寒來暑往，春生夏長秋斂冬藏。地有其財、謂地生動植礦等物質。人有其治、謂人類因天時地財的適宜性而善用之。這樣、可見天地人各有其道。明白這個道理，人們就專致力於人道，不干天地，因此、人道自然隆盛，可與天地配合而爲三。故曰：「夫是之謂能參。」舍其所以參，久保愛曰：謂不勤其治。啓雄按：說文：「以、用也。」所用參、謂人們用來三合「天時」「地財」的「人治」。而願其所參，啓雄按：願、慕也；希望也。所參、指「天時」「地財」。謂徒希望於天地多分擔責任。則惑矣！

列星隨旋，日月遞炤，楊曰：炤、與「照」同。四時代御，陰陽大化，風雨博施，楊曰：陰陽大化、謂寒暑變化萬物也。博施、謂廣博施行無不被也。萬物各得其和以生，各得其養以成，不見其事而見其功，夫是之謂神。啓雄按：荀子用唯物論的觀點對迷信的「神」字作了物質性的解釋，把觀念論者的玄祕性的天道觀揚棄了。皆知其所以成，莫知其無形，夫是之謂天。唯聖人爲不求知天。啓雄按：此「求知天」單指反科學方法的「求」；例如：墨子天志，是墨子自以爲知天的謬說；道家的「有物混成，先天地生；」「玄之又玄，衆妙之門。」是道家用冥想來求知天；子思說：「思知人，不可以不知天。」孟子說：「知其性則知天矣。」都是空話；荀子說：「像這些從主觀見解出發來求知天，聖人不爲。」

天職既立，天功既成，形具而神生，好惡喜怒哀樂臧焉，夫是之謂天情。楊曰：言人之身亦天職天功所成立也。形、謂百骸九竅。神、謂精魂。天情、所受於天之情也。啓雄按：臧藏古字同。耳目鼻口形能各有接而不相能也，鍾曰：能、即「良能」之「能」。能聽、能視、能嗅、能嘗、能也。正名「所以能之在人者謂之能」，即能字之正解。夫是之謂天官。心居中虛，以治五官，夫是之謂天君。啓雄按：廣雅釋詁：「虛、空也。」中虛、是名詞，指人體上的胸腔。財非其類以養其類，楊曰：財、與「裁」同。飲食衣服，與人異類，裁而用之，可使養口腹形體，故曰：「裁非其類以養其類」，是天使奉養之道如此也。夫是之謂天養。順其類者謂之福，逆其類者謂之禍，啓雄按：順着人類生理的需要來奉養人們就是福，逆着人類生理的需要來奉養人就是禍。夫是之謂天政。楊曰：言如賞罰之政令也。暗其天君，楊曰：昏亂其心。亂其天官，楊曰：聲色臭味過度。棄其天養，楊曰：不能務本節用。逆其天政，楊曰：不能養其類也。背其天情，楊曰：好、惡、喜、怒、哀、樂、無節。以喪天功，楊曰：喪其生成之天功使不蕃滋也。夫是之謂大凶。聖人淸其天君，正其天官，備其天養，順其天政，養其天情，以全其天功；豬飼彥博曰：「全其天功」之「其」字衍。如是，則知其所爲，知其所不爲矣；久保愛曰：其所爲，人職也。其所不爲，天職也。則天地官而萬物役矣。啓雄按：官、役、二字都是動名詞。天地官、謂天地對于人，如臣之事君，各效忠于其職。萬物役、萬物聽從人的役使。這是荀子教人對天地應建立主人翁的思想。其行曲治，其養曲適，啓雄按：荀卿書例「曲」字有「周徧」之意，說詳本書正名篇首。其生不傷，夫是之謂知天。

故大巧在所不爲，大智在所不慮。啓雄按：廣雅釋詁：「在、凥也。」凥、即今語「居處」之「居」字。一切經音義引三倉：「所、處也。」此言：大巧大智站定了人職的立場專致力于人治，絕不越職代天地有所爲或有所慮。所志於天者，楊曰：志、記識也。已其見象之可以期者矣。于曰：胡謂已本作己，己乃記之省，是。紀記通，紀侯鐘、紀侯毀、紀均作「己」，可爲證。啓雄按：廣雅釋詁：「見、示也，」俗作現。說文：「期、會也。」此言：人們對于天所要記的，是要記它所表現出某種徵象，使得人們預先作某種準備好來和發展着的大自然期會。如：見月暈，卽作防風準備。所志於地者，已其見宜之可以息者矣。啓雄按：宜是左成二傳：「物土之宜而布其利，」之「宜」。漢書宣帝紀注：「息、生長也。」今語：因地制宜、作生產鬥爭。所志於四時者，已其見數之可以事者矣。楊曰：數、謂春作、夏長、秋斂、冬藏、必然之數。啓雄按：爾雅釋詁：「事、勤也。」卽從事勞動。所志於陰陽者，已其見知之可以治者矣。楊曰：知、或爲「和」。王曰：作「和」者是也。陰陽見其和，而聖人法之以爲治也。官人守天而自爲守道也。啓雄按：此「官人」和別篇的「官人」不同。專指天文專家、如：星官、日官、太史等官。此言：天文專家們專任天文、氣象……等專業，而常人們除略知天、地、四時、陰陽常識外，遵守着自然規律過日子就够了。

治亂天邪？曰：日月星辰瑞曆(?)，是禹桀之所同也；禹以治，桀以亂；治亂非天也。時邪？曰：繁啓蕃長於春夏，楊曰：繁、多也；蕃、茂也。畜積收臧於秋冬，是又禹桀之所同也；禹以治，桀以亂；治亂非時也。地邪？曰：得地則生，失地則死，是又禹桀之所同也；禹以治，桀以亂；治亂非地也。楊曰：皆言在人，不在天地與時也。詩曰：「天作高山，大王荒之；彼作矣，文王康之。」楊曰：周頌天作之篇。引此以明吉凶由人，如大王之能大岐山也。啓雄按：解詩注詳本書王制篇中。此之謂也。

天不爲人之惡寒也，輟冬；地不爲人之惡遼遠也，輟廣；君子不爲小人之匈匈也，輟行。今本匈上奪「之」字，據台州本及治要校補。楊曰：匈匈、讙譁之聲。天有常道矣；地有常數矣；君子有常體矣。啓雄按：常道即常行。「見數」「常數」的數字都指地對於生產所表現的徵象；左僖四注疏：「數者、物滋息之狀。」淮南氾論：「聖人以身體之」，注：「體、行也。」常體、指：「應之以治、彊本節用、養備動時、修道不貳。」的經常實踐事項。君子道其常，啓雄按：禮記射義注：「道猶行也。」而小人計其功。詩曰：「禮義之不愆，何恤人之言兮。」今本何上奪『禮義之不愆』五字，據俞據文選及正名校補。」楊曰：逸詩也。以言苟守道不違，何畏人之言也。此之謂也。

楚王後車千乘，非知也；君子啜菽飲水，非愚也；是節然也。俞曰：節、猶「適」也。是節然也、猶曰是其適然者也。若夫志意脩，今本志作「心」字，據王據修身富國等篇校改。德行厚，知慮明，生於今而志乎古，則是其在我者也。故君子敬其在己者，而不慕其在天者；小人錯其在己者，而慕其在天者。啓雄按：釋名釋言語：「敬、警也；恆自肅警也。」淮南原道：「誘慕于名位」，注：「慕、貪也。」錯借爲措，說文：「措、置也。」此言：君子警惕地實踐人治而不貪慕天功；小人捨置人治而貪圖天功。君子敬其在己者，而不慕其在天者，是以日進也；小人錯其在己者，而慕其在天者，是以日退也。故君子之所以日進，與小人之所以日退，一也。楊曰：皆有慕有不慕。啓雄按：一當爲壹；說文：「壹、專壹也。」左昭十傳注：「壹、同也。」此言：君子和小人同是有所專壹。君子小人之所以相縣者在此耳！啓雄按：說文：「縣、繫也。」廣雅釋言：「縣、抗也。」此言：君子小人同有專慕，這是聯繫着他們行動中的同點；但君子務盡人治，小人務求天賜，這是他們行動中對抗着的異點；他們彼此間所以存在着矛盾就在這裏了！

星隊，啓雄按：隊墜古今字。木鳴，國人皆恐。曰：是何也？曰：無何也，是天地之變，陰陽之化，物之罕至者也。楊曰：罕、希也。劉師培曰：罕、亦當作屰，言此乃物之逆至者也。怪之，可也；而畏之，非也。夫日月之有蝕，風雨之不時，怪星之黨見，王曰：黨、古「儻」字，儻者、或然之詞，謂怪星之或見。是無世而不常有之。啓雄按：治要常作「嘗」，常嘗古字通。上明而政平，則是雖竝世起，楊曰：謂一世之中竝起也。無傷也。上闇而政險，則是雖無一至者，無益也。夫星之隊，木之鳴，是天地之變，陰陽之化，物之罕至者也；怪之，可也；而畏之，非也。

物之已至者，人祆則可畏也：劉師培曰：外傳二「則」作「最」，也下有「曰：何謂人妖？」五字及「曰」字，此疑脫。啓雄按：物之已至者，謂現實事物見於歷史和現代的。楛耕傷稼，耘耨失薉，盧曰：外傳作「枯耘傷歲」。枯、與「楛」同。啓雄按：楛、謂麤惡不精，餘詳勸學篇末。政險失民；田薉稼惡，糴貴民飢，道路有死人，夫是之謂人祆。楊曰：薉、與「穢」同。政令不明，舉錯不時，本事不理；楊曰：本事、農桑之事也。夫是之謂人祆。禮義不脩，內外無別，男女淫亂，父子相疑，今本父上衍「則」字，據王據外傳治要校刪。上下乖離，寇難竝至，夫是之謂人祆。啓雄按：古書多以「妖」代「祆」。人妖、指人爲的怪現象。左莊十四傳：「妖由人興也，人無釁焉妖不自作，人棄常則妖興。」宣十五傳：「民反德爲亂，亂則妖災生。」意與此略同。祆是生於亂；三者錯，無安國。楊曰：三者、三人祆也。王曰：錯、交錯也；言此三祆交錯於國中則國必危也。其說甚爾，其菑甚慘。楊曰：爾、近也。三人祆之說比星墜木鳴爲淺近，然其災害人則甚慘毒也。啓雄按：爾借爲邇；說文：「邇、近也。」菑借爲𡿧；說文：「𡿧、害也。」今字以災代𡿧。勉力不時，則牛馬相生，六畜作祆，楊曰：勉力、力役也。可怪也，而不可畏也。王曰：不可畏、當作「亦可畏」。傳曰：萬物之怪書不說。無用之辯，不急之察，棄而不治。啓雄按：賈子道術：「論物明辯謂之辯，纖微皆審謂之察。」廣雅釋詁：「急、盡也。」不急之察、謂不徹底的審察。墨子經上：「治、求得也。」若夫君臣之義，父子之親，夫婦之別，則日切瑳而不舍也。

雩而雨，何也？曰：無何也，猶不雩而雨也。楊曰：雩求雨之禱也。或者問歲旱雩則得雨此何祥也。對以與不雩而雨同，明非求而得也。周禮：「司巫、國大旱則率巫而舞雩。」日月食而救之，天旱而雩，卜筮然後決大事，非以爲得求也，以文之也。楊曰：得求、得所求也。言爲此以示急於災害順人意以文飾政事而已。故君子以爲文，而百姓以爲神。以爲文則吉，以爲神則凶也。楊曰：順人之情，以爲文飾則無害，淫祀求福則凶也。

在天者莫明於日月，在地者莫明於水火，在物者莫明於珠玉，在人者莫明於禮義。故日月不高，則光暉不赫；水火不積，則暉潤不博，珠玉不睹乎外，則王公不以爲寶；王曰：睹、當爲「暏」，說文：「暏、且明也。」暏之言著也。禮義不加於國家，則功名不白。啓雄按：漢書馮奉世傳注：「白、顯明也。」故人之命在天，國之命在禮。君人者，隆禮尊賢而王，重法愛民而霸，好利多詐而危，權謀傾覆幽險而盡亡矣。啓雄按：此節言：「人之命在天」，與本篇篇恰正相反，最後四句又與彊國首段重出，疑是錯簡，或後人妄增。

大天而思之，孰與物畜而制之！ 啓雄按：大是老子「有物混成……名之曰大」之「大」，注：「大者、高而無上，羅而無外，無所不包容，故曰大。」在此作動詞用。詩日月箋：「畜、養也。」物畜猶「畜物」。謂與其尊大天而冥想它，那如把天作物質看待從而加人工來養育它和制裁它呢！**從天而頌之，孰與制天命而用之！** 啓雄按：詩維天之命箋：「命猶道也。」此言：與其順從天道而頌揚它的功德，豈如制裁天道而利用它呢！**望時而待之，孰與應時而使之！** 啓雄按：釋名釋姿容：「望、茫也；遠視茫茫也。」時、指四時。此言：與其茫然地空望四時生產物品而坐待收穫，何如應時制宜地使用四時爲人們的生產鬥爭而服務呢！米丘林說：「我們不能坐待自然界給予恩施，要從自然界爭取它，這是我們的任務。」可以借來解此句。**因物而多之，孰與騁能而化之！** 啓雄按：說文：「因、就也。」說文：「騁、直馳也。」說文：「七、變也。」周禮：「以禮樂合天地之化」，注：「凡能生非類曰七」。此言：與其單就物類原有的基礎來求量的增多，何如運用人的智能來變化物的質呢！即改良品種使質優而量增。**思物而物之，孰與理物而勿失之也！** 劉師培曰：「思物而物之」之「物」（啓雄按：劉氏指下「物」字。）與周禮「物地」「物馬」，左傳「物土」之「物」同。物、即慮度之義。言徒知慮度之無益也。啓雄按：思求物類的人們，與其只是作慮度的工夫，何如治理固有的物而不浪費呢！前句言增產，這句言節約。**願於物之所以生，孰與有物之所以成！** 陶曰：願、猶「慕」也。上文願其所參，義與此同。有、借爲「右」，助也。言究心於物之所以生，不如致力於物之所以成也。啓雄按：佑物之所以成，指實行：精耕細作、改良土壤和品種、合理施肥、……等工作。故錯人而思天，則失萬物之情。啓雄按：言舍置人事而思慕天道，則失掉萬物的本性。

百王之無變，足以爲道貫。啓雄按：據下文「道貫」「理貫」，知此「無變」專指道理無變。廣雅釋詁：「貫、累也。」此言：凡經歷過百王們悠久的考驗都無法變革掉的某種道理，那末、積累起那些道理就足可以爲優良傳統的道貫了！一廢一起，應之以貫，理貫不亂。啓雄按：謂雖然因時、地、條件不同，這道理偶然有興廢損益，然隨時使它和道貫相適應，所以理貫仍不亂。這是說：偶然性的力量不能打亂必然性的理貫。不知貫不知應變，啓雄按：謂不知此條貫之根本精神所在而確定它的原則性，就不知應變的方法。貫之大體未嘗亡也。啓雄按：道貫雖能隨時應變、靈活地變動，而其原則性的大體未嘗失掉。亂生其差，治盡其詳，楊曰：差、謬也。所以亂者生於條貫差謬。所以治者，在於精詳也。啓雄按：荀子法先王、又法後王。大概在道理原則上他是掌握着無變的道貫，這是「原先王」；可是、在法術和政教上他是隨時靈活地變革的，這是「法後王」。解蔽：「夫道者、體常而盡變」，是原則性和靈活性相結合的言論，儒效：「修百王之法若辨白黑，應當世之變若數一二。」是對舊法和新事都分析得清楚的言論。可供此文參考。故道之所善，中則可從，畸則不可爲，匿則大惑。楊曰：畸、偏也。王曰：匿、與「慝」同，差慝也。啓雄按：中、中正適當也，餘詳本書勸學篇首。水行者表深，表不明則陷。啓雄按：水行，指水上之行。表借爲「幖」，說文：「幖、幖幟」；在此作動詞用，謂標誌着深處。治民者表道，表不明則亂。啓雄按：儒效：「君子行有防表，道有一隆」，可供此文參考。禮者表也；非禮，昏世也；昏世，大亂也。故道無不明，外內異表，隱顯有常，民陷乃去。

萬物爲道一偏，啓雄按：荀書中的「道」字多指道理或道術，獨此道字指大自然；上文「天有常道矣」及哀公「大道者所以變化遂成萬物也」二道字指天行或天演。左閔二傳注：「偏、半也。」一物爲萬物一偏，愚者爲一物一偏，而自以爲知道，無知也。愼子有見於後無見於先。伯兄曰：愼子之學，莊子天下稱其「棄知去己，至於若無知之物而已。」其意蓋懸一客觀的物準以爲道之至極，所謂「雖有巧手，不如拙規矩之能正方員也。」此說若天下事理，果一成而不變，則用機械的物準以馭之，固無不可。然事理固變動不居者，實際上無一事物與從前所發見之事物絕對相同，然則機械的應付，必歸於違牾而已。愼子專注意事物已成之相，故曰「有見於後」。蔑視此已成之相之所由來，故曰「無見於先」。老子有見於詘，無見於信。伯兄曰：詘信卽「屈伸」，古今字。老子「以柔弱勝剛强」「不爲天下先」專務以詘爲教。而不知「自强不息」「日進無疆」之爲美德，所謂無見於信也。墨子有見於齊，無見於畸。伯兄曰：畸者、參差不齊之謂。墨子兼愛尙同，以絕對的平等爲至道。不知「物之不齊，物之情也。」儒家言「親親之殺，尊賢之等。」有殺有等，乃適慊其平也。

宋子有見於少，無見於多。伯兄曰：宋鈃專以「情欲寡」爲敎。而不知人之情各不同，有欲寡者，亦有欲多者，甲則以一夫一婦爲樂，乙或以侍妾數百爲樂。卽一人之身，其對於各事物或欲多或欲寡亦各自不同，例如：和嶠對於錢欲多，對於屐欲寡；阮孚對於屐欲多，對於錢欲寡。宋子僅見欲寡的一面，而不見欲多的一面也。有後而無先，則羣衆無門。有詘而無信，則貴賤不分。有齊而無畸，則政令不施。有少而無多，則羣衆不化。伯兄曰：無門者、愼子使人學無知之物，屏絕智慮，則相率於渾沌，如欲其入而閉諸門矣。不化者、拂人之性，無由化成也。餘義自明。啓雄按：後對先、屈對伸、齊對畸、少對多，都是矛盾着的兩方面，四子只看見一面，不見對立面，故各有偏差。書曰：「無有作好，遵王之道。無有作惡，遵王之路。」楊曰：書洪範。以喻偏好則非遵王道也。此之謂也。

第十八篇　正論

世俗之爲説者曰：「主道利周。」楊曰：周、密也。謂隱匿其情不使下知也。是不然：主者民之唱也，上者下之儀也；王先謙曰：周語：「儀之於民。」注：「儀、準也。」文選東京賦：「儀姬伯之渭陽。」薛注：「儀、則也。」言上是下之準則。彼將聽唱而應，視儀而動；唱默則民無應也，儀隱則下無動也；不應不動，則上下無以相有也；楊樹達曰：有、謂親愛也。昭六年左傳：「女喪而宗室於人何有，人亦於女何有。」注：「言人亦不能愛女也。」又二十年傳：「是不有寡君也。」注：「有、相親有也。」若是，則與無上同也，不祥莫大焉。故上者下之本也，上宣明則下治辨矣，楊曰：宣、露也。啓雄按：辨、治也。詳集解不苟頁九。上端誠則下愿慤矣，上公正則下易直矣。啓雄按：史記樂書：「易直子諒之心油然生矣。」集解引王肅曰：「易、平易。直、正直。」治辨則易一，愿慤則易使，易直則易知；易一則彊，易使則功，易知則明；是治之所由生也。上周密則下疑玄矣，楊曰：玄、讀爲「眩」，惑也，下同。上幽險則下漸詐矣，啓雄按：漸、詐欺也。詳集解不苟頁五。上偏曲則下比周矣。疑玄則難一，漸詐則難使，比周則難知。難一則不彊，難使則不功，難知則不明；是亂之所由作也。故主道利明不利幽，利宣不利周。故主道明則下安，主道幽則下危。故下安則貴上，下危則賤上。豬飼彥博曰：故字衍。故上易知則下親上矣，上難知則下畏上矣。下親上則上安，下畏上則上危。故主道莫惡乎難知，莫危乎使下畏己。傳曰：「惡之者衆則危。」書曰：「克明明德。」詩曰：「明明在下。」楊曰：大雅大明之篇。故先王明之，豈特玄之耳哉！陶曰：玄、當爲「宣」字之誤。上文：「上宣明則下治辨矣。」注：「宣、露也。」此即承上而言先王務明其德，不獨宣露之而已也。

世俗之爲說者曰：「桀紂有天下，湯武篡而奪之。」是不然：以桀紂爲常有天下之籍則然，盧曰：常、當爲「嘗」。啓雄按：籍、位也。說詳集解强國頁五。親有天下之籍則不然，天下謂在桀紂則不然。王引之曰：上「則不然」亦當作「則然」，親有天下之籍則然，天下謂在桀紂則不然者，言桀紂雖親有天下之籍而天下之人心已去桀紂而歸湯武也。今本「則然」作「則不然」，涉下句而誤耳！下文云：「有天下之後也，埶籍之所在也。」則桀紂固親有天下之籍矣！何得云「不然」乎！劉師培曰：常係「掌」字之誤。小爾雅：「掌、主也。」掌有天下之籍者，言桀紂雖爲掌籍之人，實則籍非桀紂所能親有也。下文言「有埶籍者罷不足以縣天下，天下無君。」即申明此義。古者天子千官，諸侯百官。以是千官也，令行於諸夏之國，謂之王；以是百官也，令行於境內，國雖不安，不至於廢易遂亡，謂之君。王懋竑曰：易、易位之「易」。啓雄按：遂、讀爲「墜」。說詳集解王制頁二。聖王之子也，楊曰：子、子孫也。有天下之後也，埶籍之所在也，啓雄按：有天下下疑奪一「者」字，謂有天下者的後人。天下之宗室也，然而不材不中，啓雄按：淮南原道注：「中、適也。」漢書刑法志注：「中、當也。」歸納：勸學「木直中繩，」天論「中則可從，」正名「心之所可中理，」賦「圓者中規，方者中矩，」儒效「比中而行之，」哀公「行中規繩」句各「中」字都是「適當」之意。內則百姓疾之，外則諸侯叛之，近者境內不一，遙者諸侯不聽，令不行於境內，甚者諸侯侵削之，攻伐之；若是，則雖未亡，吾謂之無天下矣。聖王沒，有埶籍者罷不足以縣天下，楊樹達曰：賈子道術：「伏義誠必謂之節，反節爲罷。」本書王霸：「無國而不有罷士。」注：「無行曰罷」。啓雄按：縣天下、謂持天下之衡。說詳集解强國頁十。天下無君；楊曰：桀紂不能治天下，是無君。諸侯有能德明威積，海內之民莫不願得以爲君師；啓雄按：師、長也；長、亦君也。說詳集解儒效頁五。然而暴國獨侈安能誅之，啓雄按：釋詞二：「安、猶於是也。能、猶乃也。言海內莫不服從，而暴國獨侈然自大，於是乃誅之也。」必不傷害無罪之民，誅暴國之君若誅獨夫；若是，則可謂能用天下矣。能用天下之謂王。湯武非取天下也，脩其道，行其義，興天下之同利，除天下之同害，而天下歸之也。桀紂非去天下也，反禹湯之德，亂禮義之分，禽獸之行，積其凶，全其惡，而天下去之也。天下歸之之謂王，天下去之之謂亡。故桀紂無天下，而湯武不弒君，由此效之也。楊曰：由、用也。久保愛曰：效、驗也，徵也。湯武者，民之父母也；桀紂者，民之怨賊也。今世俗之爲說者，以桀紂爲君，而以湯武爲弒，然則是誅民之父母，而師民之怨賊也，啓雄按：師、亦君也。不祥莫大焉。以天下之合爲君，則天下未嘗合於桀紂也，然則以湯武爲弒，則天下未嘗有說也，王曰：天下未嘗有說，「天下」二字涉上文而衍。直墮之耳！郝曰：墮、毁也；謂妄言詆毁之耳。故天子唯其人。天下者，至重也，非至彊莫之能任；至大也，非至辨莫之能分；至衆也，非至明莫之能和；——此三至者，非聖人莫之能盡。故非聖人莫之能王。聖人備道全美者也，是縣天下之權稱也。啓雄按：縣、猶衡也。說詳集解彊國頁十。桀紂者，其知慮至險也，其志意至闇也，今本志作「至」，據增注校改。其行之爲至亂也；王引之曰：「知慮」「志意」「行爲」相對爲文，「之」字衍。親者疏之，賢者賤之，生民怨之，禹湯之後也而不得一人之與；啓雄按：國策齊策注：「與、猶助也。」刳比干，囚箕子，身死國亡，爲天下之大僇，後世之言惡者必稽焉；是不容妻子之數也。王曰：數、猶道也。呂覽注：「數、道也。」劉師培曰：容、有衞義，又有障蔽之義，又有包含之義。故至賢疇四海，俞曰：儔、保也。啓雄按：儔、借爲「幬」，廣雅釋詁：「幬、覆也。」左襄二十九年傳：「如天之無不幬也。」注：「幬、覆也。」禮記中庸：「無不覆幬。」注：

「幬、覆也。」湯武是也；至罷不容妻子，桀紂是也。今世俗之爲說者，以桀紂爲有天下而臣湯武，豈不過甚矣哉！譬之，是猶傴巫跛匡大自以爲有知也。楊曰：匡，讀爲「尪」，廢疾之人。俞曰：大乃「而」之譌，而、大篆文相似，因而至誤。故可以有奪人國，不可以有奪人天下；王先謙曰：以下「竊國」「竊天下」例之，兩「人」字當衍，下文「有擅國，無擅天下」句例亦同。可以有竊國，不可以有竊天下也。久保愛曰：孟子曰：「不仁而得國者有之，不仁而得天下者，未之有也。」與此全同。可以奪之者可以有國，而不可以有天下；王曰：「奪之」上「可以」二字衍。竊可以得國，而不可以得天下，是何也？曰：國，啓雄按：據上下文例，國下當有「者」字。小具也，可以小人有也，可以小道得也，可以小力持也；天下者，大具也，不可以小人有也，不可以小道得也，不可以小力持也。國者，小人可以有之，然而未必不亡也；天下者，至大也，非聖人莫之能有也。

世俗之爲說者曰：「治古無肉刑，而有象刑，——楊曰：治古，古之治世也。啓雄按：肉刑，謂：黥、劓、剕、宮、殺，五刑也。象刑，謂異其章服以象五刑也。墨黥；郝曰：墨黥，謂以墨畫代黥，不加刻涅。慎子所謂畫跪當黥也。（按：今本作幪巾當墨。）王曰：墨黥二字語意未完，當有脫文。以慎子『畫跪當黥』書大傳『下刑墨幪』知之。慅嬰；郝曰：慅嬰，慎子作『草纓』，草與慅蓋音同假借字耳。王曰：慅嬰上蓋脫劓字，以慎子『草纓當劓』知之。共，艾畢；劉曰：共、當作『宮』。郝曰：共艾畢者，慎子謂以艾畢當宮是也。（今本畢作韠。）艾、讀當與『刈』同。蓋斬艾其韠以代宮刑也，菲，對屨；楊曰：對、當爲『紂』，傳寫誤耳。紂、枲也。慎子作『紂』。劉曰：菲、當作『剕』。啓雄按：剕紂屨、謂以枲履當刖刑也，剕正字作『跸』。說文：『跸、跀也。』爾雅釋言：『跸、刖也。』殺，赭衣而不純。楊曰：以赤土染衣故曰赭衣。純、緣也。慎子曰：『有虞氏之誅，以畫跪當黥，以草纓當劓，以履紂當刖，以艾畢當宮，此有虞之誅也。』又尙書大傳曰：『唐虞之象刑：上刑、赭衣不純；中刑、雜屨；下刑、墨幪。』幪、巾也。治古如是。」是不然：以爲治邪？則人固莫觸罪，非獨不用肉刑，亦不用象刑矣。以爲人或觸罪矣，陶曰：以爲下當有「輕刑邪」三字。而直輕其刑，然則是殺人者不死，傷人者不刑也；罪至重而刑至輕，庸人不知惡矣，亂莫大焉。啓雄按：謂庸人不知疾惡受象刑的恥辱。凡刑人之本，禁暴惡惡，且徵其未也。楊曰：徵、讀爲「懲」。未、謂將來。殺人者不死，而傷人者不刑，是謂惠暴而寬賊也，非惡惡也。故象刑殆非生於治古，竝起於亂今也。治古不然：凡爵列官職賞慶刑罰皆報也，以類相從者也。楊曰：報、謂報其善惡。各以類相從，謂善者得其善，惡者得其惡也。一物失稱，亂之端也。王先謙曰：稱、權稱也。啓雄按：禮論注：「稱、謂各當其宜。」夫德不稱位，能不稱官，賞不當功，罰不當罪，不祥莫大焉。昔者武王伐有商，誅紂，斷其首，縣之赤旆。啓雄按：紂之死，傳說甚多而且說得很多差異，只是解蔽「紂縣於赤旆」和此句同。墨子明鬼：「折紂而繫之赤環。」史記殷本紀：「武王斬紂頭縣之白旗。」亦與此略近。餘如離騷尸子淮南子新書等都不同。

之盛也；殺人者死，傷人者刑，是百王之所同也；未有知其所由來者也。夫征暴誅悍，治不稱罪則亂。故治則刑重，亂則刑輕；犯治之罪固重，犯亂之罪固輕也。書曰：「刑罰世輕世重。」楊曰：甫刑。（啓雄按：梅本作呂刑。）以言世有治亂，故法有輕重也。此之謂也。

世俗之爲說者曰：「『湯武不能禁令。』是何也？曰：『楚越不受制。』」是不然：湯武者，至天下之善禁令者也，王先謙曰：至、猶「極」也。湯居亳，武王居鄗，皆百里之地也，天下爲一，諸侯爲臣，通達之屬，莫不振動從服以化順之。楊曰：振、與「震」同，恐也。曷爲楚越獨不受制也！彼王者之制也，視形埶而制械用，楊曰：即禮記所謂「廣谷大川異制，民生其間者異俗，器械異制，衣服異宜」也。稱遠邇而等貢獻，豈必齊哉！楊曰：稱、尺證反。等、差也。故魯人以榶，衞人用柯，楊引或曰：方言：「盌、謂之搪，盂、謂之柯。」齊人用一革，(?)土地刑制不同者，械用備飾不可不異也。啓雄按：增注刑制作「形埶」。故諸夏之國同服同儀，王曰：儀、謂制度也。蠻夷戎狄之國同服不同制，啓雄按：每五百里爲一服，各代制度不盡同，周語注：「商以前並畿內爲五服，周除畿內更制天下爲九服。」服字之取義，孔安國曰：「爲天子服治田也。」封內甸服，楊曰：王畿之內也。盧曰：周語封、俱作「邦」，古封邦通用。啓雄按：周語注：「甸、王田也。」封外侯服，楊曰：畿外也。禹貢：「五百里侯服。」孔云：「甸服之外五百里也。」侯、候也。斥候而服事王也，韋昭云：「侯服、侯圻也。」侯、衞賓服，啓雄按：周語注：『此總言之也。侯、侯圻也。衞、衞圻也。言自侯圻至衞圻，其間凡五圻，圻五百里，五五二千五百里，中國之界也。謂之賓服，常以服貢賓見於王。五圻者：侯圻之外曰甸圻，甸圻之外曰男圻，男圻之外曰采圻，采圻之外曰衞圻。周書康誥曰：「侯、甸、男、采、衞」是也。』蠻夷要服，楊曰：職方氏云：「衞服之外五百里曰蠻服，又其外五百里曰夷服。」孔安國曰：「要、謂要束以文敎。」戎狄荒服。楊曰：職方氏所謂「鎭服」「藩服」也。啓雄按：周語注：「戎狄去王城四千五百里至五千里也，四千五百里爲鎭圻，五千里爲蕃圻，在九州之外。荒裔之地，與戎翟同俗，故謂之「荒」，荒忽無常之言也。」（漢書嚴助傳「荒服」注「荒言其荒忽絕遠，來去無常。」）甸服者祭，啓雄按：周語注：「供日祭也。」謂天子日祭之品由甸服者供給也。漢書嚴助傳注：「甸服者主王田以供祭祀也。」侯服者祀，啓雄按：周語注：「供月祀也。」賓服者享，啓雄按：周語注：「供時享也，享、獻也。」要服者貢，啓雄按：周語注：「供歲貢也。」荒服者王今本王上衍「終」字，據周語刪。啓雄按：周語注：「王、王事天子也。」日祭，月祀，時享，歲貢，終王，今本奪「終王」二字，據楊說及周語注補。啓雄按：周語注：「日祭、祭於祖考，謂上食也。月祀、月祀于曾高。時享、時享于二祧。歲貢、歲貢于壇墠。終王、終謂世終也，朝嗣王及即位而來見。」夫是之謂視形埶而制械用，稱遠近而等貢獻，是王者之至也。王曰：至、當爲「制」。鍾曰：此王者之至，疑與下「未足與及王者之制」「至」「制」二字互舛。彼楚越者，且時享歲貢終王之屬也，必齊之日祭月祀之屬然後曰受制邪？啓雄按：齊、當讀爲「儕」，或讀爲「躋」，都是動詞。是規磨之說也。楊曰：規磨之說猶言差錯之說，規者正圓之器，磨久則偏盡而不圓，失於度程也。韓子「規有磨而水有波，我欲更之，無奈之何，此通權之言也。」豬飼彥博曰：蓋當時謂求全而不知權者曰「規摩之說」也。溝中之瘠也，楊曰：謂行乞之人在溝壑中羸瘠者，以喻智慮淺也。則未足與及王者之制也。語曰：「淺不足與測深，愚不足與謀知，坎井之鼃不可與語東海之樂。」此之謂也。

世俗之爲說者曰：「堯舜擅讓。」楊曰：擅、與「禪」同。是不然：天子者，埶位至尊，啓雄按：埶者、位也。說見集解儒效頁三。無敵於天下，夫有誰與讓矣！楊曰 讓者、埶位敵之名，若上下相縣，則無與讓矣。有、讀爲「又」。道德純備，智惠甚明，南面而聽天下，生民之屬，莫不振動從服以化順之，天下無隱士，無遺善，同焉者是也，異焉者非也，夫有惡擅天下矣！楊曰：夫自知不堪其事則求賢而禪位，今以堯舜之明聖，事無不理，又烏用禪位哉！曰：「死而擅之。」是又不然：聖王在上，決德而定次，今本決作「圖」字，據舊校注改。啓雄按：謂決其德之大小而定位次也。說見集解儒效頁七。量能而授官，皆使民載其事而各得其宜；啓雄按：載、猶「任」也。說見集解榮辱頁二十三。不能以義制利，不能以僞飾性，則兼以爲民。聖王已沒，天下無聖，則固莫足以擅天下矣。天下有聖而在後子者，今本者上奪「子」字，據俞據下文補。俞曰：下文楊注：「後子、嗣子也。」則天下不離；朝不易位，國不更制，天下厭然與鄉無以異也；啓雄按：厭然、安貌，說見集解儒效頁二。鄉、謂曩昔也。以堯繼堯，夫又何變之有矣！聖不在後子而在三公，楊曰：後子、嗣子，謂丹朱商均也。三公、宰相，謂舜禹也。則天下如歸，猶復而振之矣，鍾曰：振即「振動從服」之省。天下厭然與鄉無以異也；以堯繼堯，夫又何變之有矣！俞曰：荀子之意，謂傳賢與傳子同。天下有聖而在後子，則傳之子可也。聖不在後子而在三公，則傳之賢可也。故兩言：「天下厭然與鄉無以異也，以堯繼堯，夫又何變之有矣！」正見傳子傳賢之不異也。唯其徙朝改制爲難。劉師培曰：難疑「離」之訛，離猶「異」也。故天子生則天下一隆致順而治，陶曰：一隆、言統於一尊也。啓雄按：隆字解詳勸學篇中。論德而定次，啓雄按：論、當作「譎」，譎決古字通，謂決其德之大小而定次。說詳集解儒效頁七。死則能任天下者必有之矣。夫禮義之分盡矣，擅讓惡用矣哉！楊曰：夫讓者禮義之名，今聖王但求其能任天下者傳之，則是盡禮義之分矣，豈復更求禪讓之名哉！曰：「老衰而擅。」是又不然：血氣筋力則有衰，若夫智慮取舍則無衰。曰：「老者不堪其勞而休也。」是又畏事者之議也。楊曰：或者自以畏憚勞苦以爲聖王亦然也。天子者，埶至重而形至佚，心至愉而志無所詘，而形不爲勞，尊無上矣。衣被則服五采，雜閒色，重文繡，加飾之以珠玉；食飲則重大牢而備珍怪，期臭味，啓雄按：期、讀爲「綦」，極也。曼而饋，楊曰：曼、讀爲「萬」。饋、進食也。列萬舞而進食。伐皋而食，今本伐皋作「代睪」，據洪劉王據淮南主術改。洪曰：皋鼛古字通。王曰：周官大司樂：「王大食，三侑，皆令奏鍾鼓。」雍而徹乎五祀，楊曰：雍詩周頌樂章名，奏雍而徹饌。劉曰：徹乎五祀，謂徹於竈也，周禮膳夫職：「王卒食以樂徹于造。」淮南主術：「奏雍而徹，已飯而祭竈。」蓋徹饌而設之於竈若祭然，天子之禮也。造竈古字通。專言之則曰竈，連言之則曰五祀，若謂丞相爲三公，左馮翊爲三輔也。執薦者百人侍西房；楊曰：薦謂所薦陳之物，籩豆之屬也。居則設張容，負依而坐，楊曰：居、安居也，聽朝之時也。爾雅：「容謂之防。」郭璞云：「如今牀頭小曲屏風唱射者所以自防隱也。」戶牖之閒謂之依，亦作扆。郝曰：張、與「帳」同。王曰：坐當爲「立」。諸侯趨走乎堂下；出戶而巫覡有事；楊曰：女曰巫，男曰覡。有事、祓除不祥。出門而宗祀有事；楊曰：祀、當爲「祝」。出門謂車駕出國門。宗者、主祭祀之官；祝、大祝，掌祈福祥之官也。有事、謂祭行神也。乘大路趨越席以養安；楊曰：大路、祭天車。越席、結蒲爲席。孫曰：趨、當爲「蹴」之叚字，與乘相對。啓雄按：大路、即「大輅」，禮記樂記：「大輅、天子之車也。」側載睪芷以養鼻；啓雄按：史記禮書索隱：「載、置也。言天子之側常置芳香於左右。」睪借爲「澤」，儀禮既夕禮注：「澤、澤蘭也。」前有錯衡以養目；楊曰：詩：「約軝錯衡。」毛云：「錯衡、文衡。」啓雄按：說文：「錯、金涂也。」小爾雅廣器：「衡、軛也。」錯衡蓋以金涂軛且有文也。和鸞之聲，步中武象，騶中韶護，以養耳；楊曰：騶當爲「趨」。和鸞皆車上鈴也。武象韶護皆樂名。步、謂車緩行。趨、謂車速行。啓雄按：說苑談叢：「鸞設於鑣，和設於軾，馬動而鸞鳴，鸞鳴而和應，行之節也。」惟鸞之所在，舊說多謂設於衡，非。辨具廣雅疏證卷八上釋器。又按：史記樂書集解引鄭玄曰：「武、武王樂。象、武舞。韶、舜樂。濩、湯樂。」中、適當也。三公奉軶持納，楊曰：軶、轅前也。納同「軜」，驂馬內轡繫軾前者。諸侯持輪挾輿先馬，楊曰：挾輿、在車之左右也。先馬、導馬也。或持輪者，或挾輿者，或先馬者。啓雄按：持輪、猶「扶輪」也。大侯編後，楊曰：大侯國稍大，在五等之列者。大夫次之，小侯元士次之，楊曰：小侯、僻遠小國及附庸也。元士、上士也。庶士介而夾道，楊曰：庶士、軍士也。介而夾道，被甲夾於道側，以禦非常也。庶人隱竄莫敢視望。居如大神，動如天帝，持老養衰，啓雄按：持、亦「養」也。說見集解議兵頁十六。猶有善於是者與不？俞曰：此當作「猶有善於是者不與？」不、讀爲「否」。老者，休也，休猶有安樂恬愉如是者乎！故曰：諸侯有老，天子無老。楊曰：諸侯供職貢朝聘，故有筋力衰竭求致仕者，與天子異也。有擅國，無擅天下，古今一也。楊曰：讓者執位敵之名，一國事輕，則有請於天子而讓賢，天下則不然也。夫曰堯舜擅讓，是虛言也，是淺者之傳，陋者之說也，不知逆順之理，小、大、至、不至之變者也，楊曰：小謂一國，大謂天下。久保愛曰：以尊讓卑者，逆也。匹敵相讓者，順也。至、不至、謂天子至重至佚至愉，諸侯不至重至佚至愉也。變、猶「異」也。未可與及天下之大理者也。

世俗之爲說者曰：「『堯舜不能教化。』是何也？曰：『朱象不化。』」是不然也：堯舜者，今本舜下奪「者」字，據台州本及世德堂本校補。至天下之善教化者也，南面而聽天下，生民之屬莫不振動從服以化順之；然而朱象獨不化，是非堯舜之過，朱象之罪也。楊曰：論語：「上智與下愚不移，」是也。豬飼彥博曰：罪、如「非赤子之罪」之「罪」，謂咎也。堯舜者，天下之英也；朱象者，天下之嵬，一時之瑣也。啓雄按：嵬、怪也。瑣、小也。說見集解非十二子頁十三。今世俗之爲說者，不怪朱象而非堯舜，豈不過甚矣哉！夫是之謂嵬說。羿蠭門者，啓雄按：蠭門卽逢蒙。天下之善射者也，不能以撥弓曲矢中；楊曰：撥弓、不正之弓。陳曰：據儒效王霸君道議兵中下當有「微」字。王梁造父者，啓雄按：王梁卽王良。天下之善馭者也，不能以辟馬毀輿致遠；楊曰：辟、與「躄」同。堯舜者，天下之善教化者也，不能使嵬瑣化。何世而無嵬？何時而無瑣？自太皞燧人莫不有也。故作者不祥，學者受其殃，非者有慶。豬飼彥博曰：言如作說者不善，則學之者受其害，知其非而不學之者，則有免害之慶也。此言邪說之害，不與上文相接，蓋錯簡也。故作者以下至此之謂也，三十六字當移篇末，應見侮不辱章之下。詩曰：「下民之孽，匪降自天；噂沓背憎，職競由人。」楊曰：小雅十月之交之篇，言下民相爲妖孽、災害，非從天降。噂噂沓沓然相對談語，背則相憎，爲此者蓋由人耳。此之謂也。

世俗之爲說者曰：「太古薄葬，棺厚三寸，衣衾三領，葬田不妨田，啓雄按：言所葬之地，雖在田間却不妨害農耕。故不掘也。亂今厚葬，飾棺，故抇也。」是不及知治道，而不察於抇不抇者之所言也：楊曰：抇、穿也。謂發冢也。胡骨反。凡人之盜也，必以有爲，不以備不足，足則以重有餘也；盧曰：則上「足」字衍。而聖王之生民也，皆使當厚優猶不知足，楊曰：優猶、寬泰也。不知足，「不」字衍。言聖王之養民，輕賦薄斂，皆使寬泰而知足。王曰：當、蓋「富」之誤。久保愛曰：猶、疑「裕」誤。而不得以有餘過度。故盜不竊，賊不刺，俞曰：刺、探取也。狗豕吐菽粟，郝曰：吐、棄也。此極言菽粟之多耳。而農賈皆能以貨財讓；風俗之美，男女自不取於涂，孫曰：取、當讀爲「聚」，古字通用。而百姓羞拾遺。故孔子曰：「天下有道，盜其先變乎！」雖珠玉滿體，文繡充棺，黃金充椁，加之以丹矸，重之以曾青，楊曰：丹矸、丹砂也。曾青、銅之精，形如珠者；其色極青，故謂之曾青。加以丹矸，重以曾青，言以丹青采畫也。犀象以爲樹，琅玕龍茲華覲以爲實；楊曰：琅玕似珠。覲、當爲「瑾」。華謂有光華者也。郭慶藩曰：龍茲、當爲珠玉名。啓雄按：此謂植犀角象牙作爲樹，而用琅玕、龍茲、華覲爲果實。人猶且莫之抇也。是何也？則求利之詭緩，而犯分之羞大也。

夫亂今然後反是：上以無法使，下以無度行；知者不得慮，能者不得治，賢者不得使；若是，則上失天性，下失地利，中失人和；故百事廢，財物詘，久保愛曰：屈、盡也。而禍亂起；王公則病不足於上，庶人則凍餒羸瘠於下；於是焉桀紂羣居而盜賊擊奪以危上矣；啓雄按：釋詞二：「焉、猶乎也。」安禽獸行，啓雄按：釋詞二：「安、猶於是也。」虎狼貪，故脯巨人而炙嬰兒矣；若是，則有何尤抇人之墓抉人之口而求利矣哉！王先謙曰：有、讀爲「又」。啓雄按：死人口中含珠玉，故曰抉人之口而求利。雖此倮而薶之，猶且必抇也，安得葬薶哉！久保愛曰：倮、與「裸」同。彼乃將食其肉而齕其骨也。夫曰：太古薄葬，故不抇也；亂今厚葬，故抇也。是特姦人之誤於亂說以欺愚者而潮陷之以偷取利焉，夫是之謂大姦。盧曰：潮、當作「淖」，古潮字作淖，故淖誤爲「淖」，又誤爲「潮」。啓雄按：釋詞一：「誤、謬也。於、爲也。淖、溺也。言姦人謬爲亂說以欺愚者而溺陷之也。」傳曰：「危人而自安，害人而自利。」此之謂也。

子宋子曰：啓雄按：宋子考見本書非十二子篇首。「明見侮之不辱，使人不鬬。」楊曰：宋子言：若能明侵侮而不以爲辱之義，則可使人不鬬也。莊子說宋子曰：『見侮不辱，救民之鬬。』（啓雄按：見天下篇。）

尹文子曰：『見侮不辱，見推不矜，禁暴息兵，救世之鬬，此人君之德，可以爲王矣。』（啓雄按：見大道上。）人皆以見侮爲辱，故鬬也；知見侮之爲不辱，則不鬬矣。」應之曰：然則亦以人之情爲不惡侮乎？曰：「惡而不辱也。楊曰：雖惡其侮而不以爲辱。」曰：若是則必不得所求焉。楊曰：求不鬬，必不得。——凡人之鬬也，必以其惡之爲說，非以其辱之爲故也。今俳優侏儒狎徒詈侮而不鬬者，是豈鉅知見侮之爲不辱哉！王曰：豈鉅知者，豈知也。鉅、亦「豈」也。啓雄按：詎鉅通用。然而不鬬者，不惡故也。今人或入其央瀆，楊曰：央瀆、出水溝也。劉師培曰：瀆、當作「竇」，古通。央字從大，兼有大義，蓋穴之大者名央竇也。久保愛曰：央、當作「缺」。高曰：央、當作「穴」，形近而誤。竊其豬彘，則援劍戟而逐之，不避死傷，是豈以喪豬爲辱也哉！然而不憚鬬者，惡之故也。雖以見侮爲辱也，不惡則不鬬；雖知見侮爲不辱，惡之則必鬬。然則鬬與不鬬邪，亡於辱之與不辱也，啓雄按：亡借爲無，亡於、不在於也。乃在於惡之與不惡也。夫今子宋子不能解人之惡侮，鍾曰：解猶釋也，謂解去釋去也。而務說人以勿辱也，豈不過甚矣哉！金舌弊口，俞曰：此文當作「金口弊舌」，金、讀爲「唫」，說文：「唫、口急也。」弊、讀爲「敝」。言雖說之至於口唫舌敝，猶無益也。猶將無益也。不知其無益，則不知；知其無益也，直以欺人，則不仁。不仁不知，辱莫大焉。將以爲有益於人則與無益於人也，啓雄按：此文本作「將以爲有益於人與？則無益於人也。」「與」「則」二字誤顚倒了！則得大辱而退耳！說莫病是矣。

子宋子曰：「見侮不辱。」啓雄按：見受二字通用，史記楚世家「見欺於張儀」，楚策作「受欺」。此言：受了別人的侵侮，受侮者在主觀上並不認這侵侮是恥辱。應之曰：凡議，必將立隆正然後可也，無隆正則是非不分而辨訟不決。故所聞曰：「天下之大隆，是非之封界，分職名象之所起，王制是也。」啓雄按：隆字解詳勸學篇中。這「隆正」，謂：偉大和正確的原則，指「聖」和「王」相結合成的「王制」。解蔽：「聖也者、盡倫者也；王也者、盡制者也；兩盡者、足以爲天下極矣！……謂合王制也。天下有不以是爲隆正也，然而猶有能分是非治曲直者邪？」解蔽的「隆正」指學習者所嚮往的目標，此文的「隆正」指議論的理論原則。故凡言議期命，楊曰：命、名物也。劉師培曰：期、卽期約。是非以「聖」「王」爲師，啓雄按：解蔽「天下有二：非察是，是察非，謂合王制與不合王制也。天下有不以是爲隆正也，然而猶有能分是非治曲直者耶？」可與此文互發。而「聖」「王」之分，榮辱是也。啓雄按：聖、指人生哲學；王、指政治哲學。餘詳解蔽篇末。是有兩端矣：有義榮者，有埶榮者；有義辱者，有埶辱者：——志意脩，德行厚，知慮明，是榮之由中出者也，夫是之謂義榮。爵列尊，貢祿厚，形埶勝，楊曰：貢、謂所受貢賦，謂天子諸侯也。祿、謂受君之祿，卿相士大夫也。形埶、謂埶位也。上爲天子諸侯，下爲卿相士大夫，是榮之從外至者也，夫是之謂埶榮。流淫汙僈，楊曰：汙、穢行也。僈、當爲「漫」，已解在榮辱。犯分亂理，驕暴貪利，是辱之由中出者也，夫是之謂義辱。詈侮捽搏，捶笞臏腳，楊曰：臏、膝骨也。腳古脚字。臏腳、謂刖其膝骨也。斬斷枯磔，王曰：枯、同「辜」。周官：「掌戮殺王之親者辜之。」注：「辜之言枯也，謂磔之也。」藉靡舌縪，孫曰：舌縪、當爲「后縛」，干祿字書：「后、俗作呑。」與舌形近而誤。后與「後」通。后縛、猶「反縛」。高曰：藉、繫也。靡借爲「縻」，亦繫也。是辱之由外至者也，夫是之謂埶辱。是榮辱之兩端也。故君子可以有埶辱而不可以有義辱，小人可以有埶榮而不可以有義榮。有埶辱無害爲堯，有埶榮無害爲桀。義榮埶榮，唯君子然後兼有之；義辱埶辱，唯小人然後兼有之。是榮辱之分也。聖王以爲法，士大夫以爲道，官人以爲守，百姓以爲成俗，王曰：第四句本作「百姓以成俗」，與上三句對文。晉語注：「爲、成也。」（廣雅同。）以成俗、卽以爲俗。今本成上有「爲」字，乃涉上三「爲」字而衍。呂本無「爲」字，禮論：「官人以爲守，百姓以成俗。」成上亦無「爲」字。萬世不能易也。

今子宋子案不然：啓雄按：釋詞二：「案、則也。」獨詘容爲己，慮一朝而改之，劉師培曰：屈容、卽降心相容。（卽前所謂見侮不辱。）爲己、猶於己。（爲訓「於」見釋詞。）猶言獨甘辱己也。慮一朝而改之，猶言思一朝而改之。說必不行矣！譬之，是猶以塼涂塞江海也，盧曰：塼、俗字，荀書本作

「摶」。摶塗泥而塞江海，必無用矣。以焦僥而戴太山也，楊曰：焦僥、短人。蹎跌碎折不待頃矣。郝曰：蹎、僵仆也。二三子之善於子宋子者，殆不若止之，楊曰：止、謂息其說也。將恐得傷其體也。于曰：得應讀「中」，今字去聲。齊策「是秦之計中」，注：「中、得也。」謂：將恐中傷其體也。

子宋子曰：「人之情，欲寡；而皆以己之情，爲欲多；是過也。」啓雄按：廣雅釋詁：「過、誤也。」謂：人的性情、本來是想少要物質的，可是、都誤以爲己之性情是想多要；這是誤認了！故率其羣徒，辨其談說，明其譬稱，將使人知情之欲寡也。今本之欲作「欲之」，據楊據或本乙。應之曰：然則亦以人之情爲欲目不欲綦色，盧曰：目上之「欲」字衍。耳不欲綦聲，口不欲綦味，鼻不欲綦臭，形不欲綦佚，——此五綦者，亦以人之情爲不欲乎？曰：「人之情欲是已。」曰：若是則說必不行矣，以人之情爲欲此五綦者而不欲多，譬之是猶以人之情爲欲富貴而不欲貨也，好美而惡西施也。

古之人爲之不然：以人之情爲欲多而不欲寡，故賞以富厚，而罰以殺損也，楊曰：以富厚賞之，以殺損罰之。殺、減也。是百王之所同也。故上賢祿天下，次賢祿一國，下賢祿田邑，愿慤之民完衣食。今子宋子以是之情爲欲寡而不欲多也。然則先王以人之所不欲者賞，而以人之所欲者罰邪！亂莫大焉。今子宋子嚴然而好說，楊曰：嚴、讀爲「儼」。聚人徒，立師學，成文曲，啓雄按：國語周語注：「曲、章曲也。」漢志宋子十八篇入小說家。新論：「小說家合叢殘小語以作短篇。」莊子天下謂：宋子「周行天下，上說下教。」文曲、似指宋子「上說下教」所用的短篇韻文。然而說不免於以至治爲至亂也，豈不過甚矣哉！

第十九篇　禮論

禮起於何也？曰：人生而有欲，欲而不得，則不能無求，求而無度量分界，則不能不爭。爭則亂，亂則窮。先王惡其亂也，故制禮義以分之，以養人之欲，給人之求。使欲必不窮乎物，物必不屈於欲，楊曰：屈、竭也。兩者相持而長，啓雄按：持、借爲「待」，說文：「待、竢也。」兩者相持而長，謂「欲」與「物」相俟而增。史記禮書持正作「待」。長、丁丈反。是禮之所起也。啓雄按：台州本起上有「以」字。

故禮者養也，——芻豢稻粱，五味調香，王曰：香、當爲「盉」，說文：「盉、調味也，從皿禾聲。」今通作「和」。所以養口也；椒蘭芬苾，所以養鼻也；雕琢刻鏤黼黻文章，所以養目也；鍾鼓管磬琴瑟竽笙，所以養耳也；疏房檖䫉越席牀第几筵，所以養體也。楊曰：疏、通也。疏房、通明之房也。䫉、古「貌」字。或曰：檖、讀爲「邃」。貌、廟也。廟者、宮室尊嚴之名。越席、剪蒲席也。劉師培曰：邃貌者、深遠之廟也。啓雄按：爾雅釋宮：「室有東西廂曰廟，無曰寢。」禮記月令：「寢廟必備。」注：「前曰廟、後曰寢。」是廟古本宮室之名，不專限於宗廟。又按：說文：「第、牀簀也。」故禮者養也。

君子既得其養，又好其別。曷謂別？曰：貴賤有等，長幼有差，貧富輕重皆有稱者也。楊曰：稱、謂各當其宜。故天子大路越席，所以養體也；側載睪芷，所以養鼻也；前有錯衡，所以養目也；和鸞之聲，步中武象，趨中韶護，所以養耳也；啓雄按：此數句解見本書正論篇中。龍旗九斿，所以養信也；楊曰：信、謂使萬民見而信之，識至尊也。養猶奉也。寢兕，持虎，盧曰：持、當爲「特」，字之誤也。寢兕、特虎、謂畫輪爲飾也。劉昭注輿服志引古今注：「武帝天漢四年，令諸侯王朱輪，特虎居前，左兕，右麋。小國、朱輪，畫特熊居前，寢麋居左右。」白虎通亦曰：「朱輪、特熊居前，寢麋居左右。」此謂朱輪每輪畫一虎居前，兕麋在兩旁卻後而相竝，故虎稱特。左右謂每輪兩旁也。寢、伏也。大國畫特虎，兕麋不寢。小國則畫特熊，二寢麋，無兕。天子乘輿，蓋畫二寢兕居輪左右，畫特虎居前歟。此段若膺說。高曰：盧訓寢爲「伏」，是也。改持爲「特」，非也。持、讀爲「跱」，字林：「跱、踞也。」跱虎、猶「踞虎」也。寢兕、持虎、謂畫伏兕踞虎於輿以爲飾也。其畫法，所謂持虎居前，左兕右麋者。謂畫踞虎於前轓，畫兕於左輢，畫麋於右輢也。所謂特熊居前，寢麋居左右者，謂畫踞熊於前轓，畫伏麋於左右輢也。盧謂畫輪以爲飾，亦非也。蛟韅，楊曰：韅、馬腋之革，（今本腋作「服」，據盧說改。）蓋象蛟形。啓雄按：韅、說文作「韅」，云：「箸腋鞥也。」史記集解引徐廣曰：「韅者、當馬掖之革。」索隱「韅、馬腹帶也。」絲末，楊曰：末、與「幦」同。禮記：「君羔幦虎犆。」鄭云：「覆笭也。」絲幦、蓋織絲爲之。彌龍，盧曰：彌、卽說文之「𪎭」，說文：「𪎭、乘輿金耳也。」金耳謂車耳，卽重較也。郝曰：金耳者、金飾車耳也。於倚較上刻爲交龍之形，飾之以金。所以養威也；故大路之馬必信至教順然後乘之，所以養安也。今本信作「倍」，據王先謙據史記校改。王先謙曰：信至、謂馬調良之極。孰知夫出死要節之所以養生也！啓雄按：史記禮書索隱：「言人誰知夫志士推誠守死要立名節仍是養生安身之本，故下云：『人苟生之爲見，若者、必死。』是解上意，言人苟以貪生之爲見，不能見危致命，若者必死。若猶如也。言執心爲見如此者必刑戮及身，故云：『必死』。下文皆放此也。」孰知夫出費用之所以養財也！孰知夫恭敬辭讓之所以養安也！楊曰：無恭敬辭讓則亂而不安。孰知夫禮義文理之所以養情也！楊曰：無禮義文理則縱情性不知所歸也。故人苟生之爲見，若者必死；啓雄按：史記禮書正義：「若、如此也。」苟利之爲見，若者必害；苟怠惰偷儒之爲安，啓雄按：台州本安下有「居」字。若者必危；苟情說之爲樂，楊曰：說、讀爲「悅」。若者必滅。故人一之於禮義，則兩得之矣；一之於情性，則兩喪之矣。楊曰：專一於禮義，則禮義情性兩得，專一於情性，則禮義情性兩喪也。故儒者將使人兩得之者也，墨者將使人兩喪之者也，是儒墨之分也。啓雄按：墨子尙儉，貴兼，却無尊卑貴賤的差別，與上文「君子……好其別——貴賤有等，長幼有差，貧富輕重皆有稱。」「出費用所以養財。」正抵觸，所以荀子這樣說。

禮有三本：天地者，生之本也；先祖者，類之本也；楊曰：類、種。君師者，治之本也。啓雄按：師、亦君也。說詳集解儒效頁五。無天地，惡生？無先祖，惡出？無君師，惡治？三者偏亡，焉無安人。楊曰：偏亡、謂闕一也。啓雄按：釋詞二：「焉、猶則也。」史記禮書焉作「則」。故禮，上事天，下事地，尊先祖，而隆君師，是禮之三本也。啓雄按：隆字解詳勸學篇中。

故王者天太祖，楊曰：謂以配天也。太祖、若周之后稷。諸侯不敢壞，劉師培曰：不敢壞始祖之廟也。大夫士有常宗，楊曰：百世不遷之大宗也。所以別貴始；貴始得之本也。楊曰：得、當爲「德」。盧曰：得、大戴禮作「德」。古二字通用。郊止乎天子，啓雄按：禮記禮器注：「郊、祭天也。」而社止於諸侯，啓雄按：禮記中庸注「社、祭地神。」道及士大夫，劉師培曰：說文：「禫、除服祭也。」道卽「禫」之古文也。蓋三代之時，天子祭天，諸侯祭土，大夫士則祭其先，卽下文所謂「尊者事尊，卑者事卑也。」若祭法言「大夫以下成羣立社」，然此皆公立之社，非特立之社，與王社國社不同。故荀子言「社止於諸侯也。」啓雄按：郊止乎天子者，謂僅天子有郊祭，天子以下無郊也。社止於諸侯者，謂天子諸侯皆有社祭，諸侯以下無社也。道及士大夫者，謂自天子諸侯下及士大夫皆禫也。所以別尊者事尊，卑者事卑，宜大者巨，宜小者小也。故有天下者事七世，▲今本七作「十」，據大戴記史記校改。有一國者事五世，啓雄按：大戴禮記補注：「王制：『天子七廟，三昭三穆，與太祖之廟而七。諸侯五廟，二昭二穆，與太祖之廟而五。』」
有五乘之地者事三世，楊曰：古者十里爲成，成出革車一乘。五乘之地，謂大夫有采地者得立三廟也。啓雄按：楊注采地下疑奪「五成」二字。又按：大戴禮記補注：「王制：『大夫三廟，一昭一穆，與太祖之廟而三。』」有三乘之地者事二世，持手而食者不得立宗廟，劉師培曰：持、恃古通用。老子：「爲而不恃」或作「持」，是其例。所以別積厚者流澤廣，今本厚下衍「積厚」二字。據大戴記史記校刪。積薄者流澤狹也。楊曰：積、與「績」同；功業也。啓雄按：澤、卽孟子離婁：「君子之澤」之「澤」。

大饗，楊曰：大饗、祫祭先王也。尚玄尊，楊曰：玄酒、水也。啓雄按：楊注酒字疑當作「尊」。俎生魚，先大羹，楊曰：大羹、肉汁無鹽梅之味者也。啓雄按：禮記樂記注：「大饗，祫祭先王，以腥魚爲俎實，不臑熟之。大羹，肉湆不調以鹽菜。」貴食飲之本也。楊曰：本、謂造飲食之初。饗、尚玄尊而用酒醴，先黍稷而飯稻粱。楊曰：饗、與「享」同，四時享廟也。用、謂酌獻也。以玄酒爲上而獻以酒醴。先陳黍稷而後飯以稻粱也。啓雄按：說文：「醴、酒一宿孰也。」祭、齊大羹而飽庶羞，楊曰：祭、月祭也。俞曰：齊讀爲「躋」，文二年左傳注：「躋、升也。」躋大羹、升大羹也。貴本而親用也。啓雄按：大戴禮記補注：「玄酒、黍稷、大羹，是貴本。酒、稻粱、庶羞、味美，故親用。」貴本之謂文，親用之謂理，兩者合而成文，以歸大一，夫是之謂大隆。楊曰：貴本、親用、兩者相合然後備成文理。大讀爲「太」，太一、謂太古時也。禮記：「夫禮必本於太一。」言雖備成文理，然猶不忘本而歸於太一，是謂大隆於禮。司馬貞曰：「隆、盛也，得禮文理歸於太一，是禮之盛也。」故尊之尚玄酒也，俎之尚生魚也，豆▲之先大羹也，今本豆作「俎」，據台州本校改。一也。楊曰：一、謂一於古也。此以象太古時，皆貴本之義，故云一也。利爵之不醮也，楊曰：醮、盡也。史記作「不啐。」俞曰：利者、謂佐食也。利爵不醮，蓋據大夫儐尸之禮。有司徹：「利洗爵，獻於尸，尸酢，獻祝，祝受祭酒，啐酒奠之。」是其事也。利既獻尸，尸卒爵，酢利，利又獻祝，祝受奠之不啐，示祭事畢也。啓雄按：史記集解引鄭玄曰：「啐、入口也。」有司徹云：「祝受祭酒，啐酒奠之。」而俞云祝受奠不啐，豈非與禮意相違乎？考廣雅釋詁：「啐、嘗也。」啐酒奠之，謂嘗其酒而奠之。嘗其酒，正謂小飲不盡，則楊訓醮爲「盡」，是也。史記作「啐」，鄭詁啐爲「入口」，皆非也。成事之俎不嘗也，王先謙曰：索隱：「成事、卒哭之祭，故記曰，卒哭曰成事，既是卒哭，始從吉祭，故受爵而不嘗俎。」三臭之不食也，楊曰：史記作「三侑之不食。」司馬貞曰：「禮祭必立侑以勸尸食，至三飯而止，每飯有侑一人，故曰三侑。既是勸尸，故不自食也。」一也。王先謙曰：孔廣森曰：三者皆禮之終。大昏之未發齊也，俞曰：齊、當讀爲「醮」。發、猶「致」也。昏禮、父親醮子而命之迎。未發醮者、未致醮也。太廟之未入尸也，始卒之未小斂也，一也。楊曰：此三者皆禮之初始，質而未備，故云一也。大路之素未集也，豬飼彥博曰：未、當作「末」，即上文「絲末」之「末」，與「幦」同，集字衍。郊之麻絻也，楊曰：疏絻、緝疏爲冕。喪服之先散麻也，一也。王先謙曰：大戴禮散麻作「散帶」。孔廣森曰：「帶、要絰也，喪禮小斂，主人始絰散垂之，既成服乃絞。」三年之喪，哭之不反也，今本反作「文」，據大戴記史記校改。楊曰：禮記：「斬衰之哭，若往而不反。」淸廟之歌，一唱而三歎也，楊曰：淸廟之歌，謂工以樂歌淸廟之篇也，一人倡三人歎，言和之者寡也。啓雄按：淸廟、周頌篇名。縣一鍾，楊曰：縣一鍾，比於編鍾爲簡略也。尚拊膈，今本拊下衍「之」字，據大戴記史記校刪。郝曰：拊、膈、皆樂器名。啓雄按：大戴記作「拊博」。禮記明堂位注：「拊博、以韋爲之，充之以糠，形如小鼓。」朱絃而通越也，楊曰：鄭玄曰：「朱絃、練朱絃也，練則聲濁。越、瑟底孔也，所以發越其聲，故謂之越。疏通之，使聲遲也。」一也。

凡禮，始乎梲，啓雄按：梲、史記作「脫」，索隱：「脫、猶疎略也。」成乎文，終乎悅校。郝曰：校、當作「恔」，恔者、快也。孫曰：悅校、當讀爲「娧姣」，說文：「娧、好也。」姣說解同。故至備，情文俱盡；楊曰：情文俱盡，乃爲禮之至備。情、謂禮意，喪主哀祭主敬之類。文、謂禮物威儀也。其次，情文代勝；楊曰：不能至備，或文勝於情，情勝於文，是亦禮之次也。其下復情以歸大一也。楊曰：雖無文飾，但復情以歸質素是亦禮也。啓雄按：大戴禮記解詁：「復、反也。復情以歸太一，謂反本修古不忘其初者也。」天地以合，日月以明，四時以序，星辰以行，江河以流，萬物以昌；好惡以節，喜怒以當；以爲下則順，以爲上則明，萬變不亂，今本變上衍「物」，下衍「而」字，據大戴記校刪。貳之則喪也。啓雄按：左襄廿四傳：「貳、離也。」易坤馬注：「喪、失也。」「天地以合」以下六句是「天行」，是自然法則；「好惡以節」以下四句是「人道」，是社會法則。禮豈不至矣哉！立隆以爲極，而天下莫之能損益也。啓雄按：說文：「隆、豐大也。」小爾雅廣詁：「隆、高也。」說文：「極、棟也。」此言：立禮爲事物、行爲的最高大的準則，有了正確的標準之後，人們不能隨便地加減它。本末相順，俞曰：順讀爲巡，禮記祭義「終始相巡，」順巡並從川聲，故得叚用。終始相應，至文以有別，至察以有說，王曰：以、猶「而」也。天下從之者治，不從者亂，從之者安，不從者危，從之者存，不從者亡。小人不能測也。

禮之理誠深矣，「堅白」「同異」之察入焉而溺；其理誠大矣，擅作典制辟陋之說入焉而喪；其理誠高矣，暴慢恣睢輕俗以爲高之屬入焉而隊。楊曰：隊古墜字，墮也。以其深，故能使堅白者溺；以其大，故能使擅作者喪；以其高，故能使暴慢者墜。司馬貞曰：「恣睢、毀訾也。」啓雄按：增注無「以爲高」三字。故繩墨誠陳矣，則不可欺以曲直；衡誠縣矣，則不可欺以輕重，規矩誠設矣，則不可欺以方圓；君子審於禮，則不可欺以詐僞。故繩者，直之至；衡者，平之至；規矩者，方圓之至；禮者，人道之極也。然而不法禮，不足禮，謂之無方之民；法禮，足禮，謂之有方之士。楊曰：方、猶「道」也。王曰：足禮、謂重禮也。禮之中焉能思索，謂之能慮；禮之中焉能勿易，謂之能固。楊曰：勿易、不變也。若不在禮之中，雖能思索勿易，猶無益。能慮，能固，加好之者焉，今本好下奪「之」字，據王先謙據史記校補。斯聖人矣。故天者，高之極也；地者，下之極也；無窮者，廣之極也；聖人者，道之極也。故學者，固學爲聖人也，非特學爲無方之民也。

禮者，以財物爲用，楊曰：以貢獻問遺之類爲行禮之用也。以貴賤爲文，楊曰：以車服旗章爲貴賤文飾也。以多少爲異，楊曰：多少異制所以別上下也。以隆殺爲要。楊曰：隆、豐厚。殺、減降也。要、當也。禮或厚、或薄，唯其所當爲貴也。啓雄按：隆字解詳勸學篇中，殺字解詳修身篇末。文理繁，情用省，是禮之隆也。文理省，情用繁，是禮之殺也。文理情用相爲內外表裏，竝行而雜，王曰：雜、讀爲「集」。爾雅：「集、會也。」是禮之中流也。王先謙曰：中流、猶「中道」也。故君子上致其隆，下盡其殺，而中處其中。步驟馳騁厲鶩不外是矣，楊曰：厲鶩、疾鶩也。是君子之壇宇宮廷也。啓雄按：壇宇宮廷、解見本書儒效篇末。人有是，士君子也，王曰：是、謂禮也。有、讀爲「域」。孟子公孫丑注：「域、居也。」人域是、人居是也。商頌玄鳥：「奄有九有。」韓詩作「九域」……是「域」「有」古通用。外是，民也；於是其中焉，方皇周挾，楊曰：挾、讀爲「浹」，帀也。曲得其次序，是聖人也。啓雄按：方皇周浹、解詳君道篇首。曲字解詳正名篇首。故厚者，禮之積也；大者，禮之廣也；高者，禮之隆也；明者，禮之盡也。詩曰：「禮儀卒度，笑語卒獲。」楊曰：引此明有禮，動皆合宜也。啓雄按：小雅楚茨文。禮坊記注：「卒、盡也。獲、得也。」此之謂也。

禮者，謹於治生死者也。生，人之始也；死，人之終也；終始俱善，人道畢矣。故君子敬始而慎終；終始如一，是君子之道，禮義之文也。夫厚其生而薄其死，是敬其有知而慢其無知也，是姦人之道而倍叛之心也。君子以倍叛之心接臧穀，啓雄按：方言：「海岱之間罵奴曰臧。」莊子駢拇：「臧與穀二人」，崔注：「孺子曰穀。」猶且羞之，而況以事其所隆親乎！王引之曰：隆、尊也。所隆、謂君也。所親、謂父母也。故死之爲道也，一而不可得再復也，臣之所以致重其君，子之所以致重其親，於是盡矣。故事生不忠厚，不敬文，謂之野；送死不忠厚，不敬文，謂之瘠。楊曰：瘠薄。君子賤野而羞瘠；故天子棺椁十重，王引之曰：十疑當作「七」。啓雄按：王說是，莊子天下：「天子棺槨七重，諸侯五重，大夫三重，士再重。」是王說之證。又：古文十和七形近，易混。諸侯五重，大夫三重，士再重，然後皆有衣衾多少厚薄之數，皆有翣蔞文章之等，楊曰：翣蔞、當爲「蔞翣」，鄭康成云：「蔞翣、棺之牆飾。」翣、以木爲筐，衣以白布，畫爲雲氣，如今之攝也。以敬飾之，使生死終始若一；一足以爲人願，啓雄按：方言：「願、欲思也。」

是先王之道，忠臣孝子之極也。天子之喪動四海，屬諸侯。諸侯之喪動通國，屬大夫。大夫之喪動一國，屬脩士。脩士之喪動一鄉，屬朋友。楊曰：通國、謂通好之國也。一國、謂同在朝之人也。王曰：屬、合也。庶人之喪，合族黨，動州里。刑餘罪人之喪，不得合族黨，獨屬妻子，棺槨三寸，衣衾三領，不得飾棺，不得晝行，以昏殣，啓雄按：說文：「殣、道中死人，人所覆也。」凡緣而往埋之，楊曰：凡、常也。緣、因也。言其妻子如常日所服而埋之，不更加絰杖也。啓雄按：楊解不算好，待攷。反無哭泣之節，無衰麻之服，無親疏月數之等，各反其平，各復其始，已葬埋，若無喪者而止，夫是之謂至辱。

禮者，謹於吉凶不相厭者也。紸纊聽息之時，楊曰：紸、讀爲「注」。注纊、即「屬纊」。啓雄按：禮記喪大記：「屬纊以俟絕氣。」注：「纊、今之新緜，易動搖，置口鼻之上以爲候。」聽息、聽病者的氣息。則夫忠臣孝子亦知其閔已，俞曰：爾雅釋詁：「閔、病也。」然而殯斂之具，未有求也；垂涕恐懼，然而幸生之心未已，持生之事未輟也；啓雄按：持、養也。說詳集解議兵頁十六。卒矣，然後作具之。故雖備家必踰日然後能殯，啓雄按：備家、猶富家。說文：「富、備也。」是備亦可解作富的旁證。三日而成服。然後告遠者出矣，備物者作矣。故殯久不過七十日，速不損五十日。是何也？曰：遠者可以至矣，百求可以得矣，百事可以成矣；其忠至矣，其節大矣，其文備矣。然後月朝卜日，月夕卜宅，楊曰：月朝、月初也。月夕、月末也。王引之曰：當作：「月朝卜宅，月夕卜日。」斷無先卜日後卜宅之理。劉師培曰：「月朝」之「月」當作日。啓雄按：劉說近是。日朝卜日者、謂晝卜葬期。月夕卜宅者、謂夜卜葬地。然後葬也。當是時也，其義止，誰得行之！其義行，誰得止之！故三月之葬，其顡以生設飾死者也，陶曰：顡、猶「意」也。殆非直留死者以安生也；是致隆思慕之義也。

喪禮之凡：楊樹達曰：說文：「凡、冣括也。」春秋繁露深察名號：「凡者、獨舉其大事也。」變而飾，楊曰：謂殯斂每加飾。啓雄按：穀梁昭十五年傳注：「變、謂死喪。」動而遠，楊曰：禮記：「子游云：飯於牖下，小斂於戶內，大斂於阼，殯於客位，祖於庭，葬於墓，所以即遠也。」久而平。楊曰：久則哀殺如平常也。故死之爲道也，不飾則惡，惡則不哀；尒則翫，楊曰：尒、與「邇」同。翫、戲狎也。翫則厭，厭則忘，忘則不敬。久保愛曰：忘當作「怠」。一朝而喪其嚴親，而所以送葬之者不哀不敬，則嫌於禽獸矣；啓雄按：呂覽貴直注：「嫌猶近也。」君子恥之。故變而飾，所以滅惡也；動而遠，所以遂敬也；楊曰：遂、成也。久而平，所以優生也。

禮者，斷長續短，損有餘，益不足，達愛敬之文，而滋成行義之美者也。楊曰：皆謂使賢不肖得中也。賢者則達愛敬之文而已，不至於滅性。不肖者用此成行義之美，不至於禽獸也。故文飾麤惡，聲樂哭泣，恬愉憂戚，是反也；然而禮兼而用之，時舉而代御。楊曰：御、進用也。王曰：時者、更也。故文飾聲樂恬愉，所以持平奉吉也；麤惡哭泣憂戚，今本惡作「衰」，據王據上文校改，下同。所以持險奉凶也。故其立文飾也，不至於窕冶；楊曰：窕、讀爲「姚」。姚冶、妖美也。其立麤惡也，不至於瘠弃；其立聲樂恬愉也，不至於流淫惰慢；其立哭泣哀戚也，不至於隘懾傷生；楊曰：隘、窮也。懾、猶「戚」也。是禮之中流也。

故情貌之變，足以別吉凶，明貴賤親疏之節，期止矣；楊曰：期、當爲「斯」。外是，姦也；雖難，君子賤之。故量食而食之，量要而帶之。啓雄按：要、今俗作「腰」。相高以毀瘠，是姦人之道也，非禮義之文也，非孝子之情也，將以有爲者也。楊曰：非禮義之節文，孝子之眞情，將有作爲以邀名求利若演門也。啓雄按：演門、宋城門名，見莊子外物。故說豫娩澤，憂戚萃惡，是吉凶憂愉之情發於顏色者也。楊曰：說、讀爲「悅」。豫、樂也。娩、媚也，音晚。澤、顏色潤澤也。萃、與「顇」同。惡、顏色惡也。歌謠謸笑，哭泣諦號，是吉凶憂愉之情發於聲音者也。楊曰：謸、與「傲」同，戲謔也。諦、讀爲「啼」，古字通用。芻豢稻粱酒醴餰鬻，魚肉菽藿酒漿，王曰：酒漿、當爲「水漿」，芻豢、稻粱、酒醴、魚肉，吉事之飲食也。餰鬻、菽藿、水漿，凶事之飲食也。俞曰：「魚肉」二字當在「餰鬻」二字之上。啓雄按：說文：「餰、鬻也。」是吉凶憂愉之情發於食飲者也。

卑絻黼黻文織，資麤衰絰菲繐菅屨，楊曰：卑絻、與「裨冕」同；衣裨衣而服冕也。資、與「齋」同，即齊衰也。麤、麤布也。繐、繐衰也。鄭玄曰：「繐衰、小功之縷，四升半之衰也。凡布細而疏者謂之繐。菅、茅也。」啓雄按：小爾雅廣言：「菲、薄也。」說文：「繐、細疏布也。」繐布薄，故曰菲繐。楊所引鄭說見禮記檀弓注。儀禮喪服注：「布八十縷爲升。」又按：菅屨、即「艸履」。是吉凶憂愉之情發於衣服者也。疏房檖貇越席牀第几筵，屬茨倚廬席薪枕塊，楊曰：茨、蓋屋草也。屬茨、令茨相連屬而已，至疏漏也。倚廬、鄭云：「倚木爲廬，謂一邊著地，如倚物者，既葬柱楣塗廬也。」啓雄按：禮記喪大記：「父母之喪，居倚廬，不塗，寢苫，枕凷。」是吉凶憂愉之情發於居處者也。兩情者，人生固有端焉。楊曰：兩情、謂「吉」與「凶」，「憂」與「愉」。言此兩情固自有端緒，非出於禮也。久保愛曰：生、讀爲「性」。若夫斷之繼之，博之淺之，益之損之，類之盡之，盛之美之，使本末終始莫不順比純備，今本比下奪「純備」二字。據台州本校補。足以爲萬世則，則是禮也。楊曰：人雖自有憂愉之情，必須禮以節制進退然後終始合宜。類之、謂觸類而長。非順孰脩爲之君子，莫之能知也。啓雄按：順孰修爲、解詳本書榮辱仲尼兩篇篇末。

故曰：性者，本始材朴也；僞者，文理隆盛也。無性則僞之無所加；無僞則性不能自美；性僞合，然後成聖人之名，一天下之功於是就也。今本聖上奪「成」字，據久保愛據宋本韓本校補。故曰：天地合而萬物生，陰陽接而變化起，性僞合而天下治。天能生物，不能辨物也；啓雄按：辨辯古通用；說文：「辯、治也。」地能載人，不能治人也；宇中萬物，生人之屬，待聖人然後分也。詩曰：「懷柔百神，及河喬嶽。」楊曰：周頌時邁之篇。引此喻聖人能幷治之。此之謂也。

喪禮者，以生者飾死者也，大象其生以送其死也。故如死如生，如亡如存，俞曰：此句當作「事死如生，事亡如存。」上兩「如」字誤也。篇末云：「哀夫敬夫，事死如事生，事亡如事存。」可知此文之譌，當據以訂正。終始一也。始卒，沐浴鬠體飯唅，啓雄按：鬠、說文作「髺」，云：「絜髮也。」體、未詳。象生執也。楊曰：謂象生時所執持之事。不沐則濡櫛三律而止，不浴則濡巾三式而止。楊曰：律、理髮也。式、與「拭」同。充耳而設瑱，楊曰：士喪禮：「瑱用白纊。」鄭云：「瑱、充耳。纊、新緜也。」飯以生稻，唅以槁骨，楊曰：槁骨、貝也。劉師培曰：骨、即「貝」之訛。槁、當作「皜」，皜者、白色也。反生術矣。設褻衣、襲三稱，縉紳而無鉤帶矣。今本設作「說」，據台州本校改。楊曰：縉、與「搢」同，扱也。紳、大帶也。搢紳謂扱於帶，鉤之所用弛張也。今不復解脫，故不設鉤也。褻衣、親身之衣也。士喪禮：飯唅後，「乃襲三稱，明衣不在算，設韐帶、搢笏。」禮記：「季康子之母死，陳褻衣。」鄭玄云：「褻衣非上服，陳之將以斂也。」設掩面儇目，鬠而不冠笄矣。楊曰：士喪禮：「掩用練帛，廣終幅，長五尺。」僾與「還」同，繞也。士喪禮：「幎目用緇，方尺二寸，䞓裏，著組繫。」幎、讀如「縈」，縈與還義同，鬠而不笄，謂但鬠髮而已，不加冠及笄也。士喪禮：「笄用桑。」又云：「鬠用組乃笄。」此云不笄，或後世略也。啓雄按：僾、借爲「幎」，僾目、卽儀禮之「幎目」也。士喪禮注云：「幎目、覆面者也。」幎、讀若詩「葛藟縈之」之「縈」。是幎與「縈」通用。詩杕杜「獨行睘睘。」文選思玄賦注引睘作「焭」。閔予小子「嬛嬛在疚。」說文引嬛作「焭」。韓子五蠹：「自環者謂之私。」說文環作「營」。則縈僾亦可通用。此幎縈僾三字相通之證。楊訓僾爲「繞」，非。書其名，置於其重，則名不見而柩獨明矣。楊曰：書其名於旌也。重以木爲之，長三尺。書其名置於重，則名已無，但知其柩也。啓雄按：明、疑亦當作「名」，禮記檀弓：「子夏失其子而喪其明。」冀州從事郭君碑作「失子喪名。」卽明名通用之證。柩獨名者、謂其名僅見於柩前，不見于他處。薦器則冠有鍪而毋縰，楊曰：鍪、冠捲如兜鍪也。縰、韜髮者也。鍪之言蒙也，冒也，所以冒首。啓雄按：鍪、借爲月，月卽今「帽」字，頭衣也。甕廡虛而不實，楊曰：士喪禮，罋三，醯醢屑。廡二，醴酒，皆有冪。蓋喪禮陳鬼器人器，鬼器虛，人器實也。啓雄按：楊所引見儀禮既夕禮，下同。廡作「甒」。鄭注：「屑薑桂之屑也。」甒亦瓦器，古文甒皆作「廡」。方言五：「甒、罌也」。廣雅釋器：「甂、瓶也。」有簟席而無牀笫，木器不成斵，陶器不成物，薄器不成用。今本用作「內」，據楊據或本改。楊曰：薄器、竹葦之器。笙竽具而不和，琴瑟張而不均。啓雄按：詩皇皇者華傳：「均、調也。」輿藏而馬反，告不用也， 楊曰：輿、謂輤軸也，國君謂之輴。藏、謂埋之也。馬、謂駕輤軸之馬。告、示也。啓雄按：儀禮士喪禮注：「輁如牀軸其輪輓而行。」具生器以適墓， 楊曰：生器、用器也；弓矢盤盂之屬。象徙道也。郝曰：象徙道者、謂如將遂居然耳。略而不盡，貌而不功， 楊曰：貌、形也。言但有形貌，不加功精好也。趨輿而藏之， 楊曰：謂以輿趨於墓而藏之。金革轡靷而不入， 楊曰：金、謂和鸞。革、車軼也。說文：「靷所以引軸者也。」王曰：金革即「鞗革」也。說文鞗作「鋚」，云：「轡首銅也。從金攸聲。」爾雅：「轡首謂之革。」楊樹達曰：「此以製物之質表物。例：孟子：「許子以釜甑爨以鐵耕乎？」鐵謂犂。又：「抽矢扣輪，去其金發乘矢而後反。」金謂鏃。又：「木若以美然。」左傳：「我二十五年矣，又如是而嫁，則就木焉。」二木字皆謂棺槨。莊子：「爲外刑者，金與木也。」郭曰：「木謂椏楚桎梏。」中庸：「衽金革，死而不厭。」金謂兵，革謂甲。呂覽：「故功績銘乎金石。」高注：「金、鐘鼎也。」啓雄按：楊注軼字，宋本作軑，今本作軼，盧改作輗，茲據王說改作軼。說文：「軼、頸軛也。」明不用也。象徙道，又明不用也。——是皆所以重哀也。故生器文而不功，明器貌而不用。 楊曰：明器、鬼器。凡禮，事生，飾歡也；送死，飾哀也；祭祀，飾敬也；師旅，飾威也；是百王之所同，古今之所一也，未有知其所由來者也。故壙壠其貌象室屋也； 楊曰：壙、墓中。壠、冢也。貌猶「意」也，言其意以象生時也。棺椁其貌象版蓋斯象拂也； 楊曰：象、衍字。蓋、車蓋也。拂、即「茀」也。爾雅釋器：「輿革前謂之輥，後謂之茀。」俞曰：版者車輜也。廣雅釋器：「輜謂之軓，版與軓通。」斯、疑「斬」字之誤，斬借爲「輥」，卽輿革前謂之輥也。此以版、蓋、斬、拂、並言。版卽「軓」也，在車旁。蓋者、車蓋，在車上。斬在前，拂在後。

無帾絲歶縷翣其貊以象菲帷幬尉也；楊曰：無、讀爲「幠」。帾、與「褚」同。禮記：「素錦褚。」又：「褚幕丹質。」鄭云：「所以覆棺也。」絲歶未詳。蕃亦喪車之飾也。或曰：絲、讀爲「綏」。禮記：「畫翣二，皆戴綏。」鄭云：「以五采羽注於翣首也。」歶讀爲「魚」，謂以銅魚縣於池下。禮記：「魚躍拂池。」縷、讀爲「柳」，蔞字誤爲「縷」字耳。菲、謂編草爲蔽蓋，古人所用障蔽門戶者，今貧者猶然，或曰：菲、當爲「厞」，隱也，謂隱奧之處也。或曰：菲、讀爲「扉」，戶扇也。幬、讀爲「帳」。尉讀爲「罻」，罻、網也。帷帳如網也。王曰：幠、帾、皆所以飾棺，幠在上，象幕；帾在下，象幄。啓雄按：縷翣、卽「蔞翣」，解見上文。楊解絲歶、菲尉、都不很好，待攷。

抗折其貊以象槾茨番閼也。楊曰：士喪禮：「陳明器於乘車之西，折橫覆之。」鄭云：「折如牀，縮者三，橫者五，無簀，窆事畢，加之壙上，以承抗席。」抗、禦也，所以禦止土者。槾、扜也。茨、蓋屋也。槾茨、猶墍茨也。槾、莫干反。番、讀爲「藩」。藩、籬也。閼、謂門戶壅閼風塵也。抗、所以禦土；折、所以承抗；皆不使外物侵內，有象於槾茨藩閼也。

故喪禮者，無它焉，明死生之義，送以哀敬而終周藏也。故葬埋，敬藏其形也；祭祀，敬事其神也；其銘誄繫世，敬傳其名也。事生，飾始也；送死，飾終也；終始具而孝子之事畢，聖人之道備矣。

刻死而附生謂之墨；刻生而附死謂之惑；楊曰：刻、損減。附、增益也。啓雄按：此墨字是名形詞，廣雅：「墨、黑也，」釋名：「墨、晦也。」刻死而附生、是黑暗行爲，左昭十四傳「貪以敗官爲墨」，也是黑暗行爲，所以都謂之「墨」；解蔽「墨以爲明」；是「黑暗」「光明」對舉之證。殺生而送死謂之賊。大象其生以送其死，使死生終始莫不稱宜而好善，豬飼彥博曰：好、疑當作「盡」。是禮義之法式也，儒者是矣。

三年之喪，何也？曰：稱情而立文，楊曰：鄭康成云：「稱人之情輕重而制其禮也。」因以飾羣，別親疏貴賤之節，而不可益損也。故曰：無適不易之術也。楊引或曰：適、讀爲「敵」。啓雄按：禮記訓纂三十八：「吳幼清曰：情謂哀情，文謂禮文，言喪之五服各稱哀情之輕重而立隆殺之禮文。其親而服重或賤而無降者，不可損之而減輕。其疏而服輕或貴而有絕有降者，不可益之而加重也。乃一定無可改易之道也。」創巨者其日久，痛甚者其愈遲；三年之喪，稱情而立文，所以爲至痛極也。楊曰：創、傷也。日久、愈遲、互言之也。皆言久乃能平，故重喪必待三年乃除，亦爲至痛之極，不可朞月而已。齊衰，苴杖，居廬，食粥，席薪，枕塊，所以爲至痛飾也。楊曰：鄭云：「飾、情之章表也。」三年之喪，二十五月而畢，哀痛未盡，思慕未忘，然而禮以是斷之者，豈不以送死有已，復生有節也哉！楊曰：鄭云：「復生、除喪反生者之事也。」凡生乎天地之間者，有血氣之屬必有知，有知之屬莫不愛其類。今夫大鳥獸則失亡其羣匹，王先謙曰：則、猶「若」也。越月踰時，則必反鉛；楊曰：鉛、與「沿」同，循也。過故鄉，則必徘徊焉，鳴號焉，躑躅焉，楊曰：躑躅、以足擊地也。踟蹰焉，然後能去之也。啓雄按：踟蹰、說文作「峙䠧」，云：「峙䠧不前也。」小者是燕爵猶有啁噍之頃焉，楊曰：燕爵與「鷰雀」同。然後能去之。啓雄按：啁噍、小鳥鳴也。故有血氣之屬莫知於人；故人之於其親也，至死無窮。將由夫愚陋淫邪之人與？則彼朝死而夕忘之；然而縱之，啓雄按：述聞十六：「言若縱其朝死夕忘之心，則是鳥獸之不若也。下文：『然而遂之，則是無窮也。』彼言遂君子之心，此言縱小人之心。『縱』與『遂』義相近。」則是曾鳥獸之不若也，彼安能相與羣居而無亂乎！將由夫脩飾之君子與？則三年之喪，二十五月而畢，若駟之過隙，然而遂之，則是無窮也。故先王聖人安爲之立中制節，一使足以成文理，則舍之矣。楊曰：鄭云：「立中制節，謂服之年月也。」舍、除也。王肅云：「一、皆也。」

然則何以分之？陶曰：分爲親疏之別也。曰：至親以期斷。楊曰：斷、決也。鄭云：「言服之正，雖至親皆期而除也。」是何也？曰：天地則已易矣，四時則已徧矣，其在宇中者莫不更始矣，故先王案以此象之也。然則三年何也？曰：加隆焉，案使倍之，故再期也。由九月以下，何也？曰：案使不及也。故三年以爲隆，緦小功以爲殺，期九月以爲閒。楊曰：

閒、廁其間也。上取象於天，下取象於地，中取則於人，人所以羣居和一之理盡矣。啓雄按：禮記三年問正義：「隆謂恩愛隆重，殺謂情理殺薄，間者是隆殺之間。天地之氣，三年一閏，是三年者取象於一閏。一期物終，是一期者取象於一周。九月者、以象陽之數，又象三時而物成也。五月以象五行。三月者取象天地一時而氣變，皆取法於天地，取則於人，子生三年，然後免於父母之懷，故服三年，人一歲情意變改，故服一期，九月五月三月之屬，亦逐人情而減殺，既法天地與人，三才並備，故能調和羣衆聚居，和諧專壹，義理盡備矣。」故三年之喪，人道之至文者也，夫是之謂至隆；是百王之所同，古今之所一也。

君之喪所以取三年，何也？曰：君者，治辨之主也，啓雄按：辨、治也。說見集解不苟頁九。文理之原也，情貌之盡也，相率而致隆之，不亦可乎！詩曰：「愷悌君子，民之父母。」啓雄按：大雅泂酌文。荀子詩說：「禮記表記：『詩云：凱弟君子，民之父母。凱以彊教之，弟以悅安之。使民有父之尊，有母之親。如此而后可以爲民父母矣。』與荀子義合。」彼君子者，俞曰：「子」字衍文。固有爲民父母之說焉。父能生之，不能養之；楊曰：養、或謂「食」。母能食之，不能教誨之；君者，已能食之矣，又善教誨之者也，三年畢矣哉！乳母，飲食之者也，而三月；慈母，衣被之者也，而九月；君，曲備之者也，三年畢乎哉！楊曰：曲備、謂兼飲食衣服。啓雄按：曲、周也。說見本書正名篇首。得之則治，失之則亂，文之至也。楊曰：文、謂法度也。得之則安，失之則危，情之至也。楊曰：情、謂忠厚也。兩至者俱積焉，以三年事之猶未足也，直無由進之耳！故社，祭社也；稷，祭稷也；郊者，并百王於上天而祭祀之也。楊曰：百王、百神也。或神字誤爲「王」。言社稷唯祭一神，至郊天則兼祭百神以喻君兼父母者也。劉師培曰：禮運：「禮行于郊，而百神受職焉。」百王、即「百神」。

三月之殯，何也？曰：大之也，重之也；所致隆也，所致親也，將舉錯之，遷徙之，離宮室而歸丘陵也，先王恐其不文也，是以繇其期，足之日也。王引之曰：繇、讀爲「遙」。遙其期、謂遠其葬期也。足之日、謂足其日數也。啓雄按：呂覽音初注：「之、其也。」故天子七月，諸侯五月，大夫三月，皆使其須足以容事，王引之曰：須者、遲也。謂遲其期使足以容事也。事足以容成，成足以容文，文足以容備，曲容備物之謂道矣。

祭者，志意思慕之情也。愅詭唈僾而不能無時至焉。楊曰：愅、變也。恑、異也。皆謂變異感動之貌。唈僾、氣不舒憤鬱之貌。故人之歡欣和合之時，則夫忠臣孝子亦愅詭而有所至矣。楊曰：歡欣之時，忠臣孝子則感動而思君親之不得同樂也。彼其所至者，甚大動也；楊曰：言所至之情甚大感動也。案屈然已，則其於志意之情者惆然不嗛，其於禮節者闕然不具。楊曰：屈、竭也。屈然、空然也。惆然、悵然也。嗛　足也。言若無祭祀之禮，空然而已，則忠臣孝子之情悵然不足，禮節又闕然不具。啓雄按：戰國策魏策注：「嗛、快也。」故先王案爲之立文，尊尊親親之義至矣。楊曰：文、謂祭祀節文。故曰：祭者，志意思慕之情也，忠信愛敬之至矣，禮節文貌之盛矣，苟非聖人，莫之能知也。聖人明知之，士君子安行之，官人以爲守，百姓以成俗。其在君子，以爲人道也；其在百姓，以爲鬼事也。故鐘鼓管磬，琴瑟竽笙，韶夏護武汋桓箾簡象，楊曰：因說祭，遂廣言喜樂哀痛敦惡之意，本皆因於感動而爲之文飾也。喜樂不可無文飾。故制爲鐘鼓韶夏之屬。箾、音朔。賈逵曰：「舞曲名。」武、汋、桓、皆周頌篇名。象周武王伐紂之樂也。王曰：簡字衍。啓雄按：禹樂名大夏，湯樂名大濩，護濩古字通。是君子之所以爲愅詭其所喜樂之文也。齊衰，苴杖，居廬，食粥，席薪，枕塊，是君子之所以爲愅詭其所哀痛之文也。師旅有制，刑法有等，莫不稱罪，是君子之所以爲愅詭其所敦惡之文也。啓雄按：敦借爲憝；周書注：「憝、惡也。」卜筮視日，齋戒脩涂，几筵饋薦告祝，如或饗之。楊曰：饋、獻牲體也。薦、進黍稷也。王曰：涂、讀爲「除」。周官典祀：「若以時祭祀，則帥其屬而脩除。」注：「脩除、芟埽之。」脩除二字專指廟中而言，作涂者借字耳。物取而皆祭之，如或嘗之。毋利舉爵，俞曰：毋利舉爵、蓋以主人爲重，猶言不使利代舉爵耳。啓雄按：利字解見上文。主人有尊，如或觴之。賓出，主人拜送，反易服，即位而哭，如或去之。楊曰：此複說喪祭也。易服、易祭服，反喪服也。賓出、祭事畢，即位而哭，如神之去然也。哀夫！

敬夫！事死如事生，事亡如事存，狀乎無形影，然而成文。楊曰：狀、類也。啓雄按：禮記大傳注：「然　如是也。」

第二十篇　樂論

夫樂者，樂也，人情之所必不免也。啓雄按：上樂字是「音樂」的「樂」，下樂字是「喜樂」的「樂」。故人不能無樂；樂則必發於聲音，形於動靜；而人之道，聲音動靜，性術之變盡是矣。啓雄按：人之道、謂人之所以爲人。這是說：人之所以爲人，外的聲音動靜，內的性術之變，都表現在這音樂上了！故人不能不樂，樂則不能無形，形而不爲道，啓雄按：道借爲「導」。則不能無亂。先王惡其亂也，故制雅頌之聲以道之，使其聲足以樂而不流，啓雄按：禮記樂記注：「流、猶淫放也。」王肅曰：「流、流遁不能自還。」使其文足以辨而不諰。啓雄按：樂記注：「文、篇辭也。」易繫辭上釋文引京注：「辨、明也。」謂通其辭達其意。諰、當作「偲」，廣雅釋言：「偲、佞也。」鹽鐵論刺議：「以邪導人謂之佞。」是佞有邪義，則偲亦有邪義了。此謂：使樂之文辭足以明瞭而不邪。使其曲直繁省廉肉節奏足以感動人之善心，啓雄按：樂記疏：「曲、謂聲音迴曲。直謂聲音放直。」述聞十五：「繁省、猶多少也。廉肉、猶肥瘠也。」使夫邪汙之氣無由得接焉；是先王立樂之方也，啓雄按：樂記注：「方、猶道也。」而墨子非之，奈何！

故樂在宗廟之中，君臣上下同聽之，則莫不和敬；閨門之內，父子兄弟同聽之，則莫不和親；鄉里族長之中，啓雄按：述聞十五：「族長、皆鄉黨之屬。大司徒之職：『五家爲比，五比爲閭，四閭爲族。』管子乘馬：『五家而伍，十家而連，五連而暴，五暴而長。』是百家爲族，二百五十家爲長也，故與鄉里並言。」長少同聽之，則莫不和順。故樂者，審一以定和者也，比物以飾節者也，啓雄按：孫希旦曰：「一者、謂中聲之所止也。左傳：『先王之樂，所以節百事也，故有五節遲速本末以相及，中聲以降，五降之後，不容彈矣。於是有煩手淫聲，慆堙心耳，乃忘平和。』蓋五聲下不踰宮，高不過羽，若下踰於宮，高過於羽，皆非所謂和也。故審中聲者所以定其和也。然五聲皆爲中聲，而宮聲乃中聲之始，其四聲者皆由此而生，而爲宮聲之用焉。則審中聲以定和者，亦審乎宮聲而已。此所以謂之一也。比、合也。審一以定和，而以之上下相生以爲五聲，而又比合於樂器以飾其節奏也。」（見禮記集解卷三十八。方苞郭嵩燾說與此略同。）合奏以成文者也；啓雄按：樂記作「節奏合以成文。」注：「以成文、五聲八音克諧相應和。」足以率一道，足以治萬變；啓雄按：這是說：樂理可應用於修身經世。是先王立樂之術也，而墨子非之，奈何！

故聽其雅頌之聲，而志意得廣焉；執其干戚，習其俯仰屈伸，而容貌得莊焉；啓雄按：樂記疏：「雅以施正道，頌以贊成功，若聽其聲，則淫邪不入，故志意得廣。干戚是威儀之容；俯仰、屈伸、進退、動止、必以禮，故容貌得莊。」行其綴兆，要其節奏，而行列得正焉，進退得齊焉。啓雄按：樂記注：「綴、表也，所以表行列也。……兆、域也。舞者進退所至也。要、猶會也。」故樂者，出所以征誅也，入所以揖讓也。征誅揖讓，其義一也。出所以征誅，則莫不聽從；入所以揖讓，則莫不從服。故樂者，天下之大齊也，中和之紀也，啓雄按：樂記注：「紀、總要之名。」述聞十五：「齊、同也。（楚辭九歌注：「齊、同也。」）天下之大齊，謂天下之大同也。紀、與齊皆是統同之義。」人情之所必不免也；啓雄按：謂人情之化於禮樂，必不能自已。是先王立樂之術也，而墨子非之，奈何！

且樂者，先王之所以飾喜也；軍旅鈇鉞者，先王之所以飾怒也。先王喜怒皆得其齊焉。啓雄按：禮記少儀注：「齊、和也。」樂記作「儕」，字古通用。是故喜而天下和之，怒而暴亂畏之。啓雄按：釋詞七：「而、猶則也。」先王之道，禮樂正其盛者也，而墨子非之！故曰：墨子之於道也，猶瞽之於白黑也，猶聾之於淸濁也，猶欲之楚而北求之也。

夫聲樂之入人也深，其化人也速，故先王謹爲之文；樂中平則民和而不流，樂肅莊則民齊而不亂。啓雄按：廣雅釋詁：「齊、敬也。」釋言：「齊、整也。」民和齊則兵勁城固，敵國不敢嬰也。啓雄按：嬰、觸也。說詳本書議兵篇首。如是，則百姓莫不安其處，樂其鄉，以至足其上矣。然後名聲於是白，光輝於是大；四海之民，莫不願得以爲師；啓雄按：師、長也，長亦君也。說詳集解儒效頁十五。是王者之始也。樂姚冶以險，鍾曰：姚冶、卽窕冶，窕、姚、皆佻之叚字。啓雄按：廣雅釋詁：「險、邪也。」則民流僈鄙賤矣。流僈則亂，鄙賤則爭。亂爭則兵弱城犯，陶曰：犯、爲「脃」之壞字，脃亦弱也。兵弱城脃、與上文「兵勁城固」正相反。敵國危之。如是，則百姓不安其處，不樂其鄉，不足其上矣。故禮樂廢而邪音起者，危削侮辱之本也。故先王貴禮樂而賤邪音。其在序官也，曰：「脩憲命，審詩商，今本詩商作『誅賞』，據王制校改。啓雄按：序官、似爲篇名。商、讀爲『章』。太師掌教六詩，故曰：『審詩章』。餘詳集解王制頁十三、十四。禁淫聲，以時順脩，使夷俗邪音不敢亂雅，太師之事也。」

墨子曰：「樂者，聖王之所非也，而儒者爲之，過也。」君子以爲不然：樂者，聖人之所樂也，而可以善民心，其感人深，其移風易俗，王先謙曰：此二語相儷，當是「其感人深，其移風俗易。」啓雄按：王校固然可通，可是我以爲俗下脫一「易」字。漢書禮樂志正作「其移風易俗易。」下文「移風易俗」，可證這「易俗」二字並非顚倒。故先王導之以禮樂而民和睦。

夫民有好惡之情而無喜怒之應，則亂。先王惡其亂也，故脩其行，正其樂，而天下順焉。故齊衰之服，哭泣之聲，使人之心悲；帶甲嬰軸，啓雄按：漢書陳湯傳集注：「嬰、猶帶也。」軸、同「冑」。歌於行伍，使人之心傷；久保愛曰：傷、疑當作「壯」。于曰：傷讀爲「壯」，易大壯釋文引馬融曰：「壯、傷也。」郭璞云：「今淮南人呼壯爲傷，」卽其證。姚冶之容，鄭衞之音，使人之心淫；紳端章甫，舞韶歌武，使人之心莊。故君子耳不聽淫聲，目不視女色，物茂卿曰：女、當作「姦」。口不出惡言，此三者，君子愼之。

凡姦聲感人而逆氣應之，逆氣成象而亂生焉。物茂卿曰：成象、謂形於歌舞。正聲感人而順氣應之，順氣成象而治生焉。唱和有應，善惡相象，王懋竑曰：聲感人，倡也；氣應之，和也。善倡則善和，惡倡則惡和，是倡和有應，善惡相象也。故君子愼其所去就也。

君子以鐘鼓道志，以琴瑟樂心，動以干戚，飾以羽旄；從以磬管；盧曰：元刻作簫管，與禮記同。故其淸明象天，其廣大象地，其俯仰周旋有似於四時。啓雄按：樂記注：「淸明、謂人聲。廣大、謂鐘鼓。周旋、謂舞者。」故樂行而志淸，禮脩而行成，啓雄按：行、謂德行，動名詞。耳目聰明，血氣和平，移風易俗，天下皆寧，美善相樂。故曰：樂者樂也：君子樂得其道，小人樂得其欲。以道制欲，則樂而不亂；以欲忘道，則惑而不樂。故樂者，所以道樂也。金石絲竹，所以道德也；樂行而民鄉方矣。啓雄按：鄉借爲向。樂記注：「方、猶道也。」故樂者，治人之盛者也；而墨子非之！

且樂也者，和之不可變者也；禮也者，理之不可易者也。樂合同，禮別異；禮樂之統，管乎人心矣。啓雄按：樂記注：「管、猶包也。」史記管作「貫」。窮本極變，樂之情也；著誠去僞，禮之經也。墨子非之，幾遇刑也。明王已沒，莫之正也。愚者學之，危其身也。君子明樂，乃其德也。亂世惡善，不此聽也。於乎哀哉！不得成也。弟子勉學，無所營也。

聲樂之象：鼓大麗，劉師培曰：麗、當作「雚」，麗篆文作麗，雚篆文作雚，因字形相近而訛。禮記樂記：「鼓鼙之聲讙。」注：「讙、或作歡。」又說文訓讙爲譁，則「鼓大雚」者、猶言鼓聲大而喧也。高曰：麗、讀爲「離」。廣雅釋詁：「離、遠也。」鼓大麗、言鼓音大而遠也。鐘統實，劉師培曰：統、當作「充」，廣雅：「充、滿也。」穀梁莊二十五年傳注：「充、實也。」則充實義同。此言鐘聲博而厚也。豬飼彥博曰：統、當作「充」。淮南子：「鐘音充。」磬廉制，王先謙曰：廣雅釋詁：「廉、稜也。」磬有隅稜曰廉。禮記樂記疏：「制、謂裁斷也。」磬以明貴賤親疏長幼之節，是有制也。詳白虎通禮樂篇。下文「莫不廉制，」亦謂舞之容節，莫不廉稜而有裁斷也。竽笙簫和，王引之曰：簫、當爲「肅」。筦籥發猛，塤篪翁博，劉師培曰：翁、與「泱」同。（說文：「泱、翁也。」釋名：「盎、滃也。」周禮酒正注：「盎、猶翁也。」均其證。）左傳襄二十九年：「泱泱乎大風也哉！」服注：「泱泱、舒緩深遠，有大和之義。」此文之「翁博」，翁、即泱泱，博、即大也。呂覽古樂：「其音英英。」英英、即「泱泱」之異文。瑟易良，王先謙曰：非十二子注：「良、謂樂易也。」是易良同義。琴婦好，俞曰：賦篇注：「女好、柔婉也。」婦好、與「女好」同，亦柔婉之意。歌清盡，王先謙曰：盡者、反覆以盡之。舞意天道兼，啓雄按：舞意天道兼、猶言舞意兼天道。廣雅釋詁：「兼、同也。」謂舞意合於天道，有尊卑大小的差別，有俯仰屈伸進退遲速的廉制。鼓其樂之君邪！故鼓似天，鐘似地，磬似水，竽笙簫筦籥似星辰日月，今本筦上衍「和」字，據增注刪。久保愛曰：簫字衍。鞉柷拊鞷椌楬似萬物，曷以知舞之意？曰：目不自見，耳不自聞也，然而治俯仰詘信進退遲速莫不廉制，盡筋骨之力以要鐘鼓俯會之節，而靡有悖逆者，衆積意謘謘乎！鍾曰：積者習也。謘謘猶諄諄。諄諄、厚也。衆積意謘謘、言衆習此而意諄厚也。上文云：「舞意天道兼。」此云：「衆積意謘謘，」文正相應。

吾觀於鄉而知王道之易易也：啓雄按：禮記鄉飲酒義注：「鄉、鄉飲酒也。易易、謂教化之本，尊賢尚齒而已。」主人親速賓及介，而衆賓皆從之，至於門外；啓雄按：禮記少儀注：「介、賓之輔也。」主人拜賓及介，而衆賓皆入；貴賤之義別矣。啓雄按：鄉飲酒義注：「速、謂即家召之。別、猶明也。」正義：「主人親自速賓并往速介，而衆賓不須往速，自從賓介而來。賓介至門，主人拜賓及介，而衆賓不須拜自入門。是貴賤之義別矣。」三揖至於階，三讓以賓升，拜至，啓雄按：鄉飲酒義注：「拜至、拜賓至。」獻酬，辭讓之節繁，及介省矣。至於衆賓，升受，坐祭，立飲，不酢而降，隆殺之義辨矣。啓雄按：鄉飲酒義注：「繁、猶盛也。小減曰省。辨、猶別也。尊者禮隆，卑者禮殺，尊卑別也。」隆字解詳勸學篇中。殺字解詳修身篇末。工入，啓雄按：鄉飲酒義注：「工、謂樂正也。」升歌三終，主人獻之；笙入三終，主人獻之；間歌三終，合樂三終，工告樂備，遂出。二人揚觶，啓雄按：儀禮鄉飲酒禮：「使二人舉觶於賓介。」注：「二人、亦主人之吏。」乃立司正，啓雄按：鄉飲酒禮：「作相爲司正。」注：「作、使也。」疏：「一相迎於門外，今將燕，使爲司正監察賓主之事，故使相爲司正也。」焉知其能和樂而不流也。啓雄按：焉字下屬爲句。焉、語辭，猶於是也。下同。說詳劉台拱經傳小記。賓酬主人，主人酬介，介酬衆賓，少長以齒，終於沃洗者，啓雄按：鄉飲酒禮：「沃洗者、主人之羣吏。」焉知其能弟長而無遺也。啓雄按：鄉飲酒義正義：「言旅酬之時，賓主人之黨各以少長爲齒以次相旅，至旅執掌盥洗之人以水沃盥沃爵者，皆預酬酒之限。是無算爵之節，因旅酬遂連言，欲見無不周徧。」降，說屨升坐，啓雄按：說借爲挩；古書多以脫爲之。台州本說作「脫」。脩爵無數。飲酒之節，朝不廢朝，莫不廢夕。啓雄按：鄉飲酒義注：「朝夕、朝莫聽事也。不廢之者，旣朝乃飲，先夕則罷。」賓出，主人拜送，節文終遂，啓雄按：禮論注：「遂、成也。」焉知其能安燕而不亂也。貴賤明，隆殺辨，和樂而不流，弟長而無遺，安燕而不亂，——此五行者，足以正身安國矣。今本足上衍「是」字，據盧據元本校刪。彼國安而天下安。故曰：吾觀於鄉而知王道之易易也。

亂世之徵，——其服組，孫曰：組、謂華麗也，即「䵄」之叚字。說文：「䵄、合五采鮮色。」詩曰：「衣裳䵄䵄。」晏子春秋諫下：「聖人之服，中侻而不駔。」又：「今君之服駔華，不可以導衆。」「組」「駔」字亦通。其容婦，啓雄按：其容婦、謂其容飾擬於婦人。非相：「今世俗之亂民，鄉曲之儇子，莫不美麗姚冶，奇衣婦飾，血氣態度，擬於女子。」是此文之的解。其俗淫，其志利，其行雜，其聲樂險，王先謙曰：廣雅釋詁：「險、邪也。」其文章匿而采，啓雄按：匿、讀爲「慝」，邪也。言文章邪慝而多采飾。見集解天論頁二十。其養生無度，其送死瘠墨，郝曰：禮論：「送死不忠厚，不敬文，謂之瘠。刻死而附生，謂之墨。」賤禮義而貴勇力，貧則爲盜，富則爲賊，治世反是也。

第二十一篇　解蔽

凡人之患，蔽於一曲，而闇於大理。伯兄曰：莊子天下：「耳目鼻口，皆有所明，不能相通，猶百家衆技，皆有所長，時有所用。雖然，不該不徧，一曲之士也。」曲者、一部分之意。中庸：「其次致曲。」義亦同。此語蓋謂：不見全體而但見一偏之謂；略如佛家「盲人摸象」之喻。啓雄按：釋名釋言語：「曲、局也。」禮記曲禮注：「局、部分也。」本篇下文「曲知之人，觀於道之一隅而未之能識也。」即「一曲」的確解。淮南俶眞：「奚仲不能爲逢蒙，造父不能爲伯樂者，是曰諭於一曲而不通于萬方之際也。」即「一曲」的妙喻。勸學「尊以徧矣，周於世矣。」君道「方皇周浹於天下。」即「大理」的表現和博施。治則復經；楊曰：復經、復經常之正道。啓雄按：周禮司約注：「治者、理其相抵冒上下之差也。」此言：通過整理，一切局部性的「一曲」便都同復到經常的正道上來了！（復、謂納回正軌，不是倒退。）兩、疑，則惑矣。俞曰：兩、讀如左傳「兩政」之「兩」。疑、讀如管子「疑妻」「疑適」之「疑」。天下之道一而已矣，有與之相敵者是爲「兩」，有與之相亂者是爲「疑」；兩焉疑焉，惑從此起。故曰：「兩疑則惑矣」。啓雄按：兩借爲㒳；易說卦注：「㒳、耦也。」疑借爲儗；說文：「儗、僭也。」「一曲」是偏差的，「大理」是正確的；可是、「一曲」和「大理」勢均力敵了！

甚至「一曲」冒充「大理」了！那末、就令人迷惑了！天下無二道，聖人無兩心。今諸侯異政，百家異說，則必或是或非，或治或亂。盧曰：宋本或皆作「惑」，元刻治作「理」。亂國之君，亂家之人，此其誠心莫不求正而以自爲也，妬繆於道而人誘其所迨也。楊曰：嫉妒迷繆於道，故人因其所好而誘之。郝曰：迨、借爲「殆」。殆、近也。高曰：迨、借爲「怡」。怡、悦也；謂所好也。私其所積，唯恐聞其惡也。啓雄按：積、是動名詞，指「積偏蔽」或「積惡」。勸學「積善成德」，儒效「積德於身」，與此相反，所謂：「美惡不嫌同詞」之例證。倚其所私以觀異術，楊曰：倚、偏倚也。唯恐聞其美也。啓雄按：其美、指異術之美。是以與治離走而是己不輟也。今本離作「雖」，據楊據或本改。郝曰：謂離去正道而走，而自以爲是，不輟止也。啓雄按：這個「治」字是上文「治則復經」，和墨經：「治、求得也」之「治」，指追求大理的動作，是動名詞。與治離走、謂和追求大理的動作背道而馳。下文：「失正求」卽承這句說的。豈不蔽於一曲而失正求也哉！心不使焉，楊曰：使、役也。則白黑在前而目不見，雷鼓在側而耳不聞，況於使者乎！俞曰：使字乃「蔽」字之誤。德道之人，王曰：德道、卽「得道」也。亂國之君非之上，亂家之人非之下，豈不哀哉！楊曰：上下共非，故可哀也。

故爲蔽：楊曰：數爲蔽之端也。啓雄按：故、元刻作數，是。這个數字卽王霸「數於君子之前」之數。說文：「數、計也。」禮記儒行疏：「數、說也。」欲爲蔽，惡爲蔽，始爲蔽，終爲蔽，遠爲蔽，近爲蔽，博爲蔽，淺爲蔽，古爲蔽，今爲蔽。楊曰：此其所知所好滯於一隅，故皆爲蔽也。凡萬物異則莫不相爲蔽，此心術之公患也。楊曰：公、共也。所好異則相爲蔽。

昔人君之蔽者，——夏桀殷紂是也：桀蔽於末喜斯觀而不知關龍逢，啓雄按：末喜又作「末嬉」「妹喜」「妹嬉」，桀伐有施，有施人進末喜以爲妃。（據晉語一呂覽愼大楚辭天問纂。）斯觀無攷，劉師培以爲卽漢書人表之「干辛」，似非。關龍逢，一作「豢龍逢」；夏桀之賢臣。桀爲酒池，可以運舟，槽邱足以望十里，而牛飲者三千人；關龍逢進諫，立而不去朝，桀囚而殺之。（據外傳四潛夫論志氏姓莊子人間世注纂。）以惑其心而亂其行。紂蔽於妲己飛廉而不知微子啓，楊曰：妲己、紂妃。飛廉、紂之佞臣；惡來之父，善走；秦之祖也。微子、紂之庶兄，「微」國，「子」爵，「啓」其名也。國語：「殷紂伐有蘇」，有蘇氏以妲己女焉。」賈侍中云：有蘇、己姓國也。以惑其心而亂其行。故羣臣去忠而事私，百姓怨非而不用，啓雄按：老子注：「事、用也。」非借爲誹。賢良退處而隱逃，此其所以喪九牧之地而虛宗廟之國也。楊曰：九牧、九州之牧。虛、讀爲「墟」。桀死於鬲山，▲今本鬲作「亭」，據楊據或本改。王曰：鬲歷古通。御覽引尸子：「桀放於歷山。」淮南脩務：「湯整兵鳴條，困夏南巢，譙以其過，放之歷山。」紂縣於赤旆；身不先知，人又莫之諫，此蔽塞之禍也。成湯監於夏桀，故主其心而愼治之，楊曰：主其心、言不爲邪佞所惑也。啓雄按：監借爲鑑。國語晉語：「監戒而謀」，注：「監、察也」。字亦作鑒。是以能長用伊尹而身不失道，此其所以代夏王而受九有也。楊曰：九有、九牧、皆九州也。撫有其地則謂之「九有」；養其民則謂之「九牧」。高曰：九有、卽「九域」；謂九州也。有或通用，或卽古「域」字，見說文。詩玄鳥：「奄有九有。」傳：「九有、九州也。」中論法象引「九有」作「九域」。楚語：「共工氏之伯九有也。」注：「有、域也。」漢書律歷志引祭典曰：共工氏伯九域。」並其證也。文王監於殷紂，故主其心而愼治之，是以能長用呂望而身不失道，此其所以代殷王而受九牧也。遠方莫不致其珍，故目視備色，耳聽備聲，口食備味，形居備宮，名受備號，生則天下歌，死則四海哭，夫是之謂至盛。詩曰：「鳳凰秋秋，其翼若干，其聲若簫，有鳳有凰，樂帝之心。」楊曰：逸詩也。爾雅：「鶠鳳，其雌凰。」秋秋、猶蹌蹌，謂舞也。干、楯也。此帝蓋謂堯也，堯時鳳凰巢於阿閣，言堯能用賢不蔽，天下和平，故有鳳凰來儀之福也。此不蔽之福也。

昔人臣之蔽者，唐鞅奚齊是也。楊曰：唐鞅、宋康王之臣。呂覽：「宋康王染於唐鞅田不禮。」奚齊、晉獻公驪姬之子。唐鞅蔽於欲權而逐載子(?)，奚齊蔽於欲國而罪申生，楊曰：申生、晉獻公之太子，奚齊之兄，爲驪姬所譖，獻公殺之。唐鞅戮於宋，奚齊戮於晉。逐賢相而罪孝兄，身爲刑戮，然而不知，此蔽塞之禍也。故以貪鄙背叛爭權而不危辱滅亡者，自古及今，未嘗有之也。鮑叔甯戚隰朋仁知且不蔽，故能持管仲而名利福祿與管仲齊。楊曰：持、扶翼也。召公呂望仁知且不蔽，故能持周公而名利福祿與周公齊。傳曰：「知賢之謂明，輔賢之謂能。勉之彊之，其福必長。」楊曰：勉之彊之，言必勉彊於知賢輔賢，然後其福長也。此之謂也；此不蔽之福也。

昔賓孟之蔽者——俞曰：孟、讀爲「萌」。呂覽高義：「比於賓萌。」注：「賓、客也；萌、民也。」所謂賓萌者，蓋當時有此稱。戰國時遊士往來諸侯之國謂之「賓萌」。亂家是也。陶曰：亂家、猶言「雜家」，謂雜家之說也。啓雄按：家、即「諸子百家」的「家」，指學派。墨子蔽於用而不知文。伯兄曰：墨子「尙功用」，其論善惡專以有用無用爲標準。其所謂用者，又持義極狹。例如音樂，墨子以其飢不可爲食，寒不可爲衣，故非之。殊不知人類固有好美之性，儒家所謂「文之以禮樂」者，固自不可少也。宋子蔽於欲而不知得。伯兄曰：得、即論語「戒之在得」之「得」。宋子言人之情有欲寡的一面，而不知其更有貪得的一面，即「有見於少，無見於多」之義。愼子蔽於法而不知賢。伯兄曰：莊子天下述愼子之學曰：「至於若無知之物而已，無用賢聖。」蓋絕對主張法治主義，排斥人治主義，不知「徒法不能以自行」也。申子蔽於埶而不知知。伯兄曰：下知字當作「和」，謂徒見夫勢力之足以箝制天下，而不知人和之足貴也。韓非子定法：「申不害用術，而公孫鞅爲法。」用術者、即憑勢力以爲法也。韓非子又有難勢篇。蓋勢治主義與法治主義不同道，申子蓋主張勢治者。惠子蔽於辭而不知實。伯兄曰：惠子之說，以形式的論理法繩之，或可以持之有故，言之成理，然往往不顧事物之實相。例如「山與澤平。」此惠子所持說也。本書正名評之曰：「山淵平……此惑於用實以亂名者也。驗之所緣以同異而觀其孰調，則能禁之矣。」彼篇所云：「緣以同異」者，謂「緣天官」，據吾人目之所接，山實高於淵，淵實低於山，今强指曰「平」，辭雖辯，而顯乖其實也。莊子蔽於天而不知人。伯兄曰：莊子以「復歸於自然」爲道之極軌，而不知人治之有加於天行。本書天論：「大天而思之，孰與物畜而制之，從天而頌之，孰與制天命而用之，……故錯人而思天，則失萬物之情。」此正所以解莊子之蔽也。啓雄按：功用對禮文，欲寡對貪得，法治對賢治，勢治對智治，辭令對實物，天然對人爲，都是矛盾着的兩方面，六子僅知其一不知其二；因此、各有所偏蔽。故由用謂之道盡利矣。伯兄曰：墨子經上：「義、利也。」墨子以有用無用爲善惡標準，故以利不利爲卽義不義。實用主義必流爲功利主義，理固然也。由俗謂之道盡嗛矣。楊曰：嗛與「慊」同，快也。伯兄曰：以欲言道，則道限於適意而已。啓雄按：俗通欲，說詳王制篇末。由法謂之道盡數矣。伯兄曰：數、度數也。猶言條款節目也。以法言道，則道僅成爲機械。啓雄按：富國：「以法數制之。」數、指法律的條文。由埶謂之道盡便矣。伯兄曰：便、卽「因利乘便」之「便」。由辭謂之道盡論矣。伯兄曰：言只有形式的論理也。由天謂之道盡因矣。伯兄曰：因者、純放任其自然之天，不復盡人事也。——此數具者，皆道之一隅也。啓雄按：數具、猶今語「幾套」，指：墨、宋、愼、申、惠、莊六套學說；可是這些學說都不够全面，所以荀子批評它們都是道理中的一隅角，卽偏蔽之意。夫道者，體常而盡變，一隅不足以擧之。伯兄曰：體、即中庸「體物而不可遺」之「體」。盡、即「能盡其性」之「盡」。「體」「盡」均動詞。體常盡變者，言以常爲體，而盡極其變化也。啓雄按：漢書嚴助傳注：「擧、總也。」此言：道是以常理爲體，而極盡地變革來適應時宜和地宜，（指原則性和靈活性相結合）一隅角的道理够不上來概括它。（謂局部性的學說不够全面）曲知之人，啓雄按：曲知之人，指不見道的全面却只見一偏者；即片面地看問題犯主觀主義錯誤者。餘詳本篇發端。觀於道之一隅而未之能識也，故以爲足而飾之，楊曰：謂其持之有故，其言之成理。內以自亂，外以惑人，上以蔽下，下以蔽上；此蔽塞之禍也。

孔子仁知且不蔽，故學亂術足以爲先王者也。啓雄按：說文：「亂、治也。」廣雅：「亂、理也。」亂術、指治理偏蔽之術。先王、當作「後王」。成相：「凡成相、辨法方，至治之極復後王，」愼、墨、季、惠、百家之說誠不詳。治復一、修之吉，君子執之心如結，衆人貳之讒夫棄之形是詰。」與解蔽前半篇義略同。一家得周道，伯兄曰：周道、謂周偏之道，與一曲對。啓雄按：廣雅釋詁：「周、偏也。」周易釋文：「周、遍也，備也。」周道、謂全面的大理。勸學「習君子之說，則尊以偏矣，周於世矣，」就是指周道。擧而用之，不蔽於成積也。啓雄按：擧、總也，皆也。此言：孔子總結大理而且全面地用大理；同時又不犯「私其所積」的錯誤，——即不被狹隘的經驗論所偏蔽。故德與周公齊，名與三王竝；此不蔽之福也。劉師培曰：類聚御覽作「聖不蔽」。「此」下脫「聖」字。

聖人知心術之患，見蔽塞之禍，故無欲、無惡、無始、無終、無近、無遠、無博、無淺、無古、無今，兼陳萬物而中縣衡焉。啓雄按：無借爲毋；說文：「毋、止之也。」淮南主術注：「中、正也。」漢書刑法志注：「中、當也。」荀書例：縣猶衡也。此言：聖人止絕了十蔽，把萬物具備地陳列着而自己正確地來衡量它們。（嚴禁主觀、片面的蔽，對客觀事物作具體的分析。）是故衆異不得相蔽以亂其倫也。啓雄按：書堯典傳：「倫、理也」。倫又訓輩、類、比、序、紀。這個「倫理」，是指：由不同事物的個體「相反相成」地所組成的總體。此言：因此、不能强調某一事物的局部性來掩蓋了這個帶全局性的倫理，致使攪亂了這個「相反相成」的組織。

何謂衡？曰：道。故心不可以不知道；心不知道，則不可道而可非道。楊曰：心不知道，則不以道爲可。啓雄按：二「可」字皆動詞。即今語「認爲對」之意。人孰欲得恣而守其所不可以禁其所可！伯兄曰：言人得恣（恣猶自由也），則孰欲守其所不可以禁其所可！以其不可道之心取人，則必合於不道人而不知合於道人。楊曰：各求其類。俞曰：知字衍。以其不可道之心與不道人論道人，啓雄按：不道人、台州本作「不可道之人」。亂之本也。啓雄按：亂借爲𢿢；說文：「𢿢、煩也」。左宣十五傳：「民反德爲亂」。拿他不認正道爲對的心理和壞人議論好人，是亂的本源。夫何以知！陶曰：以不可道之心與不道人論道人，則終於不知道。故曰「夫何以知！」

曰心知道然後可道。俞曰：曰字衍。可道然後能守道以禁非道。以其可道之心取人，則合於道人而不合於不道之人矣。以其可道之心與道人論非道，治之要也。啓雄按：非道、指邪說暴行。與道人論非道，謂和好人一起來研究怎樣來「息邪說、距詖行、放淫辭、」而端正人心。人心既正，天下就平治了！何患不知。

故治之要在於知道。人何以知道？曰：心。心何以知？曰：虛壹而靜：啓雄按：虛、虛心。壹、專壹。靜、謂在動作當中鎮靜不亂。餘詳下文。心未嘗不臧也，然而有所謂虛；楊曰：臧、讀爲「藏」，古字通，下同。言心未嘗不苞藏，然有所謂虛也。心未嘗不滿也，然而有所謂一；楊曰：滿、當爲「兩」，兩謂同時兼知。心未嘗不動也，然而有所謂靜。人生而有知，伯兄曰：下文「心生而有知。」此文「人」字疑亦當作「心」。知而有志，啓雄按：志、是識古文，周禮注：「識、記也。」志也者，臧也；然而有所謂虛；不以所已臧害所將受謂之虛。啓雄按：言不先入爲主。所已藏、謂現存在心識中的事物。所將受、謂將要學習的事物。虛、不是「無藏」的「虛」，而是「舊藏不拒新受」的「虛。」又按：台州本所已臧作「已所臧」。心生而有知，知而有異，異也者，同時兼知之；同時兼知之，兩也；然而有所謂一；不以夫一害此一謂之壹。王先謙曰：夫、猶「彼」也。知雖有兩，不以彼「一」害此「一」。啓雄按：譬如兼研究孟荀二子的人，專壹孟子時，拿出全力來鑽研，專壹荀子時，也是一樣。絕不相亂。心臥則夢，偷則自行，使之則謀；啓雄按：墨子經上：「臥、知無知也。夢、臥而以爲然也。」偷、即淮南修務：「偷慢懈惰」的「偷」。偷、鬆弛也。（高注：「偷、薄也。」非。禮記表記：「安肆日偷。」注：「偷、苟且也。」意與鬆弛近；而且偷和「慢」「懈」「惰」並舉，義必同。）自行、自動也。使、上文「心不使焉」，注：「使、役也。」即運用的意思。論衡超奇：「心思爲謀。」故心未嘗不動也；然而有所謂靜；不以夢劇亂知謂之靜。啓雄按：說文：「夢、不明也。」爾雅釋訓：「夢夢、亂也。」文選注引說文：「劇、甚也。」未得道而求道者，謂之虛壹而靜。啓雄按：廣雅釋詁：「謂、說也。」謂以虛壹靜之法說給他聽。作之：則將須道者之虛，則人；將事道者之壹，則盡；將思道者靜，則察。今本將上衍「盡」字，據增注刪。啓雄按：此文仍有譌奪，我主觀地來增改它，像是這樣：「作之：則將須道者之虛，則入；將事道者之壹，則盡；將思道者之靜，則察。」爾雅釋言：「作、爲也。」廣雅釋詁：「將、行也。」須借爲顉；說文：「顉、待也。」人當爲「入」，入、謂入於道。說文：「事、職也。」（爾雅：「職、主也、常也。」）盡、謂極盡道理的全體，靜字上疑奪一「之」字。賈子道術：「纖微皆審謂之察。」知道，——察、知道，行、體道者也。伯兄曰：此文之意，謂：「知道者何？其明察足以知道，其力行足以體道之謂也。」「知道」二字與上文「人何以知道」相應。虛壹而靜，謂之大清明。楊曰：言無有壅蔽者。萬物莫形而不見，莫見而不論，莫論而失位。郝曰：見、讀爲「現」，現者、示也。論、讀爲「倫」，倫者、理也。言萬物莫有形而不顯示於人，莫顯示人而不有倫理，理無不宜而分位不失。坐於室而見四海，處於今而論久遠，疏觀萬物而知其情，參稽治亂而通其度，楊曰：疏、通也。參、驗也。稽、考也。度、制也。經緯天地而材官萬物制割大理，楊曰：官、謂不失其任。啓雄按：凡物之有秩序而整齊的也可以稱爲「經緯」。在這裏作動詞用。經緯天地、謂天地雖廣大，而能安排得井然不紊。材、同「裁」，成也。官、下文「則萬物官」，楊亦曰：「各當其任無差錯。」材官萬物、謂依照着各物之所宜來酌量處置使人都稱其任，物都適其用。大理、指宇宙間的大自然。而宇宙裏矣。楊曰：裏、當爲「理」。于曰：𩊚侯鼎裏字作「里」，里、理古字通。恢恢廣廣，孰知其極！睪睪廣廣，楊曰：睪、讀爲「皞」，皞皞、廣大貌。顧曰：廣、讀爲「曠」。孰知其德！涫涫紛紛，楊曰：涫涫、沸貌。紛紛、雜亂貌。啓雄按：涫、即今滾字。孰知其形！顧曰：形字不入韻，疑當作「則」。明參日月，大滿八極，夫是之謂大人。啓雄按：台州本無「夫」字。夫惡有蔽矣哉！楊曰：此皆明虛壹而靜，則通於神明，人莫能測也，又安能蔽哉！

心者，形之君也而神明之主也；出令而無所受令。楊曰：心出令以使百體，不爲百體所使也。啓雄按：「神明」是指心中的睿智。自禁也，自使也，自奪也，自取也，自行也，自止也。楊曰：此六者皆由心使之然，所以爲形之君也。故口可劫而使墨云，郝曰：墨、同「默」。云者、言也。或默或語，皆可力劫而威使之。形可劫而使詘申，啓雄按：詘申、即「屈伸」。心不可劫而使易意，是之則受，非之則辭。楊曰：劫、迫也。百體可劫，心不可劫，所以尤宜愼擇所好，懼蔽塞之患也。故曰：心容，伯兄曰：心容、猶言心靈狀態也。莊子天下：「語心之容，命之曰心之行。」其擇也無禁，啓雄按：擇、擇是非。無禁、謂無禁止心擇是非者。必自見，啓雄按：見、晉現，即表現；謂這樣就自動地表現出心容的眞像。其物也雜博，其情之至也，不貳。啓雄按：物、指心容。情字讀爲精，精、專也。說詳儒效篇末。不貳、不二心。謂心容雖雜博，可是當精神集中的時候，它却絕不分心於其他事物。或曰：物、作動詞用，指接物。詩云：「采采卷耳，不盈頃筐。啓雄按：詩傳：『采采、事采之也。卷耳、苓耳也。頃筐、畚屬，易滿之器。』箋：『器之易盈而不盈者，志在輔佐君子憂思深也。』嗟我懷人，寘彼周行。」楊曰：周南卷耳之篇。啓雄按：詩傳：「懷、思，寘、置，行、列也。思君子官賢人置周之列位。」箋：「周之列位、謂朝廷臣也。」頃筐易滿也，卷耳易得也，然而不可以貳周行。楊曰：采易得之物，實易滿之器，以懷人寘周行之心貳之，則不能滿，況乎難得之正道而可以他術貳之乎。郝曰：貳、謂貳之也。言所懷在於寘周行，意不在於事采，故雖易盈之器而不盈也。故曰：心枝則無知，楊曰：枝、旁引如樹枝也。啓雄按：說文：「枝、木別生條也。」心枝、謂心派生意念也。傾則不精，啓雄按：謂心別有所傾嚮則不能專精。貳則疑惑。啓雄按：此三句皆申釋上文「貳」字之意。以贊稽之，楊曰：贊、助也。稽、考也。以一而不貳之道助考之，則可兼知萬物，若博雜則愈不知也。陶曰：「以贊稽之」句與上文不相承接，句上當有「壹於道」三字，而傳寫奪之。

下文云：「君子壹於道而以贊稽物。壹於道則正，以贊稽物則察；以正志行察論，則萬物官矣。」即申言此義。萬物可兼知也。身盡其故則美。楊曰：故、事也。盡不貳之事則身美矣。啓雄按：正名「民易一以道而不可與共故。辨則盡故」，性惡「聖人積思慮習僞故以生禮義」，臣道「因其憂也而辨其故」和此句的「故」字都是指「事理」。類不可兩也，故知者擇一而壹焉。楊曰：凡事類皆不可兩，故知者精於一道而專一焉，故異端不能蔽也。農精於田而不可以爲田師，賈精於市而不可以爲市師，今本市作「賈」，據王據呂錢本校改。工精於器而不可以爲器師；楊曰：皆蔽於一技故不可爲師長。有人也，不能此三技而可使治三官；啓雄按：三官、謂：田師、市師、器師。曰：精於道者也，啓雄按：台州本無「者」字。精於物者也。俞曰：「精於物」上疑當有「非」字，言此人不能三技而可治三官者，精於道非精於物也。精於物，若農精於田，賈精於市，工精於器是也。精於道，則君子是也。精於物者以物物，精於道者兼物物。伯兄曰：物有分別之義。以物物、謂就各物之本身爲分別，下物字是動詞。兼物物、謂能兼裁別萬物，上物字是動詞。故君子壹於道而以贊稽物。壹於道則正，以贊稽物則察；以正志行察論，則萬物官矣。楊曰：在心爲志，發言爲論。官、謂各當其任無差錯也。昔者舜之治天下也，不以事詔而萬物成。楊曰：舜能一於道，但委任衆賢而已，未嘗躬親以事告人。處一危之，其榮滿側；養一之微，榮矣而未知。啓雄按：一當爲壹。說文：「危、在高而懼也。」呂覽注：「榮、光明也。」側當爲廁，廣雅：

「廁、間也。」說文：「微、隱行也。」謂：舜治天下能處以專壹，又時常提高警惕；所以他的光輝充滿着雜廁之間（指萬物成），這是「處壹」的表象。修養專壹的隱微可以達到光明的佳境；這種「微而顯」的過程和成就却是在不知不覺中發展和長成的。故道經曰：「人心之危，道心之微。」伯兄曰：言人心之危，即道心之微，戒愼恐懼，即道心之最精處也。啓雄按：僞書大禹謨作「人心惟危，道心惟微。」危微之幾，惟明君子而後能知之。故人心譬如槃水，正錯而勿動，則湛濁在下，楊曰：湛、讀爲「沈」，泥滓也。下同。而清明在上，則足以見鬚眉而察理矣。楊曰：理、肌膚之文理。微風過之，湛濁動乎下，清明亂於上，則不可以得大形之正也。伯兄曰：大、疑當作「夫」，夫、彼也。心亦如是矣。故導之以理，伯兄曰：謂以條理導之。養之以清，楊曰：清、謂沖和之氣。久保愛曰：清、清濁之「清」。物莫之傾，啓雄按：言外物莫能使之傾側不正。則足以定是非決嫌疑矣。啓雄按：嫌疑、疑似之意。小物引之，則其正外易，啓雄按：其正外易、謂違反了「導之以理，養之以清。」的正術；正字是形名詞。其心內傾，則不足以決麤理矣。今本麤從元刻作「庶」，據台州本校改。劉師培曰：上云定是非決嫌疑，此與對文，謂心靜足以判精微，弗靜不能決麤理。故好書者衆矣，而倉頡獨傳者，壹也；楊曰：倉頡，黃帝史官，言古亦有好書者，不如倉頡一於其道，異術不能亂之，故獨傳也。好稼者衆矣，而后稷獨傳者，壹也；啓雄按：后稷，名棄，姬姓。兒時遊戲好種樹麻菽；長大後，喜好耕農，因地制宜地作稼穡的工作，民衆都學他，堯任命他做稷官。稷是大官，是農官的君長，故號「后稷」。后稷猶言農師。（史周紀謂堯時農師，說苑君道謂堯時田疇。據堯典周語史記五帝紀周紀詩閟宮箋纂。）好樂者衆矣，而夔獨傳者，壹也；啓雄按：夔、舜之樂正。（說苑君道謂堯時樂正。）舜任命他管樂來教胄子並且傳教於天下。夔於是正六律，和五聲，以通八風，天下大服。（據堯典呂覽察傳纂。）好義者衆矣，而舜獨傳者，壹也；倕作弓，楊曰：倕、舜之共工。啓雄按：倕、亦作「垂」。浮游作矢，高曰：世本說文山海經郭注急就篇顏注並云：「夷牟作矢。」疑此處「浮游」當作「游浮」，游與「夷」，浮與「牟」皆一聲之轉。而羿精於射；奚仲作車，啓雄按：奚仲，任姓，故亦稱「任仲」，爲夏車正，封於薛。（據左定元傳呂覽君守注纂。）乘杜作乘馬，啓雄按：乘馬、謂用馬駕車；所謂「服牛乘馬」是也。用馬駕車始自乘杜，故曰乘杜作乘馬。而造父精於御：——自古及今，未嘗有兩而能精者也。曾子曰：是其庭可以搏鼠，惡能與我歌矣！劉師培曰：是、「題」字之叚。廣雅釋詁：「題、視也。」高曰：庭、當作「莛」，蓋通用也。說文：「莛、莖也。」按：莛卽今俗所謂艸棍也。莊子齊物論：「舉莛與楹。」漢書東方朔傳：「以莛撞鐘。」並其例。古亦以「筳」字爲之，說苑：「建天下之鳴鐘，撞之以筳。」是也。莛者、歌時可持以擊節，亦可用之搏鼠，今歌者視其莛可以搏鼠，心旣別馳，必不能歌。故曰：「惡能與我歌矣。」卽孟子學弈者其心以爲有鴻鵠將至之意也。

空石之中有人焉，其名曰觙。孫曰：空石、當是地名，疑卽窮石之借字。（左傳昭九年「窮桑」淮南子本經訓作「空桑」)左傳襄四年云：「羿還窮石。」即其地。後文云：「夏首之南有人焉，曰涓蜀梁。」夏首亦地名，與此正同。**其爲人也，善射以好思。**俞曰：此射字乃「射策」「射覆」之「射」。漢藝文志蓍龜家有隨曲射匿五十卷。射匿、疑即射覆。覆而匿之，人所不知，以意縣揣而期其中，此射之義也。**耳目之欲接，則敗其思；蚊䖟之聲聞，則挫其精。是以闢耳目之欲，而遠蚊䖟之聲，閑居靜思則通。**楊曰：挫、損也。精、精誠也。闢、屏除也。言閑居靜思不接外物，故能通射之妙。**思仁若是，可謂微乎？**楊曰：言靜思仁如空石之人思射，則可謂微乎？假設問之辭也。**孟子惡敗而出妻，可謂能自彊矣；**楊曰：此已下答之之辭。孟子惡其敗德而出其妻，可謂能自彊於脩身也。**有子惡臥而焠掌，可謂能自忍矣；未及好也。**楊曰：有子蓋有若也。焠、灼也。惡其寢臥而焠其掌，若刺股然也。**闢耳目之欲，可謂能自彊矣，未及思也。蚊䖟之聲聞則挫其精，可謂危矣；未可謂微也。**楊曰：「可謂能自彊矣未及思也」十字竝衍耳！郝曰：此文錯亂不可讀，當作「闢耳目之欲而遠蚊䖟之聲，可謂能自危矣，未可謂微也。」郭曰：下兩言「何彊何忍何危」則此七句正作三項言之，疑此「可謂能自彊矣」六字衍，「未及思也」句當在前「可謂能自彊」下，忍堅於彊，好甚於思，出妻猶身外也，焠掌則及身矣。蚊䖟之聲即係之耳目者，二句究屬一義，不應分言。故知此段文句有誤倒，亦有衍文。**夫微者至人也。**啓雄按：深入到精微的境域者，就是至人。至、即「大成至聖」之「至」。**至人也，何彊！何忍！何危！**啓雄按：這意味着：至人的情欲自然而然地合於理了，何必還用：「自彊」「自忍」「自危」呢！所謂「從心所欲不踰矩」就同此理。故濁明外景，淸明內景。俞曰：大戴記曾子天圓：「參嘗聞之夫子曰：天道曰圓，地道曰方。方曰幽，而圓曰明。明者、吐氣者也，是故外景。幽者、含氣者也，是故內景。故火日外景，而金水內景。」荀子濁明外景，淸明內景之說，卽孔子之緒言也。啓雄按：這句好像也是拿盤水來譬喻淸明、指至人的品學。（上文虛壹而靜謂之大淸明。）內景、指他的涵養的工夫著於心藴於髓。濁明、指能「自彊」「自忍」「自危」者的學未能得之於心只是呈現於膚理。聖人縱其欲，兼其情，而制焉者理矣；夫何彊！何忍！何危！楊曰：兼、猶「盡」也。啓雄按：這是說：聖人縱欲任情而動，而受制的事物都有條理了！理、治也。故仁者之行道也，無爲也；聖人之行道也，無彊也。啓雄按：「無爲」「無彊」都說從心所欲不必加檢束。仁者之思也，恭；聖人之思也，樂。此治心之道也。

凡觀物有疑，中心不定，則外物不淸；啓雄按：疑、卽下文「疑止」之「疑」。詩桑柔「止疑」，傳：「疑、定也。」爾雅注：「疑者亦止」。卽今語：「局限」之意。定正二字通用。謂：客觀的映象受了局限，人們的感官就不正不定，那末、對外物的認識就不淸楚。吾慮不淸，則未可定然否也：啓雄按：以上是全段的總冒，以下平列七件感性認識的事例，並指出它們的局限性。最後來三句總結、總評。冥冥而行者，見寢石以爲伏虎也，見植林以爲後(?)人也；冥冥蔽其明也。醉者越百步之溝，以爲蹞步之澮也；

俯而出城門，以爲小之閨也；孫曰：「以爲小之閨也」，句文未足，淮南氾論：「夫醉者俛入城門以爲七尺之閨也，超江淮以爲尋常之溝也」，似卽本此文。此「小之閨」疑亦當作「七尺之閨」。酒亂其神也。厭目而視者，視一以爲兩；掩耳而聽者，聽漠漠而以爲哅哅；埶亂其官也。楊曰：厭、指按也，一涉反。漠漠、無聲也。哅哅、喧聲也。啓雄按：官、讀爲「感官」之「官」。這句說：外力能攪亂人的官能。故從山上望牛者若羊，而求羊者不下牽也；遠蔽其大也。從山下望木者，十仞之木若箸，而求箸者不上折也；高蔽其長也。水動而景搖，人不以定美惡；水埶玄也。楊曰：玄、讀爲「眩」。瞽者仰視而不見星，人不以定有無；用精惑也。楊曰：精、目之明也。有人焉，以此時定物，則世之愚者也。啓雄按：此時、指觀物有疑，心不定慮不清的時候。彼愚者之定物，以疑決疑，決必不當。啓雄按：上疑字是「疑止」的「疑」，下疑字是「懷疑」的「疑」。謂：用局限的、感性的、材料作依據來判決疑難；判決得必不確當。夫苟不當，安能無過乎。

夏首之南有人焉，曰涓蜀梁，楊曰：夏首，夏水之首。楚詞：「過夏首而西浮，顧龍門而不見。」王逸曰：「夏首，夏水口也。」涓蜀梁未詳何代人；姓涓名蜀梁。列仙傳有涓子，齊人，隱於宕山，餌朮，能致風雨。其爲人也，愚而善畏。明月而宵行，俯見其影，以爲伏鬼也；卬視其髮，以爲立魅也；啓雄按：卬、是「仰」之古文。背而走，比至其家，失氣而死。豈不哀哉！楊曰：失氣、謂困甚氣絕也。豬飼彥博曰：背而走、謂背影而走也。凡人之有鬼也，必以其感忽之間疑玄之時正之。楊曰：感忽、猶「慌惚」也。郝曰：感、讀爲「撼」。玄、讀爲「眩」。王曰：正、當爲「定」，聲之誤也。下同。劉師培曰：感忽、猶「隱蔽」。此人之所以無有而有無之時也。楊曰：無有、謂以有爲無。有無，謂以無爲有。此皆人所疑惑之時也。而已以正事，啓雄按：這裏像有佚文，或者是：「豈不惑哉……等句」。謂在感忽之間疑眩之時所定的事物必不當，而已乃在此時來定它，所以未有不迷惑啊！故傷於溼而擊鼓鼓痺，則必有敝鼓喪豚之費矣，而未有俞疾之福也。楊曰：俞、讀爲「愈」。王曰：自鼓痺以上脫誤不可讀，似當作：「故傷於溼而痺，痺而擊鼓烹豚，則必有弊鼓喪豚之費矣，而未有俞疾之福也。」故雖不在夏首之南，則無以異矣。

凡以知，人之性也；啓雄按：以當爲可，可知猶能知。能知是人的本能，故曰「可知、人之性也。」下句「可以知、物之理也。」謂可以被人知，是物之理。可以知，物之理也。以可知人之性，求可以知物之理，而無所疑止之，則沒世窮年不能偏也。今本知字上衍「以」字，據元本校刪。俞曰：詩桑柔：「靡所止疑。」傳「疑、定也。」疑訓「定」，故與「止」同義。啓雄按：這句說：以能知的「人之性」來求知可以被知的「物之理」，若不定出个範圍作爲界限；這樣就沒世窮年也不能普及了。儒效：「君子之所謂知者，非能偏知人之所知之謂也，有所止矣。」可與此文互發。其所以貫理焉雖億萬，已不足以浹萬物之變，楊曰：貫、習也。浹、周也。俞曰：已、猶「終」也。僖二十四年左傳：「婦怨無終。」注：「終、猶已也。」故已、亦猶「終」也。與愚者若一，啓雄按：這句意味着：學雖博却一無所成，和愚者一樣。學，老身長子，而與愚者若一，猶不知錯，夫是之謂妄人。楊曰：錯、置也；謂廢捨也。身已老矣，子已長矣，猶不知廢捨無益之學，夫是之謂愚妄人也。故學也者，固學止之也。惡乎止之？曰：止諸至足。曷謂至足？曰：聖也。伯兄曰：也、當爲「王」，字之誤也。聖也者，盡倫者也；王也者，盡制者也；伯兄曰：聖、王、即莊子天下：「內聖外王」之「聖」「王」。倫、謂人倫，即人生哲學；制、謂制度，即政治哲學。兩盡者，足以爲天下極矣。故學者以聖王爲師，案以聖王之制爲法，法其法以求其統類，以務象效其人。啓雄按：說文：「統、紀也。」類、指與法相類似的例，（攷詳勸學）。統類、指法例的綱紀。以猶且也。虞書傳：「象、法也。」廣雅釋詁：「象、效也。」「法其法以求其統類」句承上「以聖王之制爲法」句而言。「務象效其人」句承上「以聖王爲師」句而言。嚮是而務，士也；類是而幾，君子也；楊曰：幾、近也。知之，聖人也。故有知非以慮是，則謂之懼；王引之曰：懼、當爲「攫」，字之誤也，攫、謂攫取之也。是、指聖王之制而言。有勇非以持是，則謂之賊；察孰非以分是，則謂之篡；啓雄按：察孰、謂審察得很精熟。說文：「篡、屰取也。」多能非以脩蕩是，則謂之知；于曰：知、謂巧智；讀爲莊子胠篋「知詐漸毒」之「知」。啓雄按：禮記禮運疏：「脩、習也。」蕩、借爲「盪」。易繫辭注：「相推盪也。」左昭二十六傳：「震盪播越。」這句說：人如多能，却不用於修習和宣揚王制，就謂之巧詐。辯利非以言是，則謂之詍。楊曰：詍、多言也。傳曰：「天下有二：非察是，是察非。」啓雄按：天下有二、謂天下存在着「是」和「非」二方面的道理。非察是，是察非，謂在「非」方面要分辨出「是」來，在「是」方面要分辨出「非」來。正論：『天下之大隆，是非之封界，分職名象之所起，王制是也，故凡言議期命，是非以「聖」「王」爲師。』可與此文互發。——謂合王制與不合王制也。啓雄按：合王制是「是」，不合王制是「非」。同是「有知」「有勇」「察熟」「多能」「辯利」，若「以聖王爲師，以聖之制爲法」的就是是，反過來就是非。二者相去，只是居心不同罷了！所以說：「非察是，是察非。」天下有不以是爲隆正也，然而猶有能分是非治曲直者邪？啓雄按：隆字解詳勸學篇中。這个「隆正」是指學習者所嚮往的目標。若夫非分是非，非治曲直，非辨治亂，非治人道；雖能之無益於人，不能無損於人；案直將治怪說，玩奇辭，以相撓滑也；楊曰：滑、亂也。案彊鉗而利口，厚顏而忍詬，王曰：方言：「鉗、惡也。」彊鉗者、既彊且惡也。詬、恥也。定八年左傳：「公以晉詬語之。」注「詬、恥也。」無正而恣睢，妄辨而幾利；楊曰：幾、近也。妄辨幾利、謂妄爲辨說，所近者惟利也。不好辭讓，不敬禮節，而好相推擠，此亂世姦人之說也，則天下之治說者，方多然矣。啓雄按：釋詞八：「則、猶而也。」傳曰：「析辭而爲察，言物而爲辨，君子賤之。博聞彊志，不合王制，君子賤之。」此之謂也。楊曰：所謂析言破律，亂名改作者也。

爲之無益於成也，求之無益於得也，憂戚之無益於幾也。劉師培曰：說文又訓幾爲「殆」，爾雅釋詁亦曰：「幾、危也。」是幾有危殆之義。憂戚之無益於幾，言徒知憂戚無救於事之危殆也。則廣焉能棄之矣！啓雄按：釋詞六：「能、猶而也。」不以自妨也，不少頃干之胸中。楊曰：廣、讀爲「曠」。啓雄按：曠焉、猶「豁然」。說文：「干、犯也。」不慕往，不閔來，無邑憐之心，楊引或曰：往、古昔也。來、將來也。不慕往古，不閔將來，言惟義所在，無所繫滯也。邑、與「悒」同。悒、快也。憐、讀爲「吝」，惜也。言棄無益之事，更無悒快吝惜之心。劉師培曰：慕往、即中庸所言「居今反古」。閔來、即玉藻所謂「測未至」也。啓雄按：不慕往、不閔來，有點像歐洲的積極哲學，不瞻顧既往，也不憂慮將來，注全力於現在的思想。

當時則動，物至而應，事起而辨，治亂可否，昭然明矣！

啓雄按：以下一段與本篇之恉不相蒙，疑是君道篇的錯簡。

周而成，泄而敗，明君無之有也。楊曰：以周密爲成，以漏泄爲敗，明君無此事也；明君日月之照臨，安用周密也。啓雄按：楊注日月上疑奪一「如」字。宣而成，隱而敗，闇君無之有也。楊曰：以宣露爲成，以隱蔽爲敗，闇君亦無此事也。闇君務在隱蔽，而不知昭明之功也。故君人者，周則讒言至矣，直言反矣；楊曰：反、還也。小人邇而君子遠矣！詩云：「墨以爲明，狐狸而蒼。」此言上幽而下險也。楊曰：逸詩。郝曰：墨者、幽闇之意。詩言以闇爲明，以黃爲蒼，所謂元黃改色，馬鹿易形也。趙高欲爲亂，以青爲墨，以黑爲黃，民言從之；此正上幽下險之事。君人者，宣則直言至矣，而讒言反矣；君子邇，而小人遠矣！詩曰：「明明在下，赫赫在上。」此言上明而下化也。楊曰：大雅大明之篇。久保愛曰：引此詩以喩人君赫赫在上，故臣民明明在下也。啓雄按：大明本文，「在下」是指文王而說，「在上」是指天上而說；荀子引詩，斷章取義，跟詩文原意不合。

第二十二篇　正名

後王之成名：劉念親曰：成名、定名也。國語晉語：「民無成君。」注：「成、定也。」啓雄按：後王、解詳本書非相篇中。刑名從商，高曰：左傳昭六年：「叔向曰：商有亂政而作湯刑。」竹書紀年：「祖甲二十四年重作湯刑。」呂覽孝行覽：「商書曰：刑三百罪莫重於不孝。（高注：商湯所制法也。）墨子非樂上：「湯之官刑有之。」並商有刑書之證，其書荀子時蓋存，故荀子稱之。爵名從周，楊曰：謂五等諸侯及三百六十官也。文名從禮。楊曰：文名、謂節文威儀。禮、即周之儀禮也。散名之加於萬物者，劉念親曰：散名、猶言雜名也。太玄玄瑩：「晝夜散者。」注：「散、猶雜也。」則從諸夏之成俗曲期。劉念親曰：曲、周也。周、偏也。荀子書曲字多有周偏義。期、要也，約也。成俗、言習俗之既成者。曲期、言要約之周偏者。「成俗曲期」與下文「約定俗成」相應。遠方異俗之鄉，則因之而爲通。伯兄曰：荀子之意，蓋欲以諸夏之成俗曲期，立爲一種標準之名詞，而遠方異俗，取則於此，則可以互通。所謂「因之而爲通」也。啓雄按：釋詞七：「而、猶以也。」散名之在人者：生之所以然者謂之性。啓雄按：此性字指天賦的本質，生理學上的性。性之和所生，精合感應，啓雄按：精合、指精神和事物相接。感應、指事物感人而人應接它。不事而自然謂之性。啓雄按：這性字指天賦的本能，心理學上的性。性之好、惡、喜、怒、哀、樂、謂之情。情然而心爲之擇謂之慮。啓雄按：情然、謂情是這樣。心慮而能爲之動謂之僞。啓雄按：這是動作的僞。慮積焉、能習焉、而後成謂之僞。啓雄按：這是成功的僞。正利而爲謂之事。正義而爲謂之行。劉念親曰：正、有「止」義。正利、猶言「止於利」也。正義、猶言「止於義」也。伯兄曰：此行字蓋指「德行」。所以知之在人者謂之知。啓雄按：這是本能的知。知有所合謂之智。啓雄按：這是「智識」的智。智所以能之在人者謂之能。盧曰：句首「智」字衍。啓雄按：這是「本能」的能。能有所合謂之能。啓雄按：這是「才能」的能。性傷謂之病。啓雄按：這性字也是生理學上的「性」。節遇謂之命。伯兄曰：節遇、猶云偶遇。荀子視「命」爲「非常的」「偶然的」，有如佛家所云之「因緣和合」之意，與世人視「命」爲天定者根本不同。啓雄按：呂覽情欲注：「節、適也」；節遇猶適遇。是散名之在人者也，是後王之成名也。

故王者之制名，名定而實辨，道行而志通，楊曰：道、謂制名之道。劉念親曰：志、意也。通、達也。則愼率民而一焉。故析辭擅作名以亂正名，使民疑惑，人多辨訟，則謂之大姦；其罪猶爲符節度量之罪也。啓雄按：爲、製作也。古時符節度量不許人民私造，私造就犯罪，擅作名的人他的罪與此相同。又按：禮記王制：「析言破律，亂名改作，執左道以亂政，殺。」意與此略同。故其民莫敢託爲奇辭以亂正名，劉念親曰：爲、猶「於」也。（見釋詞二）奇辭、詭異之辭。故其民慤；慤則易使，易使則公。劉念親曰：公、通作「功」。詩六月：「以奏膚公」，傳：「公、功也。」其民莫敢託爲奇辭以亂正名；故壹於道法而謹於循令矣，啓雄按：禮記禮器注：「道猶由也、從也。」如是則其迹長矣。劉念親曰：迹、讀孟子「王者之迹熄而詩亡」之「迹」。于曰：迹讀爲績，說文：「迹或从足責。」是迹蹟字通，蹟績都諧責聲，所以互相假借。迹長功成，治之極也，是謹於守名約之功也。劉師培曰：說文：「約、纏束也。」左傳哀十一年：「人尋約」，注：「約、繩也。」周禮司約注：「約、言論之約束也。」淮南主術：「所守甚約。」注：「約、要也。」又論語孟子均以「博」「約」爲相對之詞，蓋約有束義，即束義而引伸之，則約字之義，與範圍二字之義同，卽科學家所謂「界說」也。荀子言謹守名約，猶言謹守名詞之界說耳！

今聖王沒，名守慢，奇辭起，名實亂，劉念親曰：刑名、爵名、文名、各有其官守，聖王旣沒，名守惰慢，故奇辭起而無以正之。是非之形不明，則雖守法之吏，誦數之儒，啓雄按：誦數、解詳本書勸學篇中。亦皆亂也。若有王者起，必將有循於舊名，有作於新名。然則所爲有名，與所緣以同異，與制名之樞要，不可不察也。

異形離心交喻，啓雄按：這段說：若無名、就：不能辨形和指實、不能明貴賤、不能別同異。荀書例：除「子胥身離凶」外，都作「離開」解。本書王制注：「交、連結也。」說文：「喻、告也。」謂：當不同形象的印象離開說話者的心要向別人表達時，若無名作達意工具，那就只能交合連結地說出一些模糊的觀念；卽說方物和說圓物無區別。異物名實玄紐，啓雄按：據下文「知者制名」和「此所爲有名」可知此段專論無名之害，因此，這句的名字當是「各」字。玄借爲眩，廣雅釋詁：「眩、亂也。」又：「紐、束也。」這句是接上句「交喻」二字說的。謂：當人們要說各種實物時，若無各種物名作表達工具，就只好眩亂纏束地說出一堆模稜觀念；卽說馬、牛、驢、騾、都相同。貴賤不明，啓雄按：要是無公、侯、伯、子、等名，這樣、就使得人的貴賤不明。若無瑜、瑾、珷、玞、等名，這樣、就物的貴賤不明。同異不別；啓雄按：若無白馬黑馬之名，就不能在同中別異、在異中求同。若無牛犬之名，就不能辨牛與牛同、牛與犬異。下段說得更詳明。如是，則志必有不喻之患，而事必有困廢之禍。故知者爲之分別制名以指實；上以明貴賤，下以辨同異。貴賤明，同異別；如是，則志無不喻之患，事無困廢之禍，此所爲有名也。

然則何緣而以同異？曰：緣天官。啓雄按：天論：「耳、目、鼻、口、形、各有接而不相能也，夫是之謂天官。」凡同類同情者，其天官之意物也同；伯兄曰：此「意」字讀如論語「億則屢中」「不億不信」之「億」，動詞，猶言忖度推測也。故比方之疑似而通。啓雄按：說文：「方、併船也。」儀禮鄉射禮：「不足方。」注：「方、猶併也。」比方之、言物之同類同情的就比併之歸爲一類。疑似而通、謂物的疑似的就通而名之，若白馬黑馬是疑似的物，就通名爲「馬」。是所以共其約名以相期也。王曰：約名、猶言

「名約」。啓雄按：以上說名之所以有同。形、體、色、理、以目異。聲、音、淸、濁、調、竽、奇聲、以耳異。劉師培曰：調、竽、卽「窕、㮙」之異文。左昭二十一年傳：「小者不窕，大者不㮙。」注：「窕細不滿也，㮙橫不入也。」啓雄按：音細不滿是「窕」。音巨不容是「㮙」。甘、苦、鹹、淡、辛、酸、奇味、以口異。香、臭、芬、鬱、腥、臊、洒、酸、奇臭、以鼻異。楊引或曰：洒、當爲「漏」，篆文稍相似因誤耳。王曰：酸、乃「庮」字之誤。劉念親曰：香、臭、穀食之餲饐也。芬、鬱、草木之芳腐也。豕臭曰「腥」。犬臭曰「臊」。馬臭曰「漏」。牛臭曰「庮」。四臭竝見周禮內饔。疾、養、滄、熱、滑、鈹、輕、重、以形體異。久保愛曰：滑、皮膚滑利也。鈹、當作「皵」，漢書趙充國傳：「軍士寒，手足皸瘃。」文穎曰：「皸、坼裂也。」蓋肌膚枯燥而不滑者，常坼裂也，故對滑字。輕重、身之輕重也。說、故、喜、怒、哀、樂、愛、惡、欲、以心異。啓雄按：說文：「說、釋也。」故當爲「固」，固、讀爲「錮」。說者、心之開釋；錮者、心之鬱結。以上說名之所以有異。心有徵知。啓雄按：有借爲「又」。莊子列禦寇注。「徵、應也。」徵知、謂外物的映象忽起，心應接了感性的反映而知，即感覺或感性的知。徵知，則緣耳而知聲可也，緣目而知形可也，然而徵知必將待天官之當簿其類然後可也；伯兄曰：當、猶「正」也。簿、當讀爲易說卦：「雷風相薄」之「薄」。薄、接觸也，謂正與其類相接觸也。如耳正與聲相接觸，目正與形相接觸，是也。啓雄按：這說明：名所由制成的主觀因素。五官簿之而不知，心徵之而無説，啓雄按：有異物若無異名就不能説。則人莫不然謂之不知，郭曰：然、語詞。啓雄按：禮記注：「然、如是也。」即今語：「這樣的。」此所緣而以同異也。

然後隨而命之：同則同之，異則異之；單足以喻則單；單不足以喻則兼；楊曰：單、物之單名也。兼、複名也。喻、曉也。單與兼無所相避，則共；劉師培曰：避、當作「僻」，僻義略與「違」同。雖共，不爲害矣。劉念親曰：單者、如命馬曰「馬」。兼者、如命馬之白者曰「白馬」。無所相避雖共不害者，如十百成羣，毛色錯見，同時竝命之仍曰「馬」，是也。知異實者之異名也，故使異實者莫不異名也，不可亂也，久保愛曰：「不可亂也」句，當在「故」字上，於文爲順。猶使異實者莫不同名也。楊引或曰：異實當爲「同實」。故萬物雖衆，有時而欲徧舉之，故謂之物。物也者，大共名也。推而共之，共則有共，王曰：有、讀爲「又」。啓雄按：釋詞八：「則、猶而也。」至於無共然後止。有時而欲徧舉之，俞曰：此徧字乃「偏」字之誤。故謂之鳥獸。鳥獸也者，大別名也。推而別之，別則有別，至於無別然後止。啓雄按：徧舉、普徧地舉共名之全。偏舉、偏差地舉共名之半。「物」是「共而又共至於無共」的大共名。「小母雀」「小公狗」是「別而又別至於無別」的兩種小別名。在「大共名」和「小別名」中間有：「生物」「動物」「鳥獸」「雀狗」四級名，這四級名對「大共名」是別名，對「小別名」是共名，是相對的、因對大對小的不同隨時而轉變。名無固宜，約之以命，約定俗成謂之宜，異於約則謂之不宜。楊曰：名無固宜，言名本無定也。約之以命，謂立其約而命之，若約爲天，則人皆謂之天也。劉師培曰：約字當訓「界」，謂以人所命之義，立名爲界說也。約定者，界說定也。異于約者，背乎界說也。名無固實，約之以命實，鍾曰：此「實」，猶今人言：「名之有內涵。」約定俗成謂之實名。啓雄按：這說明：名所由制成的社會因素。名有固善，徑易而不拂，謂之善名。楊曰：徑疾平易而不違拂，謂易曉之名也。卽謂呼其名遂曉其意，不待訓解者。拂、音「佛」。物有同狀而異所者，楊曰：謂若兩馬同狀各在一處之類也。有異狀而同所者，楊曰：謂若老幼異狀，同是一身也。蠶蛾之類亦是也。可別也。狀同而爲異所者，雖可合，謂之二實。楊曰：卽謂兩馬之類，名雖可合同謂之馬，其實二也。狀變而實無別而爲異者，謂之化；有化而無別，謂之一實。啓雄按：若幼化爲老，蠶化爲蛾之類，雖有化而無異所，故謂之一實。此事之所以稽實定數也。楊曰：稽考其實而定「一」「二」之數也。

此制名之樞要也；後王之成名，不可不察也。

「見侮不辱。」啓雄按：莊子天下述宋鈃之說曰：「見侮不辱，救民之鬥。」本書正論：「宋子曰：『明見侮之不辱，使人不鬥。』」餘詳正論篇末。「聖人不愛己。」孫曰：此謂聖人愛己不加於人，是爲不愛己也。墨子大取：「愛人不外己，己在所愛之中。」卽此義。「殺盜非殺人也。」啓雄按：墨子小取：「愛盜非愛人也，不愛盜非不愛人也，殺盜非殺人也。」——此惑於用名以亂名者也。驗之所以爲有名而觀其孰行，王引之曰：所下「以」字衍。則能禁之矣。「山淵平。」啓雄按：莊子天下述惠施之說曰：「山與澤平。」本書不苟述惠施鄧析之說曰：「山淵平。」「情欲寡。」啓雄按：莊子天下述宋鈃之說曰：「以情欲寡淺爲內。」本書正論述宋子曰：「人之情，欲寡」。「芻豢不加甘，大鍾不加樂。」——此惑於用實以亂名者也。驗之所緣無以同異而觀其孰調，王懋竑曰：緣下「無」字衍。伯兄曰：調者、諧協之意。謂天官之所緣而覺其諧協者，則山必高於淵，淵必低於山，芻豢確加甘，大鍾確加樂也。則能禁之矣。「非而謁，(?)楹有牛，(?)」王紹蘭曰：謁、當作『易』，墨子兼愛中：『凡天下禍篡怨恨，其所以起者，以不相愛生也，是以仁者非之，旣以非之，何以易之？……以兼相愛交相利之法易之。』此謂不相愛爲非，而易以兼相愛也。兼愛下：『非人者必有以易之，若非人而無以易之，……其說將必無可焉。是故子墨子曰：兼以易別。』此謂『別』爲非，而易以『兼』也。是『非而易』之說也。經說上：『止、無久之不止，當牛非馬，若矢過楹。』是『楹有牛』之說也。劉念親曰：矢之篆文作『兂』，似『而』字。過之篆文作『鍋』，似『謁』字。兩字疑皆涉漫漶形似而誤。非、飛古字通。若矢過楹、孫詒讓閒詁引莊子：『鏃矢之疾，而有不行不止之時』爲說，疑此『非矢』，亦『鏃矢之疾』之意。馬非馬也。」伯兄曰：句首奪「白」字，「白馬非馬」，爲公孫龍學說，見公孫龍子白馬論。啓雄按：這文必有譌舛，各家注也不很好。疑「非而謁楹」是一句，「有牛馬非馬」是一句。上句非字訓「排」，釋名釋言語：「非、排也。」謁、當作「謂」，楹、當作「盈」，都是字之誤。有、讀爲「又」。

謂改這文，當作：「『排、而謂盈。』又：『牛馬、非馬也。』」墨子經說上有「堅：異處不相盈。相非、是相外也。」等句。又經說下有「牛馬、非牛也。」等句。與這文似有關。疑這二句也是墨家語。按物理學，一切物都有「填充性」和「不可入性」，此卽「排」之意。盈、函也；盈謂二實相函如堅白，排謂二體相外如二石。「盈」與「排」義正相反。排而謂盈，謂事實上是「排」，却說成是「盈」。牛馬非馬也、謂牛與馬本二物，今旣化合爲一，則此「牛馬」一物，非牛亦非馬了！所以說：「『牛馬』、非『馬』也。」比喻說：綠化鈉爲鹽，鹽不是鈉。

此惑於用名以亂實者也。驗之名約，劉師培曰：名約、亦指名之界說言。以其所受，悖其所辭，楊曰：以、用也。悖、違也。則能禁之矣。凡邪說辟言之離正道而擅作者，楊曰：辟、讀爲「僻」。無不類於三惑者矣。故明君知其分而不與辨也。劉念親曰：分、形名之分。

夫民易一以道而不可與共故；郝曰：故、謂所以然也。夫民愚而難曉，故但可偕之大道而不可與共明其所以然。所謂「民可使由之，不可使知之。」啓雄按：一以道、謂用道來齊一。故，指事理，解見解蔽篇中。故明君臨之以埶，道之以道，申之以命，章之以論，禁之以刑；故其民之化道也如神，辨埶惡用矣哉！王懋竑曰：埶、當作「說」。今聖王沒，天下亂，姦言起，君子無埶以臨之，無刑以禁之，故辨說也。實不喻然後命，命不喻然後期，期不喻然後說，說不喻然後辨。故期命辨說也者，用之大文也，啓雄按：禮樂記：「以進爲文。」注：「文猶美也。」而王業之始也。名聞而實喻，名之用也。累而成文，啓雄按：釋名釋言語：「文者……會集衆字以成詞誼。」此「文」字謂聯合兩字以上的名詞。所以說：「名之儷也」。名之麗也。楊引或曰：麗、與「儷」同，配偶也。用麗俱得，謂之知名。名也者，所以期累實也。啓雄按：期、即「成俗曲期」「共約名以相期」的「期」，謂要約。累實、指許多的實物。辭也者，兼異實之名以論一意也。王曰：論、當爲「諭」，字之誤也。諭、明也。啓雄按：孟子萬章：「不以文害辭，不以辭害志。」此「文」謂一字，「辭」謂一語。這辭字也指一語。辨說也者，不異實名以喻動靜之道也。楊曰：動、靜、是非也。啓雄按：不異實名，謂不變更實名。說在同一實名之中，有人認它是也有人認它非，那末、就有辯說了。如「白馬非馬」公孫龍認爲是，而他家認爲非，因此、便產生辯說。期命也者，辨說之用也。辨說也者，心之象道也。啓雄按：象借爲「像」。淮南覽冥注：「像、猶隨也。」說文：「隨、從也。」心從道才詆訾非道，所以有了辯說。心也者，道之工宰也。王懋竑曰：工乃「主」字之訛。陳曰：工宰者、工官也。官宰、猶言「主宰」。道也者，治之經理也。楊曰：經、常也。理、條貫也。言道爲理國之常法條貫也。心合於道，說合於心，辭合於說，正名而期，質請而喻，王曰：質、本也。請、讀爲「情」，情、實也。言本其實而曉喻之也。辨異而不過，推類而不悖；聽則合文；啓雄按：國語周語注：「文、禮法也。」謂凡聽別人辯說時，必須平心靜氣地聽他說，務必求合於辨論的禮法。下文：「以學心聽」，即承此說。辨則盡故。啓雄按：凡辨別他人的辨說爲是爲非之時，務須窮究他所依據的事理。下文：「以公心辨」，即承此說。以正道而辨姦，猶引繩以持曲直；是故邪說不能亂，百家無所竄。有兼聽之明，而無奮矜之容；有兼覆之厚，而無伐德之色。說行則天下正，說不行則白道而冥窮，俞曰：窮、讀爲「躬」。白道而冥躬者、謂明白其道而幽隱其身也。是聖人之辨說也。詩曰：「顒顒卬卬，如珪如璋，令聞令望，豈弟君子，四方爲綱。」楊曰：大雅卷阿之篇。劉念親曰：詩毛氏傳疏引此云：「無奮矜之容，無伐德之色，即經之所謂顒顒，傳之所謂溫貌也。有兼聽之明，有兼覆之厚，即經之所謂卬卬，傳之所謂盛貌也。」案小雅蓼蕭傳：「豈、樂也。弟、易也。」此豈弟君子，亦喻聖人之樂易，有辨說而無矜伐也。此之謂也。

辭讓之節得矣，長少之理順矣；忌諱不稱，祅辭不出。以仁心說，以學心聽，以公心辨。不動乎衆人之非譽，不治觀者之耳目，劉念親曰：治、飾也。言不飾觀者之耳目以苟悅於人也。不賂貴者之權埶，久保愛曰：不賂、言不賂遺權貴之人也。啓雄按：賂、當作「略」，說文：「略、眄也。」不略、猶言不顧。不利傳辟者之辭；啓雄按：傳、當爲「便」，形近而訛。謂不利用便嬖近習的人的言辭來作爲己的稱譽。故能處道而不貳，吐而不奪，俞曰：吐當爲「咄」，形似而誤。咄者、「詘」之叚字。言雖困詘而不可劫奪也。利而不流，貴公正而賤鄙爭，是士君子之辨說也。詩曰：「長夜漫兮，永思騫兮。大古之不慢兮，禮義之不愆兮，何恤人之言兮。」楊曰：逸詩也。漫、謂漫漫，長夜貌。騫、咎也。引此以明辨說得其正，何憂人之言也。此之謂也。

君子之言，涉然而精，俛然而類，差差然而齊。楊曰：涉然、深入之貌。俛然、俯就貌。俛然而類、謂俯近於人皆有統類，不虛誕也。差差、不齊貌，謂論列是非似若不齊，然終歸於齊一也。彼正其名，當其辭，以務白其志義者也。啓雄按：呂覽士節注：「白、明也。」彼名辭也者，志義之使也，足以相通則舍之矣；久保愛曰：通、通志義也。孔子曰：「辭達而已矣。」苟之，姦也。劉師培曰：苟、非「苟且」之「苟」。苟從句聲，即「委曲」之義。言不求其通而自歧其說也。故名足以指實，辭足以見極，楊曰：極、中也。見、賢遍反。劉念親曰：極、至也，心之所至也。則舍之矣；外是者謂之訒，是君子之所弃，而愚者拾以爲己寶。楊曰：訒、難也。過於志義相通之外，則是務爲難說耳，君子不用也。故愚者之言，芴然而粗，楊曰：芴、與「忽」同。忽然、無根本貌。劉師培曰：廣雅：「忽、輕也。」芴然而粗、猶言其語輕而粗也。嘖然而不類，誻誻然而沸。楊曰：嘖、爭言也。誻誻、多言也。誻誻然、沸騰也。彼誘其名，眩其辭，而無深於其志義者也。故窮藉而無極，啓雄按：小爾雅廣言：「藉、借也。」窮藉而無極、謂不能正其名當其辭，乃用盡他的叚借的本事而無終止。此正承前句「誘其名、眩其辭」言之。甚勞而無功，貪而無名。故知者之言也，慮之易知也，行之易安也，持之易立也；成則必得其所好而不遇其所惡焉。啓雄按：儀禮少牢禮注：「成、畢也。」而愚者反是。詩曰：

「爲鬼爲蜮，則不可得；有靦面目，視人罔極。作此好歌，以極反側。」楊曰：小雅何人斯之篇。啓雄按：解詳本書儒效篇中。此之謂也。

凡語治而待去欲者，劉念親曰：去欲、當作「無欲」，「多欲」與「寡欲」對文，「有欲」與「去欲」不對。觀下文緊承以「有欲、無欲、異類也。」「欲之多寡、異類也。」則本文原作「無欲」，與「有欲」對文明甚。無以道欲而困於有欲者也。啓雄按：道、卽性惡「禮義之道」之「道」，注：「道與導同。」此語謂：凡是說：「必定等待人人無欲了才能爲治」的人，這就等於暴露出：他是一個無法用禮義來引導欲歸正反而被有欲所困的人。下句句法同此。凡語治而待寡欲者，無以節欲而困於多欲者也。有欲無欲，異類也，生死也，非治亂也。啓雄按：生、指有生命物，如動植物。死、指無生命物，如礦石。生物都有欲，死物都無欲。那末、所以有「有欲」有「無欲」的原因是由于「異類」使然啊！因此，跟治亂的問題無關。欲之多寡，異類也，情之數也，非治亂也。劉念親曰：石塊無欲，人類有欲，是性之具也。禽獸寡欲，人類多欲，是情之數也。下言治亂在於心之所可，亡於情之所欲，故此曰非治亂也。欲不待可得，而求者從所可。啓雄按：人生來就有欲，不待欲必定可得到才欲它；但必定可求才進行求它。欲不待可得，所受乎天也；求者從所可，▲所受乎心也。今本受上奪「所」字，據俞據下文校補。久保愛曰：宋本心也下有「天性有欲，心爲之制節」九字。韓本同。所受乎天之一欲，制於所受乎心之多，固難類所受乎天也。啓雄按：元本多作「計」，宋本與今本同。荀子原文疑本作「所受乎天之一欲，制於所受乎心之多計。」由於殘缺宋本存「多」而脫「計」，元本存「計」而脫「多」，其實二字都對。所受乎天之一欲、謂出於情之自然的純一欲望，（一欲、未以禮節之的欲。）可謂之「天性欲」。制於所受乎心之多計、謂被從所可棄所不可的多方計度所制節着。今欲望既被多方審計的理性所管制，就成了「理性欲」。因此、「理性欲」就難與「天性欲」相類了。人之所欲，生甚矣；啓雄按：生甚矣、猶言「莫甚於生」。人之所惡，死甚矣；然而人有從生成死者，劉念親曰：說文：「成、就也。」非不欲生而欲死也，不可以生而可以死也。啓雄按：人的所欲雖在於「生」，但心之所可却在於「死」，故從生就死。孟子「舍生取義」，義者，宜也；「宜」亦「所可也」。故欲過之而動不及，心止之也；啓雄按：過之、謂過於心的「所可」。動不及、謂動作不隨伴着欲。心止之、謂心制止住行動。心之所可中理，則欲雖多，奚傷於治！啓雄按：中、適當也，說詳本書勸學篇首。欲不及而動過之，心使之也。心之所可失理，則欲雖寡，奚止於亂！故治亂在於心之所可，亡於情之所欲。啓雄按：亡借爲無；無於猶不在於。不求之其所在而求之其所亡，雖曰我得之，失之矣。

性者，天之就也；情者，性之質也；欲者，情之應也。以所欲爲可得而求之，情之所必不免也。以爲可而道之，知所必出也。楊曰：心以欲爲可得而道達之，智慮必出於此也。故雖爲守門，欲不可去；性之具也，王曰：此四字衍。雖爲天子，欲不可盡。欲雖不可盡，可以近盡也；劉念親曰：禮記祭義疏：「凡言近者，非是實到，附近而已。」此「近」字亦其義也。君人之大欲，仍不過求美求樂，然而宮室車服有制，百官人徒有數，極美而必有其度，致樂而必有其節；有度之美，有節之樂，是近盡之義也。欲雖不可去，求可節也。鍾曰：求可節、所求可節也。所欲雖不可盡，求者猶近盡；欲雖不可去，所求不得，慮者欲節求也。啓雄按：說文：「慮、謀思也。」慮者、指圖謀所以滿足他的欲望的人。道者，進則近盡，退則節求，啓雄按：解蔽「作之則將須道者之虛則入。」王引之曰：「道者、即道人也。」此言謂得道的仁人，進可以處樂，退又能處約。天下莫之若也。

凡人莫不從其所可而去其所不可，知道之莫之若也，而不從道者，無之有也。假之有人而欲南，無多，而惡北，無寡，豈爲夫南者之不可盡也，離南行而北走也哉！啓雄按：釋詞：「之猶若也。」欲南、惡北、據下文「南行、北走」，謂：欲往南行、惡往北走。多、寡、都指路程。無多、謂：無論多麼的多；古書例：無字有作：「無論……」用的；如：勸學「聲無小而不聞」，謂「聲無論多小」。王覇「無國而不有治法」，謂「無論任何國」。致士引詩「無言不讎」，謂「無論任何言」。今人所欲、無多，所惡，無寡，豈爲夫所欲之不可盡也，離得欲之道而取所惡也哉！楊曰：今夫人情，欲雖至多猶欲之；惡雖至寡猶惡之。豈爲欲之不可得盡，因肯取所惡哉！故可道而從之，奚以損之而亂！

不可道而離之，奚以益之而治！劉念親曰：「『損』『益』字疑互誤。當作：『奚以益之而亂，奚以損之而治。』」啓雄按：釋詞七：「而、猶則也。」這二句說：合於道的欲，就儘量地縱它，何嘗由於增益它就亂呢！不合於道的欲就要離開它，何嘗由於減損它就治呢！故知者論道而已矣，小家珍說之所願皆衰矣。劉念親曰：「珍、異也。」啓雄按：爾雅釋詁：「願、思也。」

凡人之取也，所欲未嘗粹而來也；其去也，所惡未嘗粹而往也。楊曰：粹、全也。劉師培曰：粹、聚也。啓雄按：粹、疑借爲「猝」。故人無動而不可以不與權俱。啓雄按：無動、謂無論任何動作，說詳前段。此權字卽不苟「欲惡取舍之權——見其可欲也，則必前後慮其可惡也者；見其可利也，則必前後慮其可害也者；而兼權之，孰計之，然後定其欲惡取舍」的「權」。衡不正，則重縣於仰，而人以爲輕，輕縣於俛，而人以爲重；楊樹達曰：衡正則物重者應俛縣，物輕者應仰縣。今衡不正，物重反仰，物輕反俛，故人惑其輕重也。此人所以惑於輕重也。權不正，則禍託於欲，而人以爲福，福託於惡，而人以爲禍；此亦人所以惑於禍福也。道者，古今之正權也；離道而內自擇，則不知禍福之所託。啓雄按：權字是動名詞，指從事物的全面、聯系、和互相轉化上的考慮，餘詳本書不苟篇末。

易者，以一易一，人曰無得亦無喪也。以一易兩，人曰無喪而有得也。以兩易一，人曰無得而有喪也。計者取所多，謀者從所可。以兩易一，人莫之爲，明其數也。從道而出；猶以一易兩也，奚喪！啓雄按：說文：「出、進也」。釋名：「出、推也，推而前也」。離道而內自擇，是猶以兩易一也，奚得！其累百年之欲，易一時之嫌，然且爲之，不明其數也。啓雄按：說文：「嫌、不平於心也。」一時之嫌、謂心理一時的衝動，致使心不平、慮不淸。

有嘗試深觀其隱而難其察者，楊曰：有讀爲「又」。王曰：其察之「其」衍。志輕理而不重物者，楊曰：理爲道之精微。顧曰：不下疑當有「外」字。無之有也；啓雄按：釋詞十：「無、未也。」外重物而不內憂者，無之有也。行離理而不外危者，無之有也。外危而不內恐者，無之有也。心憂恐則口銜芻豢而不知其味，耳聽鐘鼓而不知其聲，目視黼黻而不知其狀，輕煖平簟而體不知其安。俞曰：平、乃席名。劉念親曰：輕煖、實物名，卽孟子「輕煖不足於體與」之「輕煖」。故嚮萬物之美而不能嗛也，楊曰：嚮、讀爲「享」。嗛、快也。劉念親曰：嚮、讀爲「饗」，受也。假而得問而嗛之則不能離也。王曰：得問、當爲「得閒」，字之誤也，言憂恐在心，則雖享萬物之美而心不慊，卽使暫時得閒而慊之，而其不慊者仍在也。楊樹達曰：得閒、謂憂恐去心也。故嚮萬物之美而盛憂，兼萬物之利而盛害，如此者，其求物也，養生也？粥壽也？啓雄按：粥是鬻之省字，鬻借爲賣，卽議兵「鬻賣之道」的「鬻賣」。釋詞四：「也、猶耶也，歟也，乎也。」謂：那些「以己爲物役」的分子，常存着憂恐危懼的心理去求物，因此、口銜芻豢而不知其味，耳聽鐘鼓而不知其聲，……像這樣，他追求物質的後果：到底是利用物質來養生呢？還是爲享受而出賣了命呢？故欲養其欲而縱其情，欲養其性而危其形，劉念親曰：性、生也。欲養其樂而攻其心，欲養其名而亂其行；如此者，雖封侯稱君，其與夫盜無以異；乘軒戴絻，楊曰：絻、與「冕」同。久保愛曰：乘上元本有「雖」字。其與無足無以異；劉師培曰：無足、猶云「不足」。夫是之謂以己爲物役矣！

心平愉則色不及傭而可以養目，孫曰：傭、與「庸」通。庸、猶言「常」。聲不及傭而可以養耳，蔬食菜羹而可以養口，麤布之衣、麤紃之履、而可以養體，楊曰：麤紃之履、麤麻屨也。局室蘆簾藁蓐尙机筵而可以養形。今本局作「屋」，蘆簾作「廬庾葭」三字，據王據初學記改。王曰：局室、謂促狹之室。高曰：尙、當作「㡀」，形近而譌，㡀即古敝字也。故無萬物之美而可以養樂，無埶列之位而可以養名，如是而加天下焉，其爲天下多，其和樂少矣；王曰：和、當爲「私」，字之誤也。啓雄按：據楊注及文義，和字上當有「爲」字。夫是之謂重己役物。

無稽之言，不見之行，不聞之謀，君子愼之。劉念親曰：正名大要，即在稽之名約，緣之耳目；稽之名約而不合，緣之耳目而不調，所謂「苟之姦也」。故曰：「無稽之言，不見之行，不聞之謀，君子愼之。」

第二十三篇　性惡

人之性惡；其善者僞也。——楊曰：僞、爲也。凡非天性而人作爲之者皆謂之僞。故僞字人傍爲，亦會意字也。郝曰：性、自然也。僞、作爲也。僞與爲古字通。

今人之性，生而有好利焉，順是，故爭奪生而辭讓亡焉；生而有疾惡焉，順是，故殘賊生而忠信亡焉；楊曰：疾、與「嫉」同。惡、烏路反。生而有耳目之欲有好聲色焉，劉師培曰：下「有」字讀爲「又」。順是，故淫亂生而禮義文理亡焉。啓雄按：說文：「文、遺畫也，象交文」。今字作紋。本書解蔽：「見鬚眉而察理，」注：「理、肌膚之文理。」此用交織着的文理來象徵有條理的行爲——禮。然則從人之性，王先謙曰：論語八佾集解：「從、讀曰縱。」下同。順人之情，必出於爭奪，合於犯分亂理而歸於暴。啓雄按：分、指社會上各種分際，詳見王制富國等篇。故必將有師法之化，禮義之道，楊曰：道、與「導」同。啓雄按：化、是「教化」之「化」；說文：「化、教行也」。然後出於辭讓，合於文理，而歸於治。用此觀之，然則人之性惡明矣，其善者僞也。

故枸木必將待檃栝烝矯然後直；楊曰：枸、讀爲「鉤」，曲也；下皆同。檃栝、正曲木之木也。

烝、謂烝之使柔。矯、謂矯之使直也。鈍金必將待礱厲然後利；楊曰：礱、厲、皆磨也。厲、與「礪」同。今人之性惡，必將待師法然後正，得禮義然後治。今人無師法，則偏險而不正；王曰：廣雅：「險、邪也。」無禮義，則悖亂而不治。古者聖王以人之性惡，以爲偏險而不正，悖亂而不治；是以爲之起禮義、制法度，以矯飾人之情性而正之，以擾化人之情性而導之也。楊曰：擾、馴也。使皆出於治，啓雄按：集解使譌作「始」。又按：元本治作「理」。合於道者也。今之人，化師法、積文學、道禮義者、爲君子，啓雄按：化師法、謂受師法敎化而同化於師法。釋名釋道：「道、蹈也」；蹈禮義、謂實踐禮義。縱性情、安恣睢、而違禮義者、爲小人。啓雄按：說文：「恣、縱也」。莊子寓言注：「睢睢、跋扈也」。用此觀之，然則人之性惡明矣，其善者僞也。

孟子曰：「人之學者，其性善。」楊曰：孟子言人之有學，適所以成其天性之善，非矯也。與告子所論者是也。曰：是不然：是不及知人之性，而不察乎人之性僞之分者也。凡性者，天之就也，不可學，不可事。久保愛曰：事、猶「無事其縷有事其布曰錫」之「事」，謂脩飾之也。禮義者，聖人之所生也，人之所學而能，所事而成者也。不可學、不可事、而在人者，顧曰：而在人者，而、疑當作「之」，人、疑當作「天」，與「可學而能，可事而成，之在人者謂之僞。」對文。謂之性；可學而能、可事而成、之在人者，謂之僞；是性僞之分也。今人之性，目可以見，耳可以聽。夫可以見之明不離目，可以聽之聰不離耳；目明而耳聰，不可學明矣。孟子曰：「今人之性善，將皆失喪其性故也。」楊曰：孟子言失喪本性，故惡也。啓雄按：據楊注「故惡也」，正文故下似奪一「惡」字。曰：若是則過矣；今人之性，生而離其朴，離其資，必失而喪之。楊曰：朴、質也。資、材也。用此觀之，然則人之性惡明矣。

所謂性善者，不離其朴而美之，不離其資而利之也；使夫資朴之於美，心意之於善，若夫可以見之明不離目，可以聽之聰不離耳。楊曰：使質朴資材自善，如聞見之聰明常不離於耳目。此乃天性也。故曰：目明而耳聰也。楊曰：故曰如目明耳聰，此乃是其性，不然，則是矯僞使之也。今人之性，飢而欲飽，寒而欲煖，勞而欲休，此人之情性也。今人飢，見長而不敢先食者，將有所讓也；鍾曰：「見長」之「長」作尊長解。後文言父言兄即承此「長」字來。勞而不敢求息者，將有所代也。楊曰：所以代尊長也。夫子之讓乎父，弟之讓乎兄；子之代乎父，弟之代乎兄；——此二行者，皆反於性而悖於情也；然而孝子之道，禮義之文理也。故順情性則不辭讓矣，辭讓則悖於情性矣。用此觀之，然則人之性惡明矣，其善者僞也。

問者曰：「人之性惡，則禮義惡生？」應之曰：凡禮義者，是生於聖人之僞，非故生於人之性也。楊曰：故猶本也。陶曰：當作非故生於聖人之性也。下同。故陶人埏埴而爲器；楊曰：

埏、擊也。埴、黏土也。擊黏土而成器。然則器生於工人之僞，楊引或曰：工人當爲「陶人」。非故生於人之性也。故工人斲木而成器；然則器生於工人之僞，非故生於人之性也。久保愛曰：此工人，木工也。聖人積思慮、習僞故、啓雄按：故字指事理，說詳本書解蔽篇中。以生禮義而起法度，然則禮義法度者，是生於聖人之僞，非故生於人之性也。若夫目好色，耳好聲，口好味，心好利，骨體膚理好愉佚，楊曰：膚理、皮膚文理也。佚、與「逸」同。是皆生於人之情性者也；感而自然，不待事而後生之者也。楊曰：受性自爾，不待學而知也。夫感而不能然，必且待事而後然者謂之生於僞。鍾曰：此「生於僞」正承上「生於工人之僞」言。是性僞之所生，其不同之徵也。楊曰：徵驗。故聖人化性而起僞，啓雄按：這個化字是「變化」的「化」；本字作「匕」；說文：「匕、變也」。呂覽直諫注：「起、興也。」僞起而生禮義，禮義生而制法度；然則禮義法度者，是聖人之所生也。故聖人之所以同於衆其不異於衆者，性也；俞曰：同於衆、卽「不異於衆」也。於文複矣！據下文「所以異而過衆者僞也」，疑此文亦當作「所以同於衆而不過於衆者性也」。而、譌作「其」，過、譌作「異」，而詞意俱不可通矣。所以異而過衆者，僞也。楊曰：聖人過衆，在能起僞。夫好利而欲得者，此人之情性也。假之人有弟兄資財而分者，啓雄按：增注無人字。又按：釋詞九。「之猶若也。」且順情性——好利而欲得，若是則兄弟相拂奪矣；楊曰：拂、違戾也。且化禮義之文理，伯兄曰：化禮義、猶言被化於禮義。若是則讓乎國人矣。故順情性則弟兄爭矣，化禮義則讓乎國人矣。

凡人之欲爲善者，爲性惡也。夫薄願厚，惡願美，狹願廣，貧願富，賤願貴，苟無之中者，啓雄按：釋詞九：「之、猶於也。」必求於外，故富而不願財，貴而不願埶，苟有之中者，必不及於外。久保愛曰：及、當作「求」，音之誤也。用此觀之，人之欲爲善者，爲性惡也。楊曰：無於中故求於外，亦猶貧願富之比。今人之性，固無禮義，故彊學而求有之也；性不知禮義，故思慮而求知之也。然則生而已，啓雄按：生而已、謂任天性自發地生長，不加人爲的改造。則人無禮義，不知禮義。人無禮義則亂，不知禮義則悖。然則生而已，則悖亂在己。用此觀之，人之性惡明矣，其善者僞也。

孟子曰：「人之性善。」曰：是不然：凡古今天下之所謂善者，正理平治也；所謂惡者，偏險悖亂也；是善惡之分也已。今誠以人之性固正理平治邪？久保愛曰：以下似奪「爲」字。則有惡用聖王，楊曰：有讀爲「又」。惡用禮義矣哉！雖有聖王禮義，將曷加於正理平治也哉！今不然：人之性惡；故古者聖人以人之性惡，以爲偏險而不正，悖亂而不治，故爲之立君上之埶以臨之，明禮義以化之，起法正以治之，重刑罰以禁之，使天下皆出於治，合於善也；是聖王之治而禮義之化也。今當試去君上之埶，啓雄按：當讀爲「儻」。墨子法儀兼愛非樂、韓子人主，均有例證。無禮義之化，去法正之治，無刑罰之禁，倚而觀天下民人之相與也；王曰：倚、立也。說卦傳：「參天兩地而倚數。」虞翻曰：「倚、立也。」若是，則夫彊者害弱而奪之，衆者暴寡而譁之，俞曰：譁讀爲華；禮記曲禮注：「華、中裂之。」天下之悖亂而相亡不待頃矣。楊曰：頃、少頃也。用此觀之，然則人之性惡明矣，其善者僞也。

故善言古者必有節於今；王引之曰：節、亦「驗」也。禮器注：「節、猶驗也。」善言天者必有徵於人。凡論者，貴其有辨合，有符驗。故坐而言之，起而可設張而可施行。今孟子曰：「人之性善。」無辨合符驗，坐而言之，起而不可設張而不可施行；豈不過甚矣哉！故性善則去聖王，息禮義矣；性惡則與聖王，王曰：齊語注：「與、從也。」貴禮義矣。故檃栝之生，爲枸木也；繩墨之起，爲不直也；立君上，明禮義，爲性惡也。用此觀之，然則人之性惡明矣，其善者僞也。

直木不待檃栝而直者，其性直也。啓雄按：據下文其上似奪一「以」字。枸木必將待檃栝烝矯然後直者，以其性不直也。今人之性惡，必將待聖王之治，禮義之化，然後皆出於治，合於善也。用此觀之，然則人之性惡明矣，其善者僞也。

問者曰：「禮義積僞者，是人之性，故聖人能生之也。」啓雄按：積、是儒效「人無師法則隆性、有師法則隆積」之「積」，「積」和「僞」平列，都是動名詞。應之曰：是不然：夫陶人埏埴而生瓦，然則瓦埴豈陶人之性也哉！工人斲木而生器，然則器木豈工人之性也哉！夫聖人之於禮義也，辟亦陶埏而生之也；亦、集解譌作則。啓雄按：這是說：聖人化性起僞而生禮義像「陶人擊土而生瓦」一樣。然則禮義積僞者，豈人之本性也哉！凡人之性者，堯舜之與桀跖，其性一也；君子之與小人，其性一也。楊曰：言皆惡也。今將以禮義積僞爲人之性邪？然則有曷貴堯禹，楊曰：有讀爲「又」。曷貴君子矣哉！凡所貴堯禹君子者，能化性、能起僞、僞起而生禮義；然則聖人之於禮義積僞也，亦猶陶埏而生之也。用此觀之，然則禮義積僞者，豈人之性也哉！所賤於桀跖小人者，從其性、順其情、安恣睢、以出乎貪利爭奪。

故人之性惡明矣，其善者僞也。

天非私曾騫孝己而外衆人也；楊曰：曾、騫、曾參，閔子騫也。孝己、殷高宗之太子。皆有至孝之行也。然而曾騫孝己獨厚於孝之實，而全於孝之名者，何也？以綦於禮義故也。天非私齊魯之民而外秦人也，然而於父子之義，夫婦之別，不如齊魯之孝具敬父者，何也？楊曰：敬父、當爲「敬文」，傳寫誤耳。于曰：此言秦人非無父子之義，夫婦之別，而不如齊魯之孝道備具敬恭有文禮者、何也？以秦人之從情性，安恣睢，慢於禮義故也，豈其性異矣哉！

「塗之人可以爲禹。」曷謂也？楊曰：塗、道路也。舊有此語，今引以自難。言若性惡，何故塗之人皆可以爲禹。曰：凡禹之所以爲禹者，以其爲仁義法正也。啓雄按：周禮注：「爲、作也。」餘詳本書仲尼篇末。然則仁義法正有可知可能之理，然而塗之人也，皆有可以知仁義法正之質，皆有可以能仁義法正之具；然則其可以爲禹明矣。今以仁義法正爲固無可知可能之理邪？然則唯禹不知仁義法正不能仁義法正也。楊曰：唯讀爲「雖」。將使塗之人固無可以知仁義法正之質，而固無可以能仁義法正之具邪？然則塗之人也，且內不可以知父子之義，外不可以知君臣之正。今不然：今本「不然」二字在前句正字之下。據俞據上文校移。塗之人者，皆內可以知父子之義，外可以知君臣之正，然則其可以知之質，可以能之具，其在塗之人明矣。今使塗之人者，以其可以知之質，可以能之具，本夫仁義之可知之理，可能之具，陶曰：「本夫仁義之可知之理，可能之具。」當作：本夫仁義法正之可知可能之理。然則其可以爲禹明矣。今使塗之人伏術爲學，郝曰：伏與「服」古字通，服者、事也。王曰：術者、道也。服術、猶言事道。專心一志，思索孰察，加日縣久，積善而不息，則通於神明，參於天地矣。故聖人者，人之所積而致也。啓雄按：這段的後半似有衍文和錯亂。

曰：「聖可積而致，然而皆不可積，何也？」曰：可以而不可使也。故小人可以爲君子而不肯爲君子，君子可以爲小人而不肯爲小人。小人君子者，未嘗不可以相爲也；然而不相爲者，可以而不可使也。故塗之人可以爲禹，則然；塗之人能爲禹，未必然也。雖不能爲禹，無害可以爲禹。足可以徧行天下，然而未嘗有能徧行天下者也。夫工匠農賈，未嘗不可以相爲事也，楊曰：事、業。然而未嘗能相爲事也。用此觀之，然則可以爲，未必能也；雖不能，無害可以爲。然則能不能之與可不可，其不同遠矣，其不可以相爲明矣。

堯問於舜曰：「人情何如」？舜對曰：「人情甚不美，又何問焉！妻子具而孝衰於親，嗜欲得而信衰於友，爵祿盈而忠衰於君。人之情乎！人之情乎！甚不美，又何問焉。」楊曰：引此以明性之惡。唯賢者爲不然。有聖人之知者；有士君子之知者；有小人之知者；有役夫之知者：——多言則文而類，啓雄按：此類字和下文「齊給便敏而無類」的類字均指語法，說詳非相篇末。終日議其所以，言之千擧萬變，其統類一也，是聖人之知也。少言則徑而省，啓雄按：修身：「莫徑由禮」，注：「捷速也。」文選注：「徑、直也」。論而法，郝曰：論、猶「倫」也。若佚之以繩，孫曰：佚、當爲「扶」。管子宙合：「千里之路，不可扶以繩。」扶佚形近而誤，扶者、「輔」之借字。是士君子之知也。其言也謟，啓雄按：謟、誕也。說見集解榮辱頁十六。其行也悖，其舉事多悔，俞曰：多悔、猶云多過多咎耳。是小人之知也。齊給便敏而無類，楊曰：敏、速也。雜能旁魄而無用，郝曰：旁魄、即「旁薄」，大也。析速粹孰而不急，楊曰：析、謂析辭，若堅白之論者也。速、謂發辭捷速。粹孰、所著論甚精孰也。不急、言不急於用也。不恤是非，不論曲直，以期勝人爲意，是役夫之知也。啓雄按：國策秦策注：「恤、顧也。」

有上勇者，有中勇者，有下勇者：——天下有中，楊曰：中、謂中道。敢直其身；楊曰：敢、果決也。直其身、謂中立而不倚，無回邪也。先王有道，敢行其意；楊曰：言不疑也。上不循於亂世之君，下不俗於亂世之民；物茂卿曰：俗、當爲「沿」。啓雄按：俗、習也。說見集解榮辱頁十八。仁之所在無貧窮，仁之所亡無富貴；盧曰：此言仁之所在，雖貧窮甘之；仁之所亡，雖富貴去之。天下知之，則欲與天下共樂之；今本共作「苦」字，共上衍「同」字，據王據御覽改、刪。天下不知之，則傀然獨立天地之間而不畏；楊引或曰：傀與「塊」同，獨居之貌。是上勇也。禮恭而意儉，久保愛曰：禮、當作「體」。修身「體恭敬而心忠信。」啓雄按：賈子道術：「廣較自斂謂之儉」。大齊信焉，啓雄按：齊、即中庸「齊莊中正」之「齊」。詩思齊傳：「齊、莊也」。而輕貨財；賢者敢推而尚之，不肖者敢援而廢之；是中勇也。輕身而重貨，恬禍而廣解苟免；啓雄按：謂既安於禍，而又廣泛地製造理由來解釋企圖苟免於難。不恤是非然不然之情，以期勝人爲意；是下勇也。

繁弱、鉅黍，古之良弓也；啓雄按：類聚引廣雅：「繁弱、鉅黍、弓也。」左定四年傳：「封父之繁弱。」注：「繁弱、大弓名。」史記蘇秦傳：「距（同鉅）黍（本作「來」據文選注引改）、射六百步之外。」然而不得排檄，楊曰：排檄、輔正弓弩之器。則不能自正。桓公之葱，太公之闕，文王之錄，莊君之曶，闔閭之干將、莫邪、鉅闕、辟閭，此皆古之良劍也；楊曰：葱、闕、錄、曶，齊桓公齊太公周文王楚莊王之劍名。皆未詳所出。然而不加砥厲則不能利，不得人力，則不能斷。驊騮、騹驥、纖離、綠耳，此皆古之良馬也；楊曰：騹、讀爲「騏」。纖離、即列子「盜驪」。啓雄按：綠耳、廣雅釋獸作「騄駬」。然而必前有銜轡之制，今本必前二字互錯，據王據治要乙。後有鞭策之威，加之以造父之馭，然後一日而致千里也。夫人雖有性質美而心辯知，啓雄按：「辯、慧也。」說詳集解非十二子頁十八。必將求賢師而事之，擇良友而友之。得賢師而事之，則所聞者堯舜禹湯之道也；得良友而友之，則所見者忠信敬讓之行也。身日進於仁義而不自知也者，靡使然也。啓雄按：靡借爲「摩」。禮記學記：「相觀而善之謂摩。」注：「摩、相切磋也。」今與不善人處，則所聞者欺誣詐僞也，所見者汙漫淫邪貪利之行也，身且加於刑戮而不自知者，靡使然也。傳曰：「不知其子視其友，不知其君視其左右。」靡而已矣！靡而已矣！

第二十四篇　君子

楊曰：凡篇名多用初發之語名之，此篇皆論人君之事，卽君子當爲「天子」，恐傳寫誤也。（啓雄按：卽與「則」同。）

天子無妻，告人無匹也。楊曰：告，言也。妻者，齊也。天子尊無與二，故無匹也。劉師培曰：此卽左氏之說也，五經異義：「……左氏說：天子至尊無敵，故無親迎之禮。愼案：高祖時皇太子納妃，叔孫通制禮，以爲天子無親迎禮，從左氏義。」今據荀子之文觀之，言「天子無妻」，卽天子至尊無親迎禮之證也。四海之內無客禮，告無適也。劉師培曰：荀子一書，多采左傳之說，左傳成十二年：「周公出奔晉。」又言：「凡自周無出。」僖二十四年傳：「天王出居于鄭。」注：「天子以天下爲家，故天子無外。」蓋天子無外，故其臣出奔者亦不書國境，以彼證此，則此文「無適」之「適」卽訓「往」，然天子以天下爲一家，所經之境，所往之國，均不得謂之適。故曰：「告無適也」。又禮記郊特牲：「天子無客禮，莫敢爲主也，君適其臣，升自阼階，不敢有其室也。」所謂不敢有其室者，卽表明「天子無適」之義。足能行，待相者然後進；啓雄按：相是「儐相」的「相」，卽贊禮者。周禮司儀注：「出接賓曰擯，入贊禮曰相」。口能言，待官人然後詔。楊曰：官人、掌喉舌之官也。不視而見，久保愛曰：見、疑當作「明」。不聽而聰，不言而信，不慮而知，不動而功，告至備也。楊曰：盡委於羣下，故能至備也。天子也者，埶至重，形至佚，心至愈，楊曰：俞、讀爲「愉」。志無所詘，形無所勞，尊無上矣。詩曰：「普天之下，莫非王土；率土之濱，莫非王臣。」楊曰：小雅北山之篇。率、循也。濱、涯也。此之謂也。

聖王在上，分義行乎下，則士大夫無流淫之行，百吏官人無怠慢之事，衆庶百姓無姦怪之俗，無盜賊之罪，莫敢犯上之禁。今本犯下衍「大」字，據治要校刪。集解敢譌取。天下曉然皆知夫盜竊之不可以爲富也，皆知夫賊害之不可以爲壽也，今本兩不字上竝衍「人」字，據王據治要校刪。皆知夫犯上之禁不可以爲安也。由其道則人得其所好焉，不由其道則必遇其所惡焉。是故刑罰綦省而威行如流，世曉然皆知夫爲姦則雖隱竄逃亡之由不足以免也，王懋竑曰：之字「衍」。由、與「猶」通。故莫不服罪而請。俞曰：請、讀爲「情」。情、實也。言服罪而不敢虛誕也。書曰：「凡人自得罪。」此之謂也。楊曰：言人人自得其罪，不敢隱也，與今康誥義不同。

故刑當罪則威，不當罪則侮；爵當賢則貴，不當賢則賤。古者刑不過罪，爵不踰德。故殺其父而臣其子，殺其兄而臣其弟。楊曰：謂若殛鯀興禹，殺管叔封康叔之比。刑罰不怒罪，爵賞不踰德，王曰：怒、踰、皆過也。方言：「凡人語而過，東齊謂之弩。」又：「弩、猶怒也。」是怒卽「過」也。分然各以其誠通。楊曰：善惡分然，其忠誠皆得通達無屈滯也。是以爲善者勸，爲不善者沮；刑罰綦省而威行如流，政令致明而化易如神。俞曰：易、讀爲「施」。詩皇矣箋：「施、猶易也。」傳曰：「一人有慶，兆民賴之。」楊曰：書甫刑之辭。此之謂也。

亂世則不然：刑罰怒罪，爵賞踰德，以族論罪，以世舉賢。楊曰：泰誓所謂：「罪人以族，官人以世。」故一人有罪而三族皆夷，德雖如舜，不免刑均，是以族論罪也。楊曰：三族：父、母、妻、族也。夷、滅也。均、同也。謂同被其刑也。盧曰：士昏禮注：「三族：謂父昆弟，己昆弟，子昆弟。」又周禮小宗伯，禮記仲尼燕居注皆云：「三族：父，子，孫。」王紹蘭曰：均、謂商均。此言衰世連坐之法，德雖如舜，不免坐罪於商均，謂因商均連及舜也。先祖當賢，王曰：卽先祖嘗賢也。啓雄按：當、讀爲「儻」，若也。後子孫必顯，王曰：元刻無「後」字，治要同。行雖如桀紂，列從必尊，楊曰：列從、謂行列相從。此以世舉賢也。以族論罪，以世舉賢，雖欲無亂，得乎哉！詩曰：「百川沸騰，山冢崒崩，高岸爲谷，深谷爲陵。哀今之人，胡憯莫懲！」楊曰：小雅十月之交之篇。毛云：「沸、出也。騰、乘也。山頂曰冢。崒者崔嵬。高岸爲谷、深谷爲陵、言易位也。」鄭云：「憯、曾也。懲、止也。變異如此，禍亂方至。哀哉今在位之人，何曾無以道德止之。」此之謂也。

論法聖王，則知所貴矣；楊曰：論議法效聖王。以義制事，則知所利矣；論知所貴，則知所養矣；陳曰：養、取也。知所養、知所取法也。周頌傳：「養、取也。」事知所利，則動知所出矣；楊曰：所出、謂所從也。俞曰：四句相對成文，下句不應多「動」字，動字衍。——二者，是非之本，得失之原也。故成王之於周公也，無所往而不聽，陶曰：無上當有「論」字。知所貴也。桓公之於管仲也，國事無所往而不用，陶曰：國字衍文。知所利也。吳有伍子胥而不能用，國至於亡，倍道失賢也。故尊聖者王，貴賢者霸，敬賢者存，慢賢者亡，古今一也。故尙賢使能，等貴賤，分親疏，序長幼，此先王之道也。故尙賢使能，則主尊下安；貴賤有等，則令行而不流；王曰：流、讀爲「留」，治要正作「令行而不留」。親疏有分，則施行而不悖；長幼有序，則事業捷成而有所休。楊曰：捷、速也。長幼各任其力，故事業速成，而亦有所休息之時也。故仁者，仁此者也；義者，分此者也；節者，死生此者也；鍾曰：死生此、謂生死皆不出此也。忠者，惇愼此者也；郝曰：愼、誠也。言能惇厚誠信於此五者謂之忠也。兼此而能之備矣；備而不矜，一自善也，謂之聖。楊曰：一、皆也。陶曰：仁義忠節皆聖人所以自善，故無所容其矜伐。不矜矣，夫故天下不與爭能而致善用其功。楊曰：不矜而推衆力，故天下不敢爭能，而極善用於衆功，矜則有敵，故不尊也。有而不有也，夫故爲天下貴矣。楊曰：有能而不自有。詩曰：「淑人君子，其儀不忒，其儀不忒，正是四國。」楊曰：曹風尸鳩之篇。言善人君子，其儀不忒，故能正四方之國。以喻正身待物，則四國皆化；恃才矜能，則所得者小也。此之謂也。

第二十五篇　成相

啓雄按：成字含二義：(一)說文：「成、就也。」(二)書皐陶謨：「簫韶九成」，鄭注：「樂備作謂之成」。禮記樂記注：「成猶奏也」。相字亦含二義：(一)小爾雅廣詁：「相、治也」。呂覽舉難：「相也者、百官之長也」。(二)禮記檀弓：「鄰有喪，舂不相；里有殯，不巷歌，」注：「相、謂以音聲相勸。」曲禮注：「相、謂送杵聲」。——(一)謂成就相治國家的偉業。(二)謂合唱舂米歌。因此、這個標題的含義是雙關的。漢書藝文志雜賦中有成相雜辭十一篇，淮南王亦有成相篇；可見在戰國以後「成相」是文學作品的名稱。荀子成相篇在體裁上是采用成相雜辭的文學程式，在內容上是撮要鉤玄地表達他的政法思想；是一篇充滿着政治意味的文學作品。

請成相，啓雄按：篇中三句「請成相」，一句「凡成相」的「成相」都是說：成就相治國家事業。「成相竭、辭不蹷」，「託於成相以喻意」的「成相」都是摹擬舂米歌的格調的文藝作品。**世之殃，愚闇愚闇墮賢良，**啓雄按：本書君道：「人主無左右足信者謂之闇。」左定十二傳注：「墮、毀也。」此言：世人所以遭殃禍，是由於君主愚蠢昏暗，其惡果是把賢良們都毀壞掉了。如：楚懷王逼使屈原自沈，楚也「亡國破家」，就是顯例。**人主無賢，如瞽無相，何倀倀。**啓雄按：周禮眂瞭：「相瞽」注：「相謂扶工。」疏：「相者、以瞽人無目，須人扶持故也。」說文：「倀、狂也。」俗字作猖。本書修身：「人無法則倀倀然。」**請布基，愼聖人，**

俞曰：人字不入韻，疑當作「愼聽之。」啓雄按：國語鄭語注：「布、陳也。」詩南山有臺傳：「基、本也。」請布基者、請陳治國之基本也。本篇言基，不一而足，都以堂基爲喩，所以應當訓本。愚而自專事不治，主忌苟勝、羣臣莫諫、必逢災。論臣過，反其施，王先謙曰：言論人臣之過，當反其所施行；卽下所云：「拒諫飾非愚而上同也」。陶曰：施、宜也。淮南氾論注：「施、宜也。」是也。此云：反其施、謂反其所宜。尊主安國尙賢義，爲臣道所宜，反之則爲過矣。尊主安國尙賢義，俞曰：義、讀爲「儀」，儀亦賢也。廣雅釋言：「儀、賢也。」尙賢儀、言崇尙賢者也。拒諫飾非、愚而上同、國必禍。曷謂罷？啓雄按：罷、不賢也。「曷謂罷」、與「曷謂賢」，相對爲文。王制：「賢能不待次而舉，罷不能不待須而廢」，非相：「君子賢而能容罷」。亦「罷」「賢」對文。下文「辨賢罷」亦同。國多私，啓雄按：私借爲厶；說文：「厶、姦衺也。」比周還主黨與施，啓雄按：本書不苟：「交親而不比」，注：「比、暱狎也。」說文：「周、密也。」還借爲繯；國語齊語注：「繯、繞也。」施借爲敀；說文：「敀、敷也。」敷古讀如布，故敷布通用。遠賢近讒、忠臣蔽塞、主埶移。曷謂賢？明君臣，上能尊主下愛民，今本下愛作「愛下」，據王據不苟臣道乙。主誠聽之、天下爲一、海內賓。啓雄按：爾雅釋詁：「賓、協、服也。」主之孽，讒人達，賢能遁逃國乃蹷，楊曰：蹷、顚覆也。啓雄按：漢書董仲舒傳：「妖孽生矣」，注：「孽、災也。」愚以重愚、闇以重闇、成爲桀。世之災，妬賢能，飛廉知政任惡來，啓雄按：呂覽長見：「三年而知鄭國之政。」注：「知猶爲也。」卑其志意、大其園囿、高其臺。武王怒，師牧野，久保愛曰：書：「武王戎車三百兩，虎賁三百人，與受戰於牧野。」啓雄按：久保愛引書見牧誓。受卽「紂」，書西伯戡黎傳：「受、紂也。音相亂。」紂卒易鄉啓乃下，楊曰：易鄉、回面也。謂前徒倒戈攻於後。啓、微子名。下、降也。鄉、讀爲「向」。武王善之、封之於宋、立其祖。俞曰：說文：「祖、始廟也。」世之衰，讒人歸，比干見刳箕子累，楊曰：累、讀爲「縲」。書：「釋箕子之囚。」武王誅之、呂尙招麾、殷民懷。楊曰：招麾、指揮也。啓雄按：詩匪風傳：「懷、歸也」。世之禍，惡賢士，子胥見殺百里徙，楊曰：子胥、吳大夫伍員字也，爲夫差所殺。百里奚虞公之臣。徙、遷也。謀不見用，虞滅，繫虜，遷徙於秦。啓雄按：史記秦紀：「晉滅虞，虜虞君與百里傒以爲秦繆公夫人媵於秦。」晉世家與此同。左僖五傳、孟子萬章所載與此異。穆公任之、强配五伯、六卿施。楊曰：六卿、天子之制。春秋時大國亦僭置六卿。六卿施、言施六卿也。啓雄按：台州本任作「得」。世之愚，惡大儒，逆斥不通孔子拘，楊曰：逆拒、斥逐大儒不使通也。拘、謂畏匡厄陳也。展禽三絀、春申道綴、基畢輸。楊曰：展禽、魯大夫無駭之後，名獲，字子禽，諡曰「惠」。居於柳下。三絀、謂爲士師三見絀也。春申、楚相黃歇，封爲春申君。綴、與「輟」同，止也。郝曰：此荀卿自道，荀本受知春申爲蘭陵令，蓋將借以行道，迨春申亡而道亦連綴俱亡，基亦輸矣。王曰：穀梁隱六年傳：「輸者、墮也。」劉師培曰：春申當作「魯申」，左傳定四年：「晉重魯申」，「魯申」卽魯僖公也。此句承上文展禽言，展禽與魯僖公同時。荀子此意，蓋言魯爲周公之後，又爲儒術之所及，魯不用展禽故道絀而基輸。言周公之基業至僖公而竟墮也。故曰：「魯申道絀基畢輸。」昔孔子以臧孫下展禽爲不仁，蓋儒家所持之論以展禽之用舍，判儒術之廢興，故荀卿以展禽三絀刺僖公也。請牧基，楊曰：牧、治。賢者思，堯在萬世如見之，讒人罔極、險陂傾側、此之疑。陶曰：此言賢者能思吾言，則堯雖在萬世之上而可見；若讒人險陂傾側，雖聞吾言，猶疑而不信也。啓雄按：禮記少儀注：「罔、無知皃。」陂借爲頗；廣雅釋詁：「頗、衺也。」基必施，辨賢罷，文武之道同伏戲，楊曰：戲、與「羲」同。由之者治、不由者亂、何疑爲！啓雄按：這是說：若遵循着伏犧文武的正道前進的人就治理，不遵循的人就紛亂。凡成相，辨法方，至治之極復後王，啓雄按：法方、即莊子天下之「方術」「道術」；呂覽注：「方、術也。」論語孔注：「方、道也。」此言：概括成就相治的總要，在於辨別道術的優劣。修治達到極點時便復歸到後王的範圍來了！這意味着：久已出軌的邪道（邪說和苛政）便再度納入正軌。謂「迷途知返」地繞回到君或師（後王）所指引的正道上來。後王、說詳本書非相篇中。愼、墨、季、惠、百家之說誠不詳。楊曰：愼到、墨翟、惠施。或曰：季、即莊子「季眞之莫爲者也。」又「季子聞而笑之。」據此則是梁惠王犀首惠施同時人。韓侍郎云：「或曰：季梁也。列子曰：『季梁楊朱之友。』」啓雄按：不詳、謂「得道之一隅」，即偏蔽而不够全面之意。治復一，脩之吉，君子執之心如結，啓雄按：一借爲壹；說文：「壹、專壹也。」指專心壹意地遵循着正道前進。詩尸鳩：「淑人君子，其儀一兮，其儀一兮，心如結兮。」心如結、就是心理上專壹的表現。衆人貳之、讒夫棄之、形是詰。郝曰：形刑古字通。詰者、治也。書呂刑：「度作刑以詰四方。」啓雄按：國語周語注：「貳、二心也。」水至平，端不傾，心術如此象聖人，□而有埶、直而用抴、必參天。楊曰：言既得權勢，則度己以繩，接人用抴，功業必參天也。郝曰：「而有勢」句之上疑脱「人」字。啓雄按：用抴、喻輔導別人前進。餘詳非相篇中。世無王，窮賢良，暴人芻豢仁人糟糠，王引之曰：下人字涉上「人」字而衍。禮樂滅息、聖人隱伏、墨術行。啓雄按：墨術、指墨翟之術。本書富國：「墨術誠行，則天下尙儉而彌貧，非鬥而日爭，勞苦頓萃而愈無功，愀然憂戚非樂而日不和。」治之經，禮與刑，君子以脩百姓寧，啓雄按：左昭十五傳注：「經、法也。」爾雅釋詁：「刑、法也。」此言：用禮和法作爲治國之常法，這樣做，君子們的身修養好了，百姓們也安寧了！明德愼罰、國家既治、四海平。治之志，後埶富，君子誠之好以待，處之敦固、有深藏之、能遠思。啓雄按：孟子公孫丑注：「志、心所念慮也。」本書大略：「事至而後慮者謂之後。」此言、治國者把個人的權勢和富利的考慮放在末後。誠之，謂誠實其心志。好以待、指端正其態度來待：君子修、百姓寧、國家治、四海平。本書彊國注：「精審躬親之謂敦。」儒效：「萬物莫足以傾之之謂固。」敦固、是精審地實踐過而獲得不可動搖的端正的態度之意。有借爲又。思乃精，志之榮，好而壹之神以成，精神相反、一而不貳、爲聖人。王引之曰：反當爲

「及」，字之誤也。啓雄按：釋詞六：「乃猶若也。」呂覽振亂注：「榮、光明也。」左莊三十二傳：「神、聰明正直而壹者也。」一借爲壹。此言：思想若能專精，就是心志光明的表現。喜好這種人生觀而能專壹堅持之，那末，聰明正直由是而成。精和神集中而不分散，又專壹實踐而不變心，那就是聖人了！治之道，美不老，君子由之佼以好，楊曰：佼、亦好也，音絞。啓雄按：以借爲與。美不老，與致士「美意延年」略同。下以教誨子弟、上以事祖考。成相竭，辭不蹷，君子道之順以達，王曰：道、行也。言君子能行此言則順以達也。啓雄按：漢書王莽傳注：「蹷、短也。」此言：成相歌曲雖然竭盡了，但是、諷諫的意旨雋永深遠，執政的君子若依照這諷勸行事，必能順利而通達。宗其賢良、辨其殃孽、□□□。顧曰：此句以前後例之應十一字，今存八字，疑尙少三字，無可補也。劉師培曰：宗、當爲「尊」。

請成相，道聖王，王曰：道聖王、從聖王也。下文「道古賢聖」義與此同。堯舜尙賢身辭讓，許由、善卷、重義輕利、行顯明。楊曰：莊子：「堯讓天下於許由，許由不受。舜讓天下於善卷，善卷不受。」堯讓賢，以爲民，氾利兼愛德施均，辨治上下、貴賤有等、明君臣。啓雄按：廣雅釋言：「氾、普也，」釋詁：「辨、偏也。」偏治上下、就是氾利兼愛德施均的徵象。堯授能，舜遇時，尙賢推德天下治，雖有賢聖、適不遇世、孰知之。堯不德，舜不辭，妻以二女任以事，大人哉舜、南面而立、萬物備！啓雄按：此言：堯並不以妻舜以二女和任舜以事爲己德，舜也都受之而不辭。

舜旣接受堯之禪讓，同時又爲臣民所擁戴；因此、南面而立，萬物具備。舜授禹，以天下，尙得推賢不失序，啓雄按：「得」「德」古字通用。荀書或叚得爲「德」，禮論：「貴始得之本也」，大戴記作：「貴始德之本」；或叚德爲「得」，解蔽：「德道之人」，王曰：德道、卽「得道」也。外不避仇、內不阿親、賢者予。郝曰：予者、相推予也。予與古今字。啓雄按：離騷：「皇天無私阿兮」，注：「所私爲阿。」外不避仇、指誅鯀而用鯀子禹。內不阿親、指不傳位給子商均，而傳給賢臣禹。禹勞心力，劉師培曰：此下二章均言堯事，禹有功以下二章方言禹事。以句例勘之，此文「禹」字疑衍，或當作「堯有德，勞心力」與下「禹有功、抑下鴻」對文。堯有德，干戈不用三苗服，舉舜甽畝、任之天下、身休息。楊曰：甽、與「畎」同。得后稷，五穀殖，夔爲樂正鳥獸服，啓雄按：呂覽古樂：「堯命質（卽夔）爲樂，質乃效山林谿谷之音以歌。乃以麋輅置缶而鼓之，乃拊石擊石以象上帝玉磬之音以致舞百獸。」契爲司徒、民知孝弟、尊有德。禹有功，抑下鴻，辟除民害逐共工，北決九河、通十二渚、疏三江。啓雄按：鴻借爲洚；說文：「洚、水不遵道也。」辟借爲闢；說文：「闢、開也。」戰國策秦策：「禹伐共工。」書禹貢：「北播九河，」傳：「北分爲九河以殺其溢。」說文引爾雅：「小州曰渚。」禹傅土，平天下，啓雄按：傅借爲敷；書禹貢：「禹敷土」，馬注：「敷、分也」，傳：「洪水汎溢，禹分布治九州之土。」躬親爲民行勞苦，得益、皋陶、橫革、直成、爲輔。盧曰：困學紀聞：「呂氏春秋：『得陶化益眞窺橫革之交五人佐禹。』陶卽『皋陶』也。化益、卽『伯益』也。眞窺、卽『直成』也。倂橫革之交二人，皆禹輔佐之名。」案：竊與「成」音同，與「窺」形似，呂氏春秋蓋本作「竊」，傳寫誤爲「窺」耳，直與「眞」亦形似。呂氏語見求人篇。伯兄曰：輔上疑脫一「之」字。**契玄王，生昭明，**楊曰：詩：「天命玄鳥，降而生商。」又：「玄王桓撥。」皆謂契也。史記：「契爲堯司徒封於商，賜姓子氏。契卒子昭明立也。」啓雄按：詩長發傳：「玄王、契也。」**居於砥石遷於商，**楊曰：砥石、地名，未詳所在。或曰：卽砥柱也。啓雄按：史記殷本紀：「自契至湯八遷。」此語謂昭明始居砥石，後遷於商丘。**十有四世，乃有天乙是成湯。**啓雄按：湯名乙，亦名履，乙履古音同。（或曰：乙、湯之號。殷以甲乙爲號。）史記殷紀索隱：「湯名履，書『予小子履』是也。又稱『天乙』者，譙周云：『夏殷之禮，生稱王，死稱廟，皆以帝名配之。天、亦帝也。殷人尊湯故曰：「天乙」』。」又按：史記志疑一：「湯、非名也，（有謂湯是字及諡者，竝非。）以地爲號，故稱『成湯』『武湯』。路史發揮注：『湯特商國中一邑名，成湯、猶『成周』然。』」**天乙湯，論舉當，身讓卞隨、舉牟光，**楊曰：莊子：「湯讓天下於卞隨務光，二人不受。」牟、與「務」同。俞曰：下舉字讀爲「與」。**□□□□、道古賢聖、基必張。**王曰：道上當有一四字句，而今本脫之。此指當時之君而言，與上成湯異事，故知有脫文。**願陳辭，□□□，**啓雄按：「願陳辭」下挩一「三字句」。胡元儀謂：願陳辭上脫「請成相」三字，見郇卿別傳攷異。但本篇「請成相」凡三見，相字皆諧韻，今此處若加「請成相」三字，與下文不諧韻，胡說似非。**世亂惡**

善不此治，隱過疾賢，長由姦詐，鮮無災。今本過作「諱」，據陶據注改。長作「良」，據王據注改。楊曰：隱諱過惡，疾害賢良，長用姦詐，少無災也。王懋竑曰：由、用也。患難哉！阪爲先，啓雄按：廣雅釋詁：「阪、衺也。」在此作形名詞用，指邪術。阪爲先、謂以邪術爲首要之計謀，下文「聖知不用愚者謀」卽伸釋此句。聖知不用愚者謀，前車已覆，後未知更，何覺時。楊曰：前車已覆，猶不知戒，更何有覺悟之時也。啓雄按：何覺時、當作「覺何時」，轉寫誤倒。不覺悟，不知苦，迷惑失指易上下，中不上達，蒙揜耳目，塞門戶。啓雄按：爾雅釋言：「指、示也。」中借爲忠。淮南氾論注：「揜、蔽也。」本書君道：「便嬖左右者，人主之所以窺遠收衆之門戶牖向也。」此言：倘君主不覺悟，不知苦，迷惑地作出失當的指示，使得上下變易顛倒了，此時雖有忠言要上達君主，可是君主的耳目已被便嬖左右蒙蔽了，這就是堵塞了君主窺遠收衆的門戶。門戶塞，大迷惑，悖亂昏莫不終極，啓雄按：說文：「悖、亂也。」老子注：「昏、闇昧也。」莫同暮；說文：「莫、日且冥也。」此以日暮喻人之昏暗。不終極、謂無窮無盡。是非反易，比周欺上，惡正直。正直惡，心無度，邪枉辟回失道途，已無郵人，我獨自美，豈獨無故。楊曰：故、事也。不可尤責於人，自美其身。已豈無事，已亦有事，而不知其過也。啓雄按：惡、音務，憎恨也。辟借爲僻；詩板釋文：「僻、邪也。」禮記禮器注：「回、邪辟也。」「無郵」的「無」字衍。郵借爲訧；說文：「訧、辠也。」訧音尤，辠音罪。郵人猶言怨人。不知戒，後必有，盧曰：有、讀曰「又」，所謂貳過也。

恨後遂過不肯悔，王曰：恨、與「很」同。後、當爲「復」，字之誤也，復、與「愎」同。言很愎不從諫以遂其過也。莊子漁父：「見過不更，聞諫愈甚，謂之很。」逸周書謚法：「愎很遂過曰刺。」讒夫多進、反覆言語、生詐態。鍾曰：臣道：「有態臣。」蓋態即面從，即逢君之惡之謂。人之態，不如備，楊曰：如當爲「知」，言人爲態，上不知爲備。爭寵嫉賢利惡忌，啓雄按：利字是動詞，即論語「工欲善其事，必先利其器」的「利」。利惡忌、就是憎惡妒忌的心理尖銳化了。妬功毀賢、下斂黨與、上蔽匿。楊曰：斂、聚也。上壅蔽，失輔埶，任用讒夫不能制，郭公長父之難、厲王流於彘。今本郭作「埶」，據楊據或本改。盧曰：古郭虢字通，郭公長父即呂覽當染之「虢公長父」也。周幽厲，所以敗，不聽規諫忠是害，嗟我何人、獨不遇時、當亂世。欲衷對，言不從，俞曰：對字當在「衷」字上，對、讀爲「遂」。爾雅釋言：「對、遂也。」欲對衷者、欲遂衷也。言欲遂其衷忱，而無如言之不從也。恐爲子胥身離凶，啓雄按：衷對、作「對衷」，是；因爲：「衷」「從」「凶」諧韻。淮南氾論注：「離、遭也。」進諫不聽、剄而獨鹿、棄之江。楊曰：獨鹿、與「屬鏤」同。吳王夫差賜子胥之劍名。王曰：而、猶「以」也，謂剄以獨鹿也。觀往事，以自戒，治亂是非亦可識，□□□□、託於成相以喻意。顧曰：疑尙少四字。

請成相，言治方，君論有五約以明，君謹守之、下皆平正、國乃昌。啓雄按：方借爲法。考工記注：「論道、謂謀慮治國之政令。」此君論、謂君主謀慮治國之政論，即：一、臣下職，二、守其職，三、君法明，四、君法儀，五、刑稱陳。釋詞一：「以猶而也。」守之、指守政論。淮南時則：「平、讀「評議」之評。」平正、謂評議政論且能正確。臣下職，莫游食，務本節用財無極，事業聽上、莫得相使、一民力。楊曰：所興事業皆聽於上，羣下不得擅相役使則民力一。啓雄按：臣下職、謂臣下們各人都專任一職守；職字是動名詞。守其職，足衣食，厚薄有等明爵服，利往卬上、莫得擅與、孰私得。楊曰：卬與「仰」同，宜亮反。王引之曰：往、當爲「佳」，佳古「唯」字也。劉師培曰：下得字與「德」同，韓非子八姦：「不使人臣私其德。」君法明，論有常，表儀既設民知方，進退有律、莫得貴賤、孰私王。啓雄按：君法明確，政論有常規。表借爲幖，幖即標誌。說文：「儀、度也。」表儀、指有常的君法。民知方、謂人民知道遵循的方向，餘詳君道篇中。私王、即「比周還主。」君法儀，禁不爲，啓雄按：論語皇疏：「爲、行也。」此言：君法起了「準則」的作用，禁止不遵行此法令的臣民。莫不說教名不移，楊曰：說、讀爲「悅」。啓雄按：悅敎、謂臣民悅君師之敎。說文：「名、自命也。」廣雅釋詁：「移、易也，轉也。」名不移、謂臣民使自己悅敎不變易轉移。脩之者榮、離之者辱、孰它師。楊曰：孰敢以它爲師，言皆歸王道，不敢離貳也。刑稱陳，守其銀，啓雄按：銀借爲垠；說文：「垠、岸也。」指四邊的界限。此言：刑法既已針對着人的罪行而相稱地陳設了，那就可以使人們在一定的界限以內遵守着國法而行動。下不得用輕私門，楊曰：下不得專用刑法，則私門自輕。罪禍有律、莫得輕重威不分。陶曰：禍、與「過」通。罪言其重，過言其輕，故曰：莫得輕重。請牧基，明有祺，今本「基」「祺」互錯，據俞據上文易。豬飼彥博曰：明有祺、言主明察必有吉祥也。主好論議必善謀，五聽脩領、莫不理續、主執持。楊曰：五聽、折獄之五聽也。王曰：領、治也，理也。樂記：「領父子君臣之節。」注：「領、猶理治也。」續、當爲績，爾雅：「績、事也。」鍾曰：主執持、謂五聽皆在主自執持也。啓雄按：周禮小司寇：「以五聲聽獄訟求民情：一、辭聽，二、色聽，三、氣聽，四、耳聽，五、目聽。」聽之經，王先謙曰：聽、謂聽政也。經、道也。明其請，盧曰：請古與「情」通用。參伍明謹施賞刑，顯者必得、隱者復顯、民反誠。啓雄按：參借爲三。伍借爲五。此言：通過三五錯綜的和明謹的調查研究才施行賞或刑，這樣、顯明的事固然必得其實，即隱匿的事也再顯現了。這樣做、人民就由詐僞返回誠實了！言有節，楊曰：節、謂法度。稽其實，信誕以分賞罰必，下不欺上、皆以情言、明若日。啓雄按：禮記緇衣注：「稽猶考也，議也。」信、指誠實之言。誕、指欺詐之言。賞罰必、謂準賞誠實者，準罰欺詐者。皆以情言明若日、謂都依實情說話，坦率的態度光明如白日。上通利，隱遠至，觀法不法見不視，耳目既顯、吏敬法令、莫敢恣。啓雄按：利是「犀利」的利，敏銳之意。此言：君主通達事理，察覺又敏銳，因此、幽隱和遠隔的事物都入到他的認識中了！他觀察法律問題能在法律範圍以外注意，因此、他所見到的事物能遠達、深入到常人看不到的境域。他的耳目既然明顯（耳聰目明），官吏們自然嚴肅認眞地遵行法令，無一人敢放恣。君教出，行有律，吏謹將之無鈹滑，啓雄按：廣雅釋詁：「將、行也。」鈹當作頗；廣雅釋詁：「頗、衺也。」衺、今多以邪字代之。滑同猾；三倉：「猾、黠惡也。」下不私請，各以宜，舍巧拙。楊曰：請、謁，舍、止也。羣下不私謁，各以所宜，不苟求也。如此則以道事君，巧拙之事亦皆止。盧曰：此句當作「各以所宜舍巧拙」。臣謹脩，君制變，公察善思論不亂，以治天下，後世法之，成律貫。啓雄按：脩借爲修；禮記學記注：「修、習也。」說文：「制、裁也。」本書不苟注：「法、效也。」制、法二字均是動詞。爾雅釋詁：「律、法也。」廣雅釋詁：「貫、累也。」

此言：臣們謹愼地習行法令，而君主制裁法令的變革。公正地觀察和優善地思考政法的理論，政法就不紊亂；現在用它來治天下，後世又效法它，積累起來就成爲法律的優良傳統。

第二十六篇　賦

啓雄按：說文：「賦、斂也。」方言：「賦、臧（藏）也。」釋名釋典藝：「敷布其義謂之賦。」在荀子前有廋辭，（國語載：魯成公時晉「有秦客廋辭於朝，大夫莫能對。」）有隱。（隱卽隱語或謎語。史記載：「齊威王喜隱，淳于髡說之以隱。」新序謂：齊宣王時有隱書。）漢志著錄隱書十八篇，可知在荀子前後有隱書存在着。荀子賦篇的體例是：先斂藏起謎底，用隱語說出謎面，隨後指出謎底；與「遯詞以隱意，譎譬以指事。」的「隱」或略同。賦字含義有二：（一）斂藏。（二）敷布。荀子賦篇似兼而用之。

爰有大物，啓雄按：詩凱風：「爰有寒泉。」鶴鳴：「爰有樹檀。」箋竝曰：「爰、曰也。」曰、或作「吹」，廣雅釋詁：「吹、詞也。」大物、暗指禮。非絲非帛，文理成章；啓雄按：說文：「文、遣畫也，象交文。」今字作紋。本書解蔽：「見鬚眉而察膚理」，注：「理、肌膚之文理。」周髀算經注：「章、條也。」荀子用交織的文理象徵有條理的高尚行爲——禮。非日非月，爲天下明；生者以壽，啓雄按：謂生者用禮修德和養生，能使人久壽。死者以葬，城郭以固，啓雄按：謂依禮築城和守城，能使城郭堅固。三軍以强；久保愛曰：晉文公觀師曰：「少長有禮，其可用也。」粹而王，駁而伯，啓雄按：粹、指禮純而全。駁、指禮雜不純。此言：修禮達到純全者就爲王，不純全者僅能爲諸侯之長。無一焉而亡。臣愚不識，敢請之王？王曰：此夫文而不采者與？陶曰：言雖成文理而實無采色可辨。簡然易知而致有理者與？君子所敬而小人所不者與？啓雄按：此言：君子們所要自肅自警的修養工夫，却正是小人們所不幹的。性不得則若禽獸，性得之則甚雅似者與？劉師培曰：似訓爲象，（說文）又訓爲若，（廣雅）故似爲語詞，與「如」「若」同觀。雅似猶言雅如也，特易如爲似以叶韵耳。匹夫隆之則爲聖人，諸侯隆之則一四海者與？啓雄按：隆之、謂尊大禮，見勸學篇中。一四海、謂統一四海，卽「粹而王」之意。致明而約，甚順而體，啓雄按：淮南主術注：「約、要也。」體字讀爲淮南氾論「聖人以身體之」的「體」，注：「體、行也。」此言：極簡明而且要約，甚順理而且能身體力行。請歸之禮。——禮。

皇天隆物，王曰：隆與降同，隆降古同聲，故隆字亦通作降。以示下民，或厚或薄，常不齊均；今本常、作「帝」，據王據類聚校改。啓雄按：物、暗指知。說文：「示、天垂象、見吉凶、所以示人也。」此言：天帝下降智識，用這種智來啓示人民；但人們接受智有厚多的有薄少的，常常是不齊同均等的。皇天、指天帝，說詳本書修身篇末。桀紂以亂，湯武以賢；啓雄按：此言：桀紂用知撓亂天下，湯武用知兼善天下。湣湣淑淑，皇皇穆穆；啓雄按：湣借爲惛；惛惛、濁也。淑淑、淸也。皇皇、大也。穆借爲㣎；㣎㣎、細也。此狀智之有淸、有濁、有大、有細。周流四海，曾不崇日，啓雄按：崇借爲終。知旣然是自然存在着的博大物，因此、它不用一天的時間就能周徧地流行四海了！君子以脩，跖以穿室；大參乎天，精微而無形；行義以正，事業以成；啓雄按：莊子大宗師：「玄冥聞之參寥」，李注：「參寥、高邈寥曠不可名。」乎借爲于。義今作儀；說文：「義、己之威儀也。」此言：若就知的大處看它，它簡直高大達于天；若就知的精微處看它，它簡直細小到無形象可見。人們的行動容儀因善用知就端正了，一切事業因善用知就成功了。可以禁暴足窮，楊曰：足窮、謂使窮者足也。百姓待之而後寧泰。楊曰：寧泰、當爲「泰寧」。臣愚不識，願問其名？曰：此夫安寬平而危險隘者邪？啓雄按：夫猶彼也。左文十一傳：「安、處也。」說文：「危、在高而懼也。」安、危、都是動詞。此言：安習於寬宏平正（指明理之知），而危懼險傾狹隘（指巧詐之知）吧？脩潔之爲親而雜汙之爲狄者邪？啓雄按：脩借爲修。狄借爲逖。爲猶是也。此言：事要親近修飾整潔者（指明理之知）而疏遠雜亂穢汚者（指巧詐之知）吧？甚深藏而外勝敵者邪？啓雄按：呂覽觀表注：「甚、厚也。」爾雅釋詁：「敵、匹也。」自身厚重地深藏着（指明理之知）而對外能戰勝匹敵者（指巧詐之知）吧？法禹舜而能弇迹者邪？啓雄按：說文：「弇、蓋也。」弇迹、重蹈脚印也。此言：效法禹舜而能再度實行禹舜的偉業吧？行爲動靜待之而後適者邪？血氣之精也，志意之榮也，啓雄按：國語楚語注：「明潔爲精。」呂覽振亂注：「榮、光明也。」百姓待之而後寧也，天下待之而後平也，明達純粹而無疵，今本疵下衍「也」字，據王引之據類聚校刪。夫是之謂君子之知——知。

有物於此，居則周靜致下，動則綦高以鉅；圓者中規，方者中矩；大參天地，德厚堯禹；精微乎毫毛而大盈乎大寓；楊曰：寓、與「宇」同。啓雄按：此言：水氣未升時則周徧地靜止而向下，動則極高而大；圓雲的形狀和規適合，方雲的形狀和矩適合；其大則高曠及于天地，其德則厚過堯禹；最小的水氣比毫毛還精微，最大的雲霧充滿大空間。忽兮其極之遠也，攭兮其相逐而反也，王曰：忽、遠貌。楚辭九歌：「平原忽兮路超遠。」極、至也。言忽兮其所至之遠也。攭者、雲氣旋轉之貌。反、亦旋也。卬卬兮天下之咸蹇也，俞曰：蹇、讀爲「攓」。方言：「攓、取也。」謂雲行雨施，澤被天下，天下皆有取也。德厚而不捐，五采備而成文；往來惽憊，通于大神，楊曰：惽憊、猶「晦暝」也。通于大神，言變化不測也。出入甚極，楊曰：極、讀爲「亟」，急也。莫知其門，天下失之則滅，得之則存。弟子不敏，此之願陳，君子設辭，請測意之？王引之曰：意者、度也。曰：此夫大而不塞者與？楊曰：雲氣無實，故曰「不塞」。充盈大宇而不窕，入郄穴而不偪者與？王曰：窕者、間隙之稱，言充盈大宇而無間隙也。偪、不容也。行遠疾速而不可託訊者與？往來惽憊而不可爲固塞者與？楊曰：雖往來晦暝，掩蔽萬物，若使牢固蔽塞則不可。暴至殺傷而不億忌者與？王曰：億、讀爲「意」，廣雅：「意、疑也。」功被天下而不私置者與？王曰：置讀爲「德」，言功被天下而無私德也。託地而游宇，友風而子雨，楊曰：風與雲竝行，故曰「友」。雨因雲而生，故曰「子」。冬日作寒，夏日作暑，廣大精神，請歸之雲。楊曰：至精、至神、通於變化，唯雲乃可當此說也。——雲。

有物於此，儽儽兮其狀，屢化如神，楊曰：儽讀如其蟲倮之「倮」，儽儽、無毛羽之貌。屢化、（今本屢作「變」，據豬飼彥博說改。）即謂三俯三起，成蛾蛹之類。功被天下，爲萬世文。啓雄按：蠶有被覆和衣著天下民衆的功，而且也作爲萬世衣冠的文飾。禮樂以成，貴賤以分，養老長幼待之而後存；名號不美，與暴爲鄰；孫曰：此言蠶音與「殘」相轉最近也。功立而身廢，事成而家敗；棄其耆老，收其後世；人屬所利，啓雄按：韓子解老：「屬之謂徒」，人屬、即人徒。利借爲賴。飛鳥所害。楊曰：人屬則保而用之，飛鳥則害而食之。臣愚而不識，請占之五泰？劉師培曰：五泰、蓋神巫之名，與「巫咸」「巫陽」同。啓雄按：泰本是易卦名，序卦：「履而泰，然後安；……泰者、通也。」荀子衝着它能通，給它人格化了，稱他做「五泰」，請他占驗謎語。五泰占之曰：此夫身女好而頭馬首者與？啓雄按：方言：「凡美色或謂之好。」女好，即女媄。此言：蠶身似女媄，蠶頭似馬首。屢化而不壽者與？善壯而拙老者與？楊曰：壯得其養，老而見殺。有父母而無牝牡者與？楊曰：爲蠶之時未有牝牡也。冬伏而夏游，啓雄按：游借爲遊；論語皇疏：「遊、履歷之辭。」夏遊、夏季的履歷；指蠶三度蛻解，最後作繭化蛾。食桑而吐絲，前亂而後治，楊曰：繭亂而絲治也。夏生而惡暑，楊曰：生長於夏，先暑而化。喜溼而惡雨，楊曰：溼謂浴其種，既生之後，則惡雨也。蛹以爲母，蛾以爲父，楊曰：互言之也。三俯三起，事乃大已，楊曰：俯、謂臥而不食。事乃大已、言三起之後事乃畢也，謂化而成繭也。夫是之謂蠶理。——蠶。

有物於此，生於山阜，處於室堂；無知無巧，善治衣裳；不盜不竊，穿窬而行，日夜合離，以成文章；啓雄按：窬借爲踰。文同紋。章、條也。文章、指縫成的文采。以能合從，久保愛曰：以已通用，既也。又善連衡；啓雄按：從借爲縱。衡借爲橫。下覆百姓，上飾帝王；功業甚博，不見賢良；楊曰：見、猶「顯」也。不自顯其功伐。時用則存，不用則亡。啓雄按：禮記學記：「當其可之謂時。」此言：當用它（針）時、它就存在着，不用它時、它就隱避亡匿。臣愚不識，敢請之王？王曰：此夫始生鉅其成功小者邪？啓雄按：始生鉅、指製針的鋼鐵。成功小、指製成的針。長其尾而銳其剽者邪？楊曰：長其尾、謂線也。剽、末也，謂箴之鋒也。頭銛達而尾趙繚者邪？啓雄按：銛借爲柧；柧今字作尖。趙借爲掉。說文：「繚、纏也」。一往一來，結尾以爲事；無羽無翼，反覆甚極；楊曰：極、讀爲「亟」，急也。尾生而事起，古屋鬲曰：尾生、謂施線於箴也。尾邅而事已；楊曰：尾邅迴盤結，則箴功畢也。簪以爲父，于曰：簪所以濟箴之窮，箴滯線結，必以簪撥之，今俗猶然。管以爲母；楊曰：管所以盛箴，故曰「爲母」。既以縫表，又以連裏；夫是之謂箴理。——箴。

啓雄按：荀子賦篇的原文，至此似已結束了；以下的佹詩，好像本來是另外一篇獨立的篇章，不是賦篇的卒章；它的標題或是佹詩，或是詩篇。（？）

天下不治，請陳佹詩：楊樹達曰：佹、假爲「恑」，說文：「恑、變也。」變詩、猶「變風」「變雅」。

天地易位；四時易鄉；列星殞墜；久保愛曰：殞、與「隕」同。旦暮晦盲；啓雄按：詩殷武傳：「鄉、所也」，謂處所。易位、易鄉均謂顛倒了本然的位置。呂覽明理：「晝盲」，注：「盲、冥也。」幽闇登昭，今本闇作「晦」，據王據元刻校改。日月下藏；楊曰：言幽闇之人登昭明之位，君子明如日月反下藏。昭、或爲「照」。公正無私，見謂從橫；今本見上衍「反」字，下奪「謂」字，據王據類聚刪補。啓雄按：此言：好人有「公正無私」的美德，反被壞人說成是「縱橫」的壞行動。韓子五蠹：「從者（蘇秦）合衆弱（六國）以攻一强（秦），而衡者（張儀）事一强以攻衆弱。」淮南泰族：「張儀蘇秦約從衡之事，爲傾覆之謀，濁亂天下，撓滑諸侯。」志愛公利，重樓疏堂；啓雄按：重樓、憼革、敖暴三句上均無謂語，前句「見謂從橫」的「見謂」二字就是一總冒謂語，它統攝着以下三句；即：見謂：從橫、重樓疏堂、憼革貳兵、敖暴擅彊。這句說：好人本是心愛公共福利的，可是被壞人說成：「重疊樓房，通暢堂室。」——指營建私宅。無私罪人，憼革貳兵；楊曰：憼、與「儆」同，備也。啓雄按：廣雅釋詁：「貳、益也。」這句說：絕無私怨的緣故會得罪過人，可是被壞人說成：「戒備和增益兵革。」——指防禦私仇。道德純備，讒口將將。王曰：將將、聚集之貌。周頌執競：「磬筦將將。」傳：「將將、集也。」仁人絀約，楊曰：絀退、窮約。敖暴擅彊；啓雄按：敖借爲傲。說文：「擅、專也。」指專橫。又按：此句似與「道德……將將」句互錯。天下幽險，恐失世英；螭龍爲蝘蜓，啓雄按：說文：「螭、若龍而黃。」說文：「蝘蜓、守宮也，」卽壁虎。鴟梟爲鳳皇；

此干見刳，孔子拘匡，昭昭乎其知之明也，郁郁乎其遇時之不祥也，拂乎其欲禮義之大行也，楊曰：郁郁、有文章貌。拂、違也。此蓋誤耳，當爲「拂乎其遇時之不祥也；郁郁乎其欲禮義之大行。」闇乎天下之晦盲也，皓天不復，憂無疆也；啓雄按：爾雅釋詁：「皓、光也」，字亦作皜。此言：在暗無天日的晦冥景象中，光天不復返，故憂慮無止境。千歲必反，古之常也；楊曰：亂久必反於治，亦古之常道。弟子勉學，天不忘也；聖人共手，時幾將矣；俞曰：荀子之意，謂亂極必反，非謂世事已去不可復治也。此乃望之之辭，言聖人於此亦拱手而待之耳。所謂千歲必反者，此時殆將然矣。與愚以疑，願聞反辭。啓雄按：史記夏本紀索隱：「與、同也」。愚、即論語「甯武子邦無道則愚」的「愚」。指積極分子「盡心竭力、不避艱險」的任勞任怨態度。以、用也。詩桑柔傳：「疑、定也」。與愚以疑、謂如同愚忠者一樣，而且又用堅定的信心希望時局明朗化。反辭、指違反正道之辭，即篇末「琁玉瑤珠……以吉爲凶，」八句。

其小歌曰：盧曰：曰、各本多作「也」，有一本作「曰」，今從之。啓雄按：增注及台州本竝作「也」；也字已能通，不改字亦可。念彼遠方，俞曰：此章蓋亦遺春申君者，下文「仁人絀約，暴人衍矣。」諸句，其意實譏楚也，不敢斥言楚國，故姑託遠方言之，若謂彼遠方之國有如此耳。何其塞矣；啓雄按：說文：「塞、隔也」。此言：楚王被壞人蔽塞而與好人隔絕了！仁人絀約，暴人衍矣；忠臣危殆，讒人服矣。楊曰：服、用也。本或作「讒人般矣。」般、樂也。

琁、玉、瑤、珠，不知佩也；盧曰：瑤、說文訓「美石」。郝曰：琁、卽「瓊」字。啓雄按：篇末「琁玉……曷維其同」全段疑本在「其小歌曰」句之前，因錯簡與小歌前後顚倒。雜布與錦，不知異也；王曰：此謂布與錦雜陳於前而不知別異。言美惡不分也。閭娵、子奢，莫之媒也；楊曰：閭娵古之美女。子奢當爲子都。啓雄按：外傳四作「子都」。說文：「媒、謀也，謀合二姓。」這句喻：無人推賢進能。嫫母、力父，是之喜也。楊曰：嫫母、醜女。力父、未詳。以盲爲明，以聾爲聰，以危爲安，以吉爲凶。嗚呼！上天！曷維其同！啓雄按：廣雅釋詁：「維、係也。」說文：「同、合會也。」此謂：怎能連結異心志者而爲志同道合者呢！就是說：試問有什麼好方法能使昏君改變他的錯誤思想來和我的正確思想連結而使我們同心同德呢！屈賦：「何離心之可同兮！」感傷和慨歎略與此同。

第二十七篇　大略

楊曰：此篇蓋弟子雜錄荀卿之語，皆略舉其要，不可以一事名篇，故總謂之大略。久保愛曰：此篇間有似抄錄者，不特荀卿語也。

大略：——

君人者，隆禮尊賢而王，重法愛民而霸，好利多詐而危。啓雄按：隆禮、謂尊大禮，說詳勸學篇中。

欲近四旁，莫如中央；故王者必居天下之中，禮也。楊曰：此明都邑居土中之意，不近偏旁，居中央，取其朝貢道里均，禮也。言其禮制如此。

天子外屏，諸侯內屏，禮也。啓雄按：外屏、屏在門外。內屏、屏在門內。外屏，不欲見外也；啓雄按：用來自障，不想侵人。內屏，不欲見內也。啓雄按：用來障人，不讓人侵己。

諸侯召其臣，臣不俟駕，顛倒衣裳而走，禮也。詩曰：「顛之倒之，自公召之。」啓雄按：國風東方未明文。天子召諸侯，諸侯輦輿就馬，楊曰：輦、謂人輓車。言不暇待馬至，故輦輿就馬也。禮也。詩曰：「我出我輿，于彼牧矣。自天子所，謂我來矣。」楊曰：小雅出車之篇。毛云：「出車就馬於牧地。」鄭云：「有人自天子所謂我來矣，謂以王命召己也。」此明諸侯奉上之禮也。

天子山冕，諸侯玄冠，大夫裨冕，士韋弁，禮也。

天子御珽，諸侯御荼，大夫服笏，禮也。楊曰：珽、大珪。荼、古舒字，玉之上圓下方者也。啓雄按：楚辭涉江：「腥臊並御」，注「御、用也。」說文：「服、用也。」

天子彫弓，諸侯彤弓，大夫黑弓，禮也。楊曰：彫、謂彫畫爲文飾。彤弓、朱弓。此明貴賤服御之禮也。劉師培曰：公羊定四年，何休解詁：「禮天子彫弓，諸侯彤弓，大夫嬰弓，士黑弓。」

諸侯相見，卿爲介，以其教士畢行，今本士作「出」，據王據大戴記校改。王曰：教士、謂常所教習之士也。使仁居守。

聘人以珪，問士以璧，召人以瑗，絕人以玦，反絕以環。

人主仁心設焉，知其役也，禮其盡也。鍾曰：兩「其」字皆指仁言，謂仁心既設，而後知爲之役禮爲之盡也。故王者先仁而後禮，天施然也。

聘禮志曰：「幣厚則傷德，財侈則殄禮。」禮云禮云，玉帛云乎哉？久保愛曰：今聘禮記曰：「多貨則傷于德，幣美則沒禮。」禮云以下見論語。詩曰：「物其指矣，唯其偕矣。」楊曰：指、與『旨』同，美也。偕、齊等也。不時宜，楊曰：時、謂得時。宜、謂合宜。不敬文，今本文作『交』，據俞據勸學改。不驩欣，雖指非禮也。楊曰：小雅魚麗之篇。此明聘好輕財重禮之義也。

水行者表深，使人無陷；治民者表亂，使人無失。禮者，其表也，先王以禮表天下之亂，今廢禮者，是去表也。楊曰：表、標志也。故民迷惑而陷禍患，此刑罰之所以繁也。楊曰：此明爲國當以禮示人也。

舜曰：「維予從欲而治。」俞曰：此即所謂不思而得，不勉而中，從容中道，聖人也。孔子七十而從心所欲，不踰矩，可釋此文從欲之義。故禮之生，爲賢人以下至庶民也，非爲成聖也；豬飼彥博曰：成聖、當作「聖人」。然而亦所以成聖也；不學不成。堯學於君疇，舜學於務成昭，禹學於西王國。楊曰：君疇、漢書古今人表作「尹壽」。又漢藝文志小說家有務成子十一篇。昭其名也。尸子：「務成昭之教舜曰：避天下之逆，從天下之順，天下不足取也；避天下之順，從天下之逆，天下不足失也。」西王國未詳所說。

五十不成喪，七十唯衰存。楊曰：不成喪、不備哭踊之節。衰存、但服縗麻而已，其禮皆可略也。禮記：「七十唯衰麻在身也。」

親迎之禮，父南鄉而立，子北面而跪，醮而命之：「往迎爾相，成我宗事，楊曰：鄭云：「相、助也。宗事、宗廟之事也。」隆率以敬先妣之嗣，若則有常。」楊曰：儀禮作「勖率」。鄭云：「勖、勉也。若、猶女也。勉率婦道以敬其爲先妣之嗣也。女之行則當有常，深戒之。」子曰：「諾，唯恐不能，敢忘命矣！」啓雄按：矣、猶「耶」也。

夫行也者，行禮之謂也。禮也者，貴者敬焉，老者孝焉，長者弟焉，幼者慈焉，賤者惠焉。

賜予其宮室，猶用慶賞於國家也；忿怒其臣妾，猶用刑罰於萬民也。郭曰：宮室與國家對文，臣妾與萬民對文。宮室者、門梱之內，庭戶之間，盡一家之人言之。

君子之於子，愛之而勿面，使之而勿貌，導之以道而勿彊。郝曰：勿面、謂不形見於面。勿貌、謂不優以辭色。勿彊、謂匪怒伊教使自得之。

禮以順人心爲本，故亡於禮經而順人心者，皆禮也。盧曰：皆禮也、各本作「背禮者也」。啓雄按：亡於、猶不在也。亡於禮經、謂禮經所不載的。

禮之大凡，——事生飾驩也，送死飾哀也，軍旅飾威也。楊曰：不可太質，故爲之飾。

親親、故故、庸庸、勞勞、仁之殺也。楊曰：庸、功也。庸庸勞勞、謂稱其功勞以報有功勞者。殺、差等也。貴貴、尊尊、賢賢、老老、長長、義之倫也。行之得其節，禮之序也。仁、愛也，故親；義、理也，故行；禮、節也，故成。仁有里，義有門。仁、非其里而虛之，非禮也。王曰：虛、當爲「處」，禮、當爲「仁」。義、非其門而由之，非義也。推恩而不理，不成仁；陶曰：理、謂條理。上文：「親親故故庸庸勞勞，仁之殺也。」彼注：「殺、差等也。」皆仁恩之差也。遂理而不敢，不成義；陶曰：敢、當爲「敬」字之誤。言雖得其理而徑遂直行，不出之以誠敬，則不成爲義。審節而不和，不成禮；今本和作「知」，據楊引或本改。和而不發，不成樂。故曰：仁義禮樂，其致一也。楊曰：言四者雖殊，同歸於得中，故曰其致一也。君子處仁以義，然後仁也；行義以禮，然後義也；制禮反本成末，然後禮也；楊曰：反、復也。本、謂仁義。末、謂禮節。謂以仁義爲本，終成於禮節也。三者皆通，然後道也。

貨財曰賻。輿馬曰賵。衣服曰襚。玩好曰贈。玉貝曰唅。賻賵所以佐生也，贈襚所以送死也。送死不及柩尸，弔生不及悲哀，非禮也。故吉行五十，犇喪百里，賵贈及事，禮之大也。

禮者，政之輓也；楊曰：如輓車然。爲政不以禮，政不行矣。

天子即位。上卿進曰：「如之何憂之長也！能除患則爲福，不能除患則爲賊。」授天子一策。中卿進曰：「配天而有下土者，先事慮事，先患慮患。先事慮事謂之接，楊曰：接、讀爲「捷」，速也。接則事優成。先患慮患謂之豫，豫則禍不生。事至而後慮者謂之後，後則事不舉。患至而後慮者謂之困，困則禍不可禦。」授天子二策。下卿進曰：「敬戒無怠。

慶者在堂，弔者在閭。楊曰：言慶者雖在堂，弔者已在門。言相襲之速也。禍與福鄰，莫知其門。豫哉！豫哉！萬民望之。」授天子三策。

禹見耕者耦立而式；楊曰：兩人共耕曰耦。過十室之邑必下。楊曰：十室之邑必有忠信，故下之也。

殺大蚤，楊曰：殺、謂田獵禽獸。久保愛曰：殺、恐「祭」誤。禮記：「祭祀不祈，不麾蚤。」鄭玄曰：「祭有時，不以先之爲快也。」朝大晚，非禮也。治民不以禮，動斯陷矣。

平衡曰拜，下衡曰稽首，至地曰稽顙。

大夫之臣拜不稽首，非尊家臣也，所以辟君也。楊曰：辟、讀爲「避」。

一命齒於鄉，再命齒於族，三命，族人雖七十，不敢先。楊曰：一命、公侯之士。再命、大夫，三命、卿也。鄭注禮記曰：「此皆鄉飲酒時也。齒、謂以年次坐若立也。」禮記：「三命不齒，族人雖七十者不敢先。」言不唯不與少者齒，老者亦不敢先也。

上大夫，中大夫，下大夫。啓雄按：這九個字疑是錯簡。

吉事尙尊，喪事尙親。久保愛曰：吉事、謂祭祀也。古者五禮，以祭事爲吉禮，尙尊。文王世子所謂：「宗人授事，以爵以官。」是也。

今本這章是：「君臣不得不尊，父子不得不親，兄弟不得不順，夫婦不得不驩，少者以長，老者以養。故天地生之，聖人成之。」汪謂此四十一字錯簡，當在後「國家無禮不寧」之下。依汪說移。

聘、問也。享、獻也。私覿、私見也。楊曰：使大夫出，以圭璋聘，所以相問也。聘享奉束帛加璧，享所以有獻也。享畢、賓奉束錦以請覿，所以私見也。聘享以賓禮見，私覿以臣禮見，故曰私見。

言語之美，穆穆皇皇。楊曰：爾雅：「穆穆、敬也。皇皇、正也。」郭璞云：「皇皇、自脩正貌。穆穆、容儀謹敬也。」皆由言語之美，所以威儀脩飾。或曰：穆穆、美也。皇皇、有光儀也。詩曰：「皇皇者華。」

朝廷之美，濟濟鎗鎗。楊曰：鎗、與「蹌」同。濟濟、多士貌。蹌蹌、有行列貌。

爲人臣下者，有諫而無訕，有亡而無疾，有怨而無怒。

君於大夫，三問其疾，三臨其喪；於士，一問，一臨。諸侯非問疾弔喪，不之臣之家。

既葬，君若父之友，啓雄按：釋詞七：「若、猶及也，與也。」食之則食矣，不辟粱肉，有酒醴則辭。

寢不踰廟，讌衣不踰祭服，禮也。今本讌作「設」，據王據禮記改。

易之咸，見夫婦。楊曰：易咸卦，艮下兌上。艮爲少男，兌爲少女，故曰：見夫婦。夫婦之道，不可不正也，君臣父子之本也。咸，感也，以高下下，以男下女，柔上而剛下。

聘士之義，親迎之道，重始也。

禮者，人之所履也，失所履，必顛蹷陷溺。所失微而其爲亂大者，禮也。

禮之於正國家也，如權衡之於輕重也，如繩墨之於曲直也。故人無禮不生，事無禮不成，國家無禮不寧。君臣不得不尊，父子不得不親，兄弟不得不順，夫婦不得不驩；少者以長，老者以養。故天地生之，聖人成之。和鸞之聲，今本鸞作「樂」，據顧據正論禮論校改。步中武、象，趨中韶、護。君子聽律習容而後士。王曰：士、當爲「出」，言必聽律習容而後出也。玉藻：「習容觀玉聲乃出。」是其證也。

霜降逆女，冰泮殺止，今本殺下奪「止」字，據王引之據外傳校補。王引之曰：謂霜降始逆女，至冰泮而殺止也。內十日一御。

坐視膝，立視足，應對言語視面。立視前六尺而大之——六六三十六，三丈六尺。王引之曰：大之、當爲「六之」。

文貌情用，相爲內外表裏。王曰：文貌在外，情用在內，故曰：相爲內外表裏。文貌、猶「文理」也。禮之中焉，能思索謂之能慮。

禮者，本末相順，終始相應。

禮者，以財物爲用，以貴賤爲文，以多少爲異。

下臣事君以貨，中臣事君以身，上臣事君以人。楊曰：貨、謂聚斂及珍異獻君。身、謂死衞社稷。人、謂舉賢也。

易曰：「復自道，何其咎？」楊曰：小畜卦初九之辭。復、返也。自、從也。本雖有失，返而從道，何其咎過也？春秋賢穆公，以爲能變也。楊曰：公羊傳：「秦伯使遂來聘。遂者何？秦大夫也。秦無大夫，此何以書？賢穆公也。何賢乎穆公？以爲能變也。」謂前不用蹇叔百里之言，敗於殽函而自變悔，作秦誓詢茲黃髮，是也。

士有妒友，則賢交不親；君有妒臣，則賢人不至。蔽公者謂之昧，隱良者謂之妒，奉妒昧者謂之交譎。俞曰：交狡古通用。交譎之人，妒昧之臣，國之薉孽也。楊曰：薉、與「穢」同。

口能言之，身能行之，國寶也。口不能言，身能行之，國器也。口能言之，身不能行，國用也。口言善，身行惡，國妖也。治國者敬其寶，愛其器，任其用，除其妖。

不富無以養民情。不教無以理民性。故家，五畝宅，百畝田，務其業而勿奪其時，所以富之也。立大學，設庠序，脩六禮，明七教，所以道之也。今本七作「十」，據王據楊引或本改。詩曰：「飲之食之，教之誨之。」啓雄按：小雅緜蠻文。王事具矣。王曰：王制：「司徒脩六禮以節民性，明七教以興民德。」六禮：冠、婚、喪、祭、鄉、見。七教：父子、兄弟、夫婦、君臣、長幼、朋友、賓客。

武王始入殷，表商容之閭，釋箕子之囚，哭比干之墓，天下鄉善矣！楊曰：孔安國曰：「商容殷之賢人，紂所貶退也。」

天下、國有俊士，世有賢人。迷者不問路，溺者不問遂，亡人好獨。楊曰：以喻雖有賢俊不能用也。所以迷由於不問路，溺由於不問遂，亡由於好獨。遂謂經隧，水中可涉之徑也。獨謂自用其計。詩曰：「我言維服，勿用爲笑。先民有言，詢于芻蕘。」言博問也。楊曰：大雅板之篇。毛云：「芻蕘、薪者也。」鄭云：「服、事也。我之所言，乃今之急事，汝無笑之。」

有法者以法行，無法者以類舉。俞曰：古所謂類，即今所謂例。史記屈原賈誼傳：「吾將以爲類。」正義：「類、例也。」以其本知其末，以其左知其右，凡百事異理而相守也。慶賞刑罰，通類而後應。楊曰：通明於類然後百姓應之，謂賞必賞功，罰必罰罪，不失其類。鍾曰：類、即「以類舉」之「類」。政教習俗，相順而後行。楊曰：順人心然後可行也。

八十者一子不事，九十者舉家不事，廢疾非人不養者，一人不事，父母之喪，三年不事，齊衰大功，三月不事，從諸侯不與新有昏朞不事。楊曰：從諸侯不、當爲「從諸侯來」，謂從他國來，或君之人入采地。又：古者有喪昏皆不事，所以重其哀戚與嗣繼也。事、謂力役。

子謂子家駒續然大夫，不如晏子；楊曰：子、孔子。子家駒、魯公子慶之孫，公孫歸父之後，名羈，駒、其字也。不能興功用，故不如晏子也。郝曰：續、古作「賡」。賡之爲言庚也。庚然、剛强不屈之貌。言不阿諛也。晏子，功用之臣也，不如子產；楊曰：雖有功用，不如子產之恩惠也。子產惠人也，不如管仲；楊曰：雖有恩惠，不如管仲之才略。管仲之爲人力功不力義，力知不力仁，野人也，不可以爲天子大夫。

孟子三見宣王不言事。門人曰：「曷爲三遇齊王而不言事？」孟子曰：「我先攻其邪心。」

公行子之之燕，楊曰：孟子：「公行子有子之喪，右師往弔。」趙岐云：「齊大夫。」子之蓋其先也。遇曾元於塗，曰：「燕君何如？」曾元曰：「志卑。楊曰：曾元、曾參子。志卑者輕物，輕物者不求助；苟不求助，何能舉！氐羌之虜也，鍾曰：虜、譏之之辭，謂燕君乃如氐羌野蠻之人。不憂其係壘也，而憂其不焚也。楊曰：壘、讀爲『纍』。氐羌之俗，死則焚其屍，今不憂虜獲而憂不焚，是愚也。久保愛曰：列子：『秦之西有儀渠之國者，其親戚死，聚柴積而焚之，燻則煙上，謂「登遐」，然後成爲孝子。』

利夫秋豪，害靡國家，陳曰：詩周頌傳：『靡、累也。』然且爲之，幾爲知計哉！」啓雄按：幾、讀爲「豈」。說見集解榮辱頁二十。

今夫亡箴者，終日求之而不得；其得之，非目益明也，眸而見之也。俞曰：眸、讀爲「眲」。說文：「眲、低目視也。」心之於慮亦然。

義與利者，人之所兩有也。雖堯舜不能去民之欲利，然而能使其欲利不克其好義也。雖桀紂亦不能去民之好義，然而能使其好義不勝其欲利也。故義勝利者爲治世，利克義者爲亂世。上重義則義克利，上重利則利克義。故天子不言多少；諸侯不言利害；大夫不言得喪；士不言通貨財。今本通上奪「言」字，據劉師培據外傳校補。有國之君不息牛羊；楊曰：息、繁育也。錯質之臣不息雞豚；楊曰：錯、置也。質、讀爲「贄」。置贄、謂執贄而置於君。冢卿不脩幣；大夫不爲場園；楊曰：冢卿、上卿。不脩幣、謂不脩財幣販息之也。治稼穡曰「場」。樹菜蔬曰「園」。謂若公儀子不奪園夫工女之利也。從士以上皆羞利而不與民爭業，樂分施而恥積臧；然故民不困財，貧窶者有所竄其手。王先謙曰：有所竄其手、猶言有所措手也。啓雄按：釋詞七：「然故、是故也」。

文王誅四，武王誅二，周公卒業，至成康則案無誅已。啓雄按：解見本書仲尼篇中。

多積財而羞無有，重民任而誅不能，楊曰：使民不能勝任而復誅之。此邪行之所以起，刑罰之所以多也。

上好羞則民闇飾矣！王曰：羞、當爲「義」。上好義則民闇飾者、言上好義則民雖處隱闇之中亦自脩飾不敢放於利而行也。上好富則民死利矣！二者，亂之衢也。劉曰：亂上當有「治」字。民語曰：「欲富乎？忍恥矣，傾絕矣，楊曰：傾絕、謂傾身絕命而求也。絕故舊矣，與義分背矣。」上好富，則人民之行如此，安得不亂！

湯旱而禱曰：「政不節與？啓雄按：節、猶『適』也。不節、謂不調節。說見集解天論頁十六。使民疾與？何以不雨至斯極也！宮室榮與？婦謁盛與？楊曰：謁、請也。婦謁盛、謂婦言是用也。何以不雨至斯極也！苞苴行與？讒夫興與？楊曰：貨賄必以物苞裹，故總謂之苞苴。興、起也。何以不雨至斯極也！」

天之生民，非爲君也。天之立君，以爲民也。故古者，列地建國，非以貴諸侯而已；列官職，差爵祿，非以尊大夫而已。

主道知人，臣道知事。故舜之治天下，不以事詔而萬物成。農精於田而不可以爲田師；工賈亦然。

以賢易不肖，不待卜而後知吉。以治伐亂，不待戰而後知克。

齊人欲伐魯，忌卞莊子，不敢過卞。楊曰：卞、魯邑。莊子：「卞邑大夫有勇者。」晉人欲伐衞，畏子路不敢過蒲。楊曰：蒲、衞邑。子路、蒲宰。

不知而問堯舜，無有而求天府，——曰：先王之道，則堯舜已；六貳之博，則天府已。盧曰：貳當作「蓺」，聲之誤也，即六經也。劉師培曰：不知者、愚昧之人也；無有者、淺陋之人也。

君子之學如蛻，幡然遷之。楊曰：幡、與「翻」同。故其行效，其立效，其坐效，其置顏色出辭氣效。楊曰：效、放也。置、措也。言造次皆學而不捨也。無留善，無宿問。楊曰：當時即問，不俟經宿。

善學者盡其理，善行者究其難。

君子立志如窮，楊曰：似不能通變。雖天子三公問正，啓雄按：正、讀爲「政」。以是非對。

君子隘窮而不失，盧曰：隘窮、即「阨窮」。勞倦而不苟，臨患難而不忘細席之言。郝曰：細席、恐「茵席」之譌。王曰：茵席之言、謂昔日之言，即論語所謂「平生之言也」。歲不寒，無以知松柏；事不難，無以知君子無日不在是。楊曰：無有一日不懷道，所謂「造次必於是」也。

雨小，漢故潛。啓雄按：爾雅釋言：「潛、深也。」雨小、漢故潛。這是說：雨雖小，可是積少成多，能使漢水深。夫盡小者大，積微者箸，德至者色澤洽，楊曰：色澤洽、謂德潤身。行盡而聲問遠。啓雄按：問借爲聞，增注正作「聞」，聲聞、名譽也。釋詞七：「而猶則也。」小人不誠於內而求之於外。

言而不稱師謂之畔，教而不稱師謂之倍。倍畔之人，明君不內，朝士大夫遇諸塗不與言。

不足於行者，說過；不足於信者，誠言；陶曰：此言行不足者，其說必過實。信不足者，其言必示誠；即上文「小人不誠於內，而求之於外」，下文：「故春秋善胥命，而詩非屢盟，其心一也。」正申言「不足於行者，說過；」之義。今本於「善爲詩者……」間一格，與上文不屬，乃寫刊之誤。故春秋善胥命，而詩非屢盟，其心一也。楊曰：春秋魯桓公三年：「齊侯衞侯胥命于蒲。」公羊傳：「相命也。何言乎相命？近正也。古者不盟，結言而退。」又詩曰：「君子屢盟，亂是用長。」言其一心而相信，則不在盟誓也。善爲詩者不說，善爲易者不占，善爲禮者不相，其心同也。楊曰：皆言與理冥會者，至於無言說者也。相、謂爲人贊相也。

曾子曰：「孝子言爲可聞，行爲可見。言爲可聞，所以說遠也；行爲可見，所以說近也；近者說則親，遠者說則附。親近而附遠，孝子之道也。」楊曰：說皆讀爲「悅」。

曾子行，晏子從於郊。曰：「嬰聞之：君子贈人以言，庶人贈人以財。嬰貧無財，請假於君子，贈吾子以言：楊曰：晏子先於孔子，曾子之父猶爲孔子弟子，此云曾子，豈好事者爲之歟？乘輿之輪，太山之木也；示諸檃栝，楊曰：示、讀爲「寘」。檃栝、矯煣木之器也。三月五月，爲幬菜(?)敝，而不反其常。君子之檃栝不可不謹也。愼之！蘭茝槀本，漸於蜜醴，一佩易之(?)，正君漸於香酒可讒而得也(?)，君子之所漸不可不愼也。」

人之於文學也，猶玉之於琢磨也。詩曰：「如切如瑳，如琢如磨。」啓雄按：衞風淇奧文。謂學問也。和之璧，井里之厥也，楊引或曰：厥、石也。啓雄按：說文：「厥、發石也。」蓋發石爲厥，故所發之石亦爲厥。玉人琢之，爲天子寶。子贛季路，故鄙人也，被文學，服禮義，爲天下列士。

學問不厭，好士不倦，是天府也。楊曰：言所得多。

君子疑則不言，未問則不言，今本言作「立」，據王據大戴記校改。下同。道遠日益矣。楊曰：爲道久遠，自日有所益。

多知而無親，博學而無方，好多而無定者，君子不與。楊曰：無親、不親師也。方、法也。此皆謂雖廣博而無師法也。久保愛曰：多知、多所知也。無親、無親友也。好多而無定、日變所好也。不與、不與爲友也。

少不諷誦，▲今本諷下奪「誦」字，據王據大戴記校補。壯不論議；雖可，未成也。

君子壹教，弟子壹學，亟成。楊曰：壹、專壹也。

君子進則能益上之譽而損下之憂。不能而居之，誣也；無益而厚受之，竊也。學者非必爲仕，而仕者必如學。郝曰：如、肖似也。此言仕必不負所學。

子貢問於孔子曰：「賜倦於學矣，願息事君？」孔子曰：「詩云：『溫恭朝夕，執事有恪。』楊曰：商頌那之篇。事君難，事君焉可息哉！」「然則賜願息事親？」孔子曰：「詩云：『孝子不匱，永錫爾類。』楊曰：大雅既醉之篇。毛云：『匱、竭也，類、善也。』言孝子之養，無有匱竭之時，故天長賜以善也。事親難，事親焉可息哉！」「然則賜願息於妻子？」孔子曰：「詩云：『刑于寡妻，至于兄弟，以御於家邦。』楊曰：大雅思齊之篇。刑、法也。御、治也。言文王先立禮法於其妻，以至于兄弟，然後治于家邦。言自家刑國也。啓雄按：詩傳：『寡妻、適妻也。』妻子難，妻子焉可息哉！」「然則賜願息於朋友？」孔子曰：「詩云：『朋友攸攝，攝以威儀。』」楊曰：大雅既醉之篇。毛云：『言相攝佐者以威儀也。』啓雄按：禮記緇衣亦引此詩，注云：『攸、所也，言朋友以禮義相攝。』朋友難，朋友焉可息哉！」「然則賜願息耕？」孔子曰：「詩云：『晝爾于茅，宵爾索綯，亟其乘屋，其始播百穀。』楊曰：豳風七月之篇。于茅、往取茅也。綯、絞也。亟、急也。乘屋、升屋治其敝漏也。啓雄按：詩箋：『乘、治也。』詩毛氏傳疏十五：『始、歲始也。』耕難，耕焉可息哉！」「然則賜無息者乎？」孔子曰：「望其壙，皋如也，嵮如也，鬲如也，楊曰：壙、丘壠。郝曰：皋、猶高也。嵮、即顛字。鬲、鼎屬也；圓而弇上。此皆言丘壠之形狀。此則知所息矣。」子貢曰：「大哉！死乎！君子息焉，小人休焉。」

國風之好色也，傳曰：「盈其欲而不愆其止。楊曰：止、禮也。欲雖盈滿而不敢過禮求之也。其誠可比於金石，其聲可內於宗廟。」小雅不以於汙上，自引而居下，楊曰：以、用也。汙上、驕君也。言作小雅之人，不爲驕君所用，自引而疏遠也。疾今之政以思往者，其言有文焉，其聲有哀焉。楊曰：小雅多刺幽厲而思文武。言有文、謂不鄙陋。聲有哀、謂哀以思也。

國將興，必貴師而重傅；貴師而重傅，則法度存。國將衰，必賤師而輕傅；賤師而輕傅，則人有快；楊曰：人有肆意。人有快則法度壞。

古者匹夫五十而士。天子諸侯子十九而冠，冠而聽治，其教至也。

君子也者而好之，其人；其人也而不教，不祥。王曰：「其人也而不教」、「也」字當在上句「其人」下。非君子而好之，非其人也；非其人而教之，齎盜糧，借賊兵也。王曰：此言能好君子則爲可教之人，可教而不教之，是爲不祥。若所好非君子則爲不可教之人，不可教而教之，則是齎盜糧、借賊兵也。

不自嗛其行者言濫過。楊曰：嗛、足也。陶曰：此言小人自知所行不慊故爲夸誕之辭，冒取富貴耳。下文：「古之賢人賤爲布衣……」正謂自慊其行者無取過言。古之賢人，賤爲布衣，貧爲匹夫；食則饘粥不足，衣則豎褐不完；然而非禮不進，非義不受，安取此。

子夏家貧，今本貧上奪「家」，據御覽校補。衣若縣鶉。人曰：「子何不仕？」曰：「諸侯之驕我者，吾不爲臣；大夫之驕我者，吾不復見。柳下惠與後門者同衣而不見疑，非一日之聞也。爭利如蚤甲而喪其掌。」楊曰：蚤、與「爪」同。言仕亂世驕君，縱得小利，終喪其身。

君人者不可以不慎取臣，匹夫不可以不慎取友。友者，所以相有也。于曰：有右古字通，右、助也。道不同，何以相有也？均薪施火，火就燥；平地注水，水流溼；夫類之相從也如此之著也，以友觀人焉所疑！啓雄按：論語子路皇侃疏：「焉、猶何也。」取友善人，不可不慎，是德之基也。詩曰：「無將大車，維塵冥冥。」言無與小人處也。楊曰：小雅無將大車之篇。將、猶扶進也。將車賤者之事，塵冥冥蔽人目明，令無所見，與小人處亦然。

藍苴路作，似知而非。劉師培曰：藍、當作「濫」。苴、當作「狙」。路、當作「略」。作、當作

「詐」。豬飼彥博曰：藍、茸、路、作、當作「監、狙、詒、詐」。偄弱易奪，盧曰：偄、與「懦」同。似仁而非。悍戇好鬬，似勇而非。

仁義禮善之於人也，辟之若貨財粟米之於家也，多有之者富，少有之者貧，至無有者窮。故大者不能，小者不爲，是棄國捐身之道也。

凡物有乘而來，乘其出者，是其反者也。王曰：下乘字衍。凡物有乘而來者，乘、因也。言凡物必有所因而來，反乎我者、卽出乎我者也。故曰：其出者、是其反者也。

流言滅之，貨色遠之。禍之所由生也，生自纖纖也。是故君子蚤絕之。

言之信者，在乎「區蓋」之間。劉師培曰：「區」「蓋」二字不同。區者、決其不然之謂也。蓋者、疑其可信之謂也。凡人常聞言不信時，音出于口，在「區」「期」二音之間。故象其音以造「區」字。又由區而轉爲「丘」。凡人當聞言將信時，音發于喉在「掩」「改」二音之間，故象其音以造「蓋」字。此二字者，均象人聲以定字聲者也。非十二子：「信信、信也。疑疑、亦信也。」區、卽疑疑。蓋、卽信信。故荀言「言之信者，在乎區蓋之間」也。疑則不言，未問則不言。今本言作立，據郝據上文改。

知者明於事，達於數，不可以不誠事也。故曰：「君子難說，說之不以道，不說也。」楊曰：說、竝音「悅」。

語曰：「流丸止於甌臾，楊曰：甌臾皆瓦器也。方言：『陳魏楚宋之間謂罃爲臾。』甌臾、謂地之坳坎如甌臾者也。流言止於知者。」此家言邪學之所以惡儒者也。楊曰：家言、謂偏見自成一家之言者。是非疑則度之以遠事，驗之以近物，參之以平心；流言止焉，惡言死焉。楊曰：死、猶盡也。

曾子食魚，有餘。曰：「泔之。」門人曰：「泔之傷人，王曰：泔、當爲「洎」，周官士師：「洎鑊水。」注：「洎謂增其沃汁。」襄二十八年左傳：「去其肉而以其洎饋。」正義：「添水以爲肉汁。」遂名肉汁爲洎，然則添水以爲魚汁，亦得謂之洎。洎之、謂添水以漬之也。以洎漬魚，則恐致腐爛而不宜於食。故曰：洎之傷人也。不若奧之。」盧曰：奧、鬱也。曾子泣涕曰：「有異心乎哉！」傷其聞之晚也。

無用吾之所短遇人之所長。故塞而避所短，移而從所仕。楊曰：塞、掩也。移、就也。俞曰：仕、疑「任」字之誤。莊子秋水：「任士之所勞。」釋文引李注：「任、能也。」疏知而不法，楊曰：疏、通也。察辨而操僻，啓雄按：辨同辯。辯、慧也。僻、邪也。勇果而亡禮，君子之所憎惡也。

多言而類，聖人也；啓雄按：類字解詳非相篇末。少言而法，君子也；多言無法，而流湎然，今本湎作「喆」，據楊據非十二校改。雖辯，小人也。

國法禁拾遺，惡民之串以無分得也。有分義，則容天下而治；今本有下有「夫」字，據元本校刪。無分義，則一妻一妾而亂。陶曰：容、讀爲「庸」，用也。此蒙上文「惡民串以無分得也」而言。謂用天下之民而治也，與「一妻一妾而亂」相對成義，莊子天道：「無爲也、則用天下而有餘。有爲也、則爲天下用而不足。」文例與此相似。

天下之人，唯各特意哉，然而有所共予也。楊曰：特意、謂人人殊意。予、讀爲「與」。王曰：唯、卽「雖」字。言味者予易牙，言音者予師曠，言治者予三王。三王既已定法度，制禮樂而傳之，有不用而改自作，何以異於變易牙之和，更師曠之律。啓雄按：和借爲盉；說文：「盉、調味也。」無三王之法，天下不待亡，國不待死。

飲而不食者，蟬也；不飲不食者，浮蝣也。

虞舜孝己孝而親不愛，比干子胥忠而君不用，仲尼顏淵知而窮於世。劫迫於暴國而無所辟之，則崇其善，揚其美，言其所長，而不稱其所短也。

惟惟而亡者，誹也；楊曰：惟、讀爲「唯」。常聽從人而不免亡者，由於退後卽誹謗也。博而窮者，訾也；清之而兪濁者，口也。啓雄按：解見本書榮辱篇首。

君子能爲可貴，不能使人必貴己；能爲可用，不能使人必用己。

誥誓不及五帝。盟詛不及三王。交質子不及五伯。楊曰：此言後世德義不足，雖要約轉深，猶不能固也。

第二十八篇　宥坐

楊曰：此以下皆荀卿及弟子所引記傳雜事，故總推之於末。

孔子觀於魯桓公之廟，有欹器焉。楊曰：欹器、傾欹易覆之器。孔子問於守廟者曰：「此爲何器」？守廟者曰：「此蓋爲宥坐之器。」楊曰：宥、與「右」同。言人君可置於坐右以爲戒也。孔子曰：「吾聞宥坐之器者，虛則欹，中則正，滿則覆。」孔子顧謂弟子曰：「注水焉。」弟子挹水而注之。中而正，滿而覆，虛而欹。孔子喟然而歎曰：「吁！惡有滿而不覆者哉！」子路曰：「敢問持滿有道乎？」孔子曰：「聰明聖知，守之以愚；功被天下，守之以讓；勇力撫世，守之以怯；楊曰：撫、掩也。猶言蓋世矣。富有四海，守之以謙；——此所謂挹而損之之道也。」

孔子爲魯攝相，朝七日而誅少正卯。楊曰：爲司寇而攝相也，朝謂聽朝也。門人進問曰：「夫少正卯魯之聞人也，夫子爲政而始誅之，得無失乎？」楊曰：聞人、謂有名爲人所聞知者也。始誅、先誅之也。孔子曰：「居！吾語女其故。人有惡者五——而盜竊不與焉：一曰、心達而險，楊曰：謂心通達於事而凶險也。二曰、行辟而堅，三曰、言僞而辯，四曰、記醜而博，五曰、順非而澤，楊曰：辟、讀曰『僻』。醜謂怪異之事。楊樹達曰：孟子正義九：『澤讀爲釋，謂順其非而爲之解釋。』按：焦說是也。——此五者，有一於人，則不得免於君子之誅，而少正卯兼有之；故居處足以聚徒成羣，言談足以飾邪營衆，强足以反是獨立，楊曰：營、讀爲『熒』。熒衆、惑衆也。强、剛愎也。反是、以非爲是也。獨立、人不能傾之也。此小人之桀雄也，啓雄按：桀傑古今字。不可不誅也。是以湯誅尹諧，文王誅潘止，周公誅管叔，太公誅華仕，管仲誅付里乙，子產誅鄧析史付，楊曰：韓子曰：『太公封於齊，東海上有居士狂矞華仕昆弟二人，立議曰：吾不臣天子，不友諸侯，耕而食之，掘而飲之，吾無求於人，無上之名，無君之祿，不仕而事力。太公使執而殺之，以爲首誅。周公從魯聞，急傳而問之，曰：二子賢者也，今日饗國殺之，何也？太公曰：是昆弟立議曰：不臣天子，是望不得而臣也；不友諸侯，是望不得而使也；耕而食之，掘而飲之，無求於人，是望不得以賞罰勸禁也。且先王之所以使其臣民者，非爵祿則刑罰也，今四者不足以使之，則望誰爲君乎！是以誅之。』尹諧潘止付里乙史付事迹竝未聞也。——此七子者，皆異世同心，不可不誅也。詩曰：『憂心悄悄，慍于羣小。』楊曰：邶風柏舟之篇。悄悄、憂貌。慍、怒也。小人成羣，斯足憂矣。」

孔子爲魯司寇，有父子訟者，孔子拘之，三月不別。楊曰：別、猶「決」也。謂不辨別其子之罪。其父請止，孔子舍之。季孫聞之，不說，曰：「是老也欺予，楊曰：老、大夫之尊稱。語予曰：爲國家必以孝。今殺一人以戮不孝，又舍之。」冉子以告。孔子慨然歎曰：「嗚呼！

上失之，下殺之，其可乎！不教其民而聽其獄，啓雄按：獄、台州本作「訟」。殺不辜也。三軍大敗，不可斬也；獄犴不治，楊曰：謂法令不當也。犴、亦獄也。詩：『宜犴宜獄。』不可刑也，罪不在民故也。嫚令謹誅，賊也；楊曰：嫚、與『慢』同。啓雄按：即令慢誅謹之意，謹、嚴也。謂號令弛慢，而誅戮則不寛容，是殘賊之行也。今生也有時，斂也無時，暴也；楊曰：言生物有時，而賦斂無時，是陵暴也。王曰：今字當在『嫚令謹誅』上，總下三事言之，文義方順。不教而責成功，虐也；——已此三者，然後刑可即也。楊曰：已、止。即、就。書曰：『義刑義殺，勿庸以即，予維曰未有順事。』言先教也。」楊曰：康誥。言周公命康叔使以義刑義殺，勿用以就汝之心。不使任其喜怒也。維刑殺皆以義，猶自謂未有使人可順守之事，故有抵犯者，自責其教之不至也。

故先王既陳之以道，上先服之；楊曰：服、行也。謂先自行之，然後教之。若不可，尚賢以綦之；久保愛曰：綦、當作「惎」。左傳「楚人惎之脫扃」，杜預注：「惎、教也。」若不可，廢不能以單之；啓雄按：單、借爲「憚」。詩雲漢箋：「憚、猶畏也」。僞家語作「憚」，用本字。綦三年而百姓從風矣，今本從作「往」，矣上奪「風」，據王據外傳說苑御覽改、補。邪民不從，然後俟之以刑，則民知罪矣。詩曰：「尹氏大師，維周之氐；秉國之均，四方是維；天子是庳，卑民不迷。」楊曰：小雅節南山之篇。氐、本也。庳、讀爲「毗」，輔也。卑、讀爲「俾」。啓雄按：今本毛詩卑作

「俾」。是以威厲而不試，啓雄按：厲、猛也。說詳集解議兵頁十四。刑錯而不用，此之謂也。

今之世則不然：亂其教，繁其刑，其民迷惑而墮焉，則從而制之，久保愛曰：制、當作「刑」，字似而誤。家語墮作「陷」，是也。是以刑彌繁而邪不勝，三尺之岸而虛車不能登也，百仞之山任負車登焉，何則？陵遲故也。王曰：負亦任也。魯語注：「任、負荷也。」連言任負者，古人自有複語耳。倒言之則曰負任。齊語：「負任擔荷」，是也。劉師培曰：陵遲、略與「委蛇」同。凡物之斜迤者，其音均近于委蛇。故山之中高旁下者，亦曰「陵遲」，所以表其山坡斜傾之形也。凡物之斜傾者均可登，故荀子以爲喻。下文又言「世之陵遲亦久」者，蓋世運由盛而趨衰，與山勢由高而下傾者其象略同。陵遲或作「陵夷」，爲漢人恆用之詞。數仞之牆而民不踰也，百仞之山而豎子馮而游焉，王曰：廣雅：「馮、登也。」陵遲故也。今夫世之陵遲亦久矣，而能使民勿踰乎！啓雄按：踰、謂踰法。詩曰：「周道如砥，其直如矢。君子所履，小人所視。眷焉顧之，潸焉出涕。」楊曰：小雅大東之篇。言失其砥矢之道，所以陵遲，哀其法度墮壞。啓雄按：傳：「如砥、貢賦平均也。如矢、賞罰不偏也。潸、涕下貌。」豈不哀哉！

詩曰：「瞻彼日月，悠悠我思。道之云遠，曷云能來。」楊曰：邶風雄雉之篇。啓雄按：釋詞三：「云、語中助詞。」子曰：伊稽首不其有來乎！楊曰：若施德化，使下人稽首歸向，雖道遠能無來乎！

孔子觀於東流之水。子貢問於孔子曰：「君子之所以見大水必觀焉者，是何？」孔子曰：「夫水，徧與諸生而無爲也，似德。今本徧上衍『大』字，據王據初學記校删。楊曰：徧與諸生、謂水能徧生萬物，爲其不有其功，似上德不德者。其流也埤下，裾拘必循其理，似義。劉師培曰：裾拘、卽考工記之『倨勾』。考工記冶氏：『已倨則不入，已勾則不決。』又：『是故勾倨外博。』又：『倨勾中矩。』韗人：『倨勾磬折。』磬氏：『倨勾一矩有半』，車人爲耒庛：『倨勾磬折，謂之中地。』蓋一曲一直謂之勾股，成一縱一橫之形，其有橫線上傾，及縱線外博者，均謂之倨；其有橫線下傾，及縱線內向者均謂之勾。樂記：『倨中矩，句中鉤。』大戴記曾子立事：『與其倨曰寧句。』蓋人首之仰者爲倨，俯者爲句，物形之侈者曰倨，斂者曰句，一侈一斂，則爲人形，卽磬折也，（「乀」爲句形，卽下傾之形也，『丿』爲倨形，卽外博之形也。）倒其形則爲く，考工記匠人職：『凡行奠水磬折以參伍』。而澮甽諸字，古文作く巜巛卽象磬折之形，則荀子之『裾拘』，與匠人所言之『磬折』同，乃水形之一侈一斂，曲相抱合者也。其洸洸乎不淈盡，似道。楊曰：淈、讀爲『屈』，竭也，似道之無窮也。王先謙曰：說文：『洸、水涌光也。』若有決行之，其應佚若聲響，楊曰：佚與逸同，奔逸也，若聲響、言若響之應聲也。其赴百仞之谷不懼，似勇。主量必平，似法。鍾曰：主量、謂以水爲準也。盈不求概，似正。楊曰：概平斗斛之木。言水盈滿則不待概而自平。如正者、不假於刑法之禁也。淖約微達，似察。楊曰：淖、當爲『綽』。約、弱也。綽約、柔弱也。雖至柔弱，而侵淫通達於物，似察之見細微也。說苑作『綽弱微達』。以出以入以就鮮絜，似善化。楊曰：言萬物出入於水則必鮮絜，似善化者之使人去惡就美也。其萬折也必東，似志。是故君子見大水必觀焉。」

孔子曰：「吾有恥也，吾有鄙也，吾有殆也：——幼不能彊學，老無以教之，吾恥之。去其故鄉，事君而達，卒遇故人，曾無舊言，吾鄙之。與小人處者，吾殆之也。」

孔子曰：「如垤而進，吾與之；如丘而止，吾已矣。」今學曾未如肬贅，則具然欲爲人師。楊曰：具然、自滿足之貌也。

孔子南適楚，戹於陳蔡之間，七日不火食，藜羹不糂，豬飼彥博曰：糂、當作「煁」，言不煮於竈也。伯兄曰：糂、當作「堪」。弟子皆有飢色。子路進問之曰：「由聞之：爲善者天報之以福，爲不善者天報之以禍，今夫子累德積義懷美，行之日久矣，奚居之隱也？」楊曰：隱、謂窮約。孔子曰：「由不識，吾語女。女以知者爲必用邪？王子比干不見剖心乎！女以忠者爲必用邪？關龍逢不見刑乎！女以諫者爲必用邪？吳子胥不磔姑蘇東門外乎！俞曰：漢書注：『磔、謂張其尸也。』夫遇不遇者，時也；賢不肖者，材也；君子博學深謀不遇時者多矣！由是觀之，不遇世者衆矣！劉師培曰：『不遇世者衆矣』句疑涉上文而衍。何獨丘也哉！」且夫芷蘭生於深林，非以無人而不芳。君子之學，非爲通也，楊曰：不爲求通。爲窮而不困，憂而意不衰也，知禍福終始而心不惑也。夫賢不肖者，材也；爲不爲者，人也；遇不遇者，時也；死生者，命也。今有其人不遇其時，雖賢，其能行乎？苟遇其時，何難之有！故君子博學深謀修身端行以俟其時。孔子曰：「由！居！吾語女。昔晉公子重耳霸心生於曹。越王句踐霸心生於會稽。齊桓公小白霸心生於莒。故居不隱者思不遠，身不佚者志不廣；啓雄按：佚、卽孟子公孫丑『遺佚而不怨』之『佚』。女庸安知吾不得之桑落之下(?)！」劉師培曰：桑落、蓋地名，其地多桑，故曰：「桑落」。與晉之翳桑、虢之桑田同。前文曹莒會稽均爲地名，則此亦當爲地名，惟其地不可考，（或傳采桑女教孔子穿珠事卽因之而起。）啓雄按：釋詞三：「庸、猶安也，詎也。」

子貢觀於魯廟之北堂，出而問於孔子曰：「鄉者賜觀於太廟之北堂，吾亦未輟，還復瞻被九蓋皆繼，被有說邪？久保愛曰：吾亦未、元本作『未旣』，被九蓋、作『九蓋被』。匠過絕邪？」孔子曰：「太廟之堂亦嘗有說，官致良工，因麗節文，非無良材也，蓋曰貴文也(?)。」楊曰：北堂、神主所在也。輟、止也。九、當爲「北」。被、皆當爲「彼」。蓋、音「盍」，戶扇也。皆繼、謂其材木斷絕，相接繼也。子貢問北盍皆繼續，彼有說耶？匠過誤而遂絕之也？家語作「北蓋皆斷」，王肅云：「觀北面之蓋皆斷絕也。」

第二十九篇　子道

入孝出弟，人之小行也。上順下篤，人之中行也。從道不從君，從義不從父，人之大行也。若夫志以禮安，言以類使，盧曰：使、元刻作「接」。則儒道畢矣；楊曰：志安於禮，不妄動也。言發以類，不怪說也。如此則儒者之道畢矣。雖舜不能加毫末於是矣。

孝子所以不從命有三：從命則親危，不從命則親安，孝子不從命乃衷；俞曰：衷、與「忠」通，言孝子之不從命乃其忠也。從命則親辱，不從命則親榮，孝子不從命乃義；從命則禽獸，不從命則脩飾，孝子不從命乃敬。故可以從而不從，是不子也；未可以從而從，是不衷也；明於從不從之義而能致恭敬忠信端慤以愼行之，則可謂大孝矣。傳曰：「從道不從君，從義不從父。」此之謂也。故勞苦彫萃而能無失其敬，楊曰：彫、傷也。萃、與「顇」同。災禍患難而能無失其義，則不幸不順見惡而能無失其愛，楊曰：不幸以不順於親而見惡。啓雄按：廣雅釋言：「則、即也。」非仁人莫能行。詩曰：「孝子不匱。」啓雄按：大雅既醉文。此之謂也。

魯哀公問於孔子曰：「子從父命，孝乎？臣從君命，貞乎？」三問，孔子不對。孔子趨出，以語子貢曰：「鄉者，君問丘也，曰：子從父命，孝乎？臣從君命，貞乎？三問而丘不對；賜以爲何如？」子貢曰：「子從父命，孝矣；臣從君命，貞矣，夫子有奚對焉。」盧曰：有、讀爲「又」。孔子曰：「小人哉，賜不識也！昔萬乘之國有爭臣四人，則封疆不削；千乘之國有爭臣三人，則社稷不危；百乘之家有爭臣二人，則宗廟不毀。父有爭子，不行無禮；士有爭友，不爲不義。故子從父，奚子孝？臣從君，奚臣貞？審其所以從之之謂孝、之謂貞也。」

子路問於孔子曰：「有人於此，夙興夜寐，耕耘樹藝，手足胼胝以養其親，然而無孝之名，何也？」孔子曰：「意者身不敬與？辭不遜與？色不順與？古之人有言曰：『衣與繆與不女聊。(?)』今夙興夜寐，耕耘樹藝，手足胼胝以養其親，無此三者，則何爲而無孝之名也，意者所友非仁人邪？」今本何下衍「以」字、也下奪「意者所友非仁人邪」八字，據王據外傳刪、補。

孔子曰：「由志之，吾語女。雖有國士之力不能自舉其身；非無力也，勢不可也。故入而行不脩，身之罪也；出而名不章，友之過也。故君子入則篤行，出則友賢，何爲而無孝之名也。」

子路問於孔子曰：「魯大夫練而牀，禮邪？」楊曰：練、小祥也。禮記：「期而小祥，居堊室，寢有席。又期而大祥，居復寢。中月而禫，禫而牀也。」孔子曰：「吾不知也。」子路出，謂子貢曰：「吾以夫子爲無所不知，夫子徒有所不知。」啓雄按：釋詞六：「徒、乃也。」子貢曰：「女何問哉？」子路曰：「由問魯大夫練而牀禮邪？夫子曰：吾不知也。」子貢曰：「吾將爲女問之。」子貢問曰：「練而牀，禮邪？」孔子曰：「非禮也。」子貢出，謂子路曰：「女謂夫子爲有所不知乎？夫子徒無所不知；女問非也。禮，居是邑不非其大夫。」

子路盛服見孔子，孔子曰：「由，是裾裾何也？楊曰：裾裾、衣服盛貌。昔者江出於岷山，其始出也，其源可以濫觴，及其至江之津也，不放舟，楊曰：放、讀爲『方』。啓雄按：說文：『方、併船也。』不避風，則不可涉也，非維下流水多邪？楊曰：維、與『唯』同。言豈不以下流水多故人畏之邪？言盛服色厲亦然也。今女衣服既盛，顏色充盈，天下且孰肯諫女矣！」子路趨而出，改服而入，蓋猶若也。孔子曰：「由志之，今本『由』字在『子路趨而出』上，據俞據外傳及上文校移。吾語女，愼於言者不華，愼於行者不伐，今本兩愼字竝作『奮』，兩者字下竝奪『不』字，據俞據外傳校正。俞曰：華、即譁之省文。色知而有能者，小人也。楊曰：色知、謂所知見於顏色。有能、自有其能。皆矜伐之意。故君子知之曰知之，不知曰不知，言之要也；能之曰能之，不能曰不能，行之至也。言要則知，行至則仁。既知且仁，夫惡有不足矣哉！」

子路入。子曰：「由，知者若何？仁者若何？」子路對曰：「知者使人知己，仁者使人愛己。」子曰：「可謂士矣。」子貢入。子曰：「賜，知者若何？仁者若何？」子貢對曰：「知者知人，仁者愛人。」子曰：「可謂士君子矣。」顏淵入。子曰：「回，知者若何？仁者若何？」顏淵對曰：「知者自知，仁者自愛。」子曰：「可謂明君子矣。」

子路問於孔子曰：「君子亦有憂乎！」孔子曰：「君子、其未得也則樂其意；王先謙曰：得、謂得位也。樂其意、自有所樂也。既已得之，又樂其治。王先謙曰：治、謂所事皆治。是以有終身之樂，無一日之憂。小人者，其未得也，則憂不得；既已得之，又恐失之。是以有終身之憂，無一日之樂也。」

第三十篇　法行

楊曰：禮義謂之法；所以行之謂之行。

公輸不能加於繩墨，今本繩下奪「墨」，據顧據注文補。楊曰：公輸、魯巧人，名班。雖至巧，繩墨之外，亦不能加也。啓雄按：公輸、名般；「公輸」其號也。魯國的巧人。和墨子同時，又有一說是魯昭公兒子。般又作「班」「盤」。聖人莫能加於禮。禮者，衆人法而不知，聖人法而知之。

曾子曰：「無內人之疏而外人之親。無身不善而怨人。無刑已至而呼天。內人之疏而外人之親，不亦反乎！身不善而怨人，不亦遠乎！今本『反』『遠』二字互錯，據王據外傳易。刑已至而呼天，不亦晚乎！詩曰：『涓涓源水，不雝不塞。轂已破碎，乃大其輻。事已敗矣，乃重大息。』其云益乎！」楊曰：源水、水之泉源也。雝、讀爲「壅」。大其輻、謂壯大其輻也。重大息、嗟嘆之甚也。三者皆言不慎其初，追悔無及也。盧曰：逸詩。啓雄按：「其云益乎」，乃荀子之言，以其不韻知之。

曾子病，曾元持足。曾子曰：「元、志之！吾語汝。楊曰：曾元、曾子之子。夫魚鼈黿鼉猶以淵爲淺而堀其中，楊曰：堀、與『窟』同。俞曰：堀下當有『穴』字，『堀穴其中』，『增巢其上』，相對爲文。鷹鳶猶以山爲卑而增巢其上，啓雄按：增、讀爲『橧』，禮記禮運：『夏則居橧巢』，注：『聚薪柴居其上。』堀穴義相同，橧巢義相近，故爲對文。堀穴其中、猶言穴其中。橧巢其上、猶言巢其上。或讀堀爲『掘』，解增爲『加』，不對。及其得也必以餌。故君子苟能無以利害義，則恥辱亦無由至矣。」

子貢問於孔子曰：「君子之所以貴玉而賤珉者，何也？楊曰：珉、石之似玉者。爲夫玉之少而珉之多邪？」孔子曰：「惡！賜！是何言也！夫君子豈多而賤之少而貴之哉！夫玉者，君子比德焉。溫潤而澤，仁也。楊曰：鄭康成云：『色柔溫潤，似仁。』栗而理，知也。王引之曰：栗者、秩然有條理之謂，故有似於智。堅剛而不屈，義也。廉而不劌，行也。楊曰：廉、棱也。雖有廉棱而不傷物。啓雄按：說文：『劌、利傷也。』折而不撓，勇也。瑕適並見，情也。王曰：適、讀爲『謫』，謫亦瑕也。情之言誠也。春秋繁露仁義法：『自稱其惡謂之情』，義與此同。劉師培曰：廣雅：『適、善也。』蓋美善而無疵者謂之『適』，有疵者謂之『瑕』，瑕適對文。聘義言『瑕不揜瑜，瑜不揜瑕。』此文之所謂適，即彼文之所謂瑜也。啓雄按：適後字作『讁』，瑕讁皆玉病也。劉師培說亦通。扣之，其聲清揚而遠聞，其止輟然，辭也。啓雄按：輟然、猶『憂然』也。故雖有珉之雕雕，不若玉之章章。郝曰：雕雕章章、皆文采宣著之貌。語意猶云星之昭昭，不如月之明明也。詩曰：『言念君子，溫其如玉。』

楊曰：秦風小戎之篇。引之喻君子比德。此之謂也。」

曾子曰：「同游而不見愛者，吾必不仁也；交而不見敬者，吾必不長也；啓雄按：長、良也。廣雅釋詁：『長、善也。』說文：『良、善也。』此長良同義之證。臨財而不見信者，吾必不信也。三者在身曷怨人！怨人者窮，怨天者無識。伯兄曰：識、同『志』，謂志氣也。榮辱篇此句識正作『志』。失之己而反諸人，豈不亦迂哉！」啓雄按：反、求也。說見本書君道篇中。

南郭惠子問於子貢曰：「夫子之門何其雜也？」楊曰：南郭惠子未詳其姓名，蓋居南郭，因以爲號。莊子有南郭子綦。子貢曰：「君子正身以俟，欲來者不距，欲去者不止。且夫良醫之門多病人，檃栝之側多枉木，是以雜也。」

孔子曰：「君子有三恕：有君不能事，有臣而求其使，非恕也；有親不能報，有子而求其孝，非恕也；有兄不能敬，有弟而求其聽令，非恕也。士明於此三恕，則可以端身矣！」

孔子曰：「君子有三思——而不可不思也：少而不學，長無能也；老而不教，死無思也，楊曰：無門人思其德。有而不施，窮無與也。是故君子少思長，則學；老思死，則教；有思窮，則施也。」

第三十一篇　哀公

魯哀公問於孔子曰：「吾欲論吾國之士與之治國，敢問何如取之邪？」孔子對曰：「生今之世，志古之道；居今之俗，服古之服；舍此而爲非者，陶曰：舍、讀去聲，訓爲『處』。不亦鮮乎！」哀公曰：「然則夫章甫絇屨紳帶而搢笏者此賢乎？」今本而上奪「帶」字，據王據大戴記校補 楊曰：章甫、殷冠。王肅云：「絇、謂屨頭有拘飾也。」鄭康成云：「絇之言拘也，以爲行戒，狀如刀衣鼻，在屨頭。」紳、大帶也。搢笏於紳者也。俞曰：此當作「比」，繫傳：「比、皆也。」孔子對曰：「不必然，夫端衣玄裳，絻而乘路者，志不在於食葷；王先謙曰：端衣玄裳，絻而乘路，所以祭也，故志不在於食葷。此下文黼衣黻裳者不茹葷，資衰苴杖者不聽樂，一喻正同。斬衰菅屨杖而啜粥者，志不在於酒肉。生今之世，志古之道；居今之俗，服古之服；舍此而爲非者，雖有不亦鮮乎！」哀公曰：「善！」

孔子曰：「人有五儀：啓雄按：儀、等也。說詳集解王制頁八。有庸人，有士，有君子，有賢人，有大聖。」哀公曰：「敢問何如斯可謂庸人矣？」孔子對曰：「所謂庸人者，口不能道善言，心不知邑邑，今本邑邑作『色色』，據盧郝據大戴記改。郝曰：邑邑、與『悒悒』同。劉師培曰：悒悒、即謙退不自足之義。不知選賢人善士託其身焉以爲己憂，王懋竑曰：憂、猶『慮』也。動行不知所務，止立不知所定，今本動作『勤』，立作『交』，據郝據大戴記改。日選擇於物，不知所貴，從物如流，不知所歸，五鑿爲正，楊曰：鑿、竅也。王懋竑曰：正、與『政』同，言五鑿爲主而心爲之役也。故曰：心從而壞。盧曰：大戴記作『五鑿爲政』。啓雄按：五鑿、殆謂耳目口五竅。心從而壞，如此則可謂庸人矣。」哀公曰：「善！敢問何如斯可謂士矣？」孔子對曰：「所謂士者，雖不能盡道術，必有率也；楊曰：率、循也。雖不能徧美善，必有處也。是故知不務多，務審其所知；鍾曰：謂審其知之當否。言不務多，務審其所謂；行不務多，務審其所由。故知既已知之矣，言既已謂之矣，行既已由之矣，則若性命肌膚之不可易也。故富貴不足以益也，卑賤不足以損也，楊曰：皆謂志不可奪。如此則可謂士矣。」哀公曰：「善！敢問何如斯可謂之君子矣？」孔子對曰：「所謂君子者，言忠信而心不德。楊曰：不自以爲有德。仁義在身而色不伐，思慮明通而辭不爭，故猶然如將可及者，郝曰：猶然、即『油然』。君子也。」哀公曰：「善！敢問何如斯可謂賢人矣？」孔子對曰：「所謂賢人者，行中規繩而不傷於本，郝曰：本、猶『質』也，謂性之本質如木之有根榦。此言行中規矩準繩，然皆闇與理會，不假斲削而喪失其本眞，所謂漸近自然也。啓雄按：中、適當也。說詳本書勸學篇首。言足法於天下而不傷於身，富有天下而無怨財，布施天下而不病貧，如此則可謂賢人矣。」哀公曰：「善！敢問何如斯可謂大聖矣？」孔子對曰：「所謂大聖者，知通乎大道，應變而不窮，辨乎萬物之情性者也。大道者，所以變化遂成萬物也；情性者，所以理然不取舍也。王先謙曰：然不、猶『然否』，與『取舍』對文。是故其事大辨乎天地，王曰：辨、讀爲『徧』，言其事大則徧乎天地，明則察乎日月也。明察乎日月，總要萬物於風雨，楊曰：總要、猶『統領』也。風以動之，雨以潤之，言統領萬物如風雨之生成也。劉師培曰：於、訓爲『如』。繆繆肫肫，其事不可循，郝曰：大戴記作『穆穆純純其莫之能循』。穆穆、和而美也。純純、精而密也。穆繆古字通，純肫聲相借耳。啓雄按：循借爲『揗』，說文：『揗、摩也。』若天之嗣，其事不可識，王曰：嗣、讀爲『司』。鄭風羔裘傳：『司、主也。』大戴記正作『若天之司』。百姓淺然不識其鄰，啓雄按：釋名釋州國：『鄰、連也，相接連也。』指大聖之智與大道相連接而言。若此則可謂大聖矣。」哀公曰：「善！」

魯哀公問舜冠於孔子，孔子不對。三問，不對。哀公曰：「寡人問舜冠於子，何以不言也？」孔子對曰：「古之王者有務而拘領者矣，其政好生而惡殺焉。楊曰：拘、與『句』同。曲、領也。言雖冠衣拙朴而行仁政也。伯兄曰：務、讀爲『鍪』，淮南子氾論：『古者有鍪而綣領以王天下者矣，其德生而不殺，』正作『鍪』字。是以鳳在列樹，麟在郊野，烏鵲之巢可俯而窺也。君不此問，而問舜冠，所以不對也。」

魯哀公問於孔子曰：「寡人生於深宮之中，長於婦人之手，寡人未嘗知哀也，未嘗知憂也，未嘗知勞也，未嘗知懼也，未嘗知危也。」孔子曰：「君之所問，聖君之問也，丘、小人也，何足以知之。」曰：「非吾子無所聞之也。」孔子曰：「君入廟門而右，登自胙階，仰視榱棟，俛見几筵，其器存，其人亡，君以此思哀，則哀將焉而不至矣！啓雄按：俛、低頭也。君昧爽而櫛冠，楊曰：昧、闇，爽、明也。謂初曉尙暗之時。平明而聽朝，一物不應，亂之端也，君以此思憂，則憂將焉而不至矣！盧曰：而、訓爲『能』。下同。啓雄按：『而』『能』古聲相近，通用，而或作『耐』。君平明而聽朝，日昃而退，諸侯之子孫必有在君之末庭者，君以此思勞，則勞將焉而不至矣！君出魯之四門以望魯四郊，亡國之虛則必有數蓋焉，郝曰：虛墟古今字。盧曰：數蓋、猶言『數區』也。君以此思懼，則懼將焉而不至矣！且丘聞之，君者，舟也；庶人者，水也。水則載舟，水則覆舟，啓雄按：則、能也。說詳本書王制篇首。君以此思危，則危將焉而不至矣！」

魯哀公問於孔子曰：「紳委章甫有益於仁乎？」楊曰：紳、大帶也。委、委貌，周之冠也。章甫、殷冠也。孔子蹴然曰：「君胡然也！今本胡作『號』，據楊據僞家語改。資衰苴杖者不聽樂，楊曰：資、與『齊』同。非耳不能聞也，服使然也。黼衣黻裳者不茹葷，非口不能味也，服使然也。且丘聞之，好肆不守折，長者不爲市，察其有益與其無益，今本察作『竊』，據僞家語注改。君其知之矣。」

魯哀公問於孔子曰：「請問取人？」孔子對曰：「無取健，無取詌，啓雄按：下文『健、貪也。』殆是古義。『詌、亂也。』今無左證矣。無取口啍。楊曰：王肅云：『啍啍、多言。』健，貪也；詌，亂也；口啍，誕也。故弓調而後求勁焉，馬服而後求良焉，士信愨而後求知能焉。士不信愨而有多知能，譬之其豺狼也，不可以身尒也。楊曰：有、讀爲『又』。尒、與『邇』同。語曰：桓公用其賊，文公用其盜。故明主任計不信怒，闇主信怒不任計。楊曰：信、亦任也。郝曰：此蒙『桓公用賊，文公用盜』而言。賊、謂管仲。盜、謂里鳧須。故云：『任計不信怒』也。計勝怒則彊，怒勝計則亡。」

定公問於顏淵曰：「東野畢之善馭乎？」今本畢作「子」，據王外傳新序及下文改，鍾曰：之與其古書多通用，猶言：「其善馭乎？」顏淵對曰：「善則善矣！雖然，其馬將失。」楊曰：失、讀爲「逸」，下同。定公不悅，入謂左右曰：「君子固讒人乎！」三日而校來謁，楊曰：校人、掌養馬之官也。

曰：「東野畢之馬失。兩驂列，楊曰：列、同『裂』。俞曰：謂兩驂斷鞅而去也。兩服入廄。」定公越席而起曰：「趨駕召顏淵！」顏淵至。定公曰：「前日寡人問吾子，吾子曰：『東野畢之馭善則善矣！雖然，其馬將失。』不識吾子何以知之？」顏淵對曰：「臣以政知之。昔舜巧於使民，而造父巧於使馬；舜不窮其民，造父不窮其馬；是以舜無失民，今本是下奪『以』字，據盧據新序校補。造父無失馬也。今東野畢之馭，上車執轡銜，體正矣；步驟馳騁，朝禮畢矣；郝曰：朝與調古字通，毛詩言調飢即『朝飢』。此言馬之馳驟皆調習也。啓雄按：郝讀朝爲『調』對了。可是朝禮畢矣，當作『畢朝』矣。禮涉上文體字衍而又誤。畢朝誤倒爲『朝畢』。畢朝、謂皆調習之意。歷險致遠，馬力盡矣。然猶求馬不已，是以知之也。」定公曰：「善！可得少進乎？」楊曰：定公更請少進其說。顏淵對曰：「臣聞之，鳥窮則啄，獸窮則攫，人窮則詐。自古及今，未有窮其下而能無危者也。」

第三十二篇　堯問

堯問於舜曰：「我欲致天下，爲之奈何？」對曰：「執一無失，行微無怠，忠信無勌，而天下自來。執一如天地，行微如日月，忠誠盛於內，賁於外，劉師培曰：賁僨古通，僨奮亦古通。廣雅訓奮爲『動』，又訓爲『舒』。史記集解訓奮爲『發』。則『賁於外』者，即發舒於外之義也。形於四海，天下其在一隅邪！夫有何足致也！」楊曰：有、讀爲「又」。鍾曰：在一隅、如在居室之內也。

魏武侯謀事而當，羣臣莫能逮，退朝而有喜色。楊曰：武侯、晉大夫畢萬之後，文侯之子也。吳起進曰：「亦嘗有以楚莊王之語聞於左右者乎？」武侯曰：「楚莊王之語何如！」吳起對曰：「楚莊王謀事而當，羣臣莫逮，退朝而有憂色。申公巫臣進問曰：『王朝而有憂色，何也？』楊曰：巫臣、楚申邑大夫。莊王曰：『不穀謀事而當，羣臣莫能逮，是以憂也。其在中蘬之言也，楊曰：中蘬與「仲虺」同，湯左相也。曰：「諸侯自爲得師者王，啓雄按：『自爲』二字似衍。得友者霸，得疑者存，劉師培曰：此疑字當作『擬』，疑擬古通。（如管子君臣『疑妻之妾，疑敵之子，疑相之臣。』韓非子說疑均作『擬』。又解蔽『兩疑則惑』，俞樾亦解疑爲『擬』。）蓋師者、識之高出於己者也，友者、可以匡正己失者也。擬者、與己相等之人也。莫己者、不若己之人也。擬居師友及不若己者之間，則擬即若己之人矣。自爲謀而莫己若者亡。」今以不穀之不肖，而羣臣莫吾逮，吾國幾於亡乎！啓雄按：爾雅釋詁：「幾、近也。」是以憂也。』楚莊王以憂，而君以憙！」武侯逡巡再拜曰：「天使夫子振寡人之過也。」王曰：振、救也。

伯禽將歸於魯，楊曰：伯禽周公子，成王封爲魯侯。將歸、謂初之國也。周公謂伯禽之傅曰：「汝將行，盍志而子美德乎？」楊曰：將行，何不志記汝所傳之子美德以言我。劉師培曰：而子、猶言「汝君」。廣雅釋詁：「子、君也。」對曰：「其爲人寬，好自用，王先謙曰：好自用者、蓋遇事以身先人也。以愼。啓雄按：釋詞一：『以、猶而也。』此三者，其美德已。」周公曰：「嗚呼！以人惡爲美德乎？君子好以道德，故其民歸道。啓雄按：漢書劉向傳集注：『以、由也。』此謂君子言行都遵循道德，上行下效，所以民衆自歸道。彼其寬也，出無辨矣，劉師培曰：辨、即不苟『事起而辨』之『辨』，辨訓爲『治』。言其內務寬仁，出則無致治之法也。女又美之！彼其好自用也，是所以窶小也。王曰：窶、亦小也。言其好自用也，是其器局之所以窶小也。君子力如牛，不與牛爭力；走如馬，不與馬爭走；知如士，不與士爭知。彼爭者均者之氣也，楊曰：好自用，則必不委任而與之爭事，爭事乃均敵者尙氣之事，非大君之量也。女又美之！彼其愼也，是其所以淺也。聞之曰：無越踰不見士，王懋竑曰：謂無自嫌其越踰而不見士也。久保愛曰：越踰、謂越等位而見至賤，不字當在無字下。見士問曰：『無乃不察乎？』不聞即物少至，楊曰：聞、或爲『問』。王曰：聞、卽『問』字。少至則淺。彼淺者，賤人之道也，女又美之！吾語女：我、文王之爲子，武王之爲弟，成王之爲叔父，劉師培曰：此之字與『以』字同。吾於天下不賤矣，然而吾所執贄而見者十人，楊曰：禮見其所尊敬者，雖君亦執贄。鄭注尚書大傳：『十人、公卿之中也。三十人、羣大夫之中也。百人、羣士之中也。』還贄而相見者三十人，楊曰：禮臣見君則不還贄，敵者不敢當則還之，禮尙往來也。貌執之士者百有餘人，楊曰：執、猶『待』也。以禮貌接待之士百餘人也。王先謙曰：者字衍。欲言而請畢事者千有餘人，楊曰：謂卑賤之士，恐其言之不盡，周公先請其畢辭也。於是吾僅得三士焉，以正吾身，以定天下。吾所以得三士者，亡於十人與三十人中，乃在百人與千人之中。楊曰：以明接士不廣，無由得賢也。故上士吾薄爲之貌，下士吾厚爲之貌。人人皆以我爲越踰好士，然，故士至，啓雄按：然、如是也。士至而後見物，楊曰：物、事也。見物然後知其是非之所在。戒之哉！女以魯國驕人，幾矣！楊曰：幾、危也。周公言我以天下之貴猶不敢驕士，汝今以魯國之小而遂驕人，危矣！夫仰祿之士猶可驕也，正身之士不可驕也。彼正身之士，舍貴而爲賤，舍富而爲貧，舍佚而爲勞，顏色黎黑而不失其所，鍾曰：謂不失其自處也。啓雄按：黎、讀爲『黧』。是以天下之紀不息，文章不廢也。」

語曰：繒丘之封人見楚相孫叔敖曰：郝曰：繒、即鄫國。劉師培曰：繒丘、即「寢丘」也。「吾聞之也：處官久者士妒之，祿厚者民怨之，位尊者君恨之。今相國有此三者而不得罪楚之士民，何也？」孫叔敖曰：「吾三相楚而心瘉卑，每益祿而施瘉博，位滋尊而禮瘉恭，盧曰：瘉、與「愈」同。是以不得罪於楚之士民也。」

子貢問於孔子曰：「賜爲人下而未知也。」孔子曰：「爲人下者乎？其猶土也？深扣之而得甘泉焉，楊曰：扣、掘也。樹之而五穀蕃焉，草木殖焉，禽獸育焉；生則立焉，死則入焉；多其功而不悳。今本悳作『息』，據王引之據御覽改。王引之曰：悳古德字。爲人下者其猶土也？」

昔虞不用宮之奇而晉并之，萊不用子馬而齊并之，楊曰：宮之奇虞賢臣，諫不從，以其族行。子馬未詳其姓名。紂刳王子比干而武王得之。不親賢用知，故身死國亡也。

爲說者曰：「孫卿不及孔子。」是不然：孫卿迫於亂世，鰌於嚴刑，啓雄按：鰌、迫也。說詳本書議兵篇中。上無賢主，下遇暴秦，禮義不行，教化不成，仁者絀約，天下冥冥，行全刺（？）之，于曰：謂：行爲純全，反受譏刺也。諸侯大傾。當是時也，知者不得慮，能者不得治，賢者不得使。故君上蔽而無覩，賢人距而不受。然則孫卿懷將聖之心，啓雄按：釋詞八：「則、猶而也。」又按：論語子罕：「固天縱之將聖」，正義：「將、大也。」蒙佯狂之色，視天下以愚。啓雄按：視借爲示。詩曰：「既明且哲，以保其身。」啓雄按：大雅烝民文。此之謂也。是其所以名聲不白，徒與不衆，光輝不博也。今之學者，得孫卿之遺言餘教，足以爲天下法式表儀。所存者神，所過者化。啓雄按：爾雅釋詁：「神、治也。」觀其善行，孔子弗過，世不詳察，云非聖人，奈何！鍾曰：猶言：奈何世不詳察而言非聖人乎！」天下不治，孫卿不遇時也。德若堯禹，世少知之；方術不用，爲人所疑；其知至明，循道正行，足以爲紀綱。嗚呼！賢哉！宜爲帝王。天地不知，啓雄按：地當作「下」。善桀紂，殺賢良。比干剖心，孔子拘匡，接輿避世，箕子佯狂，田常爲亂，闔閭擅强。爲惡得福，善者有殃。今爲說者，又不察其實，乃信其名；時世不同，譽何由生；不得爲政，功安能成。志修德厚，孰謂不賢乎！楊曰：自爲說者已下荀卿弟子之辭。

荀子傳徵

荀子去今二千有餘年矣！現存周漢古籍道及荀子事蹟者，記載本甚簡略，文字又多譌舛，卽悉心鉤稽，猶感難窺其概；益以此片詞孤證又彼此牴觸矛盾，因此，難以攷其實而指其眞。近人孳攷荀子年代行歷者，間有奮其肊測以相駁辯，斷斷聚訟無終已；引證雖博，文辭雖辯，然治絲益棼，無裨於學，反掛武斷之譏，非實事求是者之嚴正態度也。啓雄昧瞀儉陋，於凭肊推斷，雅非其所長，今謹搜集羣書有關荀子事蹟之資料詳實臚列之，甄討其近眞者，次第其先後，譔爲荀子傳徵，所餘牴牾難以並存者，姑別設爲荀子行歷繫年表以備參稽；歷代鴻儒之攷證亦撮其要而附綴於傳徵，俾便省覽。如是，則荀子畢生事蹟傳於今者幾何秩然賅備！昭然若揭！其牴觸矛盾者，孰可信，孰可疑，讀者亦自能審而辨之矣！孔子曰：「多聞，闕疑，愼言其餘，則寡尤。」今本斯恉而自勉焉。

荀子姓荀氏，荀亦作「孫」。

荀子儒效、議兵、彊國、本篇有「荀卿子說齊相」句，孫詒讓曰：「以全書文例校之，荀實當作孫。」堯問、韓非子難三、戰國策楚策、劉向敍、漢書藝文志、楚元王交傳、儒林傳、鹽鐵論毀學、風俗通義窮通竝作「孫」。

史記孟荀傳、韓非傳、春申君傳、李斯傳竝作「荀」。

顧炎武曰：荀之爲孫，如孟卯之爲芒卯，司徒之爲申徒，語音之轉也。（日知錄二十七）

謝墉曰：荀音同孫，語遂移易，如荆軻在衞，衞人謂之慶卿，而之燕，燕人謂之荆卿。又如張良爲韓信都，潛夫論云：「信都者司徒也，俗音不正曰『信都』，或曰『申徒』，或曰『勝徒』，然其本一司徒耳！」然則荀之爲孫正如此。（荀子箋釋序）

江瑔曰：古人於音近音轉之字均可通用，故古人姓名往往載籍互異，荀孫古音同部，故古書多通假，攷論語「其於鄉黨恂恂如也。」劉修碑作「遜遜如也」，荀之爲孫，猶恂之爲遜矣。（讀子卮言）

劉師培曰：史記作荀，本書作孫，是猶慮子亦作劇子，環淵亦作蜎子，宓子之宓與伏同，筦子之筦與管同也。

啓雄按：古書均作「孫」，獨史記作「荀」，疑孫爲本字，以音同轉爲荀耳！

名況，字卿。

劉向敍：孫卿名況。……蘭陵人喜字爲卿，蓋以法孫卿也。

漢書藝文志：孫卿子三十三篇。班固自注：「名況」。

荀子、韓非子、史記、漢書、鹽鐵論、風俗通稱：「孫卿」「荀卿」或「孫卿子」。

劉師培曰：劉向序：「蘭陵人喜字爲卿，蓋以法孫卿也。」此卽字卿名況之確徵。（說文及廣雅釋言：「卿、章也。」況與皇同。詩周頌烈文傳：「皇、美也。」是卿況義略相符，故名況字卿。）江瑔曰：史記孟荀傳漢書藝文志皆云荀卿名況，（啓雄按：名況，見史記索隱漢書自注。）而不言其字，古人有名必有字，孟荀之字均不見於古籍，竊謂卿者卽荀子之字也。古者名字相因，王引之作春秋名字解詁，蒐錄甚詳，而證其相因之義。卿與況皆同部字，其義均爲長爲大，故名況字卿。古人有二字之字，亦有一字之字，荀況之字卿，亦猶劉邦之字季也。然則有證乎？曰：有。劉向敍曰：「蘭陵人善爲學，蓋以孫卿也，長老至今稱之，曰：蘭陵人喜字爲卿，蓋以法孫卿也。」此爲荀子字卿之確證。劉向不言：「蘭陵人喜名卿。」而曰：「喜字卿。」則「卿」爲荀子之字可知。

趙人。

史記孟荀傳：荀卿，趙人。

胡元儀曰：古郇國在今山西猗氏縣境，其地於戰國正屬趙，故曰：趙人。（郇卿別傳攷異）

年五十（或曰十五，似誤。）始游學於齊。

史記孟荀傳：荀卿年五十始來游學於齊，田駢之屬皆已死，襄王時而荀卿最爲老師。

劉向敍：方齊宣王威王之時，聚天下賢士於稷下尊寵之，是時孫卿有秀才，年五十始來游學。

啓雄按：玉海百三十一引作「年十五」。

風俗通義窮通：齊威宣之時，孫卿有秀才，年十五始來游學，至襄王時孫卿最爲老師。

晁公武曰：史記所云年五十爲年十五之譌。（郡齋讀書志）

汪中曰：顏之推家訓勉學篇：「荀卿五十始來游學。」之推所見史記古本已如此，未可遽以爲譌字也。（荀卿子通論）

劉師培曰：史記風俗通義及本篇（啓雄按：指劉向敍）均云：「始來游學」，審其辭義蓋以荀卿爲晚學，即顏氏家訓所云：「荀卿五十始來游學猶爲碩儒也。」若五十果作十五，則與始來遊學之文辭氣弗符，乃通義刻本之誤也。

齊湣王季年（前二八五年間）荀子在齊，有說齊相書。說不行，遂去齊適楚。

荀子彊國：荀卿子說齊相曰……

鹽鐵論論儒：湣王奮二世之餘烈，南舉楚淮，北幷巨宋。……矜功不休；……諸儒諫不從，各分散。……而孫卿適楚。

汪中曰：其言（啓雄按：謂荀卿說齊相言。）正當齊湣王之世，湣王再攻破燕魏留楚太子橫以割下東國，故荀卿爲是言。

齊襄王時，重修列大夫之缺，荀卿復至齊爲祭酒。後以讒再去齊適楚。

史記孟荀傳：齊襄王時，……齊尙修列大夫之缺，而荀卿三爲祭酒焉。齊人或讒荀卿，荀卿乃適楚。啓雄按：劉向敍同。

伯兄曰：荀子去齊適楚之年難確攷，要當在楚考烈王八年（前二五五）以前也。

楚考烈王八年，（前二五五），楚相春申君以荀卿爲蘭陵令。

史記春申君傳：楚考烈王元年以黃歇爲相，封爲春申君……春申君相楚八年以荀卿爲蘭陵令。

又孟荀傳：齊人或讒荀卿，荀卿乃適楚，而春申君以爲蘭陵令。啓雄按：劉向敍、風俗通義窮通同。

中間以讒去楚歸趙，趙以爲上卿。（？）未幾復返楚爲蘭陵令。（？）

劉向敍：孫卿適楚，楚相春申君以爲蘭陵令。人或謂春申君曰：「湯以七十里，文王以百里，孫卿賢者也，今與之百里地，楚其危乎！」春申君謝之，孫卿去之趙。後客或謂春申君曰：「伊尹去夏入殷，殷王而夏亡，……今孫卿天下賢人，所去之國，其不安乎！」春申君使人聘孫卿，孫卿遺春申君書，刺楚國，因爲歌賦以遺春申君，春申君恨，復固謝孫卿，孫卿乃行，復爲蘭陵令。啓雄按：風俗通義窮通、外傳四、楚策與此略同。但外傳楚策並不言「復爲蘭陵令」。

戰國策楚策外傳四竝曰：孫子去之趙，趙以爲上卿。

姚宏曰：荀子未嘗爲上卿，後語上卿作「上客」，當是。（戰國策注）

唐仲友曰：……春申君以卿爲蘭陵令，以讒去之趙，………以聘反乎楚，復爲蘭陵令。（荀子序）

汪中曰：孫卿自爲蘭陵令，逮春申之死，凡十八年，其間實未嘗適趙，亦無以荀卿爲上卿之事。

黄式三曰：荀卿是時年已八十餘，反趙之後，無棄趙卿而再仕蘭陵之理。（周季編略）

胡元儀曰：汪氏妄云孫卿自爲蘭陵令逮春申君死十八年未嘗適趙，但據春申君傳：「相楚八年以郇卿爲蘭陵令」之文，計至春申君死，郇卿廢，其間十八年，十八年不誤；未嘗適趙，則繆之繆者也。此十八年中果在蘭陵未之他國，而何時議兵于趙孝成王前？何時入秦與昭王應侯答問耶？

當荀卿去楚歸居於趙之時，（？）與臨武君議兵於趙孝成王之前，又應聘於秦，見昭王及應侯。

荀子儒效：秦昭王問孫卿子曰……

又議兵：臨武君與孫卿子議兵於趙孝成王前。……

又彊國：應侯問孫卿子曰：入秦何見？……

劉向敍：孫卿之應聘於諸侯，見秦昭王……及秦相應侯，皆不能用。至趙，與孫臏議兵趙孝成王前。啓雄按：劉向以孫臏作臨武君，誤。

風俗通義窮通：荀卿適楚，春申君以爲蘭陵令，人或謂春申君曰……春申君謝之，孫卿去之，遊趙，應聘於秦。

唐仲友曰……春申君以爲蘭陵令，以讒去之趙，與臨武君議兵，入秦見應侯昭王，以聘反乎楚，復爲蘭陵令。

汪中曰：荀子歸趙，疑當孝成王九年十年時，故臣道篇亟稱平原信陵之功。

胡元儀曰：據范雎傳，雎爲相封應侯在秦昭王四十一年，卽楚考烈王八年，郇卿爲蘭陵令時，應侯旣罷相矣。劉向稱：「秦相應侯」，約言之，郇卿書直稱「應侯」，不曰「秦相」，得其實矣。秦昭王在位盡五十六年，郇卿入趙當昭王五十二三年，由趙入秦不出秦昭王五十四至五十六三年中也。卽由秦反趙亦不出此三年中。

啓雄按：荀子歸趙議兵，入秦見昭王應侯之年頗難攷定。所可知而能確定一範圍者，是范雎相秦封爲應侯在秦昭四十一年（前二六七），昭王卒於前二五二年，趙孝成王立於前二六六年，卒於前二四六年。由是，可斷定入秦必在前二六七至二五二之十五年內。議兵必在前二六六至二四六之二十年間。劉向敍風俗通義繫於蘭陵令去職之後，似近眞。惟卿於前二五六年任蘭陵令，同年范雎罷相，果如通義所載，則劉向敍稱「秦相」誠似「約言之」，彊國直稱「應侯」似「得其實」矣。大抵范雎罷相後，退保應侯，史記蔡澤傳載蔡澤說范雎曰：

「君何不歸相印……長有應侯，世世稱孤」，足資推斿。雖然，細繹劉向敍「見秦昭王及秦相應侯，皆不能用也」句，又似正當范雎秉鈞枋國，進退百官時語氣。故此事終難斿定。

楚考烈王二十五年（前二三六），春申君爲李園所殺，荀卿廢居於蘭陵。

史記孟荀傳：春申君死而荀卿廢，因家蘭陵。啓雄按：劉向敍同。

又春申君傳：楚考烈王元年，以黄歇爲相，封爲春申君。……春申君相楚之二十五年考烈王卒，李園伏死士刺春申君，斬其頭。

荀子行歷繫年表

傳徵所舉，均似眞確可信；間有數端未能攷定者，仍標（？）符號以志闕疑。惟尙有留以竢攷者五事：

一，韓非子難三：燕子噲賢子之而非孫卿，故身死爲僇。

二，鹽鐵論毀學：李斯之相秦也，始皇任之，人臣無二，然而孫卿爲之不食；覩其罹不測之禍也。

三，劉向敍：方齊宣王威王之時，啓雄按：攷齊置列大夫在宣王之世，此「威王」二字疑衍，或威爲「湣」字之譌。聚天下賢士於稷下，尊寵之……號曰「列大夫」……是時孫卿有秀才，年五十始來游學。

四，又：蘇秦張儀以邪道說諸侯以大貴顯，孫卿退而笑之。啓雄按：風俗通義窮通作「隨而笑之」。

五，又：孫卿後孟子百餘年。

上列五事，多牴牾難通。荀子果能永壽達百二十歲耶？汪中曰：漢之張蒼，唐之曹憲，皆百有餘歲，何獨於卿而疑之！啓雄按：文選征西屬詩注引養生經：「上壽百二十，中壽百年，下壽八十。」可知享年百二十者，亦古之上壽耳！

卽近人壽逾此數者亦屢見於報章，國家統計局關於全國人口調查登記結果公報：「年齡在一百歲以上的（人）三千三百八十四人，最高年齡爲一百五十五歲。」如此長命之人雖不多見，但已足證其可能矣！如其能之，則勉強可通者踰半矣！茲姑設爲荀子行歷繫年表以就正於洪哲。

公曆前	假定荀子年歲	荀子之行履及與荀子有關之事蹟	附記
三二一至三一九	十五	荀子年十五初來游學於齊，時值宣王末葉。	齊宣湣二王在位之年，史記與通鑑大事記異；此從通鑑及大事記。
三一七	十七左右	齊大夫與蘇秦爭寵，使人刺秦，殺之。張儀復相秦。荀卿隨而笑之。	劉向敍：蘇秦張儀以邪道說諸侯以大貴顯，孫卿退而笑之。此從風俗通義作「隨而笑之」。
三一六	十八左右	燕王噲讓國於相子之，前此一二年間荀子或曾遊燕見子噲。	韓非子：「燕王噲賢子之而非荀卿。」韓非爲荀卿弟子，其言必不誣謬。（但其書確有後人附益痕跡，故此語又未敢盡信）荀子正論：「……二三子之善於子宋子者，殆不若止之，將恐得傷其體也」。細繹斯言，似是荀子及見子宋子。子宋子卽孟子告子之「宋牼」，孟子已稱之爲「先生」，當是孟子之前輩；荀子旣及見之則必及見孟子矣！（孟子外書載：「孫

			卿子自楚至齊見孟子而論性」，外書趙邠卿雖已鑑定爲贋品，然亦爲周秦故籍，足爲左證）。既及見宋孟二子，則與蘇秦燕王噲同時絕無可疑。
二八六至二八五	五十	荀子年五十復來游學於齊，時在湣王之季世。	設爲荀子曾二度游學於齊
二八五	五十左右	荀子說齊相，不聽，適楚。	攷詳傳徵
二八四至二五五		荀子復游齊，爲祭酒。	荀子在齊，三爲祭酒，當在此期間。（？）
二六七	六十八左右	秦以范雎爲相，號爲應侯。荀子入秦，當在本年後。	攷詳傳徵
二六六	六十九左右	趙孝成王立，荀子與臨武君議兵趙孝成王前當在本年後。	同上
二五五	八十左右	荀子仕楚爲蘭陵令。	同上
二三八	九十七左右	春申君死，荀卿廢居蘭陵。	同上
二一三	百二十二左右	李斯相秦，荀卿爲之不食。	此語見鹽鐵論。荀子與蘇秦燕王噲同時，既無可疑，（攷證詳前）則此事可信與否，專視荀子享年能否逾於百二十而定。